अनुभवजन्य समझ के माध्यम से यथार्थ की वास्तविक प्रकृति को उद्घाटित कर सकता है।

इस प्रकार वे यथार्थ के वास्तविक सत्य के ज्ञाता बन गए। उनमें प्रकाश का संचार हुआ और अन्धकार विलीन हो गया तथा उनकी सांसारिक यात्रा के अंतस्वरूप उन्हें अनुभवजन्य ज्ञान (बोध) प्राप्त हुआ। यह बोध उन्हें इससे पूर्व अज्ञात मृत्युहीनता की महत् अवस्था में ले गया। अब राजकुमार सिद्धार्थ 'बुद्ध' बन गए, जो प्रकृति की समस्त अवधारणाओं के अन्वेषक थे और 'मृत्युजित' थे। उन्होंने विश्व का अतिक्रमण कर लिया; वह विश्व जिससे हम सभी भली-भाँति परिचित हैं। वे 'विश्व मानव' में परिणत हो गए, वास्तव में वे विश्व मानव तो बने, किन्तु विश्व में रहने वाले मानव नहीं बने।

इस प्रकार प्राप्त ज्ञान का प्रयोग बुद्ध ने मनुष्य की लौकिक समस्याओं के निराकरण में किया। उन्होंने अलौकिकता का खण्डन किया तथा लौकिक संकल्पना को प्रतिष्ठा दी। उन्होंने स्पष्ट तौर पर कहा कि उनके माता-पिता साधारण नश्वर प्राणी हैं और इस प्रकार उन्होंने न तो स्वयं को और न ही अपने बताए हुए मार्ग को कभी भी अलौकिकता के छद्म आवरण में ढकने का प्रयास किया। उन्होंने स्पष्ट कहा कि किसी बात को मात्र इसलिए मत स्वीकार करो क्योंकि ऐसा तुमने सुना है, इसलिए भी नहीं कि उसका ज्ञान तुम्हें परम्परा से प्राप्त हुआ है, इसलिए भी नहीं कि वह तुम्हारे श्रद्धेय धर्मग्रन्थों में लिखा है और वह मात्र इसलिए भी मत स्वीकार करो क्योंकि वह तुम्हारे पूज्य गुरु या संत द्वारा कहा गया है। तुम उसे अपनी कसौटी पर कसो, यदि वह तुम्हें सत्य, नैतिक एवं मानव कल्याण में सहायक लगे, तो उसे स्वीकार करो अन्यथा नकार दो। यह उद्धरण बुद्ध के मानव के स्वतन्त्र चिन्तन व उसकी क्षमता पर दृढ़ विश्वास को रेखांकित करता है।

उन्होंने मनुष्य की अस्मिता और इयत्ता को सर्वोपरि माना। इसका सबसे बड़ा प्रमाण यह है कि उन्होंने अपने शिष्यों को सम्बोधित करते हुए यहाँ तक कह दिया, "भिक्षुओ! मैंने बेड़े की भाँति निस्तारण के लिए तुम्हें धर्म का उपदेश दिया है, पकड़े रखने के लिए नहीं। धर्म को बेड़े की भाँति उपादिष्ट जानकर तुम धर्म को भी छोड़ सकते हो, अधर्म की तो बात ही क्या है।" अपने महापरिनिर्वाण के समय उन्होंने कहा कि मेरी मृत्यु के बाद मेरे उपदेश तथा विनय के नियम ही मेरे शिष्यों के गुरू तथा पथप्रदर्शक होंगे। यदि वे आवश्यक समझें तो विनय के कुछ साधारण नियमों को त्याग भी सकते हैं। इस प्रकार उन्होंने स्वयं द्वारा

निर्धारित नियमों को भी इतना लचीला रखा कि समय, काल और परिस्थितियों के अनुरूप नियमों में परिवर्तन किया जा सकता है।

बुद्ध की अत्यन्त महत्त्वपूर्ण उपलब्धियों में पौरोहित्यवाद का विरोध तथा जाति प्रथा के विरुद्ध ज़बरदस्त क्रांतिकारी कदम उठाना महत्वपूर्ण थे। उन्होंने मानव मात्र को एक माना। जब आश्वलायन ने ब्राह्मणों की वर्ण श्रेष्ठता तथा ब्रह्मा के स्वाभाविक उत्तराधिकारी होने जैसे तथ्य बुद्ध के समक्ष रखे, तब उन्होंने उत्तर दिया था कि ब्राह्मण भी अन्य जाति के लोगों की भाँति ही जन्म लेते हैं, उनकी पत्नियाँ ऋतुमती होती हैं तथा बच्चे पैदा करती हैं और दूध पिलाती हैं, फिर उनमें औरों से अंतर कैसे माना जा सकता है। बाद में कबीर ने भी उन्हीं के मार्ग का अनुसरण करते हुए पौराहित्यवाद तथा जातिवाद की जमकर बखिया उधेड़ी। यही कारण था कि बौद्ध धर्म में जातिगत-वर्णगत श्रेष्ठता का दम्भ कभी जड़ें नहीं जमा सका।

बुद्ध के स्त्री सम्बन्धी विचार भी तत्कालीन समाज की दृष्टि से अत्यधिक प्रगतिशील माने जाने चाहिएं। कल्पना कीजिए कि आज से 2500 वर्ष पहले स्त्री को धम्म में दीक्षित करने का क्रांतिकारी कदम उठाकर उन्होंने स्त्री-पुरुष की समानता की दिशा में एक महत्त्वपूर्ण कार्य किया था। उन पर गृहस्थ धर्म की उपेक्षा करने तथा पत्नी यशोधरा के प्रति कर्त्तव्यों का सम्यक् निर्वहन न करने जैसे आरोप भी लगाए जाते हैं किन्तु हमें इस तथ्य को विस्मृत नहीं करना चाहिए कि चिन्तन और मनन के लिए ध्यान और एकाग्रता अपरिहार्य है, जो राजकाज तथा गृहस्थ धर्म के साथ संभव नहीं हैं, फिर एक व्यक्ति अपने सम्पूर्ण जीवन काल में सभी के साथ समान व्यवहार नहीं कर सकता। किसी महत् उद्देश्य की प्राप्ति हेतु कतिपय त्याग किए जाने आवश्यक होते हैं। बुद्ध भी इसके अपवाद नहीं थे।

बुद्ध ऐसे एकमात्र महामानव थे, जिन्होंने सब कुछ केवल दूसरों के लिए किया और अपने लिए कभी कुछ नहीं सोचा। उन्होंने राजमहल की सुख-सुविधाएँ तथा अपना घर-परिवार छोड़ दिया और अपना सम्पूर्ण जीवन मानव के असह्य कष्टों के समाधान के लिए समर्पित कर दिया। निष्कर्ष स्वरूप आखिरकार उन्होंने शान्ति और आनन्द का जो रास्ता खोजा, वह विश्व की समस्त बुराइयों के खिलाफ महात्मा बुद्ध द्वारा की गयी 'चिकित्सा' है। इसीलिए उन्हें 'वैद्यराज' तथा 'स्मृतभेषज प्रदाह' कहकर भी सम्बोधित किया गया। 7वीं शताब्दी के महान दार्शनिक, चन्द्रकीर्ति ने उन्हें 'चिकित्सकों का महान सम्राट' कहकर सम्बोधित किया है।

कालान्तर में बौद्ध धर्म में भी अन्य धर्मों की भाँति अवतारवाद, मठवाद, पौरोहित्यवाद, अलौकिकवाद तथा अकादमिक जीवन शैली की विकृतियाँ घर कर गयीं। इसका परिणाम यह हुआ कि विश्व का सर्वाधिक वैज्ञानिक एवं तर्कशील धर्म भी उन्हीं रूढ़ियों में फँसकर अपनी चमक खोने लगा, जिन रूढ़ियों के विरुद्ध महात्मा बुद्ध ने इसे खड़ा किया था। दूसरा कारण बौद्ध धर्म का कई सम्प्रदायों में बँटना भी था, जिसने इस धर्म के अनुयायियों तथा प्रशंसकों के मन में इस धर्म के प्रति संशय उत्पन्न कर दिया। वर्तमान भारतीय परिप्रेक्ष्य में यदि इस धर्म का मूल्यांकन करें तो पाते हैं कि आम जनता के मन में यह मिथ्या भ्रान्ति पैदा हो गयी है कि बौद्ध धर्म केवल दलितों एवं आदिवासियों का धर्म है। महाराष्ट्र में तो यह बाबा साहब अम्बेडकर की मूल जाति, महारों का धर्म ही मान लिया गया है। बौद्ध धर्म के विषय में उत्पन्न हुए इन संशयों को दूर करना चाहिए तथा इक्कीसवीं सदी की आवश्यकता के अनुरूप इस धर्म को खड़ा करने का प्रयास करना चाहिए। तभी इस महान एवं प्रासंगिक धर्म का पुनरुद्धार संभव है।

डॉ॰ पुनीत बिसारिया

अनुक्रमण

कविता

बुद्ध

अरुण देव

सुन्दर, लम्बा कद, नीची की हुई आँख वाला, स्मृतिशील
बत्तीस, लक्षणों ये युक्त वह
राहुल, भद्रा कपिलायनी और महल से जब निकला
आषाढ़ की पूर्णिमा थी

'गृहकारक मैंने तुम्हें पहचान लिया
तुम अब गृह का निर्माण नहीं कर सकते
टूट कर गिर गयी हैं कड़ियाँ और
ध्वस्त हो गया शिखर'

लगभग दो हजार पाँच सौ उन्तीस वर्ष पहले
निरंजना नदी के किनारे की वह पहले पहर की रात
जब खो गये सारे रास्ते, रज भी शान्त हुआ, आस्रव रूद्ध हो चले
और तुमने कहा कि दुख का भी अन्त हुआ

महापरिनिर्वाण से पूर्व
कुशीनारा के शाल वन में
शास्ता ने प्रिय शिष्य आनन्द से कहा—
सत्य के साथ रखना तर्क
भोग के साथ अप्रमाद, अतियों से बचना

यह एक नदी थी करुणा की
जो हर बार नयी थी
धोये इसने युद्धों के कल्मष
यहाँ ईश्वर ऐसे था जैसे नहीं था
इस महोत्सव की चमकीली आत्मा पर आतंक नहीं था
सत्य के अकेले पाठ का

यह नदी बहती रही
इतिहास के शुष्क पन्ने नम रहे इसकी आर्द्रता से

एक सुबह
दो सौ गायों के रक्त में सनी उस मूर्ति के टुकड़े बटोरने
जब सूर्य निकला
अफगानिस्तान के बामियान में
वृद्ध बुद्ध और युवा आनन्द
साफ कर रहे थे रास्ता जो रूँधा पड़ा था
भय, अज्ञान और घृणा से।

('क्या तो समय' संग्रह से)

लेखक परिचय

डॉ॰ मुदिता चन्द्रा, उपाचार्य, हिन्दी विभाग, जमशेदपुर वीमेन्स कॉलेज, जमशेदपुर

डॉ॰ जी. शांति, असिस्टेण्ट प्रोफ़ेसर (एस.एम.) श्री अबिरासी इल्लम, 2/179 B-2, वानप्रस्थ रोड, बडवाल्लि, कोयम्बत्तूर-641041, (तमिलनाडु)

डॉ॰ दोड्डा शेषु बाबू, असिस्टेंट प्रोफ़ेसर, हिन्दी विभाग, मौलाना आज़ाद नेशनल उर्दू यूनिवर्सिटी, हैदराबाद-500032 (तेलंगाना)

स्व. डॉ॰ सी. आर. राजश्री, पूर्व अध्यक्ष, हिन्दी विभाग, द्वारा डॉ॰ जी. शांति श्री अबिरासी एल्लभ, 2/179 B-2, वानप्रस्थ रोड, वडवाल्लि, कोयम्बत्तूर (तमिलनाडु)-641041

डॉ॰ सिद्धार्थ सिंह, एसोसिएट प्रोफ़ेसर-पालि एवं बौद्ध अध्ययन विभाग, काशी हिन्दू विश्वविद्यालय, वाराणसी, उ.प्र.-221005

डॉ॰ राकेशनारायण द्विवेदी, असिस्टेण्ट प्रोफ़ेसर, हिन्दी विभाग, गाँधी (पी.जी.) कॉलेज, उरई (जालौन) उ.प्र.

डॉ॰ उर्विजा शर्मा, असिस्टेण्ट प्रोफ़ेसर, हिन्दी, शम्भुदयाल (पी.जी.) कॉलेज, गाजियाबाद (उ.प्र.)

डॉ॰ ज्योति सिंह गौतम, प्राध्यापक, हिन्दी विभाग, राजकीय महिला महाविद्यालय, झाँसी (उ.प्र.)

जयशंकर तिवारी, असिस्टेंट प्रोफ़ेसर, हिन्दी विभाग, मथुरा प्रसाद महाविद्यालय, कोंच, जालौन, (उ.प्र.)

डॉ॰ पंकज शर्मा, असिस्टेंट प्रोफ़ेसर, इतिहास विभाग, नेहरू (पी.जी.) कॉलेज, ललितपुर (उ.प्र.) 284403

डॉ॰ दिवाकर गढ़वा, हिन्दी विभाग, गौतम बुद्ध विश्वविद्यालय, ग्रेटर नोयडा, गौतम बुद्ध नगर (उ.प्र.) 201312

डॉ॰ अभिषेक कुमार तिवारी, पालि एवं बौद्ध अध्ययन विभाग, काशी हिन्दू विश्वविद्यालय, वाराणसी, (उ.प्र.) 221005

डॉ॰ अजीत प्रियदर्शी, असिस्टेंट प्रोफ़ेसर, हिन्दी विभाग, डी.ए.वी. (पी.जी.) कॉलेज, लखनऊ (उ.प्र.)

डॉ॰ दीपक कुमार पाठक, प्राध्यापक, संस्कृत विभाग, नेहरू (पी.जी.) कॉलेज, ललितपुर (उ.प्र.) 284403

डॉ॰ राम भरोसे, असिस्टेंट प्रोफ़ेसर, हिन्दी विभाग, बी.एस.एम. (पी.जी.) कॉलेज, रुड़की, हरिद्वार, (उत्तराखंड)

डॉ॰ रामप्रताप सिंह, असिस्टेंट प्रोफ़ेसर, हिन्दी विभाग, डी.वी. (पी.जी.) कॉलेज, उरई (जालौन), (उ.प्र.)

प्रीति पाठक, प्राध्यापक, संस्कृत विभाग, नेहरू (पी.जी.) कॉलेज, ललितपुर, (उ.प्र.) 284403

डॉ॰ राजनारायण शुक्ल, असिस्टेंट प्रोफ़ेसर, हिन्दी विभाग, शम्भुदयाल (पी.जी.) कॉलेज, गाजियाबाद (उ.प्र.)

अमित आलोक अवस्थी, NCR 72, विजया अपार्टमेण्ट, नेत्रवती ब्लॉक SRS नगर, बिलेकाहल्ली, नमन रेस्तराँ के पास, बनरघट्टा रोड, बंगलौर (कर्नाटक) 560076

राजीव रंजन प्रसाद, F-13, एन.एच.डी.सी. आवासीय परिसर, नर्मदानगर, जिला खण्डवा, (म.प्र.)

डॉ॰ राजेश कुमार सिंह, असिस्टेंट प्रोफ़ेसर, हिन्दी विभाग, बुद्ध (पी.जी.) कॉलेज, कुशीनगर, (उ.प्र.)

अर्चना कुमारी करण, पालि एवं बौद्ध अध्ययन विभाग, काशी हिन्दू विश्वविद्यालय, वाराणसी (उ.प्र.), 221005

डॉ॰ कुमारेन्द्र सिंह सेंगर, प्राध्यापक, हिन्दी विभाग, गाँधी (पी.जी.) कॉलेज, उरई (जालौन), (उ.प्र.)

डॉ॰ सृष्टि माथुर, प्रवक्ता, गायन, भारखण्डे संगीत समविश्वविद्यालय, लखनऊ (उ.प्र.)

डॉ॰ ज्ञानादित्य शाक्य, असिस्टेंट प्रोफ़ेसर, स्कूल ऑफ बुद्धिस्ट स्टडीज़ एंड सिविलाइजेशन, गौतम बुद्ध विश्वविद्यालय, ग्रेटर नोयडा, गौतम बुद्ध नगर, (उ.प्र.) 201312

डॉ॰ राजेन्द्र कुमार, प्राध्यापक, हिन्दी विभाग, जी.एम.एन. कॉलेज, अम्बाला कैंट (हरियाणा)

डॉ॰ प्रणव शर्मा, असिस्टेंट प्रोफ़ेसर, हिन्दी विभाग, उपाधि (पी.जी.) कॉलेज, पीलीभीत (उ.प्र.) 262001

डॉ॰ दिविक रमेश, B-295, सेक्टर-20, नोयडा, (उ.प्र.), 201301

डॉ॰ राजेश कुमार, एसोशिएट प्रोफ़ेसर, बुद्ध (पी.जी.) कॉलेज, कुशीनगर (उ.प्र.)

राजलक्ष्मी, प्राचीन भारतीय इतिहास विभाग, दीनदयाल उपाध्याय विश्वविद्यालय, गोरखपुर (उ.प्र.)

डॉ॰ (श्रीमती) भारती पारिजात, 43, एस, पंचवटी पार्श्वनाथ, ताजनगरी फेस-2, फतेहाबाद रोड, आगरा-282001

डॉ॰ पुनीत बिसारिया, असिस्टेंट प्रोफ़ेसर, हिन्दी विभाग, नेहरू (पी.जी.) कॉलेज, ललितपुर (उ.प्र.) 284403

राणा पुरुषोत्तम कुमार सिंह, असिस्टेंट प्रोफ़ेसर, पालि विभाग, नालन्दा विश्वविद्यालय, नालन्दा (बिहार)

डॉ॰ नीरजा शर्मा, बुद्ध अध्ययन विभाग, दिल्ली विश्वविद्यालय, दिल्ली

डॉ॰ मुकेश कुमार पंथ, प्राध्यापक, मनोविज्ञान विभाग, नेहरू (पी.जी.) कॉलेज, ललितपुर, उ.प्र., 284403

रवि शंकर सिंह, C/o डॉ॰ सिद्धार्थ सिंह, पालि एवं बौद्ध अध्ययन विभाग, काशी हिन्दू विश्वविद्यालय, वाराणसी, उ.प्र. 221005

डॉ॰ निशीथ राय, C/o डॉ॰ सिद्धार्थ सिंह, पालि एवं बौद्ध अध्ययन विभाग, काशी हिन्दू विश्वविद्यालय, वाराणसी, उ.प्र. 221005

अजय कुमार सिंह, जे. आर. एफ-पालि, राष्ट्रीय संस्कृत संस्थान, नई दिल्ली

1

बौद्ध दर्शन एवं आदर्श समाज

डॉ॰ मुदिता चन्द्रा

समाज मनुष्यों का आकस्मिक समूह नहीं है, अपितु विभिन्न व्यक्तियों एवं वर्गों के पारस्परिक संबंधों पर आश्रित एक सुनियोजित एवं सुनिश्चित संगठन है, जिसमें व्यक्ति पहली इकाई और देश या राज्य अंतिम इकाई होता है। इन दोनों के मध्य परिवार कुल, वर्ण, जाति, ग्राम, नगर एवं राज्य आदि का स्थान होता है। इस प्रकार सामाजिक संबंधों का विस्तार ही समाज है, जिसमें व्यक्ति वस्तुतः अपनी बुद्धि, चरित्र एवं आदर्शों द्वारा महत्त्वपूर्ण भूमिका का निर्वाह करता है। व्यक्ति के कर्म, उसका व्यवहार, उसकी आस्थाएँ ही समाज के निर्माण में सहायक होती हैं। शिक्षा के क्षेत्र में हमने बहुत तरक्की कर ली है, विभिन्न वैज्ञानिक चमत्कार कर देश उन्नति के पथ पर भी अग्रसर है, परन्तु दुःख इस बात का है कि जिन व्यक्तियों से समाज बना है, वही एक दूसरे से दूर खड़े हैं। बिखराव की स्थिति उत्पन्न हो गई है। ऐसी निराशाजनक स्थिति में यदि हमें एक सशक्त समाज की प्रतिस्थापना करनी है, तो गौतम बुद्ध के दर्शन को अपनाना होगा। समाज, देश एवं वैश्विक स्तर पर परिवर्तन लाने के क्रम में महापुरुषों एवं उनके नेतृत्व की प्रमुख एवं निर्णायक भूमिका रही है। उनकी प्रतिभा, उनके क्रांतिकारी विचार, सशक्त अभिव्यक्ति, असामान्य तेज, योग्यता कार्य दक्षता आदि समाज में दीर्घकालिक एवं युगान्तरकारी परिवर्तन लाने में समर्थ रहे हैं। "जिस प्रकार पत्थर का एक छोटा टुकड़ा जलाशय की शांति भंग कर उसे तरंगायिक करता है, चाहे वह तरंग अल्प अवधि के लिए हो या दीर्घ काल के लिए ठीक उसी प्रकार महान व्यक्तित्व समाज के सभी पक्षों, सभ्यताओं, संस्कृतियों को प्रभावित करते हैं और धर्म तथा समाज में क्रान्तिकारी विचारों का समावेश कर परिवर्तन लाने में सक्षम होते हैं।"[1]

भगवान बुद्ध महान समाज सुधारक थे। उनकी सामाजिक परिकल्पना में मानव मूल्यों पर आधारित स्वतन्त्रता, मानव समता, विश्व-बंधुत्व, धर्मस्वतन्त्रता एवं विभिन्न संस्कृतियों के प्रति समभाव का गौरवपूर्ण स्थान है। अभी तक विश्व के अन्य किसी भी देश में ऐसे आदर्श समाज की स्थापना संभव नहीं हो सकी है। "बुद्ध के जीवन और दर्शन में मानवीय एवं सामाजिक कल्याण के आदर्श की परिकल्पना सर्वोपरि थी। उनके दार्शनिक विचारों में समाज को सुधारने के लिए मुख्यत: प्रेम, अहिंसा, दया, सत्य, त्याग, परोपकार, करुणा, सहानुभूति, सहिष्णुता, संयम, सेवा आदि का मनुष्य के हृदय में होना परम आवश्यक माना गया है।"[2] एक आदर्श समाज की संस्थापना तभी हो सकती है जब एक-एक व्यक्ति मानवोचित गुणों से परिपूर्ण हो और सम्पूर्ण बौद्ध दर्शन के अन्तर्गत मानव के इन्हीं नैतिक सद्‌गुणों, मूल्यों पर अधिक बल दिया गया है। बुद्ध एवं उनके अनुयायियों के सामाजिक विचारों में प्राणिमात्र के प्रति कल्याण की भावना प्रमुख है। इस संदर्भ में आचार्य शान्तिदेवकृत बोधिचर्यावतार में यह कहा गया है कि "रोगी निरोग हों, सभी बंधनों से मुक्त हों, दुर्बल बलवान हों और मन से एक दूसरे के प्रेमी हों।"[3] भगवान बुद्ध के सामाजिक एवं दार्शनिक विचारों में 'बहुजन हिताय, बहुजन सुखाय' का लोक कल्याणकारी आदर्श समाविष्ट है। गौतम बुद्ध ने इस बात पर बल दिया है कि जो कुछ अनैतिक है, उसे नहीं करना चाहिए और जो कुछ मौलिक है, उसके अनुरूप आचरण करते हुए प्रदूषित मन शुद्ध करना चाहिए, इस धर्म के पालन से मन शुद्ध होता है और शुद्ध मन का व्यक्ति ही एक स्वस्थ समाज का निर्माण कर सकता है।

"गौतम बुद्ध का जन्म 563 ईसा पूर्व छठी शताब्दी में पिता शाक्य गणराज्य के राजा शुद्धोधन एवं माता मायादेवी की कोख से लुम्बनी (रुक्मिनदेई नेपाल-तराई) शालवन में हुआ था। पंडित राहुल सांस्कृत्यायन के अनुसार सिद्धार्थ गौतम ने उनतीस वर्ष की उम्र (534 ई.पू.) में अपना गृहत्याग किया और छत्तीस वर्ष की आयु (528 ई.पू.) में गया (बिहार) में बोधि (निर्वाण) यानि ज्ञान प्राप्त कर वे बुद्ध कहलाये तथा पैंतालीस वर्ष तक बहुजन हिताय-बहुजन सुखाय, लोकामुकम्पाय के लिए अपने धर्म-दर्शन का उपदेश दिया और अस्सी वर्ष की आयु (483 ई.पू.) में कुशीनारा में महापरिनिर्वाण प्राप्त किया।"[4] बुद्ध के आविर्भाव के पूर्व सामाजिक धार्मिक-परिस्थितियाँ, मान्यताएँ और अवस्थाएँ प्रतिकूल थीं। चातुर्वर्णव्यवस्था, जाति-व्यवस्था, अस्पृश्यता, धार्मिक अंधविश्वास, कर्मकाण्ड, यज्ञ, बलि, लोक-परलोक और काल्पनिक दैवी शक्तियों की पूजा के कारण नैतिक, मानवीय, लोकतांत्रिक एवं सामाजिक मूल्यों का ह्रास हो रहा था।

"उस समय समस्त वातावरण परस्पर विरोधी मन्तव्यों एवं कल्पनाओं की एक राशिपुंज से परिपूर्ण था, जिसे किसी ने अंगीकार किया, तो दूसरे ने उसे मानने से निषेध किया।"[5] वर्तमान समय में भी सामाजिक परिस्थितियाँ कुछ अच्छी नहीं हैं। सम्पूर्ण मानव जीवन दुश्चिन्ताओं से घिरा हुआ है। प्रतिशोध, प्रतिद्वन्दिता, अविश्वास, संदेह, घृणा और द्वेष की नारकीय यातनाओं ने मानव जीवन को असहृदय बना दिया है। भगवान बुद्ध का सामाजिक एवं मानवतावादी दृष्टिकोण इन सारी परिस्थितियों से उबरने का एकमात्र रास्ता है। "भगवान बुद्ध के धर्म में किसी प्रकार के सामाजिक तथा राजनीतिक द्वेष की दुर्गन्ध नहीं है। इनका मुख्य लक्ष्य मानव-कल्याण के लिए समानता, नैतिकता तथा अहिंसा का मार्ग प्रशस्त करना है।"[6] भगवान बुद्ध का कहना है, स्वयं जीओ और दूसरे को भी जीने दो। सभी प्राणी सुखी हों, सभी कुशल हों तथा सभी एक-दूसरे के कल्याण की कामना करें, तभी स्वस्थ एवं आदर्श समाज का सपना साकार होगा।

अर्थ, जाति, धर्म के आधार पर जो विषमताएँ व्याप्त हैं, वे समाज को कलुषित करने में एक महत्त्वपूर्ण कारक हैं। बौद्ध चिन्तन की दृष्टि से सभी मनुष्य, मनुष्य होने के नाते समान हैं। उनमें ऊँच-नीच, सुजन्मा-कुजन्मा जैसा भेद करना उचित नहीं है। बुद्ध की दृष्टि से 'ब्राह्मण उच्च तथा उत्कृष्ट जाति के हैं और अन्य निम्न और हीन' जैसे कथन व्यर्थ हैं। "सभी जाति के लोग बराबर हैं"–"चत्तारो वपण सम-समा"[7] कोई व्यक्ति जन्मना किसी जाति से सम्बद्ध नहीं होता है अपितु कर्मणा होता है। "कोई ब्राह्मण कुल में जन्म लेकर निकृष्ट कृत्यों का सम्पादन करता है, तो इस जन्म में कलंकित होता है और मरणोपरान्त नरक जाता है। उसका ब्राह्मण कुल में उत्पन्न होना, न तो उसे कलंकित होने से बचा सकता है और न नरक जाने से।"[8] उत्कृष्ट जीवन पद्धति चार मानवीय जीवन मूल्यों–मेत्ता, करुणा, मुदिता, उपेक्खा के सम्मिश्रण से ही संभव है। ये चार मानवीय मूल्य, उत्कृष्ट सामाजिक ढाँचे के चार स्तम्भ माने गये हैं। "मेत्ता का आशय है 'परहितकामना', करुणा मानव मन की वह स्थिति है, जिसमें अनुराग और प्रेम का अजस्त्र प्रवाह होता है। यह स्थिति मात्र मौखिक सहानुभूति नहीं वरन् दूसरों के दुःख की सहज सहानुभूति अर्थात् 'परदुःखकातरता' है। मुदिता का आशय है 'दूसरों के सुख-कल्याण में ईर्ष्या विहीन निर्बाध आनन्दानुभूति' तथा 'ऊँच-नीच एवं मूर्ख बुद्धिमान जैसे भेदभाव से परे की स्थिति' उपेक्खा है।"[9] इस प्रकार के अभ्यास से सामाजिक शांति और सौमनस्य की स्थिति कल्पनीय है। बुद्ध अपने समाज दर्शन में कहते हैं "अच्छे बुरे की पहचान, कार्यशीलता तथा नीर-क्षीर विवेक का होना, मानव का सबसे बड़ा धर्म है।"[10] जिस कर्म

से सब सुखी हों, वह कर्म ठीक है, जिस कर्म से दूसरों को आघात और दु:ख पहुँचता है, वह कर्म ठीक नहीं है। ऐसा होने से समाज में अराजकता की स्थिति उत्पन्न होने का खतरा होता है। इसलिए मनुष्य में मनोनिरीक्षण एवं स्वयं को देखने की प्रवृत्ति होनी चाहिए, जिससे वे समाज को हानि पहुँचाने के भागीदार न बनें। अत: मनुष्य में काम, लोभ, द्वेष, हिंसा, चंचलता उच्छृंखलता, अकर्मण्यता, आलस्य आदि प्रवृत्तियों का उपशमन अपेक्षित है।

परिवारों का समूह समाज है, पारिवारिक स्थिति कहीं न कहीं सामाजिक जीवन को भी प्रभावित अवश्य करती है। इसलिए परिवार के संदर्भ में बुद्ध द्वारा उपदिष्ट कर्त्तव्य निश्चय ही स्पृहणीय है। बुद्ध माता-पिता की ब्रह्मतुल्य प्रतिष्ठापना के पक्षधर थे। "माता-पिता की सेवा-सुश्रुषा और सहयोग न केवल सांसारिकों के लिए वरन् भिक्षुओं के लिए भी विहित था। माता-पिता का भरण-पोषण, उनके कृत्यों का सम्पादन, उनकी संतुष्टि के लिए वंश परम्परा कायम रखना, भावी पीढ़ी के लिए दाय का प्रतिपादन और पितरों से संबद्ध श्राद्ध कर्म करना, गृहियों का प्राय: अनिवार्य कर्त्तव्य था।"[11] पति और पत्नी के पारस्परिक कर्त्तव्यों का उल्लेख करते हुए 'सिगालोवाद सुत' में बतलाया गया है कि "किस प्रकार पति को अपने पति धर्म का निर्वाह करना चाहिए। पति का कर्त्तव्य है कि पत्नी का सम्मान करे, कभी पर स्त्री गमन न करे, तथा पत्नी को ऐश्वर्य और अलंकार प्रदान करे। इन कर्त्तव्यों से संतुष्ट हुई पत्नी समस्त गृह कार्यों का निर्वाह भली-भांति करती है। सेवकों को नियंत्रण में रखती है, स्वयं अतिचारिणी नहीं होती। अर्जित धन-सम्पत्ति की रक्षा करती है एवं अन्य सभी कार्यों का निपुणतापूर्वक संचालन करती है।"[12] बुद्ध ने उन सात व्रणों का उल्लेख किया है, जिनका पालन कर शक इन्द्र के पद तक पहुँचे, वे हैं-"मैं आजीवन अपने माता-पिता का पालन पोषण करुँगा, मैं चुगलखोरी नहीं करुँगा, मैं परिवार के बुजुर्गों का सम्मान करूँगा, मैं मधु भाषण करूँगा, मैं संकीर्णता और लोभरहित होकर गृहस्थ धर्म का पालन करूँगा, मैं सदैव सत्य बोलूँगा, कभी क्रोध नहीं करूँगा।"[13]

बुद्ध ने समझ लिया था कि सम्पत्ति और विशेषत: व्यक्तिगत सम्पत्ति, समाज के लिए सर्वाधिक नुकसानदेह है और लोकतंत्र के अन्तर्गत सम्पत्ति पर एक व्यक्ति या समुदाय का अधिकार नहीं होता है क्योंकि इससे लोकतंत्र के भविष्य को खतरा हो सकता है। पंडित राहुल के शब्दों में "बुद्ध संघ के अन्तर्गत पूर्ण आर्थिक साम्यवाद को प्रचलित करना चाहते थे और भिख्खु-भिख्खुक्षियों के लिए वैसे ही नियम भी बनाए, जिसके अनुसार शरीर पर कपड़े और उस्तरा,

सुई, जलपात्र जैसी आठ चीजें ही वैयक्तिक हो सकती थी। शेष सारी सम्पत्ति संघ की मानी जाती थी।"[14] इसलिए उन्होंने समाज में क्लेश के लिए व्यक्तिगत सम्पत्ति को उत्तरदायी ठहराया है। सृष्टि के आरम्भ की अवस्था एक स्वार्गिक अवस्था थी। धन संग्रह के स्थान पर उसके उपयोग और उसकी अपेक्षा बुद्धि के महत्त्व का दिग्दर्शन निश्चित ही बौद्ध दर्शन की विशिष्टता है और यह नीति शांतिपूर्ण समाज की एक अहम् शर्त भी। बुद्ध का एकमात्र अभियान पूर्वाग्रह, अंधविश्वास, जातीय झुकाव तथा एक मनुष्य के द्वारा दूसरे के प्रति असमान व्यवहार के विरुद्ध था, जो आज भी भारतीय समाज की धमनियों में कीड़े की भांति प्रविष्ट है। मानसिकता के विरुद्ध चलाए गये बुद्ध के आन्दोलन ने सामाजिक मनोविज्ञान में सकारात्मक विचारों का संचार किया तथा मनुष्य के मन मस्तिष्क में यह प्रविष्ट कराया कि मनुष्य ऐसा अधम प्राणी नहीं है, जिसमें सुधार संभव ही नहीं हो। उसके अंदर वह चमक शेष है, जो उसे अर्हत की ऊँचाइयों पर प्रतिष्ठित करेगा। इस प्रकार उनके विचारों ने सामाजिक व्यवस्था में जातीय आधार पर उस समाज के ऊँच-नीच के भाव को नकार दिया। जिसमें ब्राह्मण एवं क्षत्रिय समस्त सुविधाओं का उपयोग करते हैं। इसके विपरीत सुविधा विपन्न लोग अपनी निम्न उद्गम के कारण अपमानजनक स्थिति का सामना करते हैं, इसी का परिणाम है कि आज दलित-चेतना की आँधी सबको झकझोर रही है। बुद्ध ने ऐसी व्यवस्था का विरोध किया तथा जाति विहीन एवं वर्ग विहीन समाज की परिकल्पना की, जहाँ समाज के प्रत्येक व्यक्ति को वैधानिक समानता एवं वैधानिक संरक्षण प्राप्त हो सके। आज भी इस विचारधारा की हमें उतनी ही आवश्यकता है जितनी बुद्ध के समय थी। बुद्ध के समय समाज की ब्राह्मण व्यवस्था में जातिगत शुद्धता पर बल दिया जाता था। अन्तर्जातीय विवाह अपराध था। धार्मिक दृष्टि से रक्त का अन्तर्जातीय मिश्रण विनाशकारी परिणाम का कारक माना जाता था। इस कारण ही शादी का सम्बन्ध अपनी जाति में ही किया जाता था। बुद्ध ने कठोर शब्दों में जातीय शुद्धता का विचार एवं रक्त मिश्रण के विनाशकारी परिणामों की मान्यता की निन्दा की। उन्होंने जातिगत शुद्धता की वैधता पर प्रश्न चिन्ह ही नहीं लगाया अपितु सामाजिक जीवन से ऐसे उदाहरण भी प्रस्तुत किए जहाँ विजातीय रक्त के मिश्रण से किसी भी प्रकार का प्रतिकूल या विनाशकारी प्रभाव नहीं उत्पन्न हुआ। अन्तर्जातीय विवाह आज भी हमारे समाज की एक महत्वपूर्ण समस्या है। आए दिन विवाह के पक्षधर दण्डित होते हैं और युवा मृत्यु के भागीदार। ऐसी स्थिति में बुद्ध का दर्शन हमारे समाज को अवश्य एक दिशा प्रदान करने में सक्षम है इसमें कोई संदेह नहीं है।

पर्यावरण असंतुलन आज की एक भीषण समस्या है। पर्यावरणविद् इस बिगड़ते संतुलन से परेशान हैं। आज पूरा विश्व पर्यावरण को बचाने के लिए चिन्तित है। भगवान बुद्ध का मानवतावादी पर्यावरणीय दर्शन इस विकट स्थिति से उबरने का एकमात्र रास्ता है। मानव एवं पर्यावरण के बीच वनों का महत्वपूर्ण योगदान रहा है। यह भौतिक पर्यावरण एवं इको तंत्र को सुरक्षित, संचालित एवं प्रगतिशील बनाता है। इसलिए जब वनों को काटा जाता है, तो वहाँ अनेक प्रकार के संसाधन वन्य, जैव-जगत, भूमि का उपजाऊपन, जल की उपलब्धता जैसे महत्वपूर्ण कारक नष्ट हो जाते हैं। वन स्वयं एक संसाधन के रूप में अनेक प्रकार के गौण एवं पोषक लघु वनस्पतियों को सुरक्षित रखता हैं। वनों पर ही वन्य प्राणी संसार, जलचर, भू-चर एवं उभयचर प्राणी निर्भर करते हैं। वन मानव जाति सहित समस्त जैव जगत के लिए प्राणदायक एवं गतिशील कारक हैं। वनों को प्राकृतिक पर्यावरण के मानव जाति के लिए अमूल्य तोहफे के रूप में जाना जाता है क्योंकि पर्यावरण संतुलन बनाये रखने में वनों का विशिष्ट एवं सर्वव्यापी योगदान रहा है। बौद्ध धर्म एवं पर्यावरण का सीधा सम्पर्क रहा है। भगवान बुद्ध की सम्पूर्ण जीवन-शैली पर्यावरण अथवा प्रकृति से भिन्न नहीं है। जातक कथाओं में भी इसके साक्ष्य उपलब्ध हैं। इसमें कहा गया है कि पूर्व के जन्मों में तथागत् ने वृक्ष के रूप में जन्म लिया था। उनके जीवन का प्रारम्भ ही प्रकृति के मध्य हुआ। "लगभग 563 ई. पूर्व लुम्बिनी में दो शाल वृक्षों के बीच उनका जन्म हुआ था। उन्होंने आर्यजन की भांति अन्य की पीड़ा का अनुभव किया तदुपरांत वैराग्य जीवन आत्मसात किया। अनेक स्थानों पर भ्रमण के उपरान्त अंततः गया के निकट निरंजना नदी के तट पर पीपल वृक्ष के छायादार स्थान को अपनी साधना के लिए उपयुक्त जाना। उन्होंने अपना प्रथम धर्मोपदेश सारनाथ के मृगदाय वन में कौडिण्य आदि पंचवर्गीय भिक्षुओं को दिया तथा शास्ता अर्थात् जन-जन को तारने वाले महान उपदेशक बने। अंत में, उनका महापरिनिर्वाण भी प्रकृति की शय्या पर कुशीनगर के वन में हुआ।"[15] भगवान बुद्ध के जीवन से संबंधित उपर्युक्त सभी घटनाएँ इस ओर संकेत करती हैं कि प्रकृति ने जन्म दिया, ज्ञान दिया तथा भव-बंधन से मुक्त किया। प्रकृति ने ही बुद्ध को ज्ञानार्जन की शक्ति प्रदान की। इस प्रकार हम कह सकते हैं कि बौद्ध धर्म का प्रकृति प्रेम में बड़ा योगदान है। बौद्ध दर्शन में पर्यावरण के अन्तर्गत केवल वन-वृक्ष ही नहीं आते हैं अपितु सम्पूर्ण प्राणी जगत् समाहित है। इसलिए जिस व्यक्ति का हृदय पर्यावरण के प्रति राग, द्वेष, लोभ आदि से रहित है, वही अहिंसक है। उनकी यही धारणा पर्यावरण की सुरक्षा का द्योतक है।

सामाजिक परिवर्तन का तात्पर्य सामाजिक संगठनों की बनावट एवं समाज के कार्यकलाप में आए फेरबदल से है। यह परिवर्तन सामाजिक प्रक्रिया के किसी पक्ष जैसे सामाजिक अभिरंचना, आकृति, प्रतिमान अन्त:क्रिया या सामाजिक संगठनों में आये हुए बदलाव को कहते हैं। यह मानव जीवन के पुराने तौर तरीकों, फैशन, रीति-रिवाज या सामाजिक परिचालन या संक्रिया में, नवीन बदलाव, परिमार्जन करने या उसके स्थान पर दूसरे प्रतिरूप को स्थापित करने से है। सामाजिक परिवर्तन एक प्रक्रिया है, जो अनेक प्रकार के परिवर्तनों के लिए उत्तरदायी है, जैसे—जीवन की मानव निर्मित स्थितियों, मानवीय विश्वास एवं दृष्टिकोण इत्यादि। इसके कारण सामाजिक मूल्य, सांस्कृतिक उत्पाद एवं प्रतीकों में परिवर्तन होते हैं, आज सामाजिक परिवर्तन का प्रश्न आधुनिकीकरण से जुड़ गया है। जब नयी भाषा, नये परिधान, नया फैशन, जीवन के नये तौर तरीके एवं रीति-रिवाज का संक्रमण, आधुनिकता के माध्यम से मानव समाज में होता है, तो परिवर्तन की मृग मरीचिका या मायाजाल का निर्माण होता है। लेकिन वास्तव में ये परिवर्तन जीवन की भद्रता एवं अभिजात्यपन को जन्म देते हैं। इसके प्रतिकूल बुद्ध का परिवर्तनवाद का दर्शन, व्यक्ति एवं समाज के वास्तविक परिवर्तन का स्रोत है। जीवन के दो विपरीत मतों परिग्रह एवं त्याग, अनुराग एवं वैराग्य, भोग एवं मोक्ष के मध्य का असंतुलन ही मानव जीवन की मूल समस्या है। हम आधुनिकता को इस व्यवस्थागत असंतुलन के दोष का कारण नहीं ठहरा सकते हैं। लेकिन बौद्ध धर्म दर्शन इन दो विपरीत ध्रुवों के मध्य समन्वय बनाने में हमारी सहायता कर सकता है। बुद्ध का मध्यम मार्ग का सिद्धांत इन दोनों विपरीत ध्रुवों या प्रतिकूल सिद्धान्तों की पराकाष्ठा में प्रविष्ट होने की प्रवृत्ति का शमन कर इन दोनों के मध्य नूतन परिवर्तन के प्रवाह को मानव जीवन एवं समाज में सहजता से प्रवाहमान बनाए रखता है।

निष्कर्ष रूप में हम कह सकते हैं कि बुद्ध के धर्म दर्शन का सर्वोच्च साध्य दु:खों की समाप्ति है। वास्तव में बुद्ध ने जो मार्ग दिया है, वह अन्धविश्वास, अविद्या और अन्य किसी बाह्य आध्यात्मिक शक्ति द्वारा नियंत्रित नहीं है, बल्कि उसका नियंत्रणकर्त्ता स्वयं मनुष्य और उसका चित्त है, इसलिए बुद्ध ने अपने आप को मार्गदाता कहा है, मोक्षदाता नहीं।

"सब्ब पापस्य अकरणं, कुसलस्स उपसंपदा,
सचित परियोदपनं, एतं बुद्धानु सासनं।

अर्थात् 'सारे पापों को न करना, पुण्यों का संचय करना, अपने चित्त को परिशुद्ध करना' यही बुद्ध की शिक्षा है।"[16] इस प्रकार बुद्ध के समाज दर्शन तथा

लोकतांत्रिक मूल्य की आधारशिला समता, स्वतन्त्रता, बंधुत्व और न्याय है। इन्हीं मूल्यों पर बुद्ध का मानवीय एवं नैतिक दर्शन निर्भर करता है। ये मूल्य ऊपरी सतह से भिन्न प्रतीत होते हैं, किन्तु यदि सूक्ष्म तार्किक बुद्धि से अवलोकन किया जाए तो निश्चित रूप से कहा जा सकता है कि एक मूल्य दूसरे से इतने समीप हैं कि एक की प्राप्ति होने पर, दूसरे की ओर मनुष्य अपने आप अग्रसर होता चला जाता है। इससे स्पष्ट है कि बौद्ध मत आदर्श समाज के लिए नैतिक अन्तश्चेतना की आवश्यकता को सर्वाधिक महत्व देता है। बौद्ध मत आदर्श समाज व्यवस्था के लिए निम्नलिखित नैतिक नियमों की अनुदेशना करता है–

1. आदर्श समाज मूलतः अहिंसक होता है। यहाँ अहिंसा मनसा, वाचा, कर्मणा होती है।
2. आदर्श समाज में चार्य-वृत्ति और परिग्रह का स्थान नहीं होता है। यहाँ त्याग ही आदर्श है।
3. आदर्श समाज में पारिवारिक और वैवाहिक मूल्यों के प्रति आदर भाव होता है। पर पुरुष या पर स्त्री गमन यहाँ नहीं होते हैं। छोटे-बड़े का सम्मान करते हैं तथा बड़े छोटे के प्रति स्नेह भाव रखते हैं। यहाँ 'मातृदेवों भवः', 'पितृदेवो भवः', 'गुरुदेवो भवः' और 'अतिथि देवो भवः' के आदर्श का पालन होता है।
4. यह समाज सत्यनिष्ठ होता है। यह सत्यनिष्ठा मनसा, वाचा, कर्मणा त्रिविध है। वस्तुतः बौद्ध नीतिशास्त्र पंचशील और दशशील के जिन नियमों का विधान करता है, उन्हीं के आधार पर आदर्श समाज की स्थापना होती है।

अतः अंत में बुद्ध के उपदेशों के आधार पर हम यह कह सकते हैं कि व्यक्ति के सर्वांगीण विकास के द्वारा ही एक स्वस्थ्य और आदर्श समाज की स्थापना संभव है। ऐसा समाज ही आर्थिक, सामाजिक, धार्मिक, राजनैतिक एवं अन्य सभी दृष्टियों से सम्पन्न एवं विकसित होगा। जिस समाज में व्यक्तिगत सम्पत्ति नहीं होती है, वहाँ आर्थिक विषमता भी नहीं होती है और समाज की आर्थिक स्थिति भी सुदृढ़ रहती है। संघीय व्यवस्था के आधार पर स्थापित समाज अनुपम होगा, क्योंकि यह समाज जाति विहीन होगा, ऐसे ही वर्ग विहीन आदर्श समाज की कल्पना महात्मा गाँधी ने भी की थी। कर्म सिद्धान्त बौद्धों का प्रमुख सिद्धांत है। कर्म ही सुख-दुःख का कारण है। कर्म आधारित और बुद्ध के उपदेशों से रचित समाज, एक आदर्श समाज होगा। आवश्यकता है तो एक

दृढ़ इच्छा-शक्ति की, अन्यथा स्वार्थ, भ्रष्टाचार की ऐसी आँधी चलेगी, जिसमें सब कुछ तहस-नहस हो जाएगा।

सन्दर्भ

1. डॉ. अविनाश कुमार श्रीवास्तव, बौद्ध धर्म दर्शन और सामाजिक परिवर्तन, दार्शनिक त्रैमासिक, अंक-1, 2012, पृ. 31-32.
2. मुकेश कुमार वर्मा, बौद्ध धर्म में मानवता का आदर्श, दार्शनिक त्रैमासिक, अंक-4, 2010, पृ. 229.
3. अनु. शांति भिक्षु शास्त्री, बोधिचर्यावतार, 10/22, पृ. 134.
4. डॉ. सुबोध कुमार, बौद्ध दर्शन में नैतिक, मानवीय एवं लोकतांत्रिक मूल्य-एक मूल्यांकन, दार्शनिक त्रैमासिक, अंक-3 जुलाई-सितम्बर, 2012, पृ. 165.
5. वही
6. अमरेन्द्र कुमार मौलाना, बौद्ध धर्म एवं पर्यावरण, दार्शनिक त्रैमासिक, अंक-4, अक्टूबर-दिसम्बर 2010, पृ. 185.
7. दीघनिकाय, भाग-1, पृ. 80.
8. डॉ. अरविन्द कुमार, बौद्ध मत में आदर्श समाज विषयक अवधारणा, त्रैमासिक पत्रिका, अंक-1, जनवरी-मार्च 2012, पृ. 182.
9. वही
10. जयशंकर मिश्र, प्राचीन भारत का सामाजिक इतिहास, 1992, दिल्ली विश्वविद्यालय, दिल्ली, पृ. 834.
11. दीघनिकाय, 'सिंगालोवाद सुत्त'.
12. वही
13. संयुक्त निकाय (हिन्दी अनुवाद), पृ. 132-33 (महाजाल सुत्त).
14. महामानव बुद्ध, पृ. 107.
15. डॉ. मृत्युनजला कुमारी सिन्हा, बौद्ध धर्म एवं पर्यावरणीय नैतिकता: एक दार्शनिक विमर्श, त्रैमासिक पत्रिका, अंक-1, जनवरी-मार्च 2012, पृ. 115-16.
16. धम्मपद - 5, बुद्ध वग्ग.

2

तमिल महाकाव्य मणिमेखलै में प्रतिपादित बौद्ध दर्शन

डॉ॰ जी॰ शांति

बौद्ध मत के प्रवर्तक भगवान बुद्ध ने ज्ञान का द्वार सब जाति वालों के लिए खोल दिया, धार्मिक कट्टरता को दूर करने का उपदेश दिया और दूसरों के विचारों का आदर करना भारत का स्वभाव बना दिया। बुद्ध ने लोगों को समझाया कि तर्क पर भरोसा करो, जो सच लगे, वही मानो और लोभ-मोह से दूर रहो। आपने कर्म की प्रेरणा दी, देश को सक्रिय किया और जनता को अपने पैरों पर खड़ा होने को प्रेरित किया। इस प्रकार बौद्ध संप्रदाय संसार में शांति की अमोघ शक्ति रहा है। यह संप्रदाय दूसरों को जीतने के लिए करुणा और अहिंसा को ही सर्वोत्तम अस्त्र मानता है।

स्वयं जीवनमुक्त होकर भगवान ने जीवमात्र के लिए मुक्ति का मार्ग खोल दिया। कर्मकाण्ड के आडम्बर की अपेक्षा सदाचार को उन्होंने प्रधानता दी और यज्ञों के नाम पर होने-वाली जीव-हिंसा का घोर विरोध किया। जो पांच भिक्षु उनका साथ छोड़कर चले गये थे, उन्हीं को सबसे पहले भगवान के उपदेश सुनने का सौभाग्य प्राप्त हुआ। धर्म का उपदेश और विवेचन स्वयं भगवान ही करते थे। बुद्ध के परिनिर्वाण के पश्चात् इन व्याख्यानों का तीन भागों में संग्रह किया गया। जिनके नाम हैं–सुत्त-पिटक, विनय पिटक, अभिधम्म पिटक। सुत्त पिटक में बौद्ध-धर्म से सम्बन्ध रखने वाले प्रकीर्ण विषय हैं। अभिधम्म पिटक में बौद्ध दर्शन और धार्मिक तत्वों का विवेचन है तथा विनय पिटक में बौद्ध भिक्षुओं की दैनिकचर्या के नियम हैं। ये ग्रन्थ गुरु-शिष्य परम्परा से चलते रहे और बुद्ध के परिनिर्वाण के कई सौ वर्ष बाद ये लेख लिपिबद्ध हुए थे।

तमिलनाडु में बौद्ध धर्म का प्रवेश

कुछ लोगों के मतानुसार, तीसरी शताब्दी के बाद ही बौद्ध धर्म का आगमन तमिल प्रदेश में हुआ होगा। तृतीय संगमकालीन काव्य कृतियों में बौद्ध धर्म सम्बन्धी उल्लेख नहीं होने पर भी उस युग में रचित 'मणिमेखलै, शिलपरिकारम्, मदुरैकांची' जैसे काव्यों में, इस धर्म के सम्बन्ध में उल्लेख प्राप्त हैं। इसके अलावा बौद्ध धमविलम्बी द्वारा रचित कविताएँ, इस तीसरे संगमकालीन संकलनों में मिलती हैं। मणिमेखलै प्रबन्ध काव्य के रचयिता बौद्ध कवि कूलवाणिक चात्तनार द्वारा रचित कविताएँ, संगकालीन 'अकनानूरु', 'पुरुनानूरु' 'नट्रिणै कुरुंतोकै आदि काव्य-संकलनों में संकलित हैं। इलम् बोधियार तृतीय संगमकालीन बौद्ध कवि थे।

सम्राट अशोक के जमाने में ही बौद्ध धर्म तमिलनाडु में प्रवेश कर गया था। 'महावंरा' तथा 'दीपवंश' नामक दो प्रख्यात बौद्ध ग्रन्थ, हमें इस इतिहास का विवरण उपलब्ध कराते हैं कि बौद्ध धर्म किस प्रकार श्रीलंका में प्रवेश कर चुका था और किस प्रकार श्रीलंका के शासक उसका पोषण कर, उसका प्रचार करने में मदद करते थे। श्रीलंका द्वीप, तमिलनाडु से सटा हुआ देश है। इसलिए, श्रीलंका में बौद्ध धर्म के प्रवेश और उसके प्रचार के समय, तमिल प्रदेश में भी बौद्ध धर्म का प्रवेश हुआ।

भगवान बुद्ध के परिनिर्वाण के पश्चात् अनेक निष्ठावान अनुयायी बौद्ध भिक्षु एवं संन्यासी अनेक देशों में जाकर, इस धर्म के सिद्धांतों का प्रचार-प्रसार करते थे। वे इस सिलसिले में तमिल प्रदेश में भी आये थे तथा नगर, गाँव आदि सभी जगहों में जाकर बौद्ध धर्म का प्रचार करना ही अपने जीवन का प्रमुख ध्येय मानते थे। तमिलनाडु में जगह-जगह पर राजा, वणिक लोग, समृद्ध धनाढ्य लोग आदि का आर्थिक सहयोग प्राप्त कर, इन भिक्षुओं ने अनेक विहारों, पाठशालाओं, वेदियों, आश्रमों का निर्माण कर, धर्म के प्रचार-प्रसार में तीव्रता लाने का कार्य किया। मठों में रहने वाले बौद्ध संन्यासी, चिकित्सा-पद्धति में दक्षता प्राप्त कर, अपने पास आने वाले रोगियों को मुफ्त में औषधि-दवाएँ देकर उनकी सेवा करते थे।

मातृभाषा के माध्यम से अपने धार्मिक सिद्धांतों को संसार में प्रचारित करने के उद्देश्य से बौद्ध संन्यासी जहाँ-जहाँ गए वहाँ की भाषा को सीख समझकर तद्-तद् प्रादेशिक भाषा में धर्म-ग्रन्थों तथा तत्संबंधी अन्य ग्रन्थों की रचना करते थे। इस प्रकार तमिल भाषा के लिए इनके द्वारा की गई सेवा अविस्मरणीय है।

संघोत्तर काल

यह तमिल साहित्य धारा के बढ़ते और फैलते कलेवर का प्रारंभिक युग था। बाहरी प्रभावों का अभिभावन इस युग का वरणीय प्रवर्तन था। प्रधानत: आर्यों, बौद्धों और जैनों का आगमन और उनका तमिल के सामाजिक-सांस्कृतिक जीवन में सम्मिलन इस युग की प्रवृत्तियाँ थीं। प्राय: यह काल ई. 200 से 500 तक का है। इसी काल में शिलप्पदिकारम् और मणिमेखलै दोनों महाकाव्य रचे गये। इनके रचयिता जैन और बौद्ध सम्प्रदाय के थे। यों तो, बौद्धों का ही प्रभाव तमिलनाडु में आर्य-प्रभाव के बाद समादृत होने लगा और जन जीवन के सभी क्षेत्रों में बौद्ध प्रभाव का स्वागत हुआ।

मणिमेखलै—तमिल भाषा के पंच महाकाव्यों में मणिमेखलै महाकाव्य को द्वितीय स्थान प्राप्त है। इस महाकाव्य को 'मणिमेखलै वैराग्य' भी कहते हैं। क्योंकि मणिमेखलै का वैराग्य-जीवन उसकी मुक्ति से समाप्त होता है। नायिका मणिमेखलै सिलप्पदिकारम् के नायक कोवलन की पुत्री है। अत: दोनों काव्यों का रक्तगत सम्बन्ध स्थापित हुआ। सिलप्पदिकारम् में जहाँ 'धर्मार्थकाम' पर जोर दिया गया है। वहीं मणिमेखलै में 'मोक्ष' पर। मणिमेखलै में बौद्ध मत के सागोपांग निरूपण द्वारा बौद्ध मत का दर्शन स्थापित हुआ है। काव्य 'अगवर्पा' मुक्तक छंद में लिखा गया है। इसमें शान्त रस प्रधान है। बौद्ध धर्म प्रचारार्थ कल्पना-प्रधान इस महाकाव्य के रचयिता हैं, बौद्ध महाकवि मदुरै कूलवाणिगन सीत्तलै सात्तनार। सीत्तलै सत्तनार का उद्देश्य बौद्ध धर्म का प्रतिपादन, समर्थन और उपदेश देना था। यह महाकाव्य तीस गाथाओं में विभक्त हैं, जो सर्गों के पर्याय हैं। इसमें बौद्ध सम्प्रदाय के कई पारिभाषिक शब्द और वाक्य प्रयुक्त हुए हैं। काव्य की शैली मधुर, सरल और गतिशील है। यह तीसरी शती के अंतिम चरण की रचना मानी जाती है।

कथावस्तु—कोवलन की मृत्यु का समाचार सुनकर, माधवी अपनी बेटी मणिमेखलै के साथ बौद्ध धर्म को अपना लेती है। बौद्ध भिक्षुणी बन बौद्ध मठ में तपोमय जीवन बिताने लगती है। जब बुद्ध भगवान की पूजा हेतु फूल चुनने अपनी सखी के साथ मणिमेखलै मठ से बाहर निकलती है, तब राजकुमार उदयकुमार की दृष्टि उस पर पड़ती है। उसे देख मणिमेखलै अपनी रक्षा करने उपवन में स्थित 'पलिक्करै' कमरे में छिप जाती है। 'मणिमेगला' नामक एक देवता की सहायता से वह 'मणिपल्लव' द्वीप में पहुँच जाती है। बुद्ध की जन्मतिथि की पूर्णिमा में, उस द्वीप के 'कोमुगि' तालाब से बुद्ध पीठ तथा 'अभुद सुरभि' नामक

अक्षय पात्र बाहर निकला करते थे। मणिमेखलै बुद्ध पीठ के दर्शन के समय अपने पूर्व जन्म का वृत्तांत जान लेती है। साथ ही साथ अक्षय पात्र भी उसके हाथ लग जाता है। वह उस द्वीप में स्थित देवता से तीन मन्त्र प्राप्त कर, पुगार नामक शहर लौटती है।

उस अक्षय पात्र में से अन्न बाँटकर वह शहर के अन्धे, काने, लूले, लंगड़े, बूढ़े, रोगी तथा अनाश्रित लोगों की सेवा करती रहती है। अन्त में मणिमेखला गगन-चारिणी भिक्षुणी बनकर देश-देशान्तर घूमती है और लोगों को बौद्ध धर्म की उपादेयता बताती है। लोक कल्याण की सेवा पूरी करके, चेर देश की राजधानी में वंची नगर पहुँचकर, वहाँ अपने आचार्यवर बौद्ध भिक्षु अखण अडिगल के साथ विहार में ठहर जाती है और शेष जीवन तपस्या, धर्म-चर्चा, साधुसंग एवं सदुपदेश में बिताने लगती है।

बौद्ध धर्मः गौतम बुद्ध के पूर्व ही बौद्ध मत के तत्व बीज रूप में प्रचलित थे। स्वय गौतम बुद्ध ने मान लिया है कि उनके पूर्व तेईस बुद्ध (ज्ञानी) मौजूद थे। उन्हीं के तत्वों का आकलन बौद्ध मत का सार है। सांख्य दर्शन में कहा गया है कि तीन प्रकार के दुःख से मुक्त होकर मोक्ष की प्राप्ति करना ही जीवन का लक्ष्य है। आध्यात्मिक, आधिदैविक तथा आधिभौतिक दुखों से ज्ञानी ही मुक्त हो सकता है। बुद्ध के बाद माध्यमिक, योगाचार, मौत्रांत्तिक तथा त्रैभाषिक नामक चार सम्प्रदाय बौद्ध मत में उठ खड़े हुए। बौद्ध मत में दो प्रबल शाखाएँ भी महायान तथा हीनयान के रूप में प्रसिद्ध हुईं। हीनयान सम्प्रदाय का एक मात्र ग्रन्थ है त्रिपीठकम्, जो पालि भाषा में लिखा हुआ है। महायान सम्प्रदाय के कई संस्कृत ग्रन्थ मिलते हैं। मणिमेखलै में हीनयान सम्प्रदाय का ही वर्णन हुआ है।

बुद्ध ने कहा है कि स्वार्थ की सिद्धि के लिए किया जाने वाला प्रयत्न धर्म-सम्मत नहीं है। जो निष्काम कर्म करता है, वही इस भव-बन्धन से मुक्त हो सकता है, जन्म-मृत्यु-चक्र से छूट सकता है। यह तत्त्व भगवद्गीता के निष्काम कर्म-योग से बहुत साम्य रखता है। मणिमेखलै ने बुद्ध को "तनक्केनवाला प्पिरकुंरियालन" कहा है। अर्थात् अपने लिए जीवित न रहकर दूसरों के वास्ते जीवन बिताने वाला। बुद्ध को कुछ लोग नास्तिक तथा अनात्मवादी कहते हैं, पर मणिमेखलै में इसके प्रमाण नहीं मिलते हैं।

सांख्य, वेदान्त, जैन तथा बौद्ध धर्मों में माना हुआ सिद्धान्त है कि संसार दुखमय है। इस सिद्धान्त को बौद्ध लोग दुखवाद कहते हैं। उनका कथन है कि यह दुनिया क्षणभंगुर और नश्वर है। सांसारिक जीवन तथा शरीर दुख का भण्डार है। मणिमेखलै शरीर की नश्वरता यों बताती है—

"इलामैयुम निल्ला, याक्कैयुम निल्ला
वलवियवान पेरुम सेलवमुम निल्ला
बुद्धर उलगम पुदलववरुं तारार
मिक्क अरमे विलुत्तुणै आवदु।"

अर्थात्–न यह यौवन स्थिर रहता है, न श्रम से अर्जित यह विपुल सम्पत्ति ही स्थिर रह सकती है, न पुत्र-प्राप्ति ही बुद्ध लोक को हमें पहुँचा सकती है। हमसे किये गये अच्छे कर्म ही मार्ग में हमारी रक्षा करने वाले हैं।

ई.पू. तीसरी शताब्दी में सम्राट अशोक के बंधु महीन्दर (महेन्द्र) श्रीलंका जाकर वहाँ धर्म का प्रचार करने के लिए जाने के पूर्व, चोल प्रदेश के कावेरी पूम्पट्टिणम् में ठहरे थे। वहाँ उन्होंने सात बुद्ध विहारों का निर्माण किया था। जिसका उल्लेख मणिमेखलै तथा शिलपढ़िकारम में मिलता है।

मणिमेखलै काव्य द्वारा हम यह जान लेते हैं कि इस कोट्टम में 'चम्पाति' नामक बौद्ध देवता का मंदिर रहा है और उस मंदिर के एक खम्भे में 'कन्दिर पावै' नामक देवता की मूर्ति बनी हुई थी तथा 'चक्र वालम्' नामक बौद्धों के अण्डकोश की मूर्ति इस कोट्टम के द्वार पर बनी हुई थी। चम्पाति मन्दिर के लिए 'कुच्चर कुटिकै' तथा 'मुदियाल कोट्टम्' के अन्य नाम भी प्रचलित थे।

मणिमेखलै महाकाव्य के माध्यम से हमें यह भी जानकारी प्राप्त होती है कि ई. दूसरी शताब्दी में चोल प्रदेश के शासक किल्लिवलवन् ने बौद्ध धर्म में दीक्षित होकर संन्यासिनी बनी मणिमेखलै के अनुरोध पर, कारागृह को धर्मशाला के रूप में परिवर्तित कर, उसे बौद्धों के लिए दान में दिया था तथा उस कारागृह को बौद्ध लोग धर्मशाला के रूप में परिवर्तित कर, बौद्ध पल्लि के रूप में उसका उपयोग करते थे। अरवण संन्यासी, मणिमेखलै आदि बौद्ध संन्यासी इस शहर में उस समय रह रहे थे।

मणिमेखलै प्रबन्ध-काव्य से यह ज्ञात होता है कि ई. दूसरी शताब्दी में चोल राज्य के शासक किल्लिवलवन के अनुज इलंकिल्लि ने कांचीपुरम् को अपनी राजधानी बनाकर तोण्डैमण्डलम् पर शासन करते समय बोधिसत्व भगवान बुद्ध के लिए एक चेदियम् का निर्माण किया था। इसी दूसरी शताब्दी में कांचीपुरम् की दक्षिण पश्चिम दिशा में 'धर्मवदन' नामक एक उपवन हुआ करता था और राजा इलंकिल्लि ने वहाँ एक बुद्ध पीठ की स्थापना कर, बड़े धूमधाम से उत्सव भी मनाया था, इसकी सूचना भी हमें 'मणिमेखलै' काव्य से प्राप्त होती है।

कावेरी पूम्पट्टिणम् में बौद्ध पल्लि के अध्यक्ष रहे अरवण अडिकल, परवर्तीकाल में कांचीपुरम् आकर रहे थे और वे बौद्ध धर्म का उपदेश लोगों को देते थे, इसका उल्लेख भी इस काव्य में है। मणिमेखलै बौद्ध धर्म में दीक्षित होकर बौद्ध भिक्षुणी बनने के बाद अंतिम समय तक कांचीपुरम् में ही रही। इस काव्य से यह जानकारी भी प्राप्त होती है कि दूसरी शताब्दी में चेदियम तथा अन्य बौद्ध पल्लि यहाँ रहे हैं। कोवलन के पिता मासात्तुवान, मणिमेखलै और अरवण अडिकल ने यहाँ के बौद्ध विहारों के दर्शन किए थे।

मणिमेखलै का काव्य-पाठ करते समय पाठक इसका अनुभव नहीं करते कि वे बौद्ध मत के सिद्धांतों का अध्ययन कर रहे हैं अपितु काव्य की कथावस्तु से सिद्धान्त मिलकर ऐसा लग रहा है कि मानों सोने के फूल में सुगन्ध मिल गई हो। राजा-प्रजा, माता-पिता, पुत्र-पुत्री, गुरु-शिष्य, पति-पत्नी, नौकर-मालिक तथा मित्र के एक-दूसरे के प्रति कर्त्तव्य का निर्देश कान्तासम्मित ढंग से हुआ है तथा उपासक तथा भिक्षुओं के अनुकरणीय धर्म के विभिन्न मार्ग दर्शाये गये हैं।

वंजि नगर में दो हजार वर्ष पहले ही विविध वाद प्रचलित थे। मणिमेखलै भिक्षुणी बनने से पूर्व उन विविध मतों के तत्वों को जानना चाहती थी। उसके युवती, स्त्री होने के कारण अपने मतों के तत्व, वे लोग उससे नहीं कह सकते थे। अतः मन्त्र-बल से अपना रूप बदल कर, उसने तत्कालीन शैव, ब्राह्मण, वेदवाद, जैन, निघंटु, सांख्य और भूतवादी मतों का अध्ययन किया, परन्तु उन मतों से वह सहमत नहीं हुई और कंचि नगर की ओर चल पड़ी और अन्त में बौद्ध संन्यासी अरवणडिगल की शरण में जाकर उसने बौद्ध धर्म की दीक्षा ली।

उपसंहार—इस प्रकार हमें 'मणिमेखलै' में आर्य और द्रविड़ संस्कृति के भेद ही दृष्टिगोचर नहीं होते, अपितु इस ग्रंथ में आर्य और द्रविड़ संस्कृतियाँ मिल-जुलकर एक बन गई हैं। स्पष्ट है कि भारत की एकता दो हजार साल पहले ही स्थापित थी। प्राचीन तमिलनाडु का इतिहास, कलात्मक सौन्दर्य, तमिलों की सभ्यता, सामाजिक रीति-रिवाज तथा तद्‌युगीन प्रचलित धार्मिक सिद्धान्त, विश्वास तथा तमिलों की जीवन-शैली को जानने-समझने में इस ग्रन्थ की उपादेयता और महत्ता निश्चित रूप से मान्य है। बौद्ध धर्म के सिद्धान्तों पर आधारित यह काव्य, तमिल साहित्य के विशिष्ट आभूषण के रूप में विश्वविश्रुत है।

सन्दर्भ

1. र. शौरिराजन, *तमिल संस्कृति*, दक्षिण भारत हिन्दी प्रचार सभा, मद्रास, प्रथम संस्करण, अप्रैल 2002.
2. डॉ. एम. शेषन्, तमिलनाडु में जैन/बौद्ध धर्म एवं तमिल साहित्य की श्रीवृद्धि में योगदान, साहित्य सहकार, दिल्ली 32, प्रथम संस्करण 2003.
3. डॉ. एन. ई. विश्वनाथ अय्यर, *मानवता के सेवक*, दि मैकमिलन कम्पनी ऑफ इण्डिया लिमिटेड, मद्रास, प्रथम संस्करण 1976.
4. श्री एस.पी. वर्मा, *भारतीय संस्कृति*, दयालबाग एजुकेशनल इन्स्टीट्यूट डीम्ड विश्वविद्यालय, आगरा, तृतीय संस्करण, सितम्बर 1988.

3
बुद्ध की सेवा में पुनीत दस माताएँ

डॉ॰ दोड्डा शेषु बाबू

भारतीय समाज जब अंधविश्वास, अनाचार तथा वर्ण व्यवस्था की चपेट में रहकर सीमित हो रहा था, तब अंधविश्वासों से देश की जनता को मुक्त करने के लिए, अंधविश्वासों में डूबी सभी सामाजिक व्यवस्थाओं में चेतना जगाने के लिए, गौतम बुद्ध ने ईसा पू. में सम्पूर्ण जीवन समर्पित कर दिया। मुख्यत: पितृसत्तात्मक व्यवस्था के कारण गुलामी से भी बदतर जीवन जी रही स्त्रियों की व्यथा को समझकर, गौतम बुद्ध ने स्त्रियों के कल्याण के लिए अनेक कदम उठाये थे। वैसे तो बुद्ध की अनेक सेवक स्त्रियाँ अपनी सेवाओं से पुनीत होकर धन्य हो गयी हैं, किन्तु मुख्यत: जो दस स्त्रियाँ प्रत्यक्ष रूप से बुद्ध की सेवा में रहकर, उनकी दीक्षा से पुनीत हो गयी हैं, वे हैं–राज परिवार की प्रजापति गौतमी, यशोधरा, मल्लिका, गहपति की 'विशाखा', 'पराचरा' आदि स्त्रियाँ ब्राह्मण्य से संबंधित हैं, तो शूद्र वर्गों की सुजाता, प्रकृति, नगर शोभिनी आम्रपाली, सिरिमा आदि दस स्त्रियाँ हैं। इनके सम्पूर्ण विवरण इस प्रकार हैं–

महाप्रजापति गौतमी

लिच्छवि वंश की स्त्री, शाक्य वंश की महारानी, शुद्धोधन महाराज की धर्मपत्नी, मातृमूर्ति पावनी गौतमी महाराज शुद्धोदन के मृत्योपरांत सभी राज भोगों को त्याग कर, बुद्ध के मार्ग पर चलने के लिए बाहर आयी पहली स्त्री हैं। अनेक कठिनाइयों का सामना करने के पश्चात् बुद्ध से स्वीकृति पाकर 500 महिलाओं को 'धम्म दीक्षा' दिलाकर, भिक्षुणी संघ बनाकर, उसकी सभी रीति-रिवाजों को, सिद्धांतों को, नियमावली का अनुपालन करते हुए बुद्ध के पाद स्पर्श लेकर, गुरु के रूप में स्वीकार करते हुए, उस समय के समस्त मानव जाति के सामने वे आदर्श माता के रूप में प्रख्यात हुई हैं।

यशोधरा

कोलिया राजवंश के सुप्रबुद्ध, रानी अमिताओं की सुपुत्रिका हैं, यशोधरा। वे सकल सद्गुणों की सौन्दर्य राशि हैं। उन्होंने गत जन्म में भी बुद्ध की सहचरी ही रहकर अपनी जिंदगी परिपूर्ण बनायी थी। स्वयंवर में सिद्धार्थ की पत्नी बनकर, गृहस्थ जीवन में राहुल की माँ बनकर, पति के महाभिनिष्क्रमण के बाद भी उन्होंने पुत्र को राजा के रूप में सकल शिक्षाओं के साथ बड़ा किया धीर वनिता रहीं। पति के महाभिनिष्क्रमणांतर भी बुद्ध की वाणी को सगर्व से स्वीकार करते हुए वे कहती हैं कि "आपका निर्णय सही है, मैं भी परिव्राजिका बनकर आपके साथ चलने वाली थी लेकिन इस मासूम बच्चे को बड़ा करने की जिम्मेदारी मेरे ऊपर रही थी। आप अपने बच्चे के बारे में या अपने माता-पिता को लेकर चिंतित मत हों। यह सब मैं देखती रहूंगी। आप सर्वमानवाली के सौभाग्य को लेकर, लोक कल्याण के बारे में सोचिए।" बाद में अपनी ससुराल के साथ परिव्राजिका बनकर धम्म मार्ग में पुनीत बनी धीर वनिता हैं, यशोधरा।

रानी मल्लिका

कोसल देश की आम समाज की स्त्री है, रानी मल्लिका। वे शूद्र स्त्री तथा अति सुन्दर लावण्यवती हैं। एक दिन खेत में काम करने वाले अपने पिता के पास भोजन ले जाते हुए मध्य मार्ग में पेड़ की छाया में विश्राम पा रहे 'तथागत' को देखकर अप्रयत्न से ही उन्होंने भक्तिभाव से भोजन खिलाया था। खाना खाकर बुद्ध ने उन्हें दिल भरकर आशीर्वाद दिया। खाना खिलाने के पहले उन्हें यह मालूम नहीं था कि वह शूद्र हैं। अब बुद्ध के बारे में असली बात जानकर वह परमानंद होकर, चमेली के बाग में जाकर गीत गाते हुए नाट्य कर रही थी। उसी वक्त उस मार्ग पर यात्रा करने वाले कोसल देशाधिपति 'प्रसेनजित' उनके श्रव्य गान तथा नाट्य से मुग्ध होकर, उनसे विवाह कर उन्हें अपनी महारानी बनाया था। आदर्श रानी के रूप में अपना कर्त्तव्य निभाते हुए, बुद्ध की शिष्या बनकर उन्होंने जिन्दगी को परिपूर्ण बनाया था।

मिगुर माता विशाखा

अंग देश के धनुंजय, सुमना की पुत्रिका हैं, विशाखा। वे कोसल राज के मंत्री मिगुर के पुत्र पुष्पवर्धन की धर्मपत्नी थीं। मिगुर ने एक दिन दिगम्बर जैन संन्यासियों को आतिथ्य देने के लिए उन्हें आह्वान किया। उनकी सेवा में रहने के लिए बहू विशाखा को आज्ञा दी, लेकिन वह इस आज्ञा को तिरस्कृत कर, उन लोगों से दूर रही। इस घटना पर गुस्सा व्यक्त करते हुए दिगम्बर जैन संन्यासियों

ने उन्हें घर से भगाने की बात की, लेकिन मिगुर वह काम नहीं कर सका। कुछ दिनों के बाद बौद्ध भिक्षु, भिक्षा के लिए दरवाजे के सामने खड़े होकर भिक्षा माँग रहा था। सोने के गिलास में खीर सेवन करते हुए भी मिगुर ने भिक्षु की ओर जानबूझ कर नहीं देखा। इससे विचलित होकर विशाखा भिक्षु से कहती है–"मेरा ससुर सड़ा हुआ खाना खा रहा है (पूर्व जन्म फल का अनुभव कर रहा है) आप दूसरे घर जाइए।" फलस्वरूप वह ससुर के क्रुद्ध होने पर अपने माँ बाप के घर जाने के लिए भी तैयार हो गयी, लेकिन वे नहीं माने। इसके पश्चात् आखिर मिगुर से ही बौद्ध भिक्षा का आह्वान कराया गया।

बहुत कम समय में ही बुद्ध को, भिक्षुओं के साथ आतिथ्य के लिए आह्वान कर, बुद्ध के प्रवचनों को सुनकर, उनकी सेवा में वह परमानंद पायी थी। मिगुर ने भी पुत्रवधू विशाखा को मातृमूर्ति के रूप में मानते हुए, माता के रूप में उनका संबोधन करना शुरू किया। अपने परिवार के साथ-साथ सारी महिलाओं को बुद्ध की शिष्या बनाकर, वह बुद्ध की सेवा में पुनीत हो गयी थीं।

पटाचरा

श्रावस्ती नगर के धनी वैश्य, जैन धर्म के अनुपालक की पुत्रिका हैं, पटाचरा। पिताजी द्वारा उनके विवाह की कोशिशों के दौरान वह अपने नौकर के प्यार में डूबकर, धन तथा अमूल्य गहनों को लेकर, नौकर के साथ भाग गयी थीं। प्यार ही जिंदगी है तथा प्रिय को ही जीवन समझने वाले उनके सुखी जीवन में दो बच्चे भी आ गये। घर से लाया गया धन खत्म होने के बाद वह फिर से अपने पिता के पास वापस जाते वक्त, मार्ग में साँप काटने से उसके पति की मृत्यु हो गयी थी। दो बच्चों के साथ नदी को पार करते वक्त, नाव में डूबकर उनके दो बच्चे मर गये थे। मुश्किल स्थिति में पिता के गाँव पहुँचने के बाद, पाँच मंजिल वाले भवन तूफान के कारण गिर जाने से उनके माता-पिता के भी मर जाने की बात सुनकर वह विभोर होकर रोते हुए विचलित जीवन जी रही थी। एक दिन बुद्ध के प्रवचन सुनकर धम्म दीक्षा स्वीकार कर, बुद्ध के वचनों को प्रचार-प्रसार करने जुट गयी।

धनंजनानी

धनंजनानी राजगृह में रहने वाले ब्राह्मण भारद्वाज की पत्नी थी। धनंजनानी बुद्ध भगवान की परम भक्त थीं। भारद्वाज, बुद्ध तथा बुद्धवाणी को बहिरंग ही तिरस्कार करते हुए द्वेष करते थे। लेकिन धनंजनानी बुद्ध की वाणी, बुद्ध के धर्म तथा संघ की नियमावली पर अखण्ड विश्वास रखती थी। एक दिन पति भारद्वाज ने ब्राह्मणों के

लिए आतिथ्य दिया। इस दौरान उन्होंने बुद्ध के बारे में किसी भी रूप में चर्चा करने के लिए अपनी पत्नी को मना कर दिया था, लेकिन उसने निडर होकर ब्राह्मणों के सामने, बुद्ध भगवान की वाणी को लेकर, धम्म तथा बुद्ध की नीति को लेकर अनेक गीत गाये। आतिथ्य के बाद बुद्ध पर गुस्सा करते हुए उनको सबक सिखाता हूँ, कहते हुए वह बुद्ध के पास पहुँचकर उनसे प्रश्न करता है कि "आनंदमय जीवन के लिए क्या करना चाहिए।" इस पर उत्तर देते हुए बुद्ध ने कहा कि "आप अज्ञान से बाहर आइये।" इस प्रकार के वाद संवादों के बाद धनंजनानी के साथ-साथ भारद्वाज भी बुद्ध के रास्ते पर चल पड़े।

सुजाता

सुजाता एक यादव स्त्री थीं। संपूर्ण धन सम्पत्ति से परिपूर्ण होने पर वह भी पुत्र संतान के लिए तड़प रही थी। एक दिन महावृक्ष के पास पहुँच कर उसने पुत्र संतान के लिए प्रार्थना की। तुरंत उचित काल में पुत्र का जन्म हुआ। इस कारण एक दिन वृक्ष की पूजा करने के लिए वह वृक्ष के समीप पहुँची, उस वृक्ष की छाया में तपस्या के कारण जीर्ण हुए (सूखा) बुद्ध को वन देवता समझकर उसने उन्हें भक्ति से खीर खिलायी। बुद्ध ने उस खीर को आनंद से स्वीकार कर, उससे बात करके, उसके आनंद का कारण तथा दु:ख के निष्क्रमण को पहचान लिया। इस प्रकार 'सुजाता' सही समय पर, बुद्ध को खीर खिलाकर बुद्ध की कृपा का कारण बनी। इसके उपरांत आए भीषण अकाल की स्थिति में उपनी समस्त परिसंपत्ति को दान देकर, बुद्ध के मार्ग पर शेष जीवन समर्पित कर दिया।

प्रकृति

श्रावस्ती नगर की मातंग स्त्री यथारीति तालाब से पानी लेकर आ रही थी। उसको देखकर बुद्ध के प्रिय शिष्य 'आनंद' ने प्यास से बचने के लिए पीने का पानी माँगा। इसके उत्तर में उसके 'निचली जाति की स्त्रियाँ पानी नहीं दे सकती'–कहने पर, 'मैं पानी माँग रहा हूँ, तुम्हारी जाति नहीं पूछ रहा हूँ', यह कहकर आनंद ने समता-ममता-सम्मानता का उपदेश उन्हें सुनाया। 'आनंद' को पानी देकर घर गयी 'प्रकृति' ने आनंद से विवाह करने की इच्छा माँ-बाप के सामने रखी। 'तुम्हारा विवाह भिक्षु से नहीं हो सकता' जैसी बातें माँ के मुँह से सुनने के बाद, आनंद को ढूँढते हुए वह बुद्ध के पास पहुँच गयी। 'प्रकृति' को देखकर बुद्ध कहते हैं कि "माँ प्रकृति, यह शरीर अस्थायी है। आँखें आँसुओं का घर है, नाक गंदगी का, मुँह जूठन का, पूरा शरीर पसीने की गंदगी और मल मूत्र से भरा हुआ है। यह जीवन शाश्वत नहीं है। आपकी इच्छा, सहेतुक तथा

सामंजस्य नहीं है। पुनः सोचिए।" इन बातों से परिवर्तित होकर 'प्रकृति' धम्म दीक्षा के लिए बुद्ध से प्रार्थना करती है और धम्म दीक्षा लेकर उत्तम भिक्षुणी बनकर, अपने जीवन को बौद्ध चरित में स्वर्ण अक्षरों में लिखवाती है।

आम्रपाली

वैशाली नगर के धनी गणनायक को एक आम के पेड़ के पास एक बच्ची (आम्रपाली) मिली थी। उसको पाल पोसकर, बड़ा करने के बाद एक अच्छे वर से विवाह करने के लिए निश्चय किया। लेकिन उसका सौंदर्य और नाट्य कौशल उसके लिए प्रतिशाप बन गया। लिच्छवि के राजकुमार ने उन्हें गणभोग्य (संयुक्त वेश्या) के रूप में रखने की साजिश रचकर उसके विवाह को रोक दिया। इस पर आपत्ति करते हुए 'गणनायक' राजाओं के प्रार्थना करने पर भी वह नहीं माना, लेकिन कुछ शर्तें रखी। उसे 'राज नर्तकी' के रूप में जिंदगी बिताने के लिए शासन दिया गया। सब कुछ होने पर भी आम्रपाली के मन को शांति नहीं मिली।

भगवान बुद्ध के वैशाली आने पर भिक्षुओं के साथ-साथ बुद्ध को भी स्वयं खाना पकाकर परोस कर आम्रपाली आनंदित हुई। इतना ही नहीं अपने प्रिय आम के बाग तथा एक भवन को भी, भिक्षु संघ के लिए दान देकर 'तथागत' की सेवा में पुनीत होकर अपनी पूरी जिंदगी उन्होंने बुद्ध की सेवा में ही बिताई।

सिरिमा

मगध साम्राज्य के सुप्रसिद्ध वैद्य 'जीवक' की लाडली बहन थी, सिरिमा। उस समय की लाखों स्त्रियों में सिरिमा ही अतिलोक सौंदर्यराशि थी। सौंदर्य में उसका मुकाबला केवल आम्रपाली ही कर सकती थी। उस समय के राजा उसे वेश्या बनाकर अपनी भोग लालसाओं को संतृप्त करते थे किन्तु वह बुद्ध तथा बौद्ध भिक्षुओं के प्रति अधिक श्रद्धा रखती थी। बौद्ध भिक्षुओं को वह स्वयं खाना पकाकर परोसती थी। लेकिन बौद्ध भिक्षुओं ने भी उसके सौंदर्य के सामने हारकर सिरिमा को भोगने का मन रखकर उसके पास जाना शुरू किया। इसका पता लगने पर बुद्ध भगवान के चिन्तित होने की बात सोचकर वह व्याकुल हो गयी।

भिक्षुओं पर उसके सौन्दर्य का प्रभाव स्वयं समझकर बुद्ध धर्मपरिरक्षणा के लिए वह आत्महत्या करती है। यह बात बुद्ध के पास पहुँचने पर वह सिरिमा की देह को तीन दिन श्मशान में रखने के लिए प्रार्थना करते हैं। तीसरे दिन सभी शिष्यगण के साथ उन्होंने उस शव का दर्शन किया। उसका सड़ा हुआ शव बहुत बदबू दे रहा था। सिरिमा की लाश सभी शिष्यों को दिखाते हुए

बुद्ध कहते हैं कि "देखिए आपके अपचार के कारण वह आपसे दूर हो गयी हैं। अब देखिए सिरिमा की सुन्दरता।" सभी भिक्षु इस घटना से परिवर्तित होते हैं। समाज हित तथा बौद्ध धर्म के परीक्षणार्थ अमरजीवी बनी सिरिमा आज भी आदर्श महिला ही हैं।

अतः स्पष्ट बात यह है कि वर्ण व्यवस्था से पीड़ित इस ब्राह्मणवादी समाज व्यवस्था में समता, ममता तथा सम्मानता के पक्ष में रहकर, इन दस महिलाओं के अलावा भी अनेक महिलाएँ अपना योगदान पहले से ही देती रहीं। लेकिन ये दस महिलाएँ प्रत्यक्ष रूप से बुद्ध से संबंध रखकर बुद्ध की वाणी को अक्षुण्ण बनाने के लिए अपना सम्पूर्ण जीवन समर्पित करती है। अपने धन, परिवार तथा जाति आधारित मान्यताओं को त्यागकर 'धम्म' नियमावली को अपनाते हुए, सम समाज के निर्माण में इन सभी महिलाओं का योगदान आज भी वरेण्य है।

4

बुद्ध और उनका बौद्ध धर्म

(स्व०) डॉ० सी० आर० राजश्री

गौतम बुद्ध या सिद्धार्थ गौतम भारत के प्रसिद्ध आध्यात्मिक गुरू थे, जिन्होंने बौद्ध धर्म की स्थापना की। बौद्ध परंपरा में सिद्धार्थ गौतम को ही बुद्ध माना गया है।

इनके जन्म और मृत्यु के विषय में काफी मतभेद हैं। यूनेस्को (UNESCO) के अनुसार इनका जन्म स्थान नेपाल के लुम्बिनी नामक स्थल माना गया। अन्य मतानुसार उनका जन्म स्थान कपिलेश्वर, कपिलवस्तु माना जाता है। इन्होंने बाद में समस्त पूर्वी भारत में, मगध एवं कोसल जैसे स्थानों में अपने धर्म का प्रचार किया।

गौतम बुद्ध को बौद्ध धर्म का मुख्य बिन्दु माना जाता है। इनकी शिक्षा, इनके प्रवचन, इनके उपदेश, इनके सिद्धान्त आदि को, इनकी मृत्योपरान्त संकलित किया गया, जिन्हें बौद्ध धर्म के अनुगामी अपनाने लगे। इनके अधिकांश उपदेश मौखिक ही रहे।

जन्म : 563 से 623 ई. पूर्व / लुम्बिनी (अब नेपाल में)

मृत्यु : 483 / 543 ई. पूर्व / 80 वर्ष (कुशीनगर)

वंश : शाक्य

पूर्वाधिकारी : कासप्प बुद्ध

उत्तराधिकारी : मैत्रियेय बुद्ध

संस्थापक : बौद्ध धर्म

बौद्ध धर्म क्या है

बौद्ध धर्म, महात्मा बुद्ध के उपदेशों का सार है। पत्नी यशोधरा और नन्हें पुत्र को त्यागकर गौतम बुद्ध ने सांसारिक बंधन को तोड़ दिया। जब वे घर त्याग

कर गए, तब उनकी उम्र 29 साल की थी। कुछ दिनों तक वे पूरे देश भ्रमण में लगे रहे और अंतर्मन की शांति के लिए कई साधु-संतों से भेंट करते रहे। इस दौरान वे तपस्या में लीन रहे और जन्म-मृत्यु के सार को समझने की बहुत कोशिश की। फिर उन्होंने सोचा कि सत्य की खोज के लिए शरीर को दण्ड देने या अत्याचार करने से कोई लाभ नहीं। फिर उन्होंने तप और व्रत को भी त्याग दिया। एक दिन थके-हारे वे बोध गया पहुँचे और वहीं पीपल के वृक्ष की छाँव के नीचे अपनी आँखें बंद करके तपस्या में संलग्न हो गए। तब उन्हें अपने भीतर एक दिव्य ज्योति का अहसास हुआ। यहीं से उनके जीवन में एक नया मोड़ आया। उन्हें ज्ञात हो गया कि हर मनुष्य के भीतर यह दिव्य ज्योति है और इसे बाहर खोजना व्यर्थ है। तभी से वे बुद्ध के नाम से विख्यात हुए।

जीवन के 45 साल वे अपने आध्यात्मिक संदेश को, अपने शिष्यों व आम लोगों को देते रहे। यदि वे चाहते तो अपनी अनुभूति को अपने ही तक सीमित रख सकते थे। पर उन्होंने ऐसा नहीं किया। उनके अनुसार कोई भी व्यक्ति एक निश्चित विधान एवं अनुशासन का पालन करके, आत्मिक आनन्द को पा सकता है। उनके अनुसार कोई भी वस्तु स्थायी नहीं, परिवर्तन एक नियम है, जो निश्चित है, हर कार्य का एक परिणाम होता है, चाहे वह अच्छा हो या बुरा।

बौद्ध धर्म का आगमन—छठी शताब्दी में नेपाल के शाक्य वंश के युवराज गौतम ने, सांसारिक सुख को त्याग कर सत्य की खोज एवं जीवन की सच्चाई को पाने के लिए सब कुछ छोड़ दिया। गौतम बुद्ध ने अपनी उदारता के कारण दूसरों को भी अपने ज्ञान से दीप्त किया। उनके उपदेशों को जनता ने सहर्ष स्वीकारा और वे बौद्ध धर्म के प्रवर्तक के रूप में पूरे विश्व में विख्यात हुए। अपने शिष्यों के संग वे भारत के कई स्थानों पर गए और अपने धर्म का प्रचार किया। वे जहाँ भी गए, उन्होंने लोगों को अपनी ओर आकर्षित किया। वे लोगों के अंतर्मन तक जाने में काफी सक्षम थे, चाहे वह राजा हो या रंक सभी तल्लीन होकर उनके उपदेश सुनते थे। वे लोगों से यही कहते कि किसी भी बात को आँख मूँदकर सीधा मान लेना ठीक नहीं; अपने अंतर्मन में झाँककर सही और गलत का फैसला करके, उनका अनुसरण करने में ही समझदारी है। वे लोगों को आत्मिक आनंद को पाने की शिक्षा देते थे। उनकी मृत्यु के पश्चात् 483वीं शताब्दी में कुशीनगर में उनके शिष्य आनन्द ने त्रिपिटक में उनके समस्त उपदेशों व सिद्धान्तों को लिखा।

बुद्ध के बाद बौद्ध धर्म—बौद्ध धर्म का मुख्य बिन्दु मन की पहचान करना एवं सांसारिक इच्छाओं से मुक्त होना है। बौद्ध धर्म का प्रचार करने में सम्राट

अशोक का बहुत बड़ा हाथ रहा। बुद्ध की मृत्यु के बाद ही बौद्ध धर्म का प्रचार तीव्रता से हुआ और आज जिसकी सीमा पूर्ण रूप से समस्त विश्व में फैल गई है। सम्राट अशोक के समय में. बौद्ध धर्म अपने शिखर पर था। कलिंग युद्ध के बाद, सम्राट अशोक अहिंसा के मार्ग पर चले और बौद्ध धर्म को स्वीकार किया। उन्होंने इस सिलसिले में कई स्तूपों एवं मठों का निर्माण किया और बौद्ध धर्म का श्रीलंका, तिब्बत, चीन, जापान आदि देशों में प्रचार किया।

वरिष्ठ मठाधीश महाकसापा ने गौतम बुद्ध की मृत्यु के तीसरे महीने में ही राजगृह (राजगीर, भारत) में बौद्ध अधिवेशन का आयोजन किया। कई बौद्ध भिक्षुओं ने इस अधिवेशन में भाग लिया, जिसमें एकमत होकर सबने यह निश्चय किया कि बुद्ध द्वारा बनाए गए किसी भी नियम को नहीं बदलना चाहिए, न ही किसी नए नियम का निर्माण करना चाहिए। उसके बाद इन मठाधीशों में आज तक बुद्ध के सिद्धान्तों में कोई मतभेद नहीं हुआ। इसके 100 साल के बाद द्वितीय अधिवेशन का आयोजन वैशाली में 383 ई. में हुआ। इस अधिवेशन में मठाधीशों के विचारों में इतना मतभेद हुआ कि विभाजन आवश्यक हो गया और पारंपरिक रूढ़िवादी विचारों वाले एवं दूसरी तरफ खुले विचार वाले जैसे लोग दो धाराओं में विभक्त हुए।

इसके पश्चात् सम्राट अशोक ने पाटलिपुत्र में तीसरे अधिवेशन का आयोजन 250 ई. में किया। इसके अनुसार अशोक के पुत्र महेन्द्र के साथ, बौद्ध प्रतिनिधि श्रीलंका एवं अन्य राज्यों में जाकर, बौद्ध धर्म का प्रचार करने लगे, फिर कनिष्क द्वारा चौथे तथा तीन वरिष्ठ महावीर जगाराभिवेशा, नाराधाभिधाजा एवं महावीर सुमंगलासामी के नेतृत्व में 1871 में पाँचवा अधिवेशन हुआ। यह पाँच महीनों तक चला, जिसमें 2400 बौद्ध भिक्षुओं ने भाग लिया, इस अधिवेशन में पाली कानूनों को 729 संगमरमर पत्थरों पर उत्कीर्ण किया गया। फिर 1954-56 में रंगून में छठे बौद्ध अधिवेशन का आयोजन हुआ। यह अधिवेशन अपने आप में इसलिए महत्त्वपूर्ण रहा क्योंकि इसमें त्रिपिटक को बर्मा लिपि में मुद्रित किया गया और यह बिल्कुल प्रामाणिक हो गया।

बौद्ध धर्म की प्रासांगिकता—आज जब मनुष्य एक दूसरे के खून का प्यासा बन गया है, सब का जीवन इतना मशीनी और तनावग्रस्त हो गया है, तो बुद्ध के उपदेश, बौद्ध धर्म के आचरण योग, ध्यान आदि मानव को तनाव से मुक्ति दिला सकते हैं, इसमें कोई संदेह नहीं। मानव के मन का द्वन्द्व, ईर्ष्या, द्वेष आदि की वजह से आज वह पतन के रास्ते पर चल रहा है और नैतिक मूल्यों का ह्रास होता जा रहा है। शान्ति की खोज में निकलने वाला मानव आज

बौद्ध धर्म के उपदेशों से लाभ प्राप्त कर सकता है। बौद्ध धर्म के प्रवर्तक गौतम बुद्ध ने भी मानव के शान्त चित्त एवं अविचलित मन की कामना की थी, अतः यह बिलकुल प्रासंगिक है।

बुद्ध कैसे थे?

बुद्ध इतने अद्‌भुत थे कि जो भी उन्हें देखता उसका जीवन ही बदल जाता था। मानव के प्रति प्रेम, आस्था, गहरी संवेदना, सकारात्मकता, स्नेह, परोपकार उनमें खूब था। वे साधारण पुरुष न होकर सच्चे अर्थ में महापुरुष ही तो थे। ऐसे पुरुष दुनिया में ढूँढे नहीं मिलते हैं। हम कितने धन्य हैं कि हमारे पुरखों को बुद्ध जैसे महापुरुष का सान्निध्य प्राप्त था। वे छः फुट ऊँचे काले घुंघराले बाल वाले, गेहुएँ रंग के व्यक्ति थे। सारे सबूत यही बताते हैं कि वे आकर्षक व्यक्तित्व वाले पुरुष थे। ब्राह्मण सोनदण्ड के अनुसार वे आँखों को भा जाने वाले व्यक्ति थे। उनकी आँखों में दिव्य ज्योति दीप्तिमान थी, जो देखने वाले को अनायास ही आकर्षित करती थी। उनके भाषण प्रभावशाली स्पष्ट एवं माधुर्य से ओतप्रोत थे। उनके ज्ञान का भण्डार कभी रिक्त न होता था। दर्शक ध्यानमग्न होकर उनके उपदेश सुनते थे। वे करुणा से लिप्त कोमल स्वभावी थे। उनकी दिनचर्या थी–दिन भर व्यस्त रहकर, रात को केवल एक घंटे निद्रा में लीन रहते। भोर के वक्त ध्यान, तप, योग में लगे रहते। फिर प्रातः भ्रमण करते तत्पश्चात अतिथियों से बाते करते। दोपहर में भिक्षा पात्र लेकर घर-घर जाकर भिक्षा लेते। वे द्वार पर चुपचाप आकर खड़े रहते। घर के लोग उन्हें द्वार पर देख भिक्षा हेतु दौड़े आते। भिक्षा मिलने पर जंगल जा कर उसे खाते, पूरे दिन में एक बार ही भोजन करते। बाद में जब वे प्रसिद्ध हो गए, तो लोग आग्रहपूर्वक घर बुलाकर, नाना प्रकार के स्वादिष्ट भोजन खिलाते, तो वे उन्हें स्वीकार करते और खुद अपने भिक्षा पात्र को धोकर उन्हें धार्मिक प्रवचन सुनाते। भोजन के पश्चात् वे तनिक आराम करते। देर रात जब सब निद्रा में लीन रहते तो वे एकान्त में बैठे रहते और कहा जाता है कि देवगण उनसे कई बार प्रश्न पूछते थे। वे पूरे नौ महीने भ्रमण करते और तीन महीने वर्षा काल में एक जगह रुक जाते, भ्रमण के कारण उन्हें कई लोगों से मिलने का सुअवसर प्राप्त हुआ।

इस प्रकार गौतम बुद्ध जैसे महान संत, अपना सम्पूर्ण जीवन दूसरों के हितार्थ जिए और सच्चाई की राह पर खुद भी चले और दूसरों को भी प्रेरित करते रहे। एक सच्चे महात्मा के रूप में उन्हें व उनके धर्म को लोग श्रद्धापूर्वक नमन करते हैं।

5
जापान और बौद्ध धर्म

डॉ॰ सिद्धार्थ सिंह

जापान में बौद्ध धर्म का इतिहासः कुछ महत्त्वपूर्ण बिन्दु

जापान के आधिकारिक ऐतिहासिक दस्तावेज **निहोन शोकि** या **निहोन्गी** के अनुसार जापान में बौद्ध धर्म का परिचय छठी शताब्दी ईस्वी में कोरिया के माध्यम से हुआ। 538 ई. में कोरिया के पाइक्चे नामक एक राज्य के राजा ने अपने दूत के माध्यम से एक बुद्ध प्रतिमा एवं सूत्रों की सूची **किन्मई** नामक जापानी राजा को भेंट स्वरूप भेजी। यह जापान में बौद्ध धर्म का प्रथम परिचय था। इस समय जापानी समाज अपने स्वरूप में लगभग कबीलाई संस्कृति का था एवं चीन तथा कोरिया के समाज की तुलना में काफी पिछड़ा भी। बौद्ध धर्म के प्रवेश ने जापान में महान परिवर्तन लाया और कुछ ही शताब्दियों में जापान एक ऐसे सभ्य राष्ट्र के रूप में विकसित हो गया, जो सांस्कृतिक धरातल के हर स्तर पर भागीदारी करने के लिए उत्सुक था।

यह स्पष्ट नहीं है कि बौद्ध धर्म के प्रविष्ट होने के समय जापानी समाज बौद्ध धर्म के दार्शनिक सिद्धान्तों से परिचित था अथवा नहीं। बौद्ध धर्म के इस पक्ष को सर्वप्रथम समझने वाला व्यक्ति था, राजकुमार **शोतोकु**। इसे "जापानी बौद्ध धर्म के जनक" के रूप में जाना जाता है। उसने सूत्रों के विषय में अनेक अवसरों पर भाषण देने के अतिरिक्त श्रीमालदेवी सूत्र, विमलकीर्ति सूत्र एवं सद्धर्मपुण्डरीक सूत्र के ऊपर भाष्य लिखा। उसके द्वारा निर्मित तमाम बौद्ध मन्दिरों में से **होरयू गकुमॉन्जि** (607 ई.), जो **होरयूजि** के नाम से ज्यादा प्रसिद्ध है, बौद्ध शिक्षा के एक उत्कृष्ट केन्द्र के रूप में विकसित हुआ। इसके अतिरिक्त इस दौर में **होरयूजी गरन एन्गि नरबी रूकी शिजईचो** नामक 747 कारिकाओं में निबद्ध ग्रन्थ में विनय, सानरोन एवं यूईशिकी सम्प्रदायों का एक

अध्ययन प्रस्तुत किया गया। यह सम्भवत: जापान में बौद्ध धर्म का तत्वमीमांसीय दृष्टि से अध्ययन किये जाने का प्रथम प्रयास था।

होर्यूजि, मंदिर का मुख्य कक्ष

बौद्ध चिन्तन की परम्परा को और सुदृढ़ करने का प्रयास चीन में अध्ययन करके वापस लौटे बौद्ध भिक्षुओं द्वारा किया गया। राजकुमार शोतोकु ने बौद्ध धर्म के विविध पक्षों के अध्ययन हेतु बौद्ध भिक्षुओं को चीन भेजने की परम्परा प्रारम्भ की। ये बौद्ध भिक्षु चीन में तेन्दई और गोदई नामक प्रसिद्ध बौद्ध केन्द्रों के प्रमुख बौद्ध विहारों में रहकर अध्ययन करते थे। प्रारम्भिक जापानी बौद्ध भिक्षुओं में से **दोशो** का नाम विशेष महत्त्वपूर्ण है, जिसने यूवान च्वांग (ह्वेन त्सांग) के निर्देशन में अध्ययन किया। जापान में शव-दाह की परम्परा को प्रारम्भ करने का श्रेय उसी को जाता है। इन बौद्ध भिक्षुओं द्वारा प्रवर्तित ज्ञान का प्रवाह एनर्याकुजि में तेन्दई बौद्ध विहार की स्थापना के साथ अपने शीर्ष पर पहुँच गया और आगे की शताब्दियों में भी कोयासान के बौद्ध विहारों के अतिरिक्त यह बौद्ध शिक्षण का एक उत्कृष्ट केन्द्र बना रहा। एक ईसाई मिशनरी फ्रांसिस जेवियर ने लिखा है कि इन दोनों केन्द्रों में से प्रत्येक में शिक्षा ग्रहण करने वाले छात्रों की संख्या तीन हजार पाँच सौ होती थी।

सातवीं-आठवीं शताब्दी के दौरान बौद्ध धर्म शिक्षित लोगों के बीच बहुत तेजी से लोकप्रिय हुआ और राज्य का संरक्षण प्राप्त कर, एक प्रभावशाली धर्म के रूप में प्रतिष्ठित होने लगा। राज्याश्रय प्राप्त होने से बड़ी संख्या में बौद्ध मन्दिरों एवं विहारों का निर्माण हुआ और कुशल कलाकारों ने अनेक आकर्षक बुद्ध प्रतिमाओं की रचना की, जिसमें राजकुमार शोमु द्वारा 749 ई. में नारा में निर्मित कराये गये तोदईजि मंदिर में विद्यमान वैरोचन बुद्ध की काँस्य प्रतिमा जापानी शिल्प का अद्‌भुत नमूना कहा जा सकता है। इस बुद्ध प्रतिमा की प्राण

प्रतिष्ठा दक्षिण भारत के कांचीपुरम् के बोधिसेन नामक भारद्वाज वंशी ब्राह्मण, जो जापानी उच्चारण में **बारामोन** नाम से विख्यात हैं, ने की थी।

तोदईजि मंदिर

नारा काल (ई. 710-794) के पश्चात् हेईआन काल (ई. 794-1185) में भी बौद्ध धर्म में अनेक महत्त्वपूर्ण विकास हुये, लेकिन कामाकुरा काल (ई. 1191-1333) में उत्पन्न नवीन धार्मिक गतिविधियों ने जापान में बौद्ध धर्म को विकास के नये आयामों तक पहुँचा दिया और इसीलिये धार्मिक ही नहीं, दार्शनिक दृष्टि से भी यह काल बौद्ध धर्म के इतिहास का सर्वाधिक महत्त्वपूर्ण काल माना जाता है। जापान में बारहवीं-तेरहवीं शताब्दी में बड़ी संख्या में बौद्ध चिन्तकों एवं दार्शनिकों ने जन्म लिया, जिनमें चार बौद्ध दार्शनिकों के नाम अत्यन्त महत्त्वपूर्ण हैं। इन्होंने चार बौद्ध सम्प्रदायों की स्थापना की। ये हैं—होनेन - जोदो सम्प्रदाय (जोदो शू), शिनरन - नवीन जोदो सम्प्रदाय (जोदो शिन्शू), दोगेन - ज़ेन सम्प्रदाय, निचिरेन - होक्के सम्प्रदाय।

इन विचारधाराओं ने संयुक्त रूप से न सिर्फ जापानी बौद्ध धर्म, बल्कि सम्पूर्ण जापान को बौद्धिक रूप से प्रभावित किया। इनके संस्थापकों ने बौद्ध धर्म के मूलभूत तत्वों को व्यक्तिगत अनुभूति के स्तर पर ग्रहण किया और अब तक चले आ रही बौद्ध धर्म की सामान्य प्रवृत्ति, जो प्रमुख तौर पर "राज्य की आध्यात्मिक स्थिरता" के लिये प्रार्थना करने पर आधारित थी, का विरोध करते हुए एक नये किस्म की धार्मिक जागृति को उत्पन्न करने वाले विचारों एवं कार्यक्रमों पर बल दिया। कामाकुरा काल के इन सभी बौद्ध सन्तों ने सत्य को समझाने के लिए अपने-अपने ढंग से दर्शन का प्रतिपादन किया। इनमें परस्पर महत्त्वपूर्ण मतभेद भी थे, लेकिन ये एक विषय पर साम्य रखते थे कि इन सभी के दर्शनों में सांसारिक सुखों को गौण मानते हुए, लोकोत्तर सुख के महत्त्व

को परम लक्ष्य के रूप में स्वीकार किया गया है, जो शिन्तों धर्म पर आधारित सामान्य प्राचीन जापानी जीवन-पद्धति से भिन्न विचार था। इनमें से प्रत्येक दर्शन बौद्ध सिद्धान्तों एवं साधना पद्धतियों को सामान्य लोगों के बीच सरलतम एवं मौलिक रूप में प्रस्तुत करने का प्रयास कर रहा था, परिणामस्वरूप जापानी इतिहास में पहली बार बौद्ध धर्म एक सामूहिक आन्दोलन का रूप ले, आम जनता के बीच जड़ जमाने में सफल हो सका। समाजशास्त्रीय दृष्टि से ध्यान दें तो हम देखते हैं कि अपने विकास क्रम में बौद्ध धर्म जापान के उच्चतम स्तर के समाज से प्रारम्भ कर, निचले सामाजिक स्तर के लोगों तक पहुँचता है, और इस उपलब्धि का श्रेय कामाकुरा काल को जाता है। आगे चलकर यह प्रक्रिया मुरोमाची काल (ई. 1336-1573) में भी कायम रहती है।

तोकुगावा काल (ई. 1603-1868) तक आते-आते राज्य और बौद्ध धर्म के बीच के सम्बन्ध काफी मजबूत हो गये और बौद्ध धर्म का विकास सत्ता की योजनाबद्ध परियोजना के तौर पर लिया गया, जिसमें प्रत्येक व्यक्ति को किसी न किसी मन्दिर में अपना नाम पंजीकृत कराना आवश्यक कर दिया गया, सभी मन्दिरों को शासन के नियमों के अधीन कर लिया गया तथा बौद्ध पुरोहितों के लिये **रित्सुर्यो** नामक पेनल कोड और प्रशासनिक नियमों से संगति बनाये रखना आवश्यक कर दिया गया। इसने भी बौद्ध धर्म के सुसंगठित विकास में काफी योगदान दिया और इस काल में अनेक महत्वपूर्ण बौद्ध मन्दिरों और केन्द्रों की स्थापना हुई।

शिन्तो एवं बौद्ध धर्म

कन्फ्यूशियन एवं बौद्ध धर्म के जापान में पहुँचने के पहले तक जापान का मूलधर्म पूर्वज-पूजक, प्रकृति-पूजक लोगों एवं कृषक समुदाय के असंगठित, एकरूप एवं अनाम मिश्रण के रूप में विद्यमान था। इस धर्म के लिये **शिन्तो** शब्द का प्रयोग जापान में, चीन से कन्फ्यूशियन और बौद्ध धर्म एवं संस्कृति के आगमन के पश्चात् उनसे अपने धर्म, संस्कृति तथा रीति-रिवाजों का अन्तर दर्शाने के लिए किया गया। शिन्तो देवताओं को **कामी** कहा जाता है एवं इन देवताओं की संख्या असंख्य होती है। संसार की वह कोई भी वस्तु या व्यक्ति, जो किसी भी आश्चर्यचकित करने वाले या असधारण गुणों से सम्पन्न था, उसे कामी नाम से पुकारा जाने लगा। पर्वत, समुद्र, नदियाँ, चट्टान, वृक्ष, पक्षी, पशुओं आदि को कामी कहा गया है। राजा, पूर्वज, समाज के नायक जैसे व्यक्तित्व भी कामी कहलाये। तमाम कामियों में **इज़नागी** एवं **इज़नामी** नामक दैवीय गुणों से सम्पन्न

दम्पत्ति का विशेष महत्त्व है। जापानी परम्परा के अनुसार इन्होंने ही अन्य कामियों तथा जापान महाद्वीप को जन्म दिया। शिन्तो धर्म की जीवन दृष्टि सांसारिक और आशावादी है। मनुष्य सवभावत: शुद्ध है और शिन्तो धर्म में उसके लिये परलोक, मुक्ति आदि की अवधारणा को अस्वीकार कर दिया गया है।

बौद्ध धर्म ने जापान के धार्मिक चिन्तन में जो सबसे महत्त्वपूर्ण परिवर्तन लाया, वह था–संसार का खण्डन एवं लोकोत्तर के सिद्धान्त की स्थापना करना। प्रारम्भ में जापान के लिये यह नया दर्शन अबूझ था और बौद्ध धर्म के समर्थक एवं विरोधियों–दोनों ने ही बुद्ध को, दूसरे देश से आये एक और देवता (कामी) के तौर पर समझा। परिणामस्वरूप प्रारम्भिक तौर पर बौद्ध धर्म इस संसार में अपने स्वार्थों को साधने के लिये एक साधन के रूप में अपनाया गया और बुद्ध-प्रतिमाओं का आदर भी उनके विलक्षण सौन्दर्य के लिये किया गया। जापान के इतिहास में पहली बार राजकुमार शोतोकु ने बौद्ध धर्म के सार को वास्तविक रूप में समझ कर उसके प्रति गहरी आस्था उत्पन्न की। उसकी प्रसिद्ध उक्ति है–"संसार मिथ्या है, बुद्ध ही सत्य है।" राजकुमार शोतोकु द्वारा जारी किया गया नैतिक नियमों पर आधारित सत्रह सूत्रीय कानून, हालांकि जिसकी नैतिक शिक्षायें कम्फ्यूशियस धर्म से ली गयी थीं, भी अपनी अंतिम वैधता के लिये बौद्ध धर्म की शिक्षाओं पर आश्रित था।

बौद्ध धर्म ने जापान में पहुँच कर वहाँ के मूल धर्म शिन्तो को विस्थापित करने का प्रयास नहीं किया, बल्कि दोनों धर्मों ने आपस में तादात्म्य स्थापित कर लिया। फलस्वरूप जापानी धर्म, बौद्ध धर्म और शिन्तो धर्म के शानदार मिश्रण की अद्‌भुत मिसाल बन गया और इस तथ्य ने बौद्ध धर्म के जापान के अन्त:मन में और गहरे बैठने का मार्ग सुदृढ़ कर दिया। इस मिश्रण का एक आदर्श उदाहरण **जिन्गूजि** नामक उपासना स्थलों के निर्माण के रूप में देखा जा सकता है। इनमें एक ही सीमा के अन्दर शिन्तो मन्दिरों में बौद्ध पुरोहितों द्वारा शिन्तों देवताओं (कामियों) के ज्ञान प्राप्ति हेतु बौद्ध सूत्रों का पाठ एवं बौद्ध विधि से धार्मिक अनुष्ठान किये जाने की परम्परा की शुरुआत हुई। यह प्रथा आठवीं शताब्दी में प्रारम्भ हुई और आगे की शताब्दियों में प्राय: अधिकतर शिन्तो मन्दिरों में प्रचलित हो गयी। दुर्भाग्यवश, मेइजि काल (ई. 1868-1911) में बाकायदा सरकारी आदेश से एक कट्टर राष्ट्रवादी भावना के साथ, बौद्ध धर्म को विदेशी धर्म मानते हुए, शिन्तो और बौद्ध धर्म को अलग-अलग करने की नीति के तहत इस प्रवृत्ति पर रोक लगा दी गयी।

सिद्धान्ततः भी, बौद्ध-शिन्तो समन्वयवादी प्रवृत्ति का विकास **होन्जि सुईजकू** (आदि तत्व एवं उसकी अभिव्यक्तियाँ) नामक सिद्धान्त की स्थापना के रूप में दिखता है। इस अवधारणा के अनुसार शिन्तो देवता (कामी) बुद्धों या बोधिसत्वों की अभिव्यक्तियाँ हैं। कामाकुरा काल (ई. 1192–1333) में इन विचारों ने दो समन्वयवादी शिन्तो सम्प्रदायों–र्योबू शिन्तो एवं सन्नो शिन्तो के जन्म के रूप में एक व्यवस्थित दर्शन का रूप ले लिया।

मेइजि काल (ई. 1868–1911) में, शिन्तो एवं बौद्ध धर्मों को कानूनी तौर पर परस्पर अलग करने के बावजूद भी सामान्य जापानी जनता के हृदय में इन दोनों का संयुक्त रूप ऐसा घर कर चुका था कि वह उस काल में और उसके बाद भी उनके सभी विश्वासों और अनुष्ठानों में दिखता रहा है। आज भी बड़ी संख्या में लोग अपने घरों में बौद्ध वेदिका एवं शिन्तों मन्दिर दोनों को ही रखते हैं। जन्म एवं विवाह सम्बन्धी धार्मिक अनुष्ठान शिन्तो विधि से (हालांकि आजकल नौजवानों द्वारा चर्च में विवाह किये जाने का प्रचलन तेजी से बढ़ रहा है।) एवं मृत्यु सम्बन्धी अनुष्ठान बौद्ध विधि से किये जाने की परम्परा तो सामान्य जापानियों के जीवन का हिस्सा है ही।

जापानी बौद्ध धर्म में प्रतिबिम्बित भारतीय संस्कृति

बौद्ध धर्म के माध्यम से अनेक भारतीय तत्वों ने जापान की संस्कृति में अपना स्थान बनाया। यह प्रभाव विशिष्ट रूप में हमें जापानी लोक साहित्य में दिखता है। बड़ी संख्या में भारतीय कथाएँ, विशेषतः बौद्ध कथाएँ जापान में प्रसिद्ध हैं। लगभग ग्यारहवीं शताब्दी में संकलित जापानी लोक कथाओं के संग्रह **कोन्जकू मोनोगतारी** के एक परिच्छेद **तेन्जिकू**, जिसका अभिप्राय भारत है, में इनका एक विशाल संग्रह प्राप्त किया जा सकता है। इन लोक-कथाओं में अब तक सर्वाधिक लोकप्रिय **ऋष्यश्रृंग** की कथा है, जो सिर पर उगे हुये एक सींग वाले संन्यासी की कहानी है। यह कथा नोह ड्रामा का एक हिस्सा बन जापान में अमर हो गयी है। अन्य रोचक कथा बौद्ध दार्शनिक नागार्जुन और उसके दो मित्रों की है। ये अदृश्य होने की औषधि की खोज कर, उसका दुरुपयोग करके एक राजमहल के रनिवास में प्रविष्ट हो जाते हैं, किन्तु पहचान लिये जाने के कारण नागार्जुन के मित्र पकड़े जाते हैं और सैनिकों द्वारा उनके टुकड़े-टुकड़े कर दिए जाते हैं। नागार्जुन एक खम्भे पर चढ़कर किसी तरह भागने में सफल हो जाते हैं। इस घटना से नागार्जुन का मन परिवर्तित हो जाता है और वे गृह त्याग कर बौद्ध संघ में प्रवेश कर जाते हैं। वानरिन्द जातक में वर्णित बन्दर और मगरमच्छ की प्रसिद्ध कथा भी आंशिक संशोधित रूप में इन लोक-कथाओं में विद्यमान है

और लोगों में लोकप्रिय भी। कोन्जकू मोनोगतारी के इस तेन्जिकू नामक परिच्छेद की अधिकतर कथाएं जातकों या अन्य बौद्ध ग्रन्थों से ली गयी हैं। कोन्जकू मोनोगतारी का तृतीय परिच्छेद जापानी लोक-कथाओं पर आधारित है। यहाँ भी जापान में बौद्ध धर्म के जनक माने जाने वाले राजकुमार शोतोकु के जन्म की कथा, सिद्धार्थ गौतम की जन्म-कथा से काफी साम्य रखती है। जापान का महानतम महाकाव्य **हेइके मोनोगतारी** भी इन पंक्तियों के साथ प्रारम्भ होता है: "जेतवन विहार के घंटों की गूंज संसार की क्षणिकता की उद्घोषणा करती है।"

यदि हम धार्मिक पक्ष पर प्रकाश डालें तो देखते हैं कि अनेक हिन्दू देवी-देवताओं ने भी बौद्ध धर्म के माध्यम से जापान के धार्मिक जीवन में स्थान बनाया। शिन्गोन (तांत्रिक) बौद्ध सम्प्रदाय ने इन हिन्दू देवी-देवताओं को लोकप्रिय बनाने में महत्त्वपूर्ण भूमिका अदा की। इनमें तीन ब्रह्मा, इन्द्र एवं सरस्वती क्रमशः **बॉन्तेन**, **तईशोकू** एवं **बेन्तेनसामा** के नामों से जापान में पर्याप्त प्रसिद्ध है।

नारा काल (इ. 710-794) में निर्मित तमाम मन्दिरों में इन देवी-देवताओं की खड़ी मुद्रा में प्रतिमाएँ स्थापित की गयीं थीं। इनमें सरस्वती सम्भवतः सर्वाधिक प्रसिद्ध हैं, क्योंकि उनकी प्रतिमाएँ पूरे जापान में देखी जा सकती हैं। वह प्रायः निर्वस्त्र दर्शायी गयी हैं। मन्दिरों में चार सुरक्षा-देवताओं के रूप में धृतराष्ट्र, विरूपाक्ष, विरूढक एवं वैश्रवण दर्शाये गये हैं। शिन्गोन तांत्रिक बौद्ध सम्प्रदाय के प्रभाव में अनेक देवी-देवताओं के चित्र भी नौवीं शताब्दी से प्रारम्भ कर आगे की शताब्दियों में बनाये गये। इन चित्रों में इन्द्र को सफेद हाथी पर बैठे, कार्तिक को मोर पर बैठे एवं अन्य भी इसी प्रकार के दृश्य चित्रित किये गये हैं। प्राचीन जापानी साहित्य में इन तथ्यों का भी उल्लेख है कि ब्रह्मा संस्कृत भाषा के दाता थे एवं इन्द्र की अर्धांगिनी का नाम शचि था।

निष्कर्षतः, बौद्ध धर्म ने जापान के धार्मिक, सांस्कृतिक एवं सामाजिक पक्षों को गहरे तौर पर प्रभावित किया और जापानी बौद्ध धर्म एक विशिष्ट मानवीय एवं वैश्विक दृष्टि से सम्पन्न होने के कारण, विश्व के धर्मों में प्रमुख स्थान रखता है। एक तरफ, भारत में जन्म लेने के कारण भारतीय बौद्ध धर्म और चीन के माध्यम से, जापान में पुष्पित-पल्लिवत होने के कारण, चीनी बौद्ध धर्म के तमाम गुण जापानी बौद्ध धर्म में बीज-स्वरूप विद्यमान हैं। दूसरी तरफ, जापान के सामाजिक वातावरण और परम्पराओं के बीच आकार ग्रहण करने और अपने लचीले एवं ग्रहणशील स्वभाव के कारण, यहाँ का बौद्ध धर्म मूलभूत तत्वों से भी सराबोर है। यह जापान की प्राचीन मौलिक एवं देशी संस्कृति, शिन्तो धर्म

एवं अन्य उपस्थित धर्मों के साथ ऐसा रच-बस गया है कि जापानी बौद्ध धर्म में विशुद्ध बौद्ध धर्म को ढूँढ पाना असंभव सा कार्य है। यही कारण है कि "जापान में बौद्ध धर्म" के बजाय "जापानी बौद्ध धर्म" की शब्दावली का प्रयोग शायद ज्यादा उचित होगा।

6

बौद्ध साधना: आशय एवं अंतर्वस्तु

डॉ॰ राकेशनारायण द्विवेदी

बुध अवगमने धातु में 'क्त' प्रत्यय से बुद्ध शब्द निष्पन्न हुआ है। *यो बुद्धवान् सदैव ज्ञातोसि सबुद्धो जगदीश्वर:* अर्थात् जो सदा सर्वज्ञ हो *या बुद्धया निवर्तते स: बौद्ध:*। साधना कल्याण मार्ग का उपाय होता है। इस प्रकार सर्वज्ञ द्वारा अनुभूत सत्य कल्याण मार्ग ही बौद्ध साधना है।

नेपाल की तराई में स्थित कपिलवस्तु के लुम्बिनी ग्राम निवासी शाक्यवंश प्रमुख राजा शुद्धोदन की पत्नी महामाया की कोख से उत्पन्न उनतीस वर्ष की अवस्था में 534 ई. पूर्व अपनी पत्नी यशोधरा तथा पुत्र राहुल को सोता हुआ छोड़कर, सांसारिक समस्याओं से व्यथित किन्तु विगत जन्म जन्मांतरों में अपनी–दान, शील, क्षांति, वीर्य, ध्यान, प्रज्ञा, नैष्कार्य, सत्य, अधिष्ठान (दृढ़ निश्चय) और मैत्री–दस पारमिताओं (सद्‌गुणों) को पूरा करते हुए, युवक सिद्धार्थ महाभिनिष्क्रमण कर चुके थे।

घर से निकलने पर बिना अन्न ग्रहण किए कभी एकाशनी रहकर तीर्थाटन तपश्चर्यापूर्वक–'*नमोतस्स भगवतो अर्हतो संभासंबुद्धस्स*' कहा करते थे। इसी से लोक में उन्हें बुद्ध कहा जाने लगा। कौण्डिन्य नामक संन्यासी के आग्रह पर अलार कलाम आश्रम में कुछ समय सत्य और शांति का अन्वेषण, अन्य साथी संन्यासियों से सत्संग, शाक्य कुमार द्वारा चलता रहा। लोग इन्हें बुद्ध के नाम से पुकारने ही लगे थे कि छ: वर्ष के कठोर तपश्चरण से एक रात्रि उरुबेला (बोधिगया) में पीपल वृक्ष के नीचे संपूर्ण बोधि लब्धित कर सहसा उनके मुँह से निकल पड़ा–

"बुद्धो बोध्येयूयुं, मुत्तो मोचेयूयुं, तिन्नो तरेयूयुं।"

(मैं बुद्ध होकर दूसरों को भी बोधि प्राप्ति में सहायता करुंगा, स्वयं मुक्त होकर दूसरे को मुक्त करुंगा, स्वयं संसार सागर से उत्तीर्ण होकर दूसरों को भी उत्तीर्ण करुंगा।)

आज मैं सत्यमेव तथागत (सत्य के अत्यंत निकट) हो गया हूँ। त्याग, तपस्या, नम्रता, आदर, संतोष, प्रभृति गुणों से पूरित सारगर्भित वाणी को सुनकर दूर-दूर से जिज्ञासु दुखी व्यक्ति, विश्वासों और तर्कहीन असत् कर्मकांडों से मुक्त होते गए।

संसार दुखों से भरा हुआ है। इंद्रियों की तृप्ति एवं सुख समृद्धि प्राप्ति हेतु प्रबल लालसा ही दुख का कारण है। दुःख निरोध कैसे हो? संस्कारों, कुसंस्कारों का शमन, चित्तमलों का त्याग कैसे हो? तृष्णा का क्षय और निर्वाण प्राप्ति के उपाय आदि विषयों पर प्रवचन करते हुए अपने आनंद, उपालि, सारिपुत्र, मौदिगल्यायन, देवदत्त, कश्यप आदि शिष्यों सहित, महात्मा बुद्ध धर्मचक्रप्रवर्तन हेतु श्रावस्ती, सारनाथ, मगध, कुशीनगर आदि नगरों में सर्वत्र भ्रमण कर लोककल्याण करते रहे।

एक रात्रि आश्रम में कुछ स्त्रियाँ पूजन करने आई थीं, उनका गीत तथागत बड़ी तन्मयता से सुनते रहे। गीत का भाव इस प्रकार था—"सितार के तार को इतना ढीला मत छोड़ो कि उससे बेसुरा राग निकले और तार को इतना भी मत खींचो कि वह टूट जाए।"

इसी से प्रभावित होकर उन्होंने अत्यंत विषय भोगों में अनासक्ति अथवा कठोर आत्मनियंत्रण की पराकाष्ठा से रहित मज्झिम निकाय (मध्यम विभाग) साधना के सुगत मार्ग के लिए 152 उपदेश, संवादों के रूप में दिए, जिनमें लगभग सभी विषयों पर कल्पनापूरित निरूपण हुआ है। इनसे प्रभावित होकर मगध नरेश बिम्बसार जैसे पिता का बध करने वाला कृणिक (कृंतनक-मारकाट करने वाला) उपनामधारी अजातशत्रु ने महाशिलाकंटक तथा रथमशल जैसे दुर्द्धर्ष अस्त्र-शस्त्रों का त्यागकर, तथागत का अनुयायी बन शील व्रत धारण किया।

"पाणाति पाणा वैरमणी सिक्खा पदम समादियामि।"

(मैं अपने हाथों से जीव हिंसा से विरत होने की शिक्षा ग्रहण करता हूँ)

अंगुलिमाल जैसे डाकू भी परधन अपहरण विरति होकर शीलव्रत धारण करते गए—

"अदिन्ना दाना वैरमणी सिक्खा पदम समादियामि।"

(मैं चोरी न करने की प्रतिज्ञा लेता हूँ)

इतना ही नहीं 483 ई. पूर्व में बुद्ध महापरिनिर्वाणोपरांत राजगृही में सप्तपर्णि गुफा में प्रथम बौद्ध संगीति का आयोजन किया गया।

अपने 99 भाइयों की नृशंस हत्या करने वाला (सिंघवी अनुश्रुति के अनुसार) कलिंग युद्ध में एक लाख लोगों का वध करने वाला तथा डेढ़ लाख लोगों को बंदी बनाने वाला, विलासी राजा अशोक भी अपनी परमप्रिय पत्नी तिष्यरक्षिता सहित भेरीघोष को त्याग धम्मघोष (*अपासिनवे, बहुकयाने, दया, दाने, सचे, सोचए, मादवे, साधवे हि धम्मः* अर्थात् अतिभोग से मुक्ति, बहुकल्याण, दया, दान, सत्य, पवित्रता, मृदुता, ऋजुता ही धर्म है) का उद्‌घोषक होकर 'देवानाम् पिय' अशोक महान बना।

'इच्छा शरीर की मांग है और उसकी तृप्ति मन की मांग है' यह कहकर जो ललाकोदर पोषण विचारासिक्त चरिष्णु लासक भोतिकोन्मादी, लाषुक लालिनी (लुब्धस्वेच्छा चारिणी) लासिका (नर्तकी) वासू वसूरा (तरण गणिका) वारांगनाओं की विचेष्टाओं को विलोकने हेतु व्याकुल बने रहते थे, वे भी संसार के दुखों से मुक्ति के बुद्ध द्वारा बताए गए अष्टांगिक मार्ग–सम्यक् दृष्टि, सम्यक् संकल्प, सम्यक् वाणी, सम्यक् कर्मांत, सम्यक् आजीव, सम्यक् व्यायाम, सम्यक् स्मृति और सम्यक् समाधि – को स्वीकार करते हुए–"*कामेसुमिच्छाचारा वैरमणी सिक्खा पदम समादियामि*" (मैं व्यभिचार कामाचार से विरत रहने की प्रतिज्ञा करता हूँ)–यह शीलव्रत से उद्धार पाते गए।

इच्छा के सारहीन अमूर्तरूप अज्ञान की नीहारिका में अनृत निरर्थक शब्दजाल से ढंके हुए देह, देश और संप्रदायों की अनर्थ परम्पराओं में प्राण तृप्ति कार्यरत फंसे मानव भी "*मुसावादा वैरमणी सिक्खा पदम समारिदयामि*" (मैं असत्य से विरत होने की प्रतिज्ञा करता हूँ)–की शिक्षा प्राप्त करके शीलव्रती बन गए। अहं के गहनतम आवरण से आच्छादित *कादंबरी ऐक्षेय मैरेय द्राक्षेय किंवा माधवी*–मद्यसारों को भी मात देने वाली प्रमद मद मदिरा मदांध प्रमादी मानव भी–"*सुरा मैरय मज्जा पमादट्‌ठाना वैरमणी सिक्खा पदम समादियामि*" (मैं सुरापान, प्रमाद आदि से विरत होने की प्रतिज्ञा करता हूँ) शील शिक्षा लब्धित कर पवित्र हृदय हो दुखों से मुक्त होते गए। साधक की रुचि और अधिकार भेद से बौद्ध साधना में त्रिविधयान साधना मार्ग प्रचलित हैं–

1. **श्रावक यान**–किसी कल्याण मित्र (योग्य गुरु) से साधना ग्रहण कर अर्हत् पद प्राप्ति की चेष्टा तथा बोधि (परमार्थज्ञान) प्राप्त कर दुखों की निवृत्ति करना, इस साधना का उद्देश्य होता है।

2. **पच्चेक बुद्धयान**–बिना किसी कल्याण मित्र की सहायता के स्वयं प्रतिभा सम्पन्न ध्यान समाहित अवस्था में विमुक्तिरसरसिक हो निर्जन स्थान में बोधि प्राप्त कर आत्मरमण करना, इस साधना की अंतर्वस्तु है। '*पच्चेक बुद्ध सयमेव बुजझंति परे न बोधेंति।*'
3. **बोधिसत्व (भावीबुद्ध) यान**–क्लेशनाश के उद्देश्य से सत्वाराधान (जीवसेवा) सत्वार्थकिया (परहित साधन) रत बोधिसत्व का अवलंबन करना, यह साधना की उत्कृष्ट दशा है। '*बुद्धा सयमेव बुज्झंति परे न बोधेंति*'।

आर्य धर्म संगीति नामक महायान ग्रंथ में वर्णित अवलोकितेश्वर तथा मंजुश्री महाकारुणिक बोधिसत्व, आज भी साधना में सभी जीवों की सहायता, उनकी क्लेशनिवृत्ति तक करते हैं।

"*एवमाकाश निष्ठस्य सत्य धातोरनेकधा।*
भवेयमुपजीऽहं यावत सर्वे न निवृता:।।" बोधचर्यावतार 3-21

कनिष्क के शासन काल से श्रावक एवं पच्चेक बुद्धयान ही हीनयान तथा बोधिसत्व यान महायान के नाम से मान्य हैं। जिस प्रकार हीनयान में चौबीस अतीत मानुषी बुद्धों तथा महायान में इन चौबीस के अतिरिक्त–विपश्यी, शिखी, विश्वभु, ककुच्छंद, कनकमुनि, काश्यप, शाक्यसिंह और मैत्रेय–इन आठ को जोड़कर कुल बत्तीस बुद्धों की आराधना की जाती है, उसी प्रकार सातवीं शताब्दी से बज्रास्य घंटावज्र (बौद्ध पुरोहित) द्वारा देश विदेश और महाचीन (तिब्बत) में प्रचलित वज्रयान साधना में पांच ध्यानी बुद्धों–व्याख्यान मुद्रा में वैरोचन, वरदमुद्रा में रत्नसंभव, समाधिमुद्रा में अमिताभ, अभयमुद्रा में अमोघसिद्धि तथा भूस्पर्श मुद्रा में बैठे हुए अक्षोम्य–की साधना का प्रचलन है। इस साधना को *ऊँ मणि पद्मेहुं* मंत्र से सम्पन्न किया जाता है। पूजन के समय घंटा ध्वनि से यही नाद निकलता रहता है। सहजयान और मंत्रयान इसी साधन क्रम में आते हैं।

ऊँ सहनाववतु, सहनोभुनक्तु, सहवीर्य करवावहे। तेजस्विनावधीतमस्तु मा विद्विषावहे–श्वेताश्वतर उपनिषद

श्रीमद्भगवद्गीता के '*अहं त्वां सर्व पापेभ्यों मोक्षिस्यामि मा शुच:* तथा *योगक्षेमं वहाम्यहम्*' जैसे शाश्वत सत्य सूत्रों की तरह तथागत का यह आश्वासन भरा सूत्र है–

"*अहं च दु:खोपादानां उपाददामि*" (शिक्षा समुच्चय-6) (मैं सबके दुखों का भारग्रहण करता हूँ)

सर्वसुलभ सरलता सम्पन्न आचार प्रधान बौद्ध साधना ने पृथ्वी के एक बड़े भाग–पूर्वोत्तर एशिया–सुमात्रा, जावा, बोर्नियो, चीन, महाचीन, मंगोलिया, नेपाल, मेसोपोटामिया, लंका, मलय प्रभृति द्वीपों को प्रभावित किया है। चौंतीस सुत्तों (सूत्रों) का 'दीर्घनिकाय', 152 प्रवचनों का संग्रह 'मज्झिम निकाय', धम्मचक्कपवत्तन सुत्त वाराणसी के उपदेश भरा 'संजुत्त निकाय', 2300 से अधिक सूत्रों का संग्रह 'अनुत्तर निकाय' अथवा पंद्रह विभागों से युक्त 'खुद्दर निकाय' (छोटे-छोटे उपदेश टुकड़ों का संग्रह) आदि से संपन्न त्रिपिटकों–सुत्त पिटक, विनय पिटक तथा अभिधम्म पिटक–पर विभिन्न भाष्य यत्र-तत्र होते रहे।

बौद्ध साहित्य की इस संक्षिप्त पृष्ठभूमि में बौद्ध साधना का क्रम इस प्रकार है–

'अपने और पराए दुःख दूर करने हेतु, अपने इस मैं को, दूसरे को दान करता हूँ और दूसरे को मैं के समान ग्रहण करता हूँ।' ऐसी विपश्यना (प्रज्ञा) सहित चित्तमलों की शुद्धिपूर्वक शमथ (Meditation) करते हुए तीन बार नमस्कार करें–

नमोतस्य भगवतो अर्हतो संभासंबुद्धस्य (उन भगवान अर्हत् सम्यक् संबुद्ध को नमस्कार –3)

अब त्रिशरण ग्रहण की जाती है–

बुद्धं शरणम् गच्छामि (मैं बुद्ध की शरण जाता हूँ)

धम्मं शरणम् गच्छामि (मैं धर्म की शरण जाता हूँ)

संघं शरणम् गच्छामि (मैं संघ -Unity- की शरण जाता हूँ)

दुतीयंपि उपर्युक्त त्रिशरण दूसरी बार

ततीयंपि उपर्युक्त त्रिशरण तीसरी बार।

इसके बाद पंचशील (आवश्यकतानुसार अष्टशील या प्रवृज्याशील) व्रत धारण करें–

1. *पाणातिपाता वैरमणी सिक्खापदम् समादियामि* (मैं अपने हाथों से जीव हिंसा से विरत होने की शिक्षा ग्रहण करता हूँ)
2. *अदिन्ना दाना वैरमणी सिक्खापदम्* (मैं चोरी न करने की प्रतिज्ञा लेता हूँ)
3. *कामेसुमिच्छाचारा वैरमणी सिक्खापदम् समादियामि* (मैं व्यभिचार-कामाचार से विरत रहने की प्रतिज्ञा करता हूँ)

4. *मुसावादा वैरमणी सिक्खापदम् समादियामि* (मैं असत्य से विरत होने की प्रतिज्ञा करता हूँ)
5. *सुरामेय मज्ज पमादट्ठाना वैरमणी सिक्खापदम् समादियामि* (मैं सुरापान, प्रमाद आदि से विरत होने की प्रतिज्ञा करता हूँ)

बुद्ध, धर्म, संघ, चैत्य अथवा बोधि वृक्ष के चित्रपट आदि के समक्ष पुष्प, धूप, सुगंधि, प्रदीप और आहार से संकल्पपूर्वक निम्नलिखित दैनंदिन अथवा निमित्त रूप त्रिवंदनाएं करनी चाहिए–

इमाय धम्मानुधम्म पटिपत्तिया बुद्धं पूजेमि। (इस धर्म की प्रतिपत्ति (प्राप्ति) से मैं बुद्ध की पूजा करता हूँ)

इमाय धम्मानुधम्म पटिपत्तिया धम्मं पूजेमि। (इस धर्म की प्रतिपत्ति (प्राप्ति) से मैं धम्म की पूजा करता हूँ।)

इमाय धम्मानुधम्म पटिपत्तिया संघं पूजेमि। (इस धर्म की प्रतिपत्ति से मैं संघ की पूजा करता हूँ)

तदुपरांत द्वादशायतन (श्रोत्र, त्वक्, चक्षु, जिह्वा, नासिका, कर्ण, हस्त, पाद, गुह्य, उपस्थि, मन और बुद्धि) की पूजन सम्पन्नता–सम्यगत्व शुद्धि हेतु त्रिकामना करे–

1. *श्रद्धा इमाय पटिपत्तिया जाति जरामरण म्हा परिमुचिस्मामि।।* (निश्चय ही इस प्रतिपत्ति से मैं जरा (बुढ़ापा) और मृत्यु से मुक्त हो जाऊँगा।)
2. *इमिना पुत्र कम्मेन मा में बाल समागमो। एतं समागमो होतु या निव्वान पत्तिया।।* (इस पुण्य कर्म से निर्वाण प्राप्ति समय तक, कभी भी मूर्खों से मेरी संगति न हो)
3. *देवा वस्सतु सस्सन संपत्ति हेतु च। फीतो भवतु लोको च राजा भवत धम्मको।।* (फसल वृद्धि हेतु समय-समय पानी बरसे, संसार के सभी प्राणी उन्नति करें और शासक धार्मिक हो)

इस प्रकार मनोविज्ञान, तर्क और नीति के समुच्चय से सम्पन्न दुःख प्रभंजनक सर्व कल्याणमयी मंगल कामनाएँ करती यह साधना अत्यन्त सरल और बोधगम्य सूत्रों में संगुंफित है।

7

दक्षिण तथा पूर्वी एशिया के देशों में बौद्ध धर्म

डॉ॰ उर्विजा शर्मा

एक धर्म के रूप में बौद्ध धर्म की महत्ता उसकी करुणा, मानवता और समता संबंधी विचारों के कारण है। वैदिक यज्ञवाद और बुद्ध पूर्वकाल से लेकर बुद्ध के काल तक प्रचलित दार्शनिकों, चिंतकों की पृष्ठभूमि में बौद्ध धर्म का आविर्भाव हुआ। बुद्ध के जीवन और उनके उपदेशों की कथा, जैसा कि पालि ग्रन्थों में वर्णित है, उनके देवत्व के बजाय उनकी मानवता पर अधिक आश्रित थी। बौद्ध धर्म में निर्वाण एक साधन है। भारतीय संस्कृति देश की सीमा के बाहर प्राय: बौद्ध धर्म के साथ गई। संकृति के तीन कार्य हैं। पहला यह कि संस्कृति शिक्षा और अनुशासन के द्वारा मनुष्य के नैतिक, बौद्धिक और सौन्दर्य बौध सम्बन्धी विकास को सम्पन्न करती है। दूसरा यह कि यह ललित कलाओं, मानवीय शास्त्रों और विज्ञान के उदार पक्षों में अभिरुचि उत्पन्न करती है और उनके विकास में योग देती है। तीसरा संस्कृति का कार्य यह है कि वह उनके विकास में योगदान देती है। ये तीनों ही कार्य बौद्ध संस्कृति ने किये हैं।

सर चार्ल्स इलियट का कथन है कि भारत का सांस्कृतिक प्रभाव शांतिपूर्ण था और यह लोगों को आकर्षित करने में सफल रहा। उच्चतम संस्कृति के कारण सीमापार के देशों में यह प्रभाव स्वाभाविक रीति से बढ़ा। विशेषता यह थी कि इस विस्तार में अस्त्रों-शस्त्रों का प्रयोग नहीं हुआ। इलियट महोदय आगे कहते हैं कि कम्बोडिया, जावा आदि देशों में जहाँ हिन्दू धर्म के प्रमाण भी मिलते हैं, वहीं हिन्दू विजेताओं और उपनिवेशवादियों के भी उल्लेख प्राप्त होते हैं। हिन्दुत्व हिन्दुओं के साथ रहा। उन्होंने दूसरों को अपने धर्म में लाने

का प्रयास नहीं किया। बौद्धों का दृष्टिकोण इससे भिन्न था, उन्होंने दुनिया को उपदेश दिया। उनका केवल धार्मिक उद्देश्य था। राजनीति से उनका कोई सम्बन्ध नहीं था और न उन्हें भारत से कोई राजनैतिक सहायता ही प्राप्त हुई। बौद्ध धर्म के इस अतृष्ण भाव ने लोगों के हृदय को जीत लिया।"[1] बुद्ध के इस धर्म के स्वभाव तथा उनकी साहसिक धर्म यात्राओं ने निश्चित रूप से अन्य लोगों को विदेशों में जाने के लिए प्रोत्साहित किया। बौद्ध धर्म के इस प्रचार-प्रसार में जहाँ बौद्ध भिक्षुओं ने महत्त्वपूर्ण कार्य किया वहीं उसे स्थायित्व प्रदान करने के लिए बौद्ध उपासक, उपासिकाओं तथा बौद्ध परिवारों ने भी कम योगदान नहीं दिया।

बौद्ध धर्म के सदस्य प्रचारक दक्षिण तथा दक्षिण पूर्वी एशिया में ही नहीं गये वरन वे तिब्बत, चीन, जापान, मंगोलिया, कोरिया, मध्य एशिया के विभिन्न देशों में भी गये। उन्होंने असाध्य परिश्रम से वहाँ की भाषाओं को सीखा और उन्हें सीखकर बौद्ध ग्रन्थों का वहाँ की भाषाओं में अनुवाद किया। उन्होंने अनुवाद केन्द्रों और विद्यापीठों की स्थापना की। बौद्ध धर्म में जो ग्रन्थ आज पालि और संस्कृत में भारत में उपलब्ध नहीं हैं, वे चीनी तथा तिब्बती अनुवादों में प्राप्त होते हैं। सुदूर देशों में भारत का जो विशाल सांस्कृतिक साम्राज्य स्थापित हुआ था वह वस्तुतः अनुपम था और वह वर्तमान समय में भी विद्यमान है।[2]

बौद्ध धर्म के प्रचार में दक्षिण-पूर्वी एशिया देशों को बुद्ध उपदेशों को ग्रहण करने का प्रथम अवसर प्राप्त हुआ। उन्होंने बुद्ध के उपदेशों को मूल रूप में ही सुरक्षित रखा, जिसे बौद्ध धर्म की शब्दावली में थेरवाद या स्थविरवाद कहा गया है। पाश्चात्य विद्वान इसे 'दक्षिण बौद्ध धर्म कहते हैं और तिब्बत, मध्य एशिया, चीन, जापान आदि में प्रचलित बौद्ध धर्म को उत्तरी बौद्ध कहते हैं।' दक्षिणी तथा दक्षिणी-पूर्वी एशिया के जिन देशों में बौद्ध धर्म का प्रचार-प्रसार हुआ और वहाँ का जनजीवन प्रभावित हुआ, उनमें प्रमुख देश थे-1. श्रीलंका, 2. बर्मा, 3. मलय, 4. सुमात्रा, 5. जावा, 6, कम्बोडिया, 7. चम्पा।

एशिया के देशों के बौद्ध धर्म के प्रसार के साथ बौद्ध संस्कृति का भी प्रसार हुआ। इन नये विचारों से इन देशों को जो लाभ हुआ, वह न केवल धर्म के क्षेत्र में था बल्कि संस्कृति के क्षेत्रों में भी, जो अपने विस्तृतम अर्थ में समाज के एक सदस्य के रूप में, मनुष्य के द्वारा अर्जित ज्ञान, विश्वास, कला, नीति, विधि और अन्य समर्थताओं और स्वभावों की युग्मित समष्टि है। बौद्ध धर्म, विश्व में शांति के लिए एक महान शक्ति सिद्ध हुआ था। भगवान बुद्ध की शांति आत्म-बलिदान-करुणा और उदारता सम्बन्धी नीति की भावना विश्व व्यापी बन गयी।

बर्मा में बौद्ध धर्म–"जहाँ तक बर्मा में बौद्ध धर्म के प्रवेश की तिथि का प्रश्न है तो निश्चित रूप से कुछ भी कहना कठिन है। परन्तु बर्मी परम्परा में प्रचलित है कि भगवान बुद्ध ने स्वयं अपने जीवन काल में ही बर्मा में सद्धम्म का प्रचार किया था।[3] उन्होंने पगान में यह भविष्यवाणी की थी कि राजा समुत्तीरिय होगा, जो एक नगर बसायेगा और सद्धम्म की प्रतिष्ठापना करेगा।" साथ ही बर्मा में यह भी मान्यता है कि माडले के अराकान पगोडा–विहारुद्ध में स्थापित मूर्ति को स्वयं बुद्ध ने अपना शांति अंश प्रदान किया था। मौर्य सम्राट अशोक के शासन में पाटलिपुत्र के अशोकाराम में सम्पन्न, तृतीय बौद्ध संगीति के निर्णयानुसार स्थविर सोण और उत्तर के नेतृत्व में एक भिक्षु दल, बौद्ध धर्म के प्रचार के लिए सुवर्ण भूमि भेजा गया था। श्रीलंका के इतिहास वृत्तांतों के अनुसार दो बौद्ध भिक्षु सोण और 'उत्तर' भेजे गये थे। सुवर्ण भूमि को साधारणतया बर्मा माना जाता है। फिर भी ऐसा कोई विश्वसनीय साक्ष्य नहीं हैं कि अशोक द्वारा ही ये 'सोण' और 'उत्तर' भेजे गए थे। सुवर्णभूमि कौन सी रही, होगी इसके बारे में भी कई मत हैं। कुछ लोग उसे स्याम मानते हैं अथवा पूरे हिंद चीन के लिए यह शब्द प्रयुक्त करते हैं। नागार्जुनकोण्डा, श्रीपवर्तद्ध से प्राप्त इक्ष्वाकुवंशी शासक, वीर पुरुषदत्त के 14वें वर्ष का अभिलेख[4] प्राप्त हुआ है, जिसमें तंबपन्न विहार का उल्लेख है जहाँ भिक्षुओं ने कश्मीर, मगध, चीन, चिलात, बोवली, अवरंत, वंग, वनवासी, यवन, दमिल, पलूश तंबपन्नि द्वीप में सधर्म प्रचार किया था। महामना राहुल सांकृत्यायन चिलात को किरात मानते हैं, जो वस्तुतः सुवर्ण भूमि के किरातों का बोधक है। जहाँ 'सोण' और उत्तर स्थविरों ने पहले ही बौद्ध धर्म का प्रचार किया था।[5]

बर्मा के पुरातात्विक अन्वेषणों में प्राप्त सामग्री से भी वहाँ के बौद्ध धर्म पर प्रकाश पड़ता है। यदि उत्तर व सोण को छोड़ दें, तो संभवतः पांचवीं शती से पहले वहाँ बौद्ध धर्म पनपा होगा, ऐसा कोई प्रमाण नहीं है। भारत और बर्मा की निकटता को ध्यान में रखते हुए और ईस्वी संवत से पहले भी दो कठिन स्थल मार्ग भारत और बर्मा के बीच रहे होंगे, यदि ऐसा मानकर चलें तो यह अनुमान किया जा सकता है कि पांचवीं सदी से पहले बौद्ध धर्म भारत से बर्मा गया होगा। परन्तु इस समय से आगे ऐसे निश्चित वृतांत मिलते हैं, जिनसे न केवल थेरवाद बौद्ध धर्म का अस्तित्व, परन्तु उसकी विकसित अवस्था भी मानी जा सकती है। प्यूस के पुराने राज्य को श्रीक्षेत्रा कहा जाता है और उसकी राजधानी कहीं प्रोम के निकट रही होगी। वर्तमान प्रोम से प्राप्त स्वर्ण ताम्रपत्रों पर लिखे हुए हीनयानी बौद्ध धर्म के सूत्र मिले हैं, जो पालि भाषा में और उनके अक्षर

कदम्ब राजवंश के अभिलेखों के अक्षरों के समान हैं, लेकिन महामना राहुल सांकृत्यायान इन स्वर्ण पत्रों की लिपि आंध्र की पल्लव लिपि मानते हैं। दक्षिण में वर्तमान प्रोम के दक्षिण में पांच मील दूर प्यू जाति की पुरानी राजधानी में। श्रीक्षेत्रा के ध्वंसावशेष मिले हैं। जिसे इस ह्मावजा कहा जाता है। इसके समीप के गांव मोधगन से प्राप्त स्वर्ण पत्रों पर इस प्रकार बुद्ध वचन अंकित मिलते हैं[6]–

> स्वर्णपत्रा-1 "*ये धम्मा हेतुप्पभवा तेसं हेंतु तथोगता आह। तेस च यो निरोधे एवं वादी महा समणोति.....*"
>
> स्वर्णपसत्रा-2 "*इतिपि सो भगवा अरहं सम्मा सम्बुद्धो विज्जाचरण सम्पन्नो सुगतो...।*"

ह्मावाजा में 1926 ई. के पुरातात्विक उत्खनन में ताड़पत्रों जैसे 20 स्वर्णपत्रों पर लिखी हुई बौद्ध धर्म की एक पोथी प्राप्त हुई है, जिस पर प्रतीत्यसमुत्पाद उत्कीर्ण है। ह्वेनसांग और इत्सिंग की यात्रा के समय भी 629 से 695 ई. तक बर्मा में हीनयान बौद्ध धर्म का जोर रहा, जैसा कि उनके यात्रा विवरणों से ज्ञात होता है। ह्मावाजा के स्थापत्य अवशेष आधुनिक प्रोम से आठ किलोमीटर दूर हैं और चीनी वर्णनों से इस बात में कोई संदेह नहीं रहता है कि पालि धर्म सूत्रों सहित थेरवाद बौद्ध धर्म इस प्रोम के आस-पास के प्रदेश के पांचवीं शती के उत्तरकाल में भारतीय धर्म प्रचारकों द्वारा किया गया हो। वे भारत के दक्षिण और उत्तर समुद्र के किनारे से शायद वहाँ आए होंगे। साथ ही साथ हमें मूलसर्वास्तिवाद के और महायानवाद के चिन्ह भी मिलते हैं, जो कि पूर्वी भारत से आए होंगे।[7]

उत्तरी बर्मा पर चीनी प्रभाव भी पड़ा होगा। 524 ई. में जिन अनेक राजाओं ने चीनी सम्राट के पास धर्मदूत मण्डल भेज थे, बर्मी राजा भी उनमें से एक था, जिसे कट्टर बौद्ध कहा गया है। उसके राज्य में सैंकड़ों संघाराम थे, जिनमें सात वर्ष की आयु वाले बालकों को भर्ती किया जाता था। उनमें जो बौद्ध नहीं होना चाहते थे, उन्हें 20 वर्ष की आयु तक बौद्ध धर्म की शिक्षा दीक्षा देकर मुक्त कर दिया जाता था। बौद्ध धर्म का थेरवादी रूप हिन्दु मोन या तलैंगो में फैला। ये पेगू में या हंसावती में बस गये थे। थातोन-सुद्धम्मवतीद्ध और अन्य अड़ोस-पड़ोस के प्रदेशों को तब सामूहिक रूप से रायण देश कहा जाता था। ईसा की ग्यारहवीं सदी से कुछ पहले थातोन इस धर्म का बड़ा महत्त्वपूर्ण केन्द्र बन चुका था। उसे भी पहले म्राम्म ने पगन में एक शक्तिशाली राज्य स्थापित किया था, जो कि एक तिब्बती द्रविड़ जाति थी और यही नाम सारे देश में रख दिया था। म्राम्य लोग जंगली, बेपढ़े-लिखे थे और उनमें एक विकृत प्रकार का

तंत्रवाद प्रचलित था। सन् 1044 ई. में अनवरथ, अनिरुद्ध गद्दी पर आसीन हुआ। वे थातोन के एक थेरवादी तलैंग भिक्षु अर्हन द्वारा बौद्ध बनाये गये। इसे धर्मदर्शी भी कहा जाता है। इस नये राजा ने अर्हन और श्रतौन के अन्य कुछ भिक्षुओं के सारे प्राचीन विकृत धर्म के विरुद्ध जैसे धर्मयुद्ध किया और थेरवाद को स्थापित किया, परन्तु फिर भी धर्मग्रंथों की बड़ी आवश्यकता थी। अनिरुद्ध ने मनूह के यानी थातोन के राजा के पास दूत भेजे। उसने त्रिपिटक के पूरे पाठ मांगे थे। मनूह ने मना किया तो अनरुिद्ध अपनी पूरी सेना लेकर थातोन पर चढ़ाई कर, उस पर विजय प्राप्त की, विजयी होने के पश्चात् वह न केवल मनूह को बंदी बनाकर लाया वरन् अन्य बौद्ध भिक्षुओं को भी लेकर आया तथा कुल बत्तीस हाथियों पर लादकर वह बौद्ध ग्रंथ और अवशेष भी लाया। पगन के बर्मा लोगों ने मोन लोगों का धर्म, भाषा सहित्य और लिपि अपनायी। अनिरुद्ध और उसके वंशज थेरवाद बौद्ध में बड़े मानने वाले बने और उनकी और उनकी राजनैतिक सत्ता के साथ-साथ वह समूचे बर्मा में फैल गया। ब्राह्मण धर्म जो कि वहाँ पहले फैला था, के स्थान पर धीरे-धीरे बौद्ध धर्म फैलने लगा। वही धर्म आज भी पूरे बर्मा में बिना किसी प्रतिद्वन्द्विता के फैला हुआ है। एक नये बौद्ध के आदेश से अनिरुद्ध ने कई पगोडा या मन्दिर और विहार बनवाए। उसके वंशजों ने उसका अनुसरण किया। वह श्रीलंका से त्रिपिटक के पूरे पाठ लाया और अर्हन ने उन्हें धतोन के पास जो पाठ थे, उनके साथ मिलाया। अनिरुद्ध के पुत्र, क्यनजित्थ्य ने अपने पिता का पूरा अनुकरण किया और पगन में प्रसिद्ध आनंद विहार बनवाया।

1181-82 ईसवीं में श्रीलंका में दीक्षित कपट नामक भिक्षु द्वारा एक सिंहली भिक्षु संघ की स्थापना, बर्मा में बौद्ध धर्म के इतिहास में महत्वपूर्ण घटना है। श्रीलंका के भिक्षु बर्मा के भिक्षुओं को सही तौर पर दीक्षित नहीं मानते थे, और यही कपट अन्य अनुयायियों की थी। सिंहल संघ और म्राम्म संघ के बीच प्रतिद्वन्द्विता तीन शतियों तक चलती रही और अंत में सिंहल संघ की विजय हुई।

बर्मा के प्यू राज्य—श्रीक्षेत्रा के बौद्धों में नवीं शताब्दी में भी यह परम्परा थी कि जब बालक और बालिकाएं सात वर्ष की आयु की हो जाती थीं, तो उनके माता-पिता उनके सिर मुंडवाकर उन्हें बौद्ध विहारों में उपासक-उपासिका के रूप में बौद्ध धर्म के अध्ययन के लिए रख देते थे। उनमें जो भिक्षु व्रत लेना चाहते थे, उन्हें 20 वर्ष की आयु होने पर उपसम्पदा देकर भिक्षु बना दिया जाता था, शेष लोग अपने-अपने घर को वापस जाकर गृहस्थ जीवन बिताते थे। यह परम्परा बर्मा में आज भी विद्यमान है। अनिरुद्ध भारतीय मूल का था और उसने अनेक नगरों का नामकरण भी भारतीय नगरों के ही नामों पर किया यथा—अपरान्तक,

उत्कल, तक्षशिला, हंसावती, वाराणसी, श्रीक्षेत्रा आदि। इलियट महोदय का विचार है कि उत्तरी भारत से, भारत के पूर्वी तट से, सीलोन से, चीन और कम्बोज से बौद्ध धर्म बर्मा पहुँचा। बर्मा के बौद्धों ने कला में, संस्थाओं में और दैनिक जीवन में बौद्ध धर्म को इस प्रकार अंगीकार कर लिया है कि कोई भी व्यक्ति, जो भारत होकर बर्मा जाएगा, वह यह अनुभव किये बिना नहीं रह सकता कि वह एक नये देश में आ गया है। बर्मा में बौद्ध धर्म इस समय भी एक जीवन्त शक्ति है, जिसके निम्नलिखित कारण हैं[8]–

1. बर्मा में प्रत्येक व्यक्ति के लिए प्रव्रज्या लेना और भिक्षु होना अनिवार्य है। वहाँ यह माना जाता है कि बिना भिक्षाचर्या ग्रहण किये मनुष्य वास्तविक नहीं बन जाता। वह पशु के समान रहता है। बर्मा का बालक 15 वर्ष की आयु के आसपास भिक्षुचर्या ग्रहण कर श्रामणेर बनकर बौद्ध विहार में रहता है।
2. बुद्धविहारों का निर्माण करवाना, बौद्ध धर्म का प्रचार माना जाता है, जो बुद्ध विहार का निर्माण नहीं करवाता, उसका जीवन अपूर्ण माना जाता है।
3. बुद्ध मन्दिरों के रख-रखाव तथा बौद्ध भिक्षुओं के भोजन वस्त्र आदि की व्यवस्था करना वहाँ के लोग धर्म की पूर्ति मानते हैं। यही कारण है कि विहारों और भिक्षुओं के खर्च का किंचितमात्र भी भार राष्ट्र के ऊपर नहीं पड़ता। यह सब भार, उपासक ही वहन करते हैं।
4. प्रत्येक बौद्ध विहार एक विद्यालय है। इन विहारों में रहने वालों के अलावा बाहर से आने वाले लोगों को भी शिक्षा दी जाती है। आठ या नौ वर्ष की आयु में ही बर्मी बालक विहारों में पहुंच जाते हैं। वहाँ वे पढ़ना-लिखना सीखते हैं। गणित की शिक्षा प्राप्त करते हैं। वहाँ उन्हें सैनिक शिक्षा भी दी जाती है। यहीं वे बर्मी तथा पालि के अनेक बौद्ध ग्रन्थों को याद करते हैं। सर जे. जी. स्काट का कथन है कि इन बौद्ध विहारों की शिक्षा एंग्लोवर्नाक्यूलर स्कूलों की शिक्षा से बहुत अच्छी और जीवनोपयोगी है। क्योंकि वर्नाक्यूलर स्कूलों की शिक्षा, जीवन में क्षणिक सफलता और सरकार की नौकरी पाने के अलावा कुछ नहीं दे पाती।
5. वहाँ बौद्ध भिक्षु केवल 'स्कूल मास्टर' ही नहीं हैं वरन अधिकांश भिक्षुओं ने बर्मी साहित्य की रचना भी की है। आज वे उपदेष्टा ही नहीं साहित्य सृष्टा भी हैं।

संदर्भ

1. इलियट, सर चार्ल्स, *हिन्दुइज़्म एंड बुद्धिज्म*, वाल्यूम 3, लन्दन, पृ. 3/5.
2. बी.एन. पुरी, *मध्य एशिया में भारतीय संस्कृति*, पृ. 1.
3. इलियट्, सर चार्ल्स, *हिन्दुइज़्म एंड बुद्धिज्म*, वाल्यूम 3, लन्दन, पृ. 57.
4. उपाध्याय भरत सिंह, *बुद्धकालीन भारतीय भूगोल*, प्रयाग, सं. 248, पं. 36–37.
5. राहुल सांस्कृत्यायन, *बौद्ध संस्कृति*, कलकत्ता, 1952, पृ. 47.
6. वही
7. पी.वी. बापट, *बौद्ध धर्म के 2500 वर्ष*, 1997, पृ. 67.
8. डॉ. श्रीमती यमुना लाल, *भारत एवं विदेशों में बौद्ध प्रचारक*, 1993, पृ. 191.

8

बुद्ध देशना के संवाहक

डॉ॰ ज्योति सिंह गौतम

बुद्ध देशना का तात्पर्य है बुद्ध-वाणी, बुद्ध उपदेश, बुद्ध संदेश आदि और वाहक शब्द का आशय है बुद्ध संदेश को श्रवण कर स्मृति पटल में समाहित करके, स्मरण करके, कन्ठाग्र करके, जनता में ले जाने वाले।

मूल विषय पर कुछ कहने के पूर्व इस विषय को भी स्पष्ट करना समीचीन समझती हूँ कि बुद्ध उपदेशों को कण्ठाग्र करने की क्या आवश्यकता थी? अविलम्ब लिपिबद्ध क्यों नहीं किया गया? बुद्ध दर्शन पर बहुत शोधात्मक कार्य हुआ है, परन्तु मेरी दृष्टि में इस विषय पर विद्वानों की अपेक्षाकृत कम दृष्टि पहुँची है। उपलब्ध साक्ष्यों के आधार पर ऐसा प्रतीत हो रहा है कि बुद्ध को जितना परिश्रम 'बोधत्व' प्राप्ति में करना पड़ा, उससे अधिक श्रम अपने 'लोकोपकारी संदेश' को जन साधारण के अंतस तक संप्रेषण में करना पड़ा। ऐसा क्यों करना पड़ा? पालि महा व्याकरण के सर्जक डॉ. भिक्खु जगदीश कश्यप बताते हैं कि, "उस समय वैदिक भाषा बोलचाल की भाषा थी। वैदिक काल में आर्यों का जहाँ-जहाँ प्रसार हुआ, वहाँ-वहाँ यह भाषा पहुँची। उस समय भाषा ने व्याकरण की बेड़ी नहीं पहनी थी। बोलने के समय लोगों को गलती हो जाने का डर नहीं लगता था। भावों की अधिक से अधिक अभिव्यंजना ही भाषा का अभिप्राय था।"[1] उन्होंने आगे लिखा कि, "बोल-चाल की भाषा में रूपों की विभिन्नता हद से ज्यादा बढ़ गयी। यहाँ तक कि समाज को दैनिक व्यवहार में बड़ी कठिनाई पड़ने लगी। लोगों को अनुभव होने लगा कि यदि भाषा की इस उच्छृंखलता को रोककर, उसमें कुछ नियमन न किया गया तो कुछ समय के उपरान्त सामाजिक जीवन असंभव हो जायेगा।"[2] भावाभिव्यक्ति का माध्यम भाषा होती है। भाषा की इस संक्रामक स्थिति में निश्चित ही समाज का 'जन

साधारण' वर्ग किसी नवीन 'दर्शन' या संदेश को नहीं समझ सकता था। बुद्ध का उद्देश्य था कि उनका संदेश केवल प्रबुद्ध वर्ग तक ही सीमित न रह जाय। उनकी अपेक्षा थी कि उनका संदेश सूरज की किरण की तरह गरीब की झोपड़ी से लेकर अमीर के प्रासाद तक सामान रूप से पहुँचे।

ऐसा भी नहीं था कि उस समय लिपिबद्ध करने की व्यवस्था नहीं थी। दीघ निकाय में इसका उल्लेख है कि बुद्ध उपदेशों को वैदिक भाषा में छन्दबद्ध करके व्यवस्थित करने की बात कुछ भिक्खुओं ने इस प्रकार की थी–

"उस समय यमेड़–यमेड़ते नाम के दो भिक्खुओं ने बुद्ध से कहा, "भन्ते इस समय नाना नाम–गोत्र, सम्प्रदाय के लोग प्रब्रजित हो रहे हैं। वह अपनी भाषा में बुद्ध वचन को कहकर दूषित कर रहे हैं। अच्छा हो भन्ते हम बुद्ध वचन को छन्द में बना दें।" (छन्द–वैदिक भाषा के कठिन श्लोक)

"बुद्ध ने फटकारते हुए कहा–भिक्षुओं! यह अनुचित है–बुद्ध वचन को छन्द में न करना चाहिए, जो करेगा वह अपराधी होगा। भिक्षुओं अनुमति देता हूँ बुद्ध वचन अपनी भाषा में (सकाय निरुक्तियाँ) सीखने की।"[3]

"बुद्ध घोषाचार्य ने अपनी अट्ट कथा में "सकाय निरुक्तियाँ" (अपनी भाषा में) का अर्थ "मागधी भाषा में" बताया है।[4] उपर्युक्त विश्लेषण से स्पष्ट हो गया है कि बुद्ध ने भिक्खुओं को अपनी–अपनी भाषा में बुद्ध संदेश सीखने की इजाजत क्यों दी थी और वैदिक भाषा में छन्दबद्ध करना क्यों अनर्थ माना था? यदि बुद्ध ने अपने संदेशों को अपनी–अपनी भाषा में सीखने का प्रतिबंध न लगाया होता, तो निश्चित ही बुद्ध वाणी लोकवाणी नहीं बन सकती थी। क्लिष्ट वैदिक भाषा के छन्दों में बुद्ध संदेश परिणित होने से वह विद्वानों तक ही सीमित रह जाते।

बुद्ध देशना के भण्डागारिक

बुद्ध देशना का भण्डागरिक वही हो सकता है, जो अहर्निश बुद्ध के साथ रहा हो। उपलब्ध साक्ष्यों के आधार पर ज्ञात होता है कि बुद्ध के असंख्य भिक्खु थे, उनके उपदेशों को सुनकर और उनको कंठाग्र कर समाज में मानव के कल्याणार्थ सम्प्रेषित कर रहे थे। इन भिक्खुओं में उनके सर्व श्रेष्ठ शिष्य थे सारिपुत्र।

धर्म सेनापति सारिपुत्र

धर्म सेनापति सारिपुत्र तथागत बुद्ध के प्रमुख शिष्यों में से एक थे। "वे धर्म सेनापति इसलिए कहे जाते हैं क्योंकि महाविजयी बुद्ध ने जिस धर्म साम्राज्य

को स्थापित किया, सम्यक समबुद्ध ने जिस अनुत्तर धर्मचक्र को प्रवर्तित किया, उसे अनुप्रवर्तित (संचालित, प्रचारित) करते हुए सारिपुत्र ही विचरण करते थे। इसलिए उनकी 'धर्म सेनापति' संज्ञा सार्थक ही थी। बुद्ध यदि चक्रवर्ती हैं, तो सारिपुत्र उनके सेनापति।"[5]

तथागत बुद्ध, सारिपुत्र की बहुत प्रशंसा करते थे। एक बार भिक्खुओं की एक बड़ी सभा में उन्होंने सारिपुत्र को महाप्रज्ञों में अग्रणी उद्घोषित किया (एतद्ग्ग महापात्रा) प्रज्ञा में बुद्ध, सारिपुत्र को केवल अपने से नीचा मानते थे।[6] मज्झिम निकाय ने स्पष्ट उल्लेख मिलता है कि सारिपुत्र को तथागत बुद्ध, भिक्खु धर्म का परम आदर्श मानते थे "यदि किसी भिक्खु के विषय में यह ठीक से कहा जा सकता है कि इसे आर्यशील में स्वामित्व प्राप्त है, पारमिता प्राप्त है, आर्य समाधि में स्वामित्व प्राप्त है, आर्य प्रज्ञा में स्वामित्व प्राप्त है, आर्य विभुक्ति में स्वामित्व प्राप्त है तथा परिपूर्णता प्राप्त है, तो केवल सारिपुत्र के विषय में ही।" इतना ही नहीं "भिक्खुओं! यदि किसी के विषय में यह ठीक से कहा जा सकता है कि यह मुख से उत्पन्न, धर्म निर्मित, धर्म दामाद (धर्म का वारिस), धनादि भोगों से अलिप्त, औरस (हुदय से उत्पन्न) पुत्र है, तो केवल सारिपुत्र के लिये ही ठीक है। भिक्खुओं! तथागत द्वारा चलाये धर्मचक्र को सारिपुत्र ठीक से अनुप्रवर्तित कर रहा है।"[7]

ऐसे ही बौद्ध वाड्मय में सारिपुत्र की सर्वश्रेष्ठता के अनेक प्रमाण उपलब्ध हैं। सारिपुत्र का साक्ष्यों के आधार पर जीवन वृत्त इस प्रकार है–सारिपुत्र का जन्म राजगृह नगर के समीप उपतिष्य नामक ग्राम में, जिसको नालक ग्राम भी कहा जाता है, ब्राह्मण कुल में हुआ था। इनके पिता का नाम बंगंत और माता का नाम रूपसारि था। संस्कृत ग्रंथों में सारिपुत्र को ही शालिपुत्र, शारिसुत और शारद्वती पुत्र कहा गया है। सारिपुत्र चार भाई थे। सारिपुत्र सबसे बड़े थे। अन्य तीन के नाम थे, चुन्द, उपसेन, रेवत। इनकी तीन बहिनें थीं। जिनके नाम थे, चाला, उपचाला, और शिशूप चाला। सभी भाई बहिनों प्रव्रजित होकर बुद्ध के 'धर्म चक्क' प्रवर्तन में लीन रहे। सारिपुत्र, बुद्ध से उम्र में बड़े थे। बुद्धचर्या में ऐसा उल्लेख मिलता है कि अंतिम समय में उन्होंने बुद्ध से कहा–"भंते भगवान अनुज्ञा दें! सुगत अनुज्ञा दें, मेरा परिनिर्माण काल है। आयु संस्कार समाप्त हो चुका है" "भन्ते नालक ग्राम में जन्म गृह है वहीं परिनिर्वाण करूँगा" सारिपुत्र जिसका काल समझे वैसा कर (*यस्स दानि त्वं सारिपुत्र काल मात्रसीति*)!........ "यह कह हाथ जोड़कर जब तक भगवान नजर के सामने थे, बिना पीठ दिखाये सामने मुख रखकर ही चलकर वन्दना कर सारिपुत्र चल दिये। भिक्षु बिलखकर

चिल्लाने लगे, "स्थविर किसके हाथों में शास्ता को सोंप कर जा रहे हो। सारिपुत्र का उनके लिये यहीं अंतिम संदेश था, "सबका यही गन्तव्य मार्ग है।" आवुसो! दशबल (बुद्ध) के विषय में लापरवाही मत करना।"[8]

सारिपुत्र ने बुद्ध देशना को प्रकाश की भांति घर-घर तक भेजने के बुद्ध के संकल्प को पूरा करने में अपने जीवन को अर्पित तो किया ही था, साथ ही बुद्ध द्वारा प्रतिपादित दर्शन को, जिसे उन्होंने कंठाग्र किया था, अनेक पात्र व्यक्तियों को सुनाकर, उसे समझाकर समाज में इस दर्शन की धारा को निरंतर प्रवाहमान रहने का यथा शक्ति प्रयास किया।

महामोदगल्यायन

नालक गाँव के पास एक दूसरा गाँव था, जिसका नाम था कोलित ग्राम। इस गाँव का एक छोटा बालक सारिपुत्र का बड़ा घनिष्ट मित्र था। इसका नाम था, महामोदगल्यायन।

ऐसा भी उल्लेख मिलता है कि दोनों की सात पीढ़ियों से घनिष्ट दोस्ती चली आ रही थी। इसलिए दोनों बालकों में घनिष्टता होना स्वाभाविक था। दोनों एक ही दिन पैदा हुए थे, इसकी भी साक्ष्यों द्वारा पुष्टि होती है।[9] दोनों एक साथ प्रव्रजित हुए, यह भी सत्य है।[10] मोदगल्यायन आगे चलकर बुद्ध के दूसरे नम्बर के शिष्य हुए। सच्चविंगसुत्त (मज्झिम निकाय 3/4/11) में बुद्ध कहते हैं "भिक्षुओं! सारिपुत्र और मोदगल्यायन की सेवा करो, उनके पास जाओ। भिक्षुओं! सारिपुत्र और मोदगल्यायन पंडित हैं, ब्रह्मचारियों के अनुग्राहक है। भिक्षुओं! सारिपुत्र और मोदगल्यायन आर्य सत्यों का विस्तारपूर्वक व्याख्यान कर सकते हैं, प्रकाशन कर सकते हैं। भिक्षुओं जन्मदाता की तरह सारिपुत्र है। जन्म (जो पैदा हो गये) को पोसने वालों की तरह मोदगल्यायन।"[11]

सारिपुत्र और मोदगल्यायन से बुद्ध कितने प्रभावित थे इस कथा से इसकी वास्तविक स्थिति का पता चलता है। एक बार कुछ नये प्रव्रजित भिक्खु, जो सारिपुत्र की अध्यक्षता में थे, शोर मचा रहे थे। शास्ता को यह बिल्कुल पसंद नहीं था। उन्होंने उन्हें बाहर निकल जाने को कहा। सारिपुत्र भी बाहर निकल गये। बाद में सारिपुत्र को बुलाकर पूछा यह सब उन्हें कैसा लगा? तो सारिपुत्र ने कहा "भन्ते मुझे ऐसा लगा कि भगवान भिक्षु संघ को निकालकर अब निश्चिंत हो जीवन में सुखपूर्वक विहार करेंगे। शास्ता ने प्रेम विवश वाणी में कहा। ठहर सारिपुत्र ठहर। फिर ऐसा विचार मन में न लाना।" महामोदगल्यायन से भी जब ऐसा ही पूछा तो उन्होंने कहा, "भन्ते मुझे ऐसा लगा था कि भगवान ने

भिक्खु संघ को निकाल दिया अब आयुष्मान सारिपुत्र और मैं संघ को धारण करूँगा।" शास्ता ने मोदगल्यायन के उत्तर का अनुमोदन करते हुए कहा, "साधु मोदगल्यायन चाहे भिक्खु संघ को मैं धारण करूँ, चाहे सारिपुत्र और मोदगल्यायन, एक ही बात है।"[12]

इस दृष्टान्त से सिद्ध हो रहा है कि बुद्ध सारिपुत्र और महामोदगल्यान को अपने ही स्तर का समझते थे। मोदगल्यायन भी सारिपुत्र की भाँति बुद्ध की धम्म देशना के श्रेष्ठ संवाहकों में से एक थे। या यों कहा जाय कि बुद्ध के बाद सारिपुत्र और मोदगल्यायन ही बुद्ध धम्म के आधार स्तम्भ थे।

महामोदगल्यायन का भी बुद्ध के समक्ष ही परिनिर्वाण हो गया था। मिलिंद प्रश्न से ऐसा ज्ञात होता है। बुद्ध कहते हैं–भिक्षुओं! मेरे ऋद्धिमान भिक्षु श्रावकों में महामोदगल्यायन सबसे श्रेष्ठ है" इस बार भी वे चोरों के बीच में पड़कर डण्डों से कूटे जाकर सिर फूट जाने, हड्डियों के चूर-चूर हो जाने तथा मांस और नसों के पिस जाने से परिनिर्वाण को प्राप्त हुए थे।"[13]

सारिपुत्र की भांति महामोदगल्यायन के बौद्ध साहित्य में और भी अनेक साक्ष्य उपलब्ध हैं, जो स्पष्ट करते हैं कि बुद्ध के वचनों को श्रवण कर, उन्हें जन-जन तक पहुँचाने में और अपनी बौद्धिक क्षमता से, उनके मूल भाव को विकृत होने से बचाने में वे अग्रणी रहे।

भण्डागारिक-भन्ते आनन्द

आनन्द भी भगवान बुद्ध के अत्यंत नजदीकी शिष्यों में माने जाते थे। आनन्द बुद्ध के सगोत्र भाई थे। आनन्द कपिल वस्तु में शुद्धोधन के छोटे भाई अमृतौदन के पुत्र थे। यद्यपि बुद्ध इन पारिवारिक सम्बन्धों से दूर जा चुके थे। बुद्धत्व प्राप्ति के उपरान्त दूसरे वर्ष बुद्ध, कपिलवस्तु के समीप अनूपिया कस्बे में, उपदेश कर रहे थे। शाक्य कुमारों को भी यहाँ बुद्ध के आने का संदेश मिला।

आनंद की दीक्षा

विनय पिटक के चुल्लबग्ग में उल्लेख मिलता है कि इस अवसर पर "भद्दिय, शाक्य राजा अनुरुद्ध, आनंद, भृगु, किम्बिल, देवदत्त और सातवाँ उपालि हज्जाम।....... वह दूर तक जा, सेना को लौटा, दूसरे के राज्य में पहुँच, आभूषण उतार, उपरने में गठरी बाँध, उपालि से यों बोले–" भन्ते! उपालि तुम लौटो।[14]

उपालि आभूषणों का मोह छोड़ राजकुमारों के पीछे प्रव्रजित होने हेतु बुद्ध के पास चल दिये।

आनंद का जाति व्यवस्था पर प्रहार

भारतीय वाड़्मय में सर्वप्रथम आनन्द के नेतृत्व मैं शाक्य कुमारों ने जाति व्यवस्था पर प्रहार किया। बौद्ध वाड़्मय के मूल ग्रंथ 'विनय पिटक के चुल्लबग्ग" से इस तथ्य की पुष्टि होती है–"भन्ते हम शाक्य अभिमानी होते हैं। यह उपालि नाई चिरकाल तक हमारा सेवक रहा है। इसे भगवान पहले प्रव्रजित करायें। जिससे हम इसका अभिवादन, प्रत्युत्थान (सम्मानार्थ खड़े होकर) हाथ जोड़ें। इस प्रकार हम शाक्यों का, शाक्य होने का अभिमान मर्दित (चूर-चूर) होगा।"

"तब बुद्ध ने उपालि को पहले प्रव्रजित कराया पीछे उन शाक्य कुमारों को।"[15]

आनन्द को भिक्खु संघ, धर्मभण्डागारिक (धम्मभण्डागरिक) अर्थात् धर्म का भण्डारी कह कर पुकारता था। आनंद बहुश्रुत थे (अधिक सुनने वाले), पण्डित थे। भगवान बुद्ध के सतत् साथी होने के नाते बुद्ध वचन सबसे अधिक उन्होंने सुने थे और उन्हें अपनी स्मृति में सुरक्षित भी रखा था। कहा जाता है कि आनंद की स्मरण शक्ति बहुत तेज थी, जो कुछ भगवान बोलते थे उसको वह याद कर लेते थे। ऐसा उल्लेख मिलता है कि एक से लेकर 60 हजार पंक्तियों की 15 हजार गाथाओं (श्लोकों) को भी वे सुनकर याद कर लेते थे। इसी कारण बुद्ध ने उन्हें अपने स्मृतिमान, और बहुश्रुत भिक्षु शिष्यों में प्रधान कहा था। "भिक्षुओं, मेरे बहुश्रुत स्मृतिमान, गतिमान और घृतिमान, भिक्खु शिष्यों में यह आनन्द ही सर्वश्रेष्ठ हैं।"[16]

आनन्द के स्मृतिमान और बहुश्रुत होने से ही उनका बौद्ध संघ में विशेष आदर नहीं हो सकता था इसलिए सारिपुत्र को उन्होंने धर्म का सेनापति कहा। आनन्द में भण्डागारिक होने के अलावा और भी विशेष गुण थे, किन्तु विपश्यना में वे उतने बढ़े-चढ़े नहीं थे, जितने सारिपुत्र, मोदगल्यायन, महाकश्यप या अन्य कई शिष्य। विनयपिटक में इस तथ्य की पुष्टि का आधार उपलब्ध है–

प्रथम संगीति की कार्यवाही के समय का उल्लेख इस प्रकार है–"भन्ते! यह आनंद यद्यपि शैक्ष्य (अन-अर्हत) हैं, तो भी राग, द्वेष, मोह, भय, कुमार्ग आदि से दूर हैं। उन्होंने भगवान के पास बहुत धर्म प्राप्त किया है। इसलिए भन्ते। स्थविर आयुष्मान को भी चुन लें। तब आयुष्मान महाकश्यप ने, भन्ते आनंद को भी चुन लिया।"[17]

आनंद भण्डारगारिक कैसे बने?

तथागत बुद्ध ने एक बार कहा, भिक्षुओं अब मैं वृद्ध हो गया हूँ।.... भिक्षुओं अब मेरे लिए एक परिचारक खोजो! सारिपुत्र सहित सभी भिक्षुओं ने अपनी सेवाएं अर्पित कीं, परन्तु बुद्ध ने नहीं स्वीकारा। आनंद ने सेवा के लिए स्वयं अपने को प्रस्तुत नहीं किया। आनंद का कहना था कि माँग कर सेवा का अधिकार पाया तो क्या पाया? भगवान चाहें तो स्वयं कहें। भगवान ने कहा! आनंद स्वयं ही जानकर मेरी सेवा करेगा। आनंद भी कम नहीं थे। तमाम शर्तों के साथ एक अद्‌भुत शर्त रखी, जिस कारण वह 'भण्डागारिक' बने। वह चाहते थे कि बुद्ध की देशना (उपदेश) मेरी उपस्थिति में दिए जायें, जिससे उनको कंठाग्र कर लोक कल्याण हेतु उन्हें संगृहीत किया जा सके। आनंद की इस आकांक्षा को बुद्ध ने समझकर शर्त स्वीकार कर ली–शर्त यह थी? "मेरी अनुपस्थिति में भी धर्मोपदेश आप जहाँ देंगे, उसे आकर मुझे भी अवश्य सुनाना होगा।"[18] उस समय से लेकर भगवान के महापरिनिर्माण के समय तक अर्थात् ठीक 25 वर्ष तक, छाया की तरह अनुगमन करते हुए, आनंद बुद्ध की सेवा करते रहे। बुद्ध की सेवा को उन्होंने अपने जीवन का व्रत बना लिया था। रात में सोना भी इस कर्मयोगी को कहाँ था। भगवान महावीर के पावा में शरीर छोड़ने की सूचना सर्वप्रथम बुद्ध को आनंद ने दी थी।

थेर गाथा में एक ऐसा उल्लेख मिलता है, जिससे भन्ते आनन्द का अपार ज्ञान भण्डारी होना सिद्ध होता है, "भगवान बुद्ध के साथ आनंद की इतनी अधिक धर्म चर्चा हुई कि अत्यंत संक्षेप में उसका बखान करना बहुत कठिन है। सुत्त पिटक के प्रथम चार निकायों में ऐसा मैंने सुना (*एवं में सुतं*) इस प्रकार जो पहली आवाज सुनायी देती है, वह आनंद की ही है। ऐसा हमें जानना चाहिए। कहा जाता है कि 82000 धर्म उपदेश आनंद ने स्वयं भगवान से सुने थे और 2000 अन्य शिष्यों से।"[19]

भिक्षु आनंद के सम्बन्ध में सम्पूर्ण बौद्ध साहित्य में, ऐसे अनेक साक्ष्य उपलब्ध हैं, जो यथार्थ में उनको बुद्ध वचनों का सर्वश्रेष्ठ संग्रहकर्ता सिद्ध करता है।

महाकाश्यप

सारिपुत्र, महामोदगल्यायन के समकक्ष ही बुद्ध के शीर्ष शिष्यों में, महाकाश्यप की गणना होती है। बौद्ध वाड़्मय में महाकाश्यप की भी धम्म–देशना के संग्रहण और प्रसारण में वही भूमिका समाहित नजर आती है, जो

सारिपुत्र महामोदगल्यायन तथा आनंद की थी । सारिपुत्र और महामोदगल्यायन के परिनिर्वाण के उपरान्त साक्ष्यों से परिलक्षित हो रहा है कि बुद्ध के अंतिम समय आनन्द और महाकाश्यप ही उनके सबसे नजदीक थे। तथागत के परिनिर्वाण के समय की महाकाश्यप की महत्त्वपूर्ण स्थिति का उल्लेख 'दीघनिकाय' के 'महापरिनिब्बन सुत्त' में उपलब्ध होता है। इसके अनुसार, "तथागत के शरीर को उस समय चार मल्ल प्रमुख सिर से नहलाकर, नया वस्त्र पहनाकर, भगवान की चिता को (चन्दन आदि से) लेप करना चाहते थे। तब कुशीनारा के मल्लों ने आयुष्मान अनरुद्ध से पूछा क्या कारण है कि जिससे चार मल्ल प्रमुख नहीं लेप कर सकते हैं?"[20] अनरुद्ध भिक्षुओं से कहते हैं कि, "आयुष्मान महाकाश्यप पाँच सौ भिक्षुओं के महाभिक्षु संघ के साथ पावा और कुशीनारा के बीच रास्ते में आ रहे हैं। भगवान की चिता तब तक न जलेगी, जब तक आयुष्मान महाकाश्यप स्वयं भगवान के चरणों को.....शिर से वंदना न कर लेंगे।"........"आयुष्मान महाकाश्यप और उन पाँच सौ भिक्षुओं के वंदना कर लेते ही, भगवान की चिता स्वयं जल उठी।"[21]

महाकाश्यप की श्रेष्ठता का एक और महत्त्वपूर्ण साक्ष्य 'विनय पिटक' के 'चुल्लवग्ग' में समाहित है। इस साक्ष्य से प्रतीत होता है कि साधना और आद्वितीय ज्ञान भण्डारण की क्षमता उनमें निहित थी। बुद्ध के शीर्ष शिष्यों में शामिल होने के वह पात्र थे। विनय पिटक में उल्लेख है कि बुद्ध परिनिर्वाण के उपरान्त बुद्ध संदेशों में भिन्नता आने लगी थी। इस भिन्नता को दूर करने हेतु महाकाश्यप ने श्रेष्ठ भिक्षुओं से कहा कि, "अच्छा हो आवुसो! हम धर्म और विनय का संगायन–सम्पूर्ण श्रेष्ठ भिक्खु, जिन्होंने बुद्ध वचन सुने और अपने अंतस में समाहित किए, वह एकत्रित होकर एक मत से बुद्ध के यथार्थ परक उपदेशों का संग्रह करें। सामने अधर्म प्रकट हो रहा है, धर्म हटाया जा रहा है, अविनय प्रकट हो रहा है, विनय हटाया जा रहा है, धर्म हटाया जा रहा है, अविनय प्रकट हो रहा है, विनय हटाया जा रहा है। अधर्मवादी बलवान हो रहे हैं, धर्मवादी दुर्बल हो रहे हैं, विनयवादी हीन हो रहे हैं।"[22]

महाकाश्यप प्रथम संगीति के प्रमुख बने

महाकाश्यप की इस पीड़ादायी वाणी ने भिक्षुओं के अंतस को झकझोरा और उन्होंने महाकाश्यप को अधिकारी मान कर सर्वसम्मति से अनुरोध किया कि, "तो भन्ते, आप स्थविर भिक्षुओं को चुनें।" "तब आयुष्मान काश्यप ने एक कम पाँच सौ अर्हत चुने। भिक्षुओं ने आयुष्मान महाकाश्यप से यह कहा! भन्तु यह आनंद यद्यपि अन-अर्हत' हैं, तो भी राग, द्वेष, मोह, भय, कुकृत्य से विरत

हैं। उन्होंने भगवान के पास बहुत धर्म और विनय प्राप्त किया है, इसलिए भन्ते। स्थविर आनंद को भी चुन लें।"[23] फिर आनंद स्थविर ने भिक्षुओं के बार-बार कहने पर संगीति में सम्मिलित होना स्वीकार कर लिया। क्योंकि उनके बिना वह हो नहीं सकती थी।[24] संगीति के प्रारम्भ होने के पूर्व आनंद अर्हत हो चुके थे।[25]

महाकाश्यप ने भिक्खु-संघ का अनुरोध स्वीकार कर आनंद, उपालि सहित 500 उच्चकोटि के भिक्षुओं की संगीति का आयोजन किया। यह संगीति राजगृह के समीप सप्तपर्णि गुफा में आयोजित की गयी। "विनय जानने वालों में सर्वश्रेष्ठ उपालि ने उसका (विनय) पाठ किया, भगवान बुद्ध के बहुश्रुत शिष्यों में सर्वश्रेष्ठ धर्म के कोषाध्यक्ष आनंद से धर्म पूछा।" सर्वलोक हितैषी स्थविरों ने इस प्रकार सात मास में सारे संसार के हित के लिए, धर्म संगीति समाप्त की। स्थविर 'महाकाश्यप' ने सुगत के इस शासन को 5000 वर्ष तक स्थिर रहने के योग्य कर दिया।[26]

इस विश्लेषण से यह तथ्य उभर कर आ रहा है कि बुद्ध ने यद्यपि अपनी धम्म देशना का आधार सारिपुत्र, महामोदगल्यायन, महाकाश्यप और आनंद को माना है। उन्होंने अनेक स्थलों पर इन्हीं की श्रेष्ठता का वर्णन किया है। इसके उपरान्त भी बौद्ध साहित्य में, उनके समकालीन संदेशवाहक महाकात्यायन, महाकोट्ठित, महाकप्पिन, महाचुन्द, अनुरुद्ध, रेवत, उपालि, राहुल आदि बहुमत से स्थविर[27] चारिका (विचरण) करते हुए उनके उपदेशों को सामान्य जनता में, या प्रबुद्ध वर्ग, सभी में समान रूप से सम्प्रेषित करते रहे।

द्वितीय धर्म संगीति

प्रथम बौद्ध संगीति उन अर्हतों द्वारा सम्पादित की गयी थी, जिन्होंने बुद्ध के सान्निध्य में रहकर धर्म को श्रवण किया था अथवा सीखा था। दूसरी संगीति प्रथम संगीति के ठीक 100 वर्ष बाद वैशाली में आहूत की गयी।[28] दूसरी संगीति का उल्लेख 'विनय पिटक' के चुल्लबग्ग में भी मिलता है।

द्वितीय संगीति का हेतु

बुद्ध उपदेश अलिखित थे। तमाम नये भिक्षु, बौद्ध धर्म को जीवकोपार्जन का माध्यम बनाकर, बुद्ध सिद्धांत को विकृत करने लगे थे। 'विनय पिटक' में इसका उल्लेख इस प्रकार है–

> "वैशाली के वज्जिपुत्तक भिक्षु उपोसथ (व्रत) के दिन कांसे की थाली को पानी से भरकर भिक्षु संघ के बीच में रखकर, आने जाने वाले वैशाली के उपासकों को कहते थे–" "आवुसो! संघ को कर्षापण

(उस समय के तांबे के सिक्के) दो, अधेला दो, पाई दो, मासा भी दो। संघ के सामान के काम आयेगा।"[29] इसी प्रकार के भिक्षुओं के धन कमाने की प्रथा का उल्लेख प्रसिद्ध बौद्ध ग्रंथ 'महावंश' में भी मिलता है।[30]

कुछ भिक्षुओं की इस प्रवृत्ति को बुद्ध के विद्वान भिक्षुओं ने बौद्ध देशना के विकृत होने की आशंका से, उसके मूलभावों को सुरक्षित रखने के उद्देश्य से, आयुष्मान यश काकण्डक पुत्र, इन्हीं के स्तर के आयुष्मान खेता तथा आयुष्मान आनंद के शिष्य सर्वकामी[31] तथा इन्हीं भिक्षुओं के स्तर के 700 भिक्षुओं की वैशाली में संगीति हुई, जिसकी अध्यक्षता आयुष्मान रेवत ने की। इस संगीति में भन्ते सर्वकामी, भन्ते यश और भन्ते रेवत ने बुद्ध देशना का पुनर्मूल्यांकन कर उसकी 'विशुद्धता' को यथास्थिति बनाये रखने का उद्यम किया।

'महावंश' के अनुसार, "उन सब ने कालाशोक की संरक्षता में बालुकाराम (वैशाली) 'रेवत' स्थविर की प्रधानता में धर्म संग्रह किया। जिस तरह पहले (पहली संगीति) धर्म का संग्रह किया गया, वैसे ही धर्म को ग्रहण कर आठ मास में इस संगीति को समाप्त किया।"[32] प्रधान रेवत थे परन्तु इसके संगीति के उत्प्रेरक आयुष्मान 'यश' थे।

तृतीय धर्म संगीति

द्वितीय बौद्ध संगीति तक बौद्ध दर्शन में ज्यादा मतभेद नजर नहीं आता है परन्तु तीसरी संगीति तक श्रवण परम्परा के आधार पर कोई भी विचार अपने मूल स्वरूप में नहीं रह सकते थे। यह अकाट्य सत्य हैं। बुद्ध दर्शन इस समय ऐसे निर्णायक बिन्दु पर था या यों कहा जाय कि समय की पुकार थी कि बुद्ध वचनों को लिपिबद्ध किया जाए।

तीसरी संगीति अशोकाराम में सम्राट अशोक की राजधानी पाटलिपुत्र में अशोक के गुरु अर्हत मोग्गलिपुत्ततिस्स की अध्यक्षता में हुई। "महास्थविर मोग्गलिपुत्रतिस्स ने संघ में से 1000 षड़भिज्ञ त्रिपिटक के ज्ञाता, पटिसंभिदा (1. अर्थ ज्ञान 2. धर्म ज्ञान 3. निरुक्ति ज्ञान 4. प्रतिभा ज्ञान) प्राप्त भिक्षुओं को संदर्भ संग्रह करने के लिए चुना और उनके साथ अशोकाराम में ही संदर्भ संग्रह (संगीति) किया।"[33]

संगीति का अभिप्राय

दीपवंश के अनुसार सम्राट अशोक के राज्यकाल में, भगवान के निर्वाण के 260 वर्ष बाद, अशोकाराम में 60000 भिक्षु वास करने लगे थे।[34] इसी प्रकार

देश भर में भी भिक्षुओं की संख्या बढ़ गयी थी। भिक्षुओं का सम्मान भी बढ़ा था। जीविका चलाने हेतु तथा अन्य मतावलम्बी लोग भिक्षु रूप में इस सुविधा और सम्मान का फायदा उठा रहे थे। बौद्ध धर्म से उनका कोई सम्बन्ध नहीं था, उलटे उसको विकृत कर रहे थे। "कुछ समय बाद पाटलिपुत्र के विहारों में रहने वाले 'धर्मिष्ट' तथा 'नकली' भिक्षुओं में मतभेद हुआ। उसे किसी तरह शांत होते न देख, मोग्गलिपुत्ततिस्स दुखी होकर, पाटलिपुत्र छोड़ अहोगंग (हरिद्वार के समीप एक पर्वत) पर्वत पर चले गये।"[35]

सम्राट अशोक के अनुनय विनय पर मोग्गलिपुत्ततिस्स तीसरी संगीति पर धर्म में विकृति दूर करने के लिए तैयार हुए।

संगीति का परिणाम

इस संगीति से बौद्ध धर्म में जो विकृति आ रही थी, उसे दूर करने का प्रयास किया गया। "मोग्गलिपुत्ततिस्स ने अन्य वादों की तुलना में थेरवाद को स्थापित किया और इसके लिए 'कथावस्तु' नामक ग्रंथ की रचना की, जिसे 'अभिधम्म पिटक' में स्थान मिला। इसी संगीति के बाद बौद्ध धर्म के व्यापक प्रसार के लिए, अनेक भिक्षु भिन्न-भिन्न देशों में भेजे गये।"[36] भेजे गये स्थविर–[37]

मज्झांतिक स्थविर	– कश्मीर और गांधार
महादेव स्थविर	– महिश मण्डल (खान देश नर्मदा के दक्षिण में)
रक्षित स्थविर	– बनवास में (मैसूर का उत्तरी भाग)
धम्मरक्षित स्थविर	– महाराष्ट्र
महारक्षित स्थविर	– पवन देश (वेक्टेरिया)
माज्झेम स्थविर	– हिमवंत (हिमालय प्रदेश)
सोड़ तथा उत्तर स्थविर	– स्वर्ण भूमि (ब्रह्मा वर्तमान पेगु)
महेन्द्र, संघमित्रा, इट्ठीय उन्तीय तथा भट्टसाल	– श्रीलंका

त्रिपिटक की रचना

इस संगीति का सबसे महत्त्वपूर्ण कार्य यह हुआ कि, 'बुद्ध वचन' अभी तक अलिखित थे। आचार्य मोंग्गल्लिपुत्ततिस्स ने बुद्ध वचनों को त्रिपिटक (तीन पिटारों) के रूप में 1000 अर्हतों के साथ गहन विचार विमर्श के उपरांत श्रवण

और स्मरण शक्ति के आधार पर संकलित किया। यही संकलन लेकर "सम्राट की पुत्री संघमित्रा तथा पुत्र महेन्द्र सिंहल द्वीप (श्रीलंका) गये। ये दोनों बौद्ध धर्म को सुदृढ़ करने में 'देवानम्पियातिस्स' (सम्राट अशोक) के अत्यंत सहायक हुए। ये अपने साथ त्रिपिटक के रूप में बुद्ध वचन की परम्परा ले गये थे। अभी तक सम्पूर्ण बुद्ध वचन की मौखिक परम्परा ही चलती रही। समयानुसार यह आवश्यकता समझी गयी कि स्मरण शक्ति के ह्रास होने पर कहीं लोग कुछ वचनों को भूल न जायें। अतः इसे लिपिबद्ध किया गया। इसके साथ ही इन पर रचित अट्टकथाएँ भी लिपिबद्ध की गयीं। यही चतुर्थ संगीति के नाम से विख्यात है। उस समय सिंहल के सम्राट 'बट्टगामणि' थे। बट्टगामणि का समय ईसा पूर्व 29 माना गया है।"[38]

त्रिपिटक साहित्य एक दृष्टि में[39]

1. सुत्तपिटक – (पाँच भागों में विभक्त)

(1) दीघ निकाय, (2) मज्झिम निकाय, (3) संयुक्त निकाय, (4) अंगुंतर निकाय, (5) खुद्दक निकाय

खुद्दक निकाय में 15 ग्रंथ हैं।

(1) खुद्दक पाठ, (2) धम्मपद, (3) उदान, (4) इतिवुत्तक, (5) सुत्तनिपात, (6) विमान वत्थु, (7) पेत वत्थु, (8) थेरगाथा, (9) थेरीगाथा, (10) जातक, (11) निद्देश, (12) पटिसंभिदामग्ग, (13) अपदान, (14) बुद्ध वंश, (15) परिया पिटक

2. विनय पिटक – (पाँच भागों में विभक्त)

(1) महावग्ग, (2) चुल्लवग्ग, (3) पराजिका, (4) पचित्तीय, (5) परिवार

3. अभिधम्म पिटक – (सात भागों में विभक्त)

(1) धम्म संगनी, (2) विभंग, (3) धातु कथा, (4) पुग्गल पाञति, (5) कथा वस्तु, (6) यमक, (7) पट्टान।

सर्वास्तवादी संगठित हुए

तृतीय संगीति के समय मोग्गलिपुत्ततिस्स ने जिन भिक्षुओं को अयोग्य घोषित किया या संघ से बाहर निकाला उनकी संख्या कम नहीं थी। यह संख्या 60000 तक पहुँच गयी थी[40] वे सभी पाटलिपुत्र से नालंदा गये और वहाँ जमा हुए। तभी से नालंदा सर्वास्तिवादियों का गढ़ बना। उन्होंने नालंदा में प्रथक संगीति की। ये

सर्वास्तिवादी नालंदा से दक्षिण गये और वहाँ से कश्मीर में फैले। कालान्तर में ये क्रमशः मध्य एशिया और चीन गये।[41]

इस प्रकार मैं देखती हूँ कि सम्राट अशोक ने अपने गुरू मोंग्गलिपुत्ततिस्स के सान्निध्य में आकर उनके निर्देशानुसार बुद्ध को, बुद्ध संदेश को विशुद्ध और सार्वभौमिक बनाने में जो अनूठा प्रयास किया, वह आद्वितीय कार्य था। सम्राट अशोक और उनके आचार्य तथा उनका सम्पूर्ण भिक्खु संघ बुद्ध देशना के सच्चे संदेश वाहक थे। सम्राट अशोक की इसी धर्मनिष्ठा ने उनको विश्व इतिहास में अशोक महान के पद से विभूषित किया।

सम्राट अशोक के वाद सर्वास्तिवादियों में कात्यायनीपुत्र के प्रयास तथा सम्राट कनिष्क के शासन में आचार्य वसुमित्र की अध्यक्षता में तथा आचार्य अश्वघोष की उपाध्यक्षी में एक संगीत बुलाने का उल्लेख मिलता है। बुद्ध प्रतिमाओं के स्थापित करने का प्रचलन कनिष्क ने ही प्रारम्भ किया। शून्य वाद के आचार्य नागार्जुन भी कनिष्क के समय के माने जाते हैं। मिलिंद और नागार्जुन संवाद इसी समय हुआ। मेरे कहने का तात्पर्य यह है कि सम्राट अशोक से आगे भी बौद्ध धर्म के महान प्रचारक इतिहास में नजर आते हैं। मैं अपने विषय की परिधि के अंदर ही रहना चाहूँगी क्योंकि यह प्रथक शोध का विषय है। बौद्ध वाङमय समुद्र की भाँति है। मेरी चाहत थी कि इस आलेख के माध्यम से जिस बुद्ध के दर्शन की व्याख्या करने में दिन में भी तारे नजर आते हैं, उस गंभीर विषय को जिन धर्मनिष्ठों, अर्हतों ने, एक दो वर्ष नहीं 400 वर्ष तक निरंतर अहिर्निश साधनारत रहकर, पीढ़ी-दर पीढ़ी श्रवण और स्मरण के आधार पर लोक कल्याणार्थ जीवित रखा, व्यवस्थित करके रखा, बार-बार संगीतियों के माध्यम से विकृत होने से रोका उनका भी शोधात्मक ब्यौरा, जीवन परिचय, उनकी साधना को प्रबुद्धजनों के दृष्टि पटल तक ले जाऊँ। यह कार्य इसी सोच का प्रतिफल है।

इति

संदर्भ ग्रन्थ

1. कश्यप, डॉ. जगदीश, *पालि महाव्याकरण*, सुन्दरलाल जैन, दिल्ली-6, 1963, पृ. 13.
2. वही, पृ. 22.
3. *विनयपिटक चुल्लवग्ग* (हिन्दी संस्करण), त्रिपिटक प्रकाशन प्रतिष्ठान दीक्षा भूमि संदेश, नागपुर, 2006, पृ. 508.
4. कश्यप, डॉ. जगदीश, *पालि महाव्याकरण*, सुंदरलाल जैन, दिल्ली, 1963, पृ. 6.
5. उपाध्याय, डॉ. भरत सिंह, *बौद्ध धर्म के संदेश वाहक*, बुद्ध भूमि प्रकाशन, नागपुर, 2005, पृ. 7.

6. वही, पृ. 15.
7. मज्झिम निकाय 3-2-1 *भदंत आनंद कौशल्यायन* अनुवाद–वही, पृ. 16.
8. *बुद्ध चर्या*, पृ. 513-514 वही, पृ. 22.
9. *धम्म पद अट्अ कथा* जिल्द चौथी, पृ. 164, वही, पृ. 10.
10. *डॉ. अम्बेडकर बुद्ध और उनका धम्म*, पीपुल्स एजूकेशन सोसायटी, मुम्बई, 1986, पृ. 113.
11. *मज्झिम निकाय* 3/4/11, वही, पृ. 17.
12. (अ) *मिलिंद प्रश्न*, प्रकाशक भारतीय बौद्ध शिक्षा परिषद्-श्रावस्ती उ.प्र., 2000, पृ. 227 (ब) *चातुम सुतन्त, मज्झिम निकाय* 2/2/7.
13. *मिलिंद प्रश्न*, प्रकाशक भारतीय बौद्ध शिक्षा परिषद् श्रावस्ती उ.प्र. 2000, पृ. 229.
14. *विनय पिटक (चुल्लवग्ग)* (हिन्दी संस्करण), त्रिपिटक प्रकाशन प्रतिष्ठान दीक्षा भूमि संदेश, नागपुर, 2006, पृ. 544.
15. वही.
16. उपाध्याय, डॉ. भरत सिंह, *बौद्ध धर्म के संदेश वाहक*, बुद्ध भूमि प्रकाशन, नागपुर, 2005, पृ. 28.
17. *विनय पिटक (चुल्लवग्ग)*, त्रिपिटक प्रकाशन प्रतिष्ठान दीक्षा भूमि संदेश, नागपुर, 2006, पृ. 609.
18. उपाध्याय, डॉ. भरत सिंह, *बौद्ध धर्म के संदेश वाहक*, बुद्ध भूमि प्रकाशन, नागपुर, 2005, पृ. 31.
19. *थेरगाथा*, उत्तम भिक्षु द्वारा प्रकाशित, नागरी संस्करण, वही, पृ. 36.
20. *महापरिनिब्बान सुत्त (दीघ निकाय)* प्रकाशक भारतीय बौद्ध शिक्षा परिषद्, लखनऊ, अनुवादक राहुल सांकृत्यायन और भिक्षु जगदीश कश्यप, 2000, पृ. 149.
21. वही, पृ. 150.
22. *विनय पिटक (चुल्लवग्ग)*, त्रिपिटक प्रकाशन प्रतिष्ठान दीक्षा भूमि संदेश, नागपुर, 2006, पृ. 609.
23. वही.
24. *महावंश*, अनुवादक, भदंत आनंद कौशल्यायन, बुद्ध भूमि प्रकाशन, नागपुर, 2000, पृ. 10.
25. वही, पृ. 11.
26. वही.
27. *विनय पिटक (चुल्लवग्ग)*, त्रिपिटक प्रकाशन प्रतिष्ठान, दीक्षा भूमि संदेश, नागपुर, 2006, पृ. 410.
28. *महावंश*, बुद्ध भूमि प्रकाशन, नागपुर, 2000, पृ. 16.

29. *विनय पिटक (चुल्लवग्ग),* त्रिपिटक प्रकाशन प्रतिष्ठान दीक्षा भूमि संदेश, नागपुर, 2006, पृ. 617.
30. *महावंश*, बुद्ध भूमि प्रकाशन, नागपुर, 2000, पृ. 14.
31. *विनय पिटक (चुल्लवग्ग),* त्रिपिटक प्रकाशन प्रतिष्ठान दीक्षा भूमि संदेश, नागपुर, 2006, पृ. 624.
32. *महावंश*, बुद्ध भूमि प्रकाशन, नागपुर, 2000, पृ. 17.
33. मेघंकर, डॉ. भदंत सावंगी, *एशिया के महान बौद्ध सम्राट*, बुद्ध भूमि प्रकाशन, नागपुर, 2007, पृ. 15.
34. *दीप वंश*, बोलूम 21-22, वही, पृ. 13.
35. वही, पृ. 14.
36. सांकृत्यायन राहुल, *पालि साहित्य का इतिहास*, प्रकाशक उ.प्र. हिन्दी संस्थान लखनऊ, 1992, पृ. 2.
37. मेघंकर, डॉ. भदंत सावंगी, *एशिया के महान बौद्ध सम्राट*, बुद्ध भूमि प्रकाशन, नागपुर, 2007, पृ. 15.
38. सांकृत्यायन राहुल, *पालि साहित्य का इतिहास*, उ.प्र. हिन्दी संस्थान लखनऊ, 1992, पृ. 23.
39. कौसल्यायन, डॉ. भदंत आनंद, *बुद्ध का जन्म सुखकर है*, समता प्रकाशन, नागपुर, 2002, पृ. 35.
40. *महावंश*, बुद्ध भूमि प्रकाशन, नागपुर, 2000, पृ. 32.
41. सांकृत्यायन राहुल '*बुद्धचर्या*' भूमिका, पृ. 6.

9

मैथलीशरण गुप्त की रचनाओं में बौद्ध दर्शन

जयशंकर तिवारी

भारतीय इतिहास में गौतम बुद्ध का अवतरण अत्यंत विस्मयजनक एवं महान घटना है। उनकी अति संवेदनशीलता का परिणाम ही था—महाभिनिष्क्रमण। इसी संवेदना की वजह से सांसारिक प्राणियों को कष्टों एवं दुखों से उबारने के लिए उन्होंने घर-द्वार छोड़कर घोर तपस्या की; फलतः बुद्धत्व की प्राप्ति हुई। ज्ञान की खोज में निकला युवक सिद्धार्थ, बुद्धत्व-प्राप्ति के अनंतर अंतस की ज्योति से जगमगा उठा। तत्पश्चात उन्होंने सारनाथ में प्रथम 'धर्मचक्रप्रवर्तन' किया।

उनकी शिक्षाओं में मध्यमा प्रतिपदा, चार आर्यसत्य, प्रतीत्यसमुत्पाद, अष्टांगिक मार्ग, अहिंसा, करुणा, मैत्री-भाव आदि मुख्य हैं। इसके अतिरिक्त उन्होंने '*अत्ता हि अत्तनो नाथो*' (मनुष्य अपना मालिक स्वयं है), मानव-मात्र की समानता, भातृत्व-भाव एवं जनमंगल का सिद्धांत ही प्रतिपादित नहीं किया, प्रत्युत वैचारिक क्रांति के द्वारा देश-देशान्तर में इसका व्यापक प्रतिफलन कर दिखाया।

साहित्य संवेदना एवं ज्ञान का संवाहक होता है। शायद इसीलिए अधिकांश पालि-साहित्य बौद्ध चिंतन एवं दर्शन से परिप्लावित है। संस्कृत में भी प्रभूत मात्रा में बौद्ध-दर्शन की साहित्यिक पुस्तकें लिखी गईं। बौद्ध, सिद्धों एवं नाथों की साधना पद्धति एवं विचारावलियां अपभ्रंश साहित्य से होती हुई हिन्दी साहित्य में पहुँचीं, जिसका सर्वप्रथम निदर्शन कबीर आदि संत कवियों में मिलता है। तदनंतर आधुनिक साहित्य में बौद्ध चिन्तन, तथा उनकी दार्शनिक एवं आध्यात्मिक मान्यताएं दिखाई पड़ती हैं। बौद्ध चिन्तन, लोक-परम्परा के जरिए निर्गुनियां संतों में गृहीत हुआ था, पर आधुनिक साहित्य में बौद्ध ग्रंथों एवं गांधी तथा अंबेडकर को उपजीव्य बनाकर।

विवेच्य विषय राष्ट्रकवि की रचनाओं में बौद्ध दर्शन की उपस्थिति आंकने पर आधारित है। द्विवेदी युग के प्रतिनिधि कवि मैथलीशरण गुप्त ने छोटे-बड़े चालीस से अधिक ग्रंथों का प्रणयन किया और ग्यारह पुस्तकों का पद्यानुवाद किया। 'रंग में भंग', 'जयद्रथ वध', 'भारत भारती', 'तिलोत्तमा', 'चन्द्रहास', 'साकेत', 'यशोधरा', 'जयभारत', 'विष्णुप्रिया', तथा 'अनघ' उनकी महत्त्वपूर्ण रचनाएं हैं। विविध विषयों से संयोजित अनेक ग्रंथों में 'भारत भारती' ने उन्हें राष्ट्रकवि बनाया और 'साकेत' ने महाकवि। महामानव बुद्ध के दर्शन एवं अध्यात्म को सूत्र रूप में उन्होंने 'अनघ' एवं 'यशोधरा'–दो ग्रंथों में मूर्तिमान किया। गुप्तजी की अचर्चित रचना 'अनघ' बौद्ध चिंतन का स्वरूप 'यशोधरा' से बेहतर प्रस्तुत करती है।

'अनघ' अंतर्वस्तु की दृष्टि से श्रेष्ठ काव्य-नाटक है। इसमें कवि ने मचल ग्राम और मगध देश की राजधानी को स्थान और बुद्ध के साधनावतार 'मघ' को नायक के रूप में चित्रित किया है। पुस्तक की भूमिका में कवि ने निम्नलिखित काव्य-पंक्तियों को सिरजा है–राम-कृष्ण ने जहाँ आप अवतार लिया है/आ-आकर बहु बार दूर भू-भार किया/वहाँ भला क्यों देव दयामय बुद्ध न आते/जिनके शुद्ध चरित्र आज जातक हैं गाते/पातक-नाशक चरित वे/हम सबके भव-भय हरें/आओ उनका अनुकरण अनुशीलन अभिनय करें।[1]

वैष्णव धर्म के आलोक में बौद्ध धर्म की मीमांसा राष्ट्रकवि का महत्त्वपूर्ण प्रदेय हैं। उक्त भूमिका में बुद्ध को भगवान के अवतार रूप में वर्णित किया है। इसके साथ ही पापनाशक, भवभयहारी बुद्धदेव के चरित का अनुकरण, अनुशीलन एवं अभिनय करने की बात कही गई है।

'अनघ' की शुरुआत होती है, अरण्य में निशाकाल में। 'मघ' गीत गुनगनाता है–'*विषम विश्व का कोना है, मेरा जहाँ बिछौना है*।[2]...., एक व्यक्ति चाँदी की थाल में पूजन-सामग्री लिए उसे दिखाई पड़ता है। समीप जाकर मघ उससे संवाद स्थापित करता है, वह जन नतमस्तक होकर अपनी धन-कामना व्यक्त करता है। मघ उसे श्रम करने के लिए प्रेरित करता है। तब वह जन चमत्कार द्वारा धनार्जन की इच्छा छोड़कर श्रम की राह पर चलने को उद्यत होता है:

मघ – श्रम करो भद्र यथार्थ; सुलभ सर्व पदार्थ।
जन – श्रम? देव अब भी हाय! मैं श्रम करूँ निरुपाय।
मघ – जब करो आप उपाय; हैं तभी देव सहाय।

तथागत ने चमत्कार की व्यर्थता और श्रमजीवी होने की सार्थकता स्पष्ट की थी। '*अत्ता हि अत्तनो नाथो*' एवं '*सम्यक् आजीविका*' का संदेश उपर्युक्त पंक्ति

में अंतर्निहित है। मघ के लिए मानव मात्र समान हैं। सामाजिक कार्यों को करते हुए उन्होंने अपना आदर्श तय किया है: "*न तन सेवा, न मन सेवा/न जीवन और धन-सेवा/मुझे है इष्ट जन-सेवा/सदा सच्ची भुवन सेवा।*"[3]

गौतम बुद्ध ने किसी पराशक्ति पर विश्वास न करने की बातें, अपने उपदेशों में की हैं। उनके अनीश्वरवाद को तत्कालीन कथित धार्मिकों ने सहजता से स्वीकार नहीं किया। वस्तुत: मानव समाज अपने करणीय कर्मों की जिम्मेदारी ईश्वर पर छोड़कर मुक्त हो जाता है। राष्ट्रकवि ने निरीश्वरवादिता के औचित्य को शोभन तथा सुव्रत के संवाद रूप में इस प्रकार रखा है:

"*शोभन - स्वर्ग मर्त्य का सामंजस्य, है पीछे की बात वयस्य/सुना है कि वह करके नाद, फैला रहा निरीश्वरवाद।*

सुव्रत - उसने कहा मान लो मित्र, ईश्वर सही काल्पनिक चित्र/पर सुकर्म तो हैं प्रत्यक्ष, रखें हम उन पर ही लक्ष्य।"[4]

इस कथन में 'सम्यक् दृष्टि' के साथ ही 'सम्यक् कर्मान्त' को सरलतापूर्वक निरूपित किया गया है। साहित्य आरंभिक काल से ही मानववादी अवधारणा को प्रोत्साहित करता रहा है। वेदव्यास जी ने महाभारत में '*नहि मानेषात्श्रेष्ठतरं हि किंचित*' तथा चंडीदास ने बँगला में 'शाबारि उपरि मानुष सच' कहकर, इसी तथ्य को प्रमाणित किया है। बुद्ध मनुष्यता के घोर हिमायती थे। उन्होंने मानवतावाद का सच्चे अर्थों में प्रवर्तन किया; जिसे 'अनघ' मैं राष्ट्रकवि ने बुद्ध के साधनावतार मघ से कहलवाया है–"*चाहता हूँ कि मनुष्य रहूँ मैं/और अपने को वही कहूँ मैं/बनूँ बस मनुष्यता का मानी/यही तो मेरी एक निशानी।*"[5]

एक मद्यपायी द्वारा मघ को अपशब्द के साथ प्रहार किया जाना, प्रहार को रोकने के लिए मघ की माँ का आना और चोटिल हो जाना, फिर भी मघ द्वारा मद्य पर करुणा प्रकट करते हुए क्रोध न करना–अहिंसा के सिद्धांत का सच्चा अनुपालन है–"*पर है यह विस्मय की बात/जिसने किया विषम आघात/बल रहते भी उसे न मार/किया उसी पर मघ ने प्यार।*"[6]

बौद्ध धर्म में परवर्ती सिद्ध साधकों ने साधना के नाम पर जो विकृतियाँ फैलाई थीं, उसे कवि ने मघ के माध्यम से भर्त्सना के केंद्र में रखा है। वामाचार साधना, शव साधना, चमत्कारिक तंत्र मंत्र प्रयोग, भैरवी साधना सब का विरोध करते हुए मघ ने बुद्ध के मूलोपदेशों को दृढ़ विनम्रता के साथ प्रबोधित किया है। साधना के वास्तविक पथ में चमत्कार का कोई महत्त्व नहीं, ये महज दिखावे हैं, ढोंग हैं, छलावे हैं–"*कोई यह चाहे कि मैं योग विद्या सीखूँगा/देखूँगा सबको*

किसी को नहीं दिखूँगा/किंवा यंत्र-मंत्र सीख सब कुछ पाऊँगा/चाहूँगा जहाँ मैं पक्षी-तुल्य उड़ जाऊँगा/होगी उसे नित्य मेरे निकट निराशा ही/मेरे लिए यह सब है बस तमाशा ही/जो कुछ है प्राप्त हमें वह भी अधिक है/किन्तु उपयोग नहीं होता ठीक धिक है/चाह शव-साधन की चिंता और चाह है/किन्तु हमें जीवितों की कुछ भी न आह है।"[7]

मघ मनु द्वारा वर्णित धर्म के दस लक्षणों[8] को सुकर्म का मूलमंत्र कहते हैं। यह रोचक एवं दिलचस्प है कि जो लोग बौद्ध धर्म या किसी भी घर्म को प्रतिपादित करते हुए अन्य धर्मों की निंदा करते हैं, उन्हें रचनाकार ने बुद्ध प्रणीत सम्यक् दृष्टि दी है। सर्वधर्मसमभाव का अनूठा उदाहरण प्रस्तुत करते हुए कवि ने मनुष्यता को सभी धर्मों का मूल माना है। इंद्रिय-निग्रह, सहिष्णुता, धैर्य और लोकापवाद से न डरने का संदेश भी महत्त्वपूर्ण है।

मघ की गायें चुरा ली जाती हैं, उनका घर फूँक दिया जाता है, उसे मुखिया आदि के उकसावे में आकर शासकीय व्यवस्था के तहत बंदी बना लिया जाता है। कारागार में एक स्त्री मघ को चोरी से छिपकर मुक्त होने की सलाह देती है किन्तु मघ अहिंसा, सत्य, अस्तेय, सहिष्णुता नहीं छोड़ता। अंत में प्रजा विद्रोह करती है और मघ के प्रति कृतज्ञ लोग राजा के सम्मुख आ-आकर उसे निर्दोष बताते हैं। रानी को सूचक द्वारा यथार्थ-बोध होता है और वे ग्लानियुक्त होकर भूल को स्वीकारती हुई, मघ को मुक्त कर देती है और 'अनघ' काव्य का निम्नलिखित पंक्ति से अंत होता है-"*रानी: कहो अनघ मघ, करूँ और क्या इष्ट तुम्हारा/मघ: बस माँ, अक्षय रहे तुम्हारी करुणा-धारा।"*[9] इस काव्य-नाटक का सृजन मैथलीशरण जी ने यह सोचकर किया था कि अगर आज बुद्ध होते, तो वे क्या करते। काव्य-नाटक का नायक मघ बुद्ध का पुनरवतार है। यह अचर्चित कृति राष्ट्रकवि की विशिष्ट रचना है। शिल्प की दृष्टि से यह कृति उतनी उम्दा भले न हो पर कथ्य की दृष्टि से सुंदर रचना है। 'यशोधरा' काव्यकृति का सृजन भी नाटकीय प्रारूप में किया गया है, किन्तु बौद्ध-दर्शन के मूलभूत तत्वों को सही मायने में 'अनघ' द्वारा समझा जा सकता है।

'यशोधरा' (1932) और 'विष्णुप्रिया' (1957) राष्ट्रकवि की नारी-संवेदना की दृष्टि से अविस्मरणीय काव्य-कृतियाँ हैं। 'साकेत' (1931) के सृजनोपरांत 'यशोधरा' का सृजन क्रमश: उर्मिला एवं यशोधरा के व्यक्तित्व एवं चारित्रिक कृतित्व को प्रकाश में लाने के उद्देश्य से किया गया था। राष्ट्रकवि ने अपने अनुज सियारामशरण गुप्त को यशोधरा की रचना-प्रक्रिया से अवगत कराने हेतु पत्र लिखा था, जो 'यशोधरा' काव्य-कृति की भूमिका के रूप में प्रकाशित है:

"भगवान बुद्ध और उनके अमृत-तत्व की चर्चा तो दूर की बात है, राहुल-जननी के दो-चार आँसू ही तुम्हें इसमें मिल जाएँ तो बहुत समझना; और उनका श्रेय भी 'साकेत' की उर्मिला देवी को ही है, जिन्होंने कृपापूर्वक कपिलवस्तु के राजोपवन की ओर मुझे संकेत किया है।"[10]

कविवर ने 'यशोधरा' की रचनाधर्मिता के मूल में बुद्ध के व्यक्तित्व एवं चरित्र को केन्द्र में न रखकर यशोधरा की विरह-वेदना एवं संघर्ष को वाणी दी है। इस रचना में गोपा का कद उच्चतर सिद्ध किया गया है। बौद्ध धर्म के प्रति पूर्ण समादर का भाव रखते हुए, कवि ने उसके प्रतिपक्ष को मनोरम एवं विचारपूर्ण ढंग से चित्रित किया है। कवियों ने उर्मिला एवं यशोधरा को साहित्य में जगह नहीं दी; यह क्षोभ कवि गुप्त जी के अंतर्मन में था, जो इस रचना की प्रेरणा है। आचार्य महावीर प्रसाद द्विवेदी ने 'सरस्वती' में 'कवियों की उर्मिला विषयक उदासीनता' शीर्षक निबंध से गुप्त जी का ध्यान इस ओर खींचा था। जिसके परिणामस्वरूप साकेत और यशोधरा काव्य-कृति लिखी गई।

कविवर गुप्त जी ने देवदत्त और सिद्धार्थ के मध्य हंस विवाद का प्रसंग लेकर अहिंसा की प्रतिष्ठा की है। उन्होंने 'यशोधरा' में बौद्ध-दुखवाद का तार्किक प्रतिपक्ष रखते हुए उसका निषेध किया है। भारतीय मनीषा की मुक्ति-कामना को व्यर्थ सिद्ध करते हुए कवि ने '*जन्मपि दुक्खं जरापि दुक्खं...मरणमपि दुक्खं इति सब्ब दुक्ख*' को चुनौती देकर, जन्म-वृद्धावस्था-मृत्यु को प्रीति एवं क्लेश-रहित बना लेने का दृष्टिकोण प्रस्तुत किया है। एक तरह से बुद्ध की मूल पीड़ा को यशोधरा द्वारा चुटकी बजाते हुए हल कराया गया है–"*जिन बंधन को संबंध सयत्न बनाऊँ/कह मुक्ति भला किसलिए तुझे मैं पाऊँ।*"[11]

बंधन को संबंध बनाने का प्रयत्न मुक्ति-कामना से श्रेष्ठतर है। ऐसा विचार-दर्शन देकर कवि ने ऐहिकता को रसात्मक तरीके से जीने का सुझाव दिया है। मृत्यु अवश्यंभावी है, निश्चित हैं, ध्रुव है; तो इसके लिए यूँ ही जीवन से पलायन कदापि उचित नहीं–"*माना ये खिलते फूल सभी झड़ते हैं/जाना, ये दाडिम, आम सभी सड़ते हैं/पर क्या यों ही ये कभी टूट पड़ते हैं?/या कांटे ही चिरकाल हमें गड़ते हैं?/मैं विफल तभी, जब बीज रहित हो जाऊँ/कह मुक्ति, भला किसलिए तुझे मैं पाऊँ?*"[12]

संयम-नियम और इंद्रिय-निग्रह के साथ जो व्यक्ति जीवन जीता है वह लाखों व्याधियों के बावजूद स्वस्थ रहता है। बुढापा विश्रामस्थली है। मृत्यु जनवजीवन प्रदायिनी है, उसमें क्रूरता कहाँ? जिस निर्वाण की कामना बौद्धों का चरम लक्ष्य होता है, उसके बरक्स ऐहिकता की प्रतिष्ठा राष्ट्रकवि की महनीय

काव्योपलब्धि है–"*यदि हममें अपना नियम और शम-दम है/तो लाख व्याधियाँ रहें स्वस्थता सम है/वह जरा एक विश्रांति, जहाँ संयम है/नवजीवनदाता मरण कहाँ निर्मम है?/भव भावे मुझको और उसे मैं भाऊँ/कह मुक्ति, भला किसलिए तुझे मैं पाऊँ?*"[13] इन पंक्तियों में रचनाकार ने बौद्ध धर्म एवं दर्शन के मूलभूत तत्वों जन्म-वृद्धावस्था-रोग-मृत्यु से उपजते दुख से मुक्ति की चाहत के बरक्स सनातन चिंतन एवं धर्म के तत्त्वों को प्रतिष्ठित किया है। गौरतलब है कि महात्मा बुद्ध की धर्मपत्नी यशोधरा के स्वगत अपने आप में प्रतिलेखन एवं प्रत्याख्यान हैं। इसी काव्य में अन्यत्र भी उन्होंने ऐसे ही भावों को व्यक्त किया है: "*पहले हो तुम यशोधरा के, पीछे होंगे किसी परा के/मिथ्या भय हैं जन्म-जरा के, इन्हें न उनमें सानो/चाहे तुम सम्बन्ध न मानो।*"[14] गोपा में दैन्यता का भाव नहीं है। वे स्वाभिमान से ओजस्वित है। जहाँ जीवन में उदात्त मूल्यों की कद्र है, वहीं बुनियादी जरूरते कम महत्त्वपूर्ण नहीं हैं। भोजन तैयार करना किसी यज्ञ से कम नहीं है:

"*तुच्छ न समझो मुझको नाथ,*
अमृत तुम्हारी अंजलि में तो भोजन मेरे हाथ।"[15]

इस तरह 'यशोधरा' काव्य में अनेक ऐसे विचार-सूत्र प्राप्त होते हैं जो एक ओर बौद्ध दर्शन की उत्कृष्टताओं को स्वीकार करते हैं, तो वहीं उसका प्रबल प्रतिपक्ष तार्किकता के साथ प्रस्तुत करते हैं। इस काव्य-ग्रन्थ के अंत में सिद्धार्थ का भगवान बुद्ध बनकर वापस आना और यशोधरा का अविचल किन्तु गर्विणी एवं मानिनी रूप देखते ही बनता है। वे अगवानी करने नहीं जाती हैं। अपने कक्ष में ध्यानावस्थित हैं। बुद्ध भिक्षु के रूप में भिक्षार्थ, क्षमार्थ एवं क्षेमार्थ वहीं उपस्थित होते हैं–

"*मानिनि मान तजो लो रही तुम्हारी बान!*
दानिनि, आया स्वयं द्वार पर यह तव तत्रभवान!
...माना दुर्बल ही था गौतम छिपकर गया निदान,
किन्तु शुभे, परिणाम भला ही हुआ, सुधा-संधान।
क्षमा करो सिद्धार्थ शाक्य की निर्दयता प्रिय जान।
मैत्री-करुणा-पूर्ण आज वह शुद्ध बुद्ध भगवान।"[16]

इस संदर्भ में कविवर जयशंकर प्रसाद कृत 'कामायनी' की '*तप नहीं, केवल जीवन सत्य*' काव्य-पंक्ति सहज ही याद आ जाती है। डॉ. उमाकांत गोयल ने 'यशोधरा' काव्य-कृति पर सारगर्भित टिप्पणी इस तरह की है–'यशोधरा' का उद्देश्य है, पति-परित्यक्ता यशोधरा के हार्दिक दुख की व्यंजना तथा वैष्णव

सिद्धांतों की स्थापना। अमिताभ की आभा के चकित भक्तों को अदृश्य यशोधरा की पीड़ा का, मानवीय संबंधों के अमर गायक, मानव-सुलभ सहानुभूति के प्रतिष्ठापक मैथलीशरण की अंत:प्रवेशिनी दृष्टि ने सर्वप्रथम साक्षात्कार किया। साथ ही 'यशोधरा' के माध्यम से संन्यास पर गृहस्थ प्रधान वैष्णव धर्म की गौरव प्रतिष्ठा है।... गुप्त जी ने यथासंभव गौतम के परम्परागत उदात्त चरित्र की रक्षा की है। यद्यपि कवि ने उनके विश्वासों एवं सिद्धांतों को अमान्य ठहराया है तथापि चिर प्रसिद्ध रूप की रक्षा के लिए अंत में यशोधरा और राहुल को उनका अनुगामी बना दिया है।"[17]

यशोधरा कृति की महनीयता कई अर्थों में प्रतिभासित होती है। राष्ट्रकवि ने अंत में यशोधरा द्वारा राहुल का दान दिखाकर उनके महात्याग का परिचय दिया है–

"तुम भिक्षुक बनकर आये थे, गोपा क्या देती स्वामी?
था अनुरूप एक राहुल ही रहे सदा यह अनुगामी।
मेरे दुख में भरा विश्वसुख/क्यों न भरूँ फिर मैं हामी।
बुद्ध शरणं, धर्मं शरणं, संघं शरणं गच्छामि।"[18]

सन्दर्भ ग्रन्थ

1. अनघ (मैथलीशरण गुप्त)–भूमिका से
2. वही, पृ. 6.
3. वही, पृ. 18.
4. वही, पृ. 44, 45.
5. वही, पृ. 22.
6. वही, पृ. 49.
7. वही, पृ. 61.
8. *धृति: क्षमा दमोऽस्तेयंशोचमिन्द्रियनिग्रह:।*
   धीर्विद्यासत्यमक्रोधो दशकं धर्मलक्षण:।। मनुस्मृति
9. अनघ, पृ. 136.
10. अनुज सियारामशरण गुप्त को लिखे पत्र से.
11. यशोधरा-153.
12. वही.
13. वही, पृ. 154.
14. वही, पृ. 163.

15. वही, पृ. 183.
16. वही, पृ. 202.
17. हिन्दी साहित्य कोश, भाग-2 (नामवाची शब्दावली) द्वितीय संस्करण, पृ. 462.
18. यशोधरा, पृ. 208.

10
गौतम बुद्ध और उनके प्रमुख शिष्य

डॉ॰ पंकज शर्मा

भारतीय इतिहास में छठी शताब्दी ई.पू. का युग धार्मिक उथल-पुथल का युग माना जाता है। इस युग में सनातन हिन्दू धर्म में व्याप्त कुरीतियों एवं आडम्बरों के विरुद्ध धार्मिक संचेतना के फलस्वरूप जैन धर्म और बौद्ध धर्म का प्रादुर्भाव हुआ। भारत की भौगोलिक परिधि को लांघकर जहाँ राजनीतिक प्रवर्तक के रूप में गाँधीजी ने, विश्व को नवीन विचारधारा दी, वहीं धार्मिक प्रवर्तक के रूप में भगवान बुद्ध ने, सम्पूर्ण विश्व को अपने व्यक्तित्व एवं विचारों से आलोकित किया। वस्तुत: मानव जाति के उत्थान एवं कल्याण में परम कारुणिक, उदात्त एवं विलक्षण गुणों से आबद्ध तथागत बुद्ध का जीवन सदैव ही प्रेरणास्पद रहा है। राजमहलों के भोगविलास, तथा वैभव एवं ऐश्वर्यपूर्ण जीवन को त्यागकर सम्पूर्ण मानवता के कल्याण एवं समस्त दुखों से मुक्ति दिलाने हेतु वे एक दिन गगनचुम्बी अट्टालिकाओं, परमरमणीय विलासिनियों के हाव-भाव, अनिंद्य सुन्दरी भार्या के निश्छल प्रेम, तथा नवजात शिशु की ममता का मोह तोड़कर प्रव्रजित होने निकल पड़े। छ: वर्षों के कठोर तप एवं साधना के पश्चात् उन्हें मानव जाति के दुखों के निवारण की अमृत ज्ञान ज्योति (बुद्धत्व) की प्राप्ति हुई, जिसे वे लगभग 44 वर्षों तक विभिन्न स्थानों पर विचरण कर, सम्पूर्ण मानव समुदाय को अर्पित करते रहे। इस प्रकार गौतम बुद्ध ने ऐसे अमृत ज्ञान रूपी धर्म को प्रभावित किया जिसमें उनकी मृत्यु के लगभग 2500 वर्षों से भी अधिक समय पश्चात् तक ज्ञान एवं मोक्ष प्राप्त करने के लिये भारत ही नहीं वरन् विश्व के कोने-कोने चीन, जापान, कोरिया, थाईलैंड, श्रीलंका, तिब्बत, आदि अनेकों देशों के अनुयायी आत्मार्पित होते रहे।

सिद्धार्थ से 'बुद्ध' तक–भगवान बुद्ध का जन्म ई.पू. 563 में वैशाख पूर्णिमा[1] के दिन हिमालय (नेपाल) के तटवर्ती शाक्य राज्य कपिलवस्तु के

लुम्बिनी वन (आधुनिक रूमिन्देई) में हुआ था। इनके पिता का नाम राजा शुद्धोधन एवं माता का नाम महामाया था। बौद्ध किवदंतियों के अनुसार एक रात्रि महामाया ने स्वप्न देखा कि वे हिमालय स्थित 'अनवतप्त' नामक झील की ओर ले जाई गईं हैं, जहाँ जगत की चारों दिशाओं के दिग्ध पतियों द्वारा उन्हें स्नान कराया गया एवं एक विशाल श्वेत गज अपनी सूंड में कमल पुष्प लेकर उनकी ओर बढ़ता चला आ रहा था।[2] अगले दिन विद्वतजनों द्वारा इसकी व्याख्या करते हुए कहा कि रानी के गर्भ से, 32 महापुरुषी लक्षणों से युक्त एक अद्‌भुत बालक का जन्म होगा, जो यदि गृहस्थ रहा तो चक्रवर्ती नरेश अथवा गृह त्याग कर प्रव्रजित हुआ, तो सम्यक सम्बुद्ध होगा। दस माह तक बोधिसत्व को गर्भ में रखने के पश्चात् रानी की इच्छा अपने मातृकुल 'देवदह' जाने की हुई, अत: जब वे मार्ग में लुम्बिनी ग्राम के समीप वन में शाल वृक्ष की शाखा को पकड़े खड़ी विश्राम कर रहीं थीं, ठीक उसी समय उन्हें प्रसव वेदना हुई और तत्काल एक बालक के रूप में बुद्ध का जन्म हुआ। कहा जाता है कि जन्म के पश्चात् वे खड़े हो गये एवं सात डग भर कर बोले–यह मेरा अन्तिम जन्म है, इसके उपरान्त मुझे अब और कोई जन्म ग्रहण नहीं करना है।[3] जन्मोपरान्त पंचम दिवस पर एक बड़े उत्सव के साथ उस बालक का नाम सिद्धार्थ रखा गया। उसका गोत्रीय अभिधान गौतम था, अत: बौद्ध साहित्यों में वह गौतम कहलाया।[4] जन्म के सातवें दिन उनकी माता महामाया का देहावसान हो गया, जिससे उनका लालन-पालन उसकी विमाता (मौसी) प्रजापति गौतमी ने किया, जिससे उनके पिता राजा शुद्धोधन ने विवाह कर लिया था।[5] शुद्धोधन को विद्वतजनों की भविष्यवाणी चिन्तातुर कर रही थी। अत: उन्होंने संसार के समस्त दुखों से दूर कर सिद्धार्थ के लिये ऋतुओं के आधार पर, भव्य राजप्रासादों का निर्माण कराया। 16 वर्ष की अवस्था में सिद्धार्थ का विवाह 'दण्डपाणि' नामक शाक्य की पुत्री 'यशोधरा', जो अपने सौंदर्य एवं शील के लिये सुविख्यात थी, के साथ कर दिया गया।[6] इससे उनके एक पुत्र भी उत्पन्न हुआ, जिसका नाम 'राहुल' अर्थात् बन्धन रखा गया। किन्तु सिद्धार्थ का मन सांसारिक भोगविलास में नहीं रमता था। कुछ समय पश्चात् भाग्य के निमित्त उन्हें वे चार चिन्ह (जराग्रस्त व्यक्ति, रुग्ण व्यक्ति, मृत शरीर एवं काषाय वस्त्र धारित प्रसन्नचित्त परिव्राजक भिक्षु) दिखाई दिये। फलस्वरूप उन्होंने मानव कष्टों के कारण एवं निवारण का रहस्य जानने हेतु परिव्राजक होने का निश्चय कर लिया। यह सुनकर शुद्धोधन द्वारा उन्हें अत्यन्त भोगविलासों एवं कामभोगों के बन्धन में बांधने की कोशिशें तेज कर दी गईं। गृह त्याग के एक दिन पूर्व जब रात्रि में भव्य समारोह में सुन्दरियाँ

अपनी मोदक अदाओं से उन्हें रिझाने का असफल प्रयास कर थककर सो गईं, तब अर्द्धरात्रि के पश्चात् वे सीधे अपने शयनकक्ष में गये, जहाँ यशोधरा एवं पुत्र राहुल को एकक्षण निहार कर अपने स्वामिभक्त सारथी चारण को जगाकर अपने प्रिय अश्व 'कन्थक' पर सवार होकर 29 वर्ष की आयु में गृहत्याग कर, भोर होने से पूर्व नगर की सीमा से दूर चले गये। तत्पश्चात् उन्होंने अपने राजसी वस्त्रों और आभूषण एवं अपने खड्ग से केश काटकर उन्हें अपने पिता के पास भेज दिया तथा स्वयं काषाय वस्त्र धारण कर, सत्य और ज्ञान की खोज में एक परिव्राजक के रूप में निकल पड़े। यह घटना बौद्ध साहित्य में 'महाभिनिष्क्रमण' के नाम से जानी जाती है। सत्य गुरु की तलाश में वे 'आलारकालाम' नामक तपस्वी के आश्रम गये, तत्पश्चात् 'उद्रक रामपुत्त' के आश्रम में उन्होंने अनेको ज्ञान को प्राप्त किया, किन्तु सत्य से अभी भी दूर ही रहे। अत: उन्होंने अरण्यवासी संन्यासी का जीवन ग्रहण कर, अपने पाँच साथियों के साथ उरूबेला (मगध) में निरंजना नदी के तट पर, एक वृक्ष के नीचे बैठकर 6 वर्ष तक कठोर तपस्या की। जिससे उनका शरीर सूखकर अस्थिपंजर मात्र रह गया एवं तप और क्षुधा से क्षीण होकर अचेत हो गये। चेतना आने पर उन्होंने अत्यधिक कठोर तप को व्यर्थ समझते हुये, काया में पुन: शक्ति के अर्जन हेतु उरूबेला के सेनानी की पुत्री 'सुजाता' के हाथों से खीर ग्रहण कर अपना व्रत तोड़ा। इस पर उनके पाँचों साथी उन्हें पथभ्रष्ट कहकर उनका साथ छोड़कर तपस्या हेतु ऋषिपत्तन (सारनाथ) चले गये। तत्पश्चात् गौतम सिद्धार्थ ने गया पहुँचकर भोजन ग्रहण कर, नदी में स्नान कर वास्तविक ज्ञान की प्राप्ति की अवस्था तक पुन: वृक्ष के नीचे समाधि लगाई। इस दौरान आसुरी शक्तियों द्वारा उनकी तपस्या को भंग करने का भरसक प्रयास किया गया।[7] सात दिन और सात रात्रि निरन्तर समाधिस्थ तप किया, तत्पश्चात् आठवें दिन 'बैसाख पूर्णिमा' की भोर के समय उन्हें सत्य और ज्ञान की अनुभूति हुई तथा 'सम्बोधि' (बुद्धत्व) की प्राप्ति हुई। अत: अब वे 'तथागत' एवं 'बुद्ध' (जिसे बोधि अथवा ज्ञान की प्राप्ति हो) कहे जाने लगे।[8] बोधि प्राप्ति का स्थान होने के कारण गया, 'बोधिगया' एवं वटवृक्ष 'बोधिवृक्ष' के नाम से जाना जाने लगा। बुद्धत्व प्राप्ति के सात सप्ताह तक वे प्राप्त ज्ञान पर मनन करते रहे, तत्पश्चात् प्राप्त ज्ञान के सिद्धान्तों को मानवकल्याण हेतु प्रसार के लिये उन्होंने स्वयं को तैयार किया। सर्वप्रथम वे काशी के निकट ऋषिपत्तन (सारनाथ) पहुँचे, जहाँ उनके पूर्व पाँचों साथी तप में लीन थे। उन्होंने इन्हीं पंचवग्गीय भिक्खु (आन्ज, कौंडिन्य, अस्सजि, वप्प, और भद्दिय)[9] को अपना सर्वप्रथम उपदेश दिया, जो बौद्ध

साहित्य में 'धर्मचक्रप्रवर्तन' के नाम से जाना जाता है। वे पाँचों उनके शिष्य बन गये। कुछ समय पश्चात् उन्होंने अपने साठ शिष्य भिक्षुओं का 'बौद्धसंघ' बनाकर उन्हें 'बहुजन हितार्थ, बहुजन सुखार्थ', लोक कल्याण हेतु जगत में विचरण करने का आदेश दिया।[10]

इसके बाद उन्होंने स्वयं भ्रमण कर अपने परिजनों, राजनों, राजपरिवार के सदस्यों, श्रेष्ठियों, साधारण जनों, अपराधियों, गणिकाओं, एवं स्त्रियों को बौद्ध संघ में प्रव्रजित किया। इस प्रकार गौतम बुद्ध लगभग 44 वर्षों तक यायावरी जीवन व्यतीत कर, विभिन्न नगरों, ग्रामों में जाकर अपने धर्मोपदेशों के द्वारा लोगों के दुख निवारण का प्रयत्न करते रहे। अस्सी वर्ष की आयु में अपने जीवन का अन्तिम वर्षाकाल वैशाली में व्यतीत कर अत्यन्त रुग्ण अवस्था में उन्होंने कुशीनगर को प्रस्थान किया। मार्ग में पवग्राम में उनके शिष्य 'चुन्द' लौहकार ने उनका स्वागत कर गरिष्ठ भोजन में 'शूकरमद्दव'[11] परोसा, जिसे ग्रहण करने के पश्चात् बुद्ध आमातिसार से पीड़ित हो गये। किन्तु चन्द को लोगों के कोपभाजन से बचाने हेतु उन्होंने शीघ्र ही पावानगर छोड़कर कुशीनारा (कुशीनगर) पहुँचने का निर्णय लिया। वहाँ पहुँचकर वे मल्लों के सालवन में दो सालवृक्षों के मध्य उत्तर दिशा की ओर मुँह कर लेट गये, और अपने अंतिम उपदेश में भिक्षुओं से आह्वान किया कि संसार के समस्त संगठित पदार्थ नश्वर हैं, प्रमाद और आलस्य से बचो, सचेत और जाग्रत रहते हुए सत्य में रहकर अपना कल्याण साधते रहो[12] इस उपदेश के पश्चात बैसाख पूर्णिमा की रात्रि तीसरे प्रहर ई.पू. 483 में, तथागत बुद्ध परिनिर्वाण को प्राप्त हुये, जो बौद्ध साहित्य में 'महापरिनिर्वाण' कहा जाता है। इस प्रकार गौतम बुद्ध के जीवन से जुड़ी तीन महत्वपूर्ण घटनाओं–जन्म, बोधि (ज्ञान), और महापरिनिर्वाण का बैसाख मास की पूर्णिमा से अभिन्न सम्बन्ध रहा, जो बौद्धानुयायियों के लिये अत्यन्त महत्वपूर्ण पवित्र दिवस माना जाता है।

बुद्ध के प्रमुख शिष्य

महात्मा बुद्ध ने अपने जीवन में अनेक अनुयायियों को प्रव्रज्या प्रदान कर अपना शिष्य बनाया था, जिनमें आनन्द, अनिरुद्ध, अहिंसक, अनाथपिण्डक, अंगुलिमाल, राजा बिम्बसार, अजातशत्रु, प्रसेनजित, अस्सजित, जीवक, महाकश्यप, कात्यायन, कौडिन्य, महानामा, मोद्गल्यायन, नन्द, नागसेन, पुण्यजित, राहुल, सारिपुत्र, सुदत्त, तपस्सु, उपालि, आम्रपाली, महाप्रजापति गौतमी, नन्दा, खेमा, किसा गौतमी, पटाचरा, सुजाता, विशाखा, यशोधरा, आदि शामिल थे। किन्तु उन अनुयायियों में से कुछ ऐसे प्रमुख थे, जो बुद्ध के अत्यन्त निकट रहे

अथवा जिनकी उनके श्रेष्ठ आचरण, व्यवहार एवं विद्वता और सच्चरित्रता के बल पर बौद्ध संघ में प्रधानता रही–

1. **सारिपुत्र**–भगवान गौतम बुद्ध ने जिस धर्म साम्राज्य की स्थापना की थी, सारिपुत्र को उसका धर्म सेनापति होने का गौरव प्राप्त है। ब्राह्मण कुल में जन्मे सारिपुत्र का जन्म राजगृह (आधुनिक नालंदा के समीप) के निकट नालका नामक ग्राम में हुआ था। इनके पिता बगत ग्राम के मुखिया एवं अतुल सम्पत्ति के स्वामी थे, वहीं माता का नाम रूपसारि था, जो धर्मनिष्ठ एवं प्रख्यात विदुषी थीं। अपनी माता के नाम पर ही उनका नाम सारिपुत्र पड़ा।[13] वे चार भाइयों एवं तीन बहिनों में सबसे बड़े थे। वे बचपन से ही एकांतप्रिय एवं चिन्तनशील प्राणी थे एवं आश्रमों, परिव्राजकों से मिलने एवं साक्षात्कार करने को लालायित रहते थे। एक बार बुद्ध के शिष्य अस्सजित नामक बौद्ध भिक्षु से साक्षात्कार के पश्चात् वे अपने मित्र मोद्गलायन के साथ भगवान बुद्ध के पास प्रव्रज्या हेतु पहुँच गये और तभी से पूर्णतः सेवाभाव, आध्यात्मिकता, निष्ठा और श्रद्धा के बल पर वे बुद्ध के प्रमुख शिष्य बन गये। प्रज्ञा में वे बुद्ध के पश्चात् माने जाते थे। उनके संदर्भ में बुद्ध स्वयं कहा करते थे कि भिक्षुओं, यदि किसी के विषय में ठीक से यह कहा जा सकता है कि यह मुख से उत्पन्न धर्म से उत्पन्न, औरस पुत्र है, तो केवल सारिपुत्र के लिये ही उपयुक्त है। मेरे द्वारा चलाये गये आद्वितीय धर्मचक्र को सारिपुत्र ठीक से अनुप्रव्रजित कर रहा है। सारिपुत्र ने बुद्ध के जीवनकाल में ही उनसे अनुमति लेकर, आपने अपने कुलग्राम में परिनिर्वाण ग्रहण किया, उनके सम्मान में भगवान बुद्ध स्वयं उठ खड़े हुये थे। सारिपुत्र की अस्थियाँ बुद्ध को सौंपी गईं, जिन्हें बुद्ध ने सम्राट अजातशत्रु को सौंप कर उन पर स्तूप बनाने का आदेश दिया। भगवान बुद्ध उन्हें अवतार मानकर उनके पूर्व जन्मों के त्याग एवं सेवाभाव का वर्णन किया करते थे।

2. **मोद्गल्यायन**–महामोद्गल्यायन भी बुद्ध के प्रमुख शिष्य थे, जो बचपन से ही सारिपुत्र के अभिन्न मित्र थे। दोनों का जन्म भी एक ही दिन हुआ था एवं दोनों के ग्राम भी आपसी पड़ोसी होने के साथ ही पिछले सात कुलों से दोनों के मध्य दोस्ताने के रिश्ते कायम थे। मोद्गल्यायन भी सारिपुत्र के समान उच्च एवं धनी ब्राह्मण कुल में उत्पन्न हुआ था। उसका वास्तविक नाम 'कोलिता' था।[14] सारिपुत्र के साथ ही उसने भी बुद्ध का शिष्यत्व ग्रहण किया। तब से उसे मोद्गल्यायन कहा जाने लगा। ऐसा कहा जाता है कि उसे कई रहस्यात्मक विद्याओं का भी ज्ञान था। बुद्ध कहा करते थे कि भिक्षुओं, जहाँ सारिपुत्र का व्यवहार माता के समान है, वही मोद्गल्यायन सेविका (नर्स) के

समान है। दोनों मित्र लगभग 84 वर्ष तक एक साथ रहे किन्तु उनका अन्त अत्यन्त विपरीत परिस्थितियों में हुआ। जहाँ सारिपुत्र का अंत, अपने पैतृक गांव में अत्यन्त सादगी एवं शांतिपूर्ण ढंग से हुआ, वहीं मोद्गल्यायन का अपने विधर्मियों द्वारा हमले में घायल होकर, बुद्ध के चरणों में प्राणान्त हुआ।

3. आनन्द–यह बुद्ध का निजी शरीर परिचारक एवं परम प्रिय शिष्य था, जो संभवत: बुद्ध का चचेरा भाई था। कहा जाता है कि जब बुद्धत्व प्राप्त कर सिद्धार्थ गौतम, अपने गृह राज्य कपिलवस्तु आये, तब उनके प्रवचनों को सुनकर आनन्द ने उनसे प्रव्रज्या ग्रहण कर, उनका शिष्यत्व ग्रहण किया। यह बुद्ध के अत्यन्त निकट था, बुद्ध ने जो भी उपदेश दिये, वे सभी अधिकांशत: आनन्द को सम्बोधित करते हुये ही दिये। वह तीक्ष्ण मेघा का स्वामी था एवं बुद्ध के उपदेशों को ज्यों का त्यों शब्दश: दोहरा देता था। जब बुद्ध 55 वर्ष के हुये, तो उन्हें संघ के क्रियाकलापों एवं स्वयं अपनी देखभाल हेतु एक सहायक की आवश्यकता महसूस हुई, तब अनेक अनुयायियों ने स्वयं को उक्त पद हेतु योग्य बताया, किन्तु स्वभावत: आनन्द शान्त चित्त रहा। तब बुद्ध ने उससे अपना सहायक बनने का आग्रह किया, जिसे उसने इस शर्त पर कि इसके बदले में वे उसे किसी प्रकार का भौतिक अनुदान नहीं सौंपेगें, स्वीकार कर लिया। वह अपने शास्ता के सभी प्रकार के सुख-दुख में सम्मिलित रहता था। उसके तर्कपूर्ण एवं अत्यन्त आग्रह पर ही बुद्ध ने स्त्रियों को बौद्ध संघ में प्रवेश करने की अनुमति दी थी। बुद्ध के परिनिर्वाण पर वह सर्वाधिक शोकाकुल हुआ एवं अन्य भिक्षुओं के आग्रह पर उसने उनके उत्तराधिकारी के तौर पर, संघ को अपना नेतृत्व देकर बुद्ध के विचारों को संरक्षित एवं संचारित करने का उत्तरदायित्व संभाला। इसीलिये वह बौद्धसंघ का सच्चा रक्षक कहा जाता है। संभवत: वह 100 वर्षों से भी अधिक समय तक जीवित रहा।

4. उपालि–यह जाति का नाई था, जो शाक्यवंश में नाई का कार्य करता था। एक बार जब उसे भगवान बुद्ध के बाल काटने के लिये आमंत्रित किया गया, तब वह बुद्ध के व्यक्तित्व एवं विचारों से अत्यन्त प्रभावित हुआ एवं उनका शिष्यत्व ग्रहण कर, अपनी श्रद्धा एवं साधना के बल पर भिक्षुओं के संघ का प्रथम नियम नियन्ता बन गया। उसने प्रथम बौद्ध संगति में भी भाग लिया था।

5. अनाथपिण्डक (सुदत्त)–महान दानी एवं सहृदयी अनाथपिण्डक भगवान बुद्ध का अत्यन्त सेवाभावी अनुयायी था। वह कोसल जनपद की राजधानी श्रावस्ती का निवासी एवं कोसल नरेश प्रसेनजित का प्रमुख श्रेष्ठि (खजांची) था। उसका वास्तविक नाम सुदत्त था। एक बार व्यापार के सिलसिले

में वह अपने बहनोई के घर राजगृह गया, जो भगवान बुद्ध एवं उनके भिक्षुओं के लिये भोजन एवं आवभगत की तैयारियों में व्यस्त थे। यह देखकर सुदत्त स्वयं भगवान बुद्ध से मिलने को आतुर हो उठा। जब वह उनसे मिला तो उन्होंने उसे उसके नाम से सम्बोधित कर उपदेश दिया, जिसका उस पर बड़ा असर हुआ और वह उनका अनुयायी बन गया एवं बुद्ध ने उसे 'अनाथपिण्डक (दुखियों एवं असहायों का पोषक) नाम दिया। उसने भगवान से श्रावस्ती में आतिथ्य ग्रहण करने का आग्रह किया, जिसे बुद्ध ने स्वीकार कर लिया। तत्पश्चात् उसने श्रावस्ती के निकट राजकुमार जेत का उद्यान देखा, जो ध्यान, साधना केन्द्र एवं विहार के लिये सर्वथा उपयुक्त था। उसने राजकुमार से उसे खरीदने की इच्छा प्रकट की, किन्तु राजकुमार ने विक्रय से मना कर दिया। अधिक जिद करने पर राजकुमार ने झुंझलाकर कहा कि लेना ही है, तो जितनी भूमि पर सोना बिछा सकोगे वह तुम्हें दे दूंगा। दृढ़ निश्चयी एवं श्रृद्धावत् अनाथपिण्डक ने बैलगाड़ियों में स्वर्ण मुद्रायें लाकर बिछाना प्रारम्भ कर दिया। इस प्रकार उसने लगभग 18 करोड़ स्वर्ण मुद्रायें बिछाकर, उस वन को राजकुमार से क्रय करके वहाँ और 18 करोड़ स्वर्ण मुद्राये व्यय कर शानदार विहार (ध्यान केन्द्र, आवासीय भवन, विशाल द्वार सभाभवन, भोजन कक्ष, अनेक कुयें एवं कमल तालाब) बनवाया, जिसे 'अनाथपिण्डक का जेतवनाराम' कहा जाता है।[15] भगवान बुद्ध ने यहाँ अनेक वर्षांत बिताये। वह दरिद्रों एवं मित्रों को अत्यन्त दान (सहायता) देता था। उसकी पत्नी 'पुन्नल्कन्हा', पुत्र कल्ल, पुत्रवधू सुजाता एवं तीनों पुत्रियाँ भी बुद्ध की अनुयायी थीं। उसकी मृत्यु, बुद्ध के जीवनकाल में सारिपुत्र एवं आनंद के सान्निध्य में हुई।

6. **महाकश्यप**–बौद्ध संघ के पिता कहे जाने वाले महाकश्यप का जन्म मगध के धनी प्रतिष्ठित ब्राह्मण कुल में हुआ था। उसका वास्तविक नाम 'पिप्पहली' था। उसका विवाह 'भद्दकप्लनी' नामक सुन्दर स्त्री से हुआ, किन्तु दोनों ही आध्यात्मिक विचारधारा के थे। अतः माता-पिता की मृत्यु के पश्चात् दोनों ने सांसारिकता का त्याग कर दिया। पिप्पहली जब बुद्ध से मिले, तो उनके उपदेशों को सुनकर, सदा के लिये उनके अभिन्न शिष्य बन गये एवं उनका नामकरण भी कश्यप एवं कुछ समय बाद उनकी प्रतिबद्धता एवं धम्म नियमों की सर्वज्ञता के फलस्वरूप 'महाकश्यप' कर दिया गया। वस्तुतः वह धर्म के सिद्धान्तों के इतने श्रेष्ठ व्याख्याकार हो गये कि कई बार बुद्ध स्वयं अपने स्थान पर उन्हें ही धर्म व्याख्या करने को अधिकृत कर दिया करते थे। बुद्ध के महापरिनिर्वाण पर जब उनके अनुयायियों में धम्म ज्योति के बुझ जाने की शंका

जताई जाने लगी, तब महाकश्यप ने ही राजगृह की सप्तपर्णी गुफा में अपनी अध्यक्षता में बौद्ध संघ की प्रथम महासंगति आयोजित कर भिक्षुओं को बुद्ध की शिक्षाओं के संरक्षण एवं प्रचार-प्रसार के तरीकों पर व्यापक जोर देकर इसे बचाने का प्रयास किया। इसी कारण उन्हें 'बौद्ध संघ का संरक्षक अथवा पिता' कहा जाता है।[16] उनका परिनिर्वाण भी समाधि की अवस्था में हुआ।

7. अनुरुद्ध–अनुरुद्ध बुद्ध का चचेरा भाई था। बुद्धत्व प्राप्ति के पश्चात्, जब गौतम बुद्ध अपने गृह राज्य कपिलवस्तु पहुँचे, तब उन्होंने वहाँ अपने पिता शुद्धोधन, भाई नन्द, एवं पुत्र राहुल सहित अनेक परिवारीजनों को बौद्ध संघ में प्रव्रज्जित किया। इस पर उनका यह चचेरा भाई, अनुरुद्ध भी उनसे प्रभावित होकर अपने बड़े भाई महानामा पर परिजनों का भार छोड़कर, उनसे अनुमति लेकर बुद्ध की शरण में समर्पित होने गया। मार्ग में उसने एवं उसके अन्य सहयोगियों ने अपने सहायक उपालि को अपने वस्त्र एवं आभूषण सौंप दिये। बुद्ध के आदेश पर वे सब प्रव्रज्या से पूर्व अपने समस्त वासनाओं और इच्छाओं का अन्त करने के लिये सात दिनों के लिये एक विहार में ठहराये गये। सातवें दिन उसी उपालि (अनुरुद्ध से बिछुड़ने के बाद वह बुद्ध से आग्रह कर स्वयं भिक्षु बन चुका था) के समक्ष उन्हें बुद्ध ने प्रव्रज्या ग्रहण कराई। एक बार अनुरुद्ध बुद्ध के प्रवचन के दौरान आँख की झपकी लग जाने से लज्जित हुये, तब उन्होंने अपनी आँखें निकाल दीं एवं अन्धे हो गये। कुछ समय पश्चात् उनकी प्रतिबद्धता एवं सिद्धान्तों के प्रति निष्ठा के चलते, बुद्ध ने उन्हें दिव्य आँखें प्रदान कर, उन्हें सत्य के अष्ट सिद्धांतों का ज्ञान कराया।[17]

8. बिम्बसार–यह मगध के विशाल साम्राज्य का राजा था, जिसके अत्यन्त आग्रह पर भगवान बुद्ध ने उसका आतिथ्य स्वीकार कर, राजधानी राजगृह आना स्वीकार किया था। वह बुद्ध के विचारों से अत्यन्त प्रभावित होकर उनका अनुयायी बन गया एवं अपने साम्राज्य में वह बौद्धसंघ का संरक्षक बना। उसने बुद्ध को बेलुवन (विहार) भेंट किया।

9. कात्यायन–कात्यायन एक उच्च घराने का धनाढ्य श्रेष्ठि पुत्र था। वह बुद्ध के धम्म एवं सिद्धान्तों के प्रचार-प्रसार के लिये दस महत्त्वपूर्ण गुणों को आवश्यक मानता था। उसके इन्हीं दस गुणों एवं जोश के फलस्वरूप बुद्ध के जीवनकाल में ही बौद्ध धर्म के सिद्धान्त त्वरित रूप से चहुँ ओर फैलने में सहायक हुये, जिसके लिये भगवान बुद्ध ने उसकी प्रतिबद्धता एवं लगन की सार्वजनिक प्रशंसा भी की थी।

10. जीवक–भगवान बुद्ध का यह अनुयायी आयुर्वेद का उच्च कोटि का परम ज्ञानी था। वह राजगृह की एक गणिका सालवती का पुत्र था, जिसने उसे लोकलाज के भय से त्यागकर कूड़ेदान में फेंक दिया था। मगध के राजा बिम्बसार के पुत्र कुमारभृत्य ने उसे घायलावस्था में जीवित अवस्था प्राप्त करने के कारण 'जीवक' नामकरण कर उसका लालन-पालन किया।[18] तत्पश्चात् वह प्रसिद्ध तक्षशिला विश्वविद्यालय में रहकर, चिकित्सा विज्ञान के समस्त आठों शास्त्रों का पुस्तकीय एवं व्यवहारिक अध्ययन कर, उसमें निपुणता प्राप्त कर आयुर्वेद का महान ज्ञाता बन गया। उसने मगध नरेश बिम्बसार, उज्जैन नरेश प्रद्योत एवं अन्य प्रसिद्ध धनाढ्य श्रेष्ठियों का इलाज कर प्रसिद्धि एवं धन प्राप्त किया। मगध का तो वह 'राजवैद्य' भी बनाया गया। उसने राजगृह के निकट आम्रवन में अपना विशाल चिकित्सालय स्थापित कर, आमजनों को अपने चिकित्सीय विद्या से लाभान्वित भी किया। एक बार उसने अपने चचेरे भाई देवदत्त के षड्यन्त्र का शिकार हुये भगवान बुद्ध का भी अपनी औषधि ज्ञान से उपचार किया, जिससे वह बुद्ध के सिद्धान्तों से प्रभावित होकर उनका अनुयायी बन, उनका व्यक्तिगत वैद्य बन गया, और सदैव बुद्ध के साथ ही रहने लगा। उसने अपना विशाल आम्रवन चिकित्सालय को भी बौद्ध भिक्षु विहार का रूप देकर, उसे बौद्ध संघ को समर्पित किया।

11. अंगुलिमाल–अंगुलिमाल कोसल राज्य के दरबारी ब्राह्मण का पुत्र था, जिसका वास्तविक नाम 'अहिंसक' था।[19] उसे अध्ययन के लिये तक्षशिला भेजा गया, जहाँ उसकी कुशाग्र बुद्धि के कारण अन्य राजकुमारगण उससे ईर्ष्या रखते थे, अतः उन्होंने अंगुलिमाल पर गुरुमाता के साथ अनैतिक सम्बन्धों का आरोप लगवाकर, उसे तक्षशिला से निकलवा दिया, तथा गुरू ने आगे की शिक्षा के लिये उसे 1000 अँगुलियां लाने को कहा। तब से वह वापस आकर श्रावस्ती के निकट जालनी नामक जंगल में रहकर राहगीरों पर आक्रमण कर, उनकी अँगुलियों को काटकर गिनती के लिये उनकी माला बनाकर, अपने गले में धारण करने लगा, फलस्वरूप उसका नाम 'अंगुलिमाल' पड़ गया। एक बार भगवान बुद्ध को श्रावस्ती विहार के दौरान जब उसके बारे में पता चला तो उन्होंने इस भटके हुये को सद्मार्ग पर लाने का फैसला किया और जंगल में उसे धर्मज्ञान दिया। तत्पश्चात् अंगुलिमाल बुद्ध के चरणों पर गिर गया और उनका अनुयायी बन भिक्षु जीवन ग्रहण कर बुद्ध के सिद्धान्तों को लोगों में प्रसारित करने के काम में जुट गया।

12. महाप्रजापति गौतमी–यह कपिलवस्तु के महाराज शुद्धोधन की पत्नी एवं भगवान बुद्ध की माता महामाया की बहिन (मौसी एवं सौतेली माँ) थीं। महामाया के निधन के पश्चात् इन्होंने ही बुद्ध का लालन-पालन किया था। राजा शुद्धोधन की मृत्यु के पश्चात् इन्होंने संघ में प्रव्रज्या ग्रहण करने की इच्छा प्रकट की, जिसे बुद्ध ने ठुकरा दिया। किन्तु वे न मानी एवं 500 स्त्रियों के साथ अपने राजसी वस्त्र त्याग कर एवं केश काट कर, बुद्ध से प्रार्थना करने लगीं। हालांकि भगवान बुद्ध, बौद्ध संघ में स्त्रियों के प्रवेश के खिलाफ थे, किन्तु गौतमी की जिद एवं अपने प्रिय शिष्य आनन्द के आग्रह के समक्ष उन्हें झुकना पड़ा एवं उन्होंने कुछ विशेष शर्तों के साथ स्त्रियों को संघ प्रवेश की अनुमति दे दी। इस प्रकार महाप्रजापति गौतमी, बौद्ध संघ की प्रथम भिक्षुणी बनीं।

13. विशाखा–यह अंग देश के श्रेष्ठि धनंजय की पुत्री थी, जिसकी माता का नाम सुमनादेवी था। मात्र सात वर्ष की आयु में वह बुद्ध के सम्पर्क में आई थी। सोलह वर्ष की अवस्था में उसका विवाह श्रावस्ती के श्रेष्ठि मिगार के पुत्र पुण्यवर्धन से हुआ था। वह बड़ी ही सात्विक एवं धार्मिक थी। एक बार जब उसके श्वसुर खाना खा रहे थे, तभी एक बौद्ध भिक्षु, भिक्षा हेतु उनके द्वार पर आया, किन्तु श्वसुर ने उसे देखते हुये भी अपना खाना जारी रखा। विशाखा को यह अत्यन्त बुरा लगा और उसने भिक्षु से यह कर अन्यत्र जाने को कहा कि उसके श्वसुर तो बासी खा रहे हैं। इस पर मिगार ने इसे अपमान मानकर उसे घर से निकालने का फैसला किया, किन्तु जब पंचायत के सामने अपने बुद्धि कौशल से उसने कहा कि वस्तुतः उसका आशय अपने श्वसुर के पूर्व जन्म में किये गये सद्कर्मों का फल भोगने के संदर्भ में था, क्योंकि इस जन्म में तो उन्होंने कोई उपकार किये ही नहीं हैं। इस पर मिगार बहुत शर्मिन्दा हुआ और धर्मनिष्ठ होकर विशाखा के आग्रह पर बुद्ध को ससंघ अपने आवास पर भोजन हेतु आमंत्रित किया। तत्पश्चात् बुद्ध के उपदेशों से प्रभावित होकर, मिगार ने अपनी पुत्रवधू को अपनी गुरुमाता मान लिया एवं सपरिवार बौद्ध संघ में शामिल हो गया। तभी से विशाखा, 'मिगारमाता' के नाम से जानी जाने लगी एवं बुद्ध द्वारा उसे संघ की भिक्षुणियों का संरक्षक नियुक्ति कर दिया। 120 वर्ष की अवस्था में उसका देहान्त हुआ।

14. आम्रपाली–यह वैशाली गणराज्य की अति सुन्दर गणिका थी, जो वैशाली के राजकीय आम के बगीचे में पाई गयी थी, जिस कारण इसका नाम आम्रपाली रखा गया। इसे वैशाली गणराज्य की राजगणिका का खिताब भी दिया गया था। कहा जाता है कि उसकी सुन्दरता से मोहित होकर मगध के सम्राट

बिम्बसार ने वैशाली पर आक्रमण किया था एवं उसके प्यार में डूब गया। इनके प्रेम की एक निशानी पुत्र विमल कौन्डन भी हुआ, जो बाद में एक बौद्ध भिक्षु बन गया। भगवान बुद्ध ने आम्रपाली के भोजन का आतिथ्य स्वीकार कर, उसे बौद्ध दर्शन का उपदेश दिया, फलस्वरूप वह उनकी अनुयायी बन सदैव के लिये बौद्ध भिक्षुणी बन गई एवं अपना विशाल आम्रवन एवं सम्पूर्ण सम्पत्ति को बौद्ध संघ को समर्पित कर दिया। गौतम बुद्ध ने इसी आम्रवन विहार में अपने जीवन के अनेक वर्षान्त के साथ ही अपना अन्तिम वर्षान्त भी यहीं व्यतीत किया।

15. खेमा–यह मगध के सम्राट बिम्बसार की सुन्दर पटरानी थी। उसे अपनी सुन्दरता पर बहुत नाज था, अपने पति बिम्बसार के आग्रह पर वह एक बार बुद्ध से मिलने उनके बौद्ध विहार गई, जहाँ बुद्ध ने उसे एक उपासिका के माध्यम से बाह्य सुन्दरता की क्षणभंगुरता का बोध कराया। इससे वह अत्यन्त प्रभावित हुई और उसने अपने पति की आज्ञा से प्रव्रज्या ग्रहण कर बौद्ध धर्म और संघ के उन्नयन में अपना अमूल्य योगदान दिया। वह बौद्ध भिक्षुणियों की उपदेशिका नियुक्त की गई थी।

16. पटाचरा[20]–यह श्रावस्ती के एक बहुत धनी दम्पत्ति की पुत्री थी, जो माता-पिता के उचित संरक्षण के अभाव में जवानी में अपने नौकर के साथ भाग गई थी। दो वर्ष के बाद उसे एक पुत्र हुआ, एवं कुछ समय पश्चात् उसे फिर गर्भ ठहरा। अत्यन्त निर्धन एवं दीन अवस्था में उसने पति के साथ वापस अपने मायके लौटने का फैसला किया। मार्ग में अधियारी रात में घनघोर वर्षा के समय उसे प्रसव वेदना प्रारम्भ हुई, तब उसके पति ने पर्णकुटी बनाने के उद्देश्य से लकड़ी बटोरने हेतु गमन किया, किन्तु पूरी रात नहीं लौटा। अकेले कराहती हुई अवस्था में उसने एक और पुत्र को जन्म दिया। भोर होने पर वह अपने दोनों बच्चों को साथ लेकर पति को तलाशने निकली, जहाँ कुछ ही दूरी पर उसे सर्पदंश से नीली पड़ चुकी पति की लाश मिली। रोती-बिलखती वह रास्ते में बाढ़ से भरी हुई नदी को पार करने के लिये अपने बड़े पुत्र को किनारे खड़ा कर नवजात को अपने सिर पर रखकर नदी पार करने लगी, तभी बीच नदी में एक गिद्ध नवजात के ऊपर भंडराने लगा तो वह हाथ के इशारे से उसे भगाने की नाकाम कोशिश करने लगी, और गिद्ध नवजात को ले उड़ा, वह चीखने लगी तो उसकी पुकार सुनकर उसका बड़ा पुत्र भी नदी में उतरा और तेज बहाव में बह गया। उसकी पूरी दुनिया लुट चुकी थी। वह पागल अवस्था में श्रावस्ती पहुँची तो पता चला उसके पिता का मकान आदि सब कुछ वर्षा की भेंट चढ़ चुका था। वह रोती-बिलखती पास ही में विहार कर रहे बुद्ध के पास से गुजरी

तब बुद्ध ने उसे सत्य ज्ञान का प्रकाश देकर दुख का हरण किया। वह उनकी अनुयायी बन दुखियारी नारियों के कल्याण के लिये कार्य करने लगी।

17. किसा गौतमी–यह श्रावस्ती के अत्यन्त निर्धन परिवार से थी, जिसका वास्तविक नाम गौतमी तिस्य था। कुपोषण के कारण अत्यन्त दुर्बल (कृशा के समान) होने के कारण वह किसा गौतमी नाम से जाने जानी लगी। उसका विवाह धनी परिवार में हुआ, किन्तु कुरूप एवं गरीब होने के कारण उसे कोई चाहता नहीं था। उसके एक पुत्र हुआ, जिसकी मृत्यु खेलते समय सर्पदंश से हो गई। वह पागलों की भाँति उसे अपनी छाती से चिपकाये भगवान बुद्ध के पास पहुँची और दैवीय शक्तियों से उसे पुनः जीवित करने की गुहार करने लगी। तब ऐसी अवस्था में बुद्ध ने उसे एक चुटकी सरसों, ऐसे घर से लाने को कहा जिसके घर में आज तक कोई मरा न हो, किन्तु उसे ऐसा कोई घर न मिला। तब बुद्ध ने उसे सांसारिकता का बोध कराकर निर्वाण कराया। तत्पश्चात् वह संघ की भिक्षुणियों में शामिल होकर व्याख्यान देने लगी।

सन्दर्भ सूची

1. श्रीवास्तव, के.सी., *प्राचीन भारत का इतिहास एवं संस्कृति*, यूनाइटेड बुक डिपो, इलाहाबाद, 2001, पृ. 847.
2. बाशम, ए.एल., *अद्‌भुत भारत*, शिवलाल अग्रवाल एण्ड कं., आगरा, पृ. 186.
3. मिश्र, जयशंकर, *प्राचीन भारत का सामाजिक इतिहास*, हिन्दी माध्यम, कार्या. निदेशालय, दिल्ली, 1992, पृ. 816.
4. बाशम, ए.एल., "पूर्वोक्त", पृ. 186.
5. मिश्र, जयशंकर, "पूर्वोक्त", पृ. 816.
6. आनंद, *भगवान बुद्ध-धम्म सार व धम्म चर्या*, समृद्ध भारत प्रकाशन, मुम्बई, 2001, पृ. 2.
7. बाशम, ए.एल., "पूर्वोक्त", पृ. 188.
8. मिश्र, जयशंकर, "पूर्वोक्त", पृ. 821.
9. वही, पृ. 820.
10. वही, पृ. 821-22.
11. बाशम, ए.एल., "पूर्वोक्त", पृ. 189.
12. आनंद, "पूर्वोक्त", पृ. 25.
13. सम्पा. दिनेश, वी. एन., *झारखण्ड रिसर्च जर्नल भाग-5*, कं. 10, 2007, पृ. 176.
14. बारबरा, ब्रेन, *इंटरनेट, मौद्‌गल्यायन–ए डिसीपल ऑफ बुद्धा.*
15. आनंद, "पूर्वोक्त", पृ. 18.

16. बारबरा, "पूर्वोक्त", *महाकश्यप–ए डिसीपल ऑफ बुद्धा.*
17. इंटरनेट.
18. मिश्र, जयशंकर, "पूर्वोक्त", पृ. 832.
19. आनंन्द, "पूर्वोक्त", पृ. 21–22.
20. वही, पृ. 18–19.

11

बौद्ध आर्थिक नीति

डॉ० दिवाकर गढ़वा

देश में यह धारणा प्रचलित है कि बौद्ध धर्म आर्थिक सिद्धांत से रहित है। इस तरह की धारणा बनाना सर्वथा अनुचित है। वर्तमान संसार में जिन सांसारिक समस्याओं को हम देख रहे हैं, इस शोधपत्र में उन समस्याओं पर और उनके निराकरण पर बौद्ध शिक्षाओं के माध्यम से प्रकाश डाला गया है कि किस प्रकार इस तरह की समस्याओं से छुटकारा प्राप्त कर, अपने जीवन को सुखमय बनाया जा सकता है। बौद्ध धर्म में हमेशा इस बात पर जोर दिया गया है कि व्यक्ति अच्छा और धार्मिक जीवन व्यतीत करे। बौद्ध अर्थशास्त्र सोचा हुआ, एक अलग सुसंगत सिद्धांत नहीं है, जिस पर अलग से प्रकाश डाला हो लेकिन बौद्ध अर्थशास्त्र को बुद्ध के प्रवचनों के माध्यम से दी गई शिक्षाओं को इकट्ठा कर, अर्थशास्त्र से संबंधित नीति को समझा जा सकता है।

बौद्ध धर्म में अर्थव्यवस्था की परिभाषा, घर के प्रबंधन से है, जो व्यक्ति के समुदाय या देश के भौतिक संसाधनों का प्रशासन है। अर्थशास्त्र के लिए दी गई परिभाषा घरेलू, प्रबंधन के विज्ञान से है, बौद्ध धर्म एक ऐसा धर्म है, जो व्यक्ति के सांसारिक अस्तित्व से मुक्ति पर जोर देता है।

बुद्ध, धर्मनिरपेक्ष मामलों के बारे में बहुत ज्यादा बात नहीं करना चाहते थे। इसलिए बहुत व्यवस्थित वित्तीय प्रबंधन पर उनके सिद्धांतों के बारे में ठोस रूप में पता नहीं चल पाता है, लेकिन नैतिकता के रूप में, घरेलू आय-व्यय और अन्य धर्मनिरपेक्ष मामलों के प्रबंधन के संबंध में उन्होंने लोगों को प्रवचन दिये हैं।

एक प्रवचन में दीघनिकाय के *सिगालोवादसुत्त*[1] में सिगाल नामक व्यक्ति के पिता मरणासन्न अवस्था में अपने पुत्र को शिक्षा देते हैं कि मेरे मरने के बाद समस्त दिशाओं में सूर्य को प्रणाम करते हुए पानी चढ़ाना। पिता की मृत्यु

के पश्चात् सिगाल, अपने पिता की आज्ञा का पालन कर रहा था, उस समय बुद्ध उधर से जा रहे थे। सिगाल ने बुद्ध से गृहस्थ जीवन को किस प्रकार सुखी बनाया जाये, इस पर प्रश्न किया। इस प्रश्न का उत्तर देते हुए उन्होंने सिगाल को उपदेश दिया कि व्यक्ति को अपनी आर्थिक स्थिति को अच्छा बनाना चाहिए। पैसे कमाने के साथ-साथ उसको खर्च करने का उचित तरीका भी होना चाहिए तब ही व्यक्ति का जीवन सुखमय रह सकता है, वरना आमदनी अधिक होने पर भी अगर खर्चा अधिक होगा, तो जीवन कष्टमय ही बना रहेगा। अतः आर्थिक नियोजन आवश्यक है उन्होंने गृहस्थ व्यक्ति के द्वारा पैसे कमाने के पश्चात् उसे खर्च करने के लिए भी नीति का निर्धारण किया है। जैसे व्यक्ति 100 रु. कमाता है, उसको 4 हिस्सों में बाँटकर खर्च करना चाहिए। एक हिस्सा 25 रु. स्वयं पर वर्तमान समय में खाने-पीने पर। दो हिस्से 50 रु. रोजगार एवं व्यापार आदि में लगाना चाहिए, जिससे व्यक्ति की आजीविका चल रही हो। जिससे भविष्य में आर्थिक समृद्धि हो तथा बचा हुआ एक हिस्सा 25 रु. अचानक आने वाली आपदाओं, बीमारी आदि के लिए। गृहस्थ व्यक्ति इसके अनुरूप खर्च करे, तो उसका जीवन सुखमय बना रह सकता है।

सारनाथ में अपने प्रथम धर्मोपदेश में भगवान ने चार आर्यसत्यों का उपदेश किया है। दु:ख आर्यसत्य, दु:ख समुदय आर्यसत्य, दु:ख निरोध आर्यसत्य, दुख निरोधगामिनी पटिपदा आर्यसत्य। दु:ख निवारण के मार्ग के रूप में वे आठ अंगों वाला मार्ग बताते हैं, जिसे आर्य अष्टांगिक मार्ग कहा जाता है।[2] उन आठ अंगों में एक है सम्यक् अजीविका। आर्य आष्टांगिक मार्ग में पांचवा मार्ग सम्यक् आजीविका[3] है, जिसमें यह कहा गया है व्यक्ति को सही तरीके से पैसा कमाने के साथ उसको खर्च करने का उचित तरीका होना चाहिए। गलत तरीके की आजीविका के लिए उन्होंने मना किया है। बौद्ध धर्म में पाँच प्रकार के रोजगार का निषेध किया गया है जानवर, मांस, हथियार, जहर व नशीले पदार्थ। इन सबसे बहुत सी समस्यायें उत्पन्न होती हैं, जो मानव जाति के विनाश में सहायक होती है। अगर इन पाँच प्रकार के रोजगार से बचा जाये, तो बहुत समस्याओं से बचा जा सकता है और समाज में समरसता बनी रह सकती है।

बुद्ध अच्छी तरह जानते थे कि इन्सान की भौतिक सुख सुविधाओं के लिए आर्थिक स्थिरता का होना जरूरी है, इसलिए उन्होंने लोगों को खूब मेहनत और ईमानदारी से दूसरों का शोषण किये बगैर, वैसे ही पैसे कमाने को कहा जैसे मधुमक्खी फूलों को कोई नुकसान पहुँचाये बगैर उसमें से शहद निकालती हैं। तथागत ने कहा एक गृहस्थ को न्यायतः बड़े परिश्रम से, बाहुबल से, पसीना

बहाकर, धन कमाना चाहिए। उन्होंने बताया कि धन कमाने के लिए आलस्य नहीं करना चाहिए। सर्दी, गर्मी, धूप-छांव आदि की परवाह न कर, अपने परिवार का भरण-पोषण करने के लिए धन कमाना चाहिए, लेकिन अनैतिक, नाजायज ढंग से नहीं। ऐसे धन्धे जो दुशीलता, दुराचार में सहायक हों, जैसे शराब, नशीले पदार्थों का व्यापार, तम्बाकू, हथियारों आदि की खरीद-फरोख्त, जहरीले पदार्थ और मांस का व्यापार नहीं करना चाहिए। आजीविका जायज और अहिंसात्मक ढंग से कमानी चाहिए। ईमानदारी तथा कुशल साधनों से अर्जित सम्पत्ति ही सम्यक् आजीविका है।

बुद्ध ने *दीघनिकाय* के कूटदन्तसुत्त[4] में राजा प्रसेनजित को राजा के कर्त्तव्यों के बारे में जो उपदेश दिये, वे अर्थव्यवस्था से ही जुड़े हुए हैं। राजा को भूमिहीन किसान को भूमि प्रदान करनी चाहिए। बौद्ध काल का यह मत आज भी प्रासंगिक है। हमारी सरकार भी इस तरह के कदम उठाती है। दूसरी ओर राज्य में चोरी व हेरा-फेरी रोकने का कर्त्तव्य भी राजा का बताया गया है जो कि अर्थव्यवस्था से ही जुड़ा हुआ है।

बौद्ध काल में *दीघनिकाय* में एक प्रवचन दिया गया है कि कर्मचारी के क्या कर्त्तव्य हैं कि वह अपने लिए उपलब्ध अवसरों कि पूर्ति के लिए अलगाव की भावना उत्पन्न न करे और रोजगार प्रदाता का भी यह कर्त्तव्य है कि अपने कर्मचारी को उसकी योग्यता के अनुरूप वेतन प्रदान करे तथा उसकी ताकत के अनुपात में ही उसे काम दिया जाये। जब कर्मचारी बीमार हो जाये तो उचित चिकित्सा, देखभाल के साथ, काम से छुट्टी दी जाये व कर्मचारियों के लिए पर्याप्त आराम और मनोरंजन के साधन प्रदान किये जायें। जिससे कर्मचारी भी लगन से अपने नियोक्ता के लिए बेहतर कौशल के साथ कार्य करें। *व्यग्घपज्ज सुत्त* में बुद्ध ने आर्थिक स्थिरता और कल्याण की बात कही है। इसमें बुद्ध ने (1) उत्थान सम्पदा (2) आरक्ख सम्पदा (3) समजीवकत के माध्यम से धन सम्पत्ति के संरक्षण, बचत व धन की सुरक्षा हेतु कुशलता एवं साहस को आवश्यक माना है।[5]

बौद्धकालीन समाज में मुख्य रूप से 6 प्रकार के आजीविका के साधन प्रचलित थे, जो इस प्रकार हैं–(1) कृषि, (2) व्यापार, (3) भेड़पालन, (4) सैन्य सेवा, (5) सरकारी सेवा, (6) व्यवसायिक सेवायें।

व्यग्घपज्ज सुत्त[6] में बुद्ध ने गृहपति सुख की चर्चा की है, सही या उचित तरीकों से अर्जित आय से प्राप्त सुख और मानसिक सन्तोष ही गृहपति सुख कहलाता है।

अत्थि सुख के अन्तर्गत बुद्ध ने कहा है कि धन सम्पत्ति कमाने के लिए व्यक्ति को शारीरिक श्रम करना चाहिए तथा इसके साथ ही अपने परिवारजनों, रिश्तेदारों, मित्रों तथा अन्य जरूरतमंद व्यक्तियों की मदद के लिए सही तरीके से धनार्जन करने से व्यक्ति का नैतिक व अध्यात्मिक विकास भी होता है।

आरक्ख-सम्पदा

इस सम्पदा के अन्तर्गत धन के संरक्षण पर विशेष बल दिया गया है जिससे भविष्य की आवश्यकताओं की पूर्ति की जा सके तथा आकस्मिक संकटों एवं दुर्घटनाओं का सामना किया जा सके। बुद्ध ने सुखी जीवन व्यतीत करने के लिए गृहस्थों को बचत करने की प्रवृत्ति पर विशेष बल दिया है।

बुद्ध ने बचत करने की सलाह इसलिए दी जिससे व्यक्ति को अपनी आवश्यकताओं की पूर्ति के लिए सूदखोरों से कर्ज ना लेना पड़े। गृहस्थ व्यक्ति की जितनी आय हो, उसी के अनुरूप उसे अपनी आवश्यकताओं पर खर्च भी करना चाहिए जिससे आकस्मिक व्यय भार आ जाने पर कर्ज ना लेना पड़े, क्योंकि कर्ज लेने से व्यक्ति मानसिक रूप से हर क्षण परेशान और चिन्ताग्रस्त हो जाता है। वह उस कर्ज को चुकाने के लिए अपने उचित कर्म से विमुख हो जाता है और गलत कार्यों की ओर उन्मुख हो सकता है।

बौद्ध आर्थिक पद्धति का तीसरा महत्त्वपूर्ण सिद्धांत समजीवकत अर्थात् व्यक्ति को अपनी आमदनी के अनुरूप ही खर्च करना चाहिए। गृहस्थ व्यक्ति को न तो कंजूस होना चाहिए और न ही फिजूलखर्ची करनी चाहिए। इस प्रकार से आय और व्यय में संतुलन रखने से ही व्यक्ति भोग सुख (आनंद सुख) की प्राप्ति कर सकता है।

पत्तकम्म सुत्त[7] के वर्णनानुसार बुद्ध ने बताया कि गृहस्थ व्यक्ति को अपने द्वारा कमाये धन को निम्नलिखित प्रकार से खर्च करना चाहिए–

भोजन, वस्त्र व अन्य आवश्यकताओं की पूर्ति हेतु।

माता-पिता, पत्नी, संतान एवं नौकर की देखरेख सुरक्षा हेतु।

बीमारी व आकस्मिक आपदाओं से बचने के लिए।

दान व सार्वजनिक कल्याण हेतु।

अतिथियों की सेवा, रिश्तेदारों की सेवा, कालगत हुए परिवारजनों की स्मृति में दान हेतु एवं राज्यकरों के भुगतान हेतु खर्च करना।

बुद्ध ने व्यक्ति को सादगी पूर्ण जीवन व्यतीत करने का उपदेश दिया तथा इसके साथ ही कहा कि अपनी श्रद्धा के अनुसार उसे आय का कुछ भाग

साधु-संतों को दान करना चाहिए। व्यक्ति को भिक्षुओं को वस्त्र, भोजन एवं रहने हेतु आवास की व्यवस्था करनी चाहिए, इस प्रकार के दान से आसक्ति व अहंकार जैसे दुर्गुण दूर होते हैं।

संदर्भ ग्रन्थ

1. K. Sri Dhammananda, *Buddhist Attitude Towards Other Religions (Gems of Buddhist Wisdom)*, Taiwan: The Corporate Body of the Buddha Educational Foundation, 1997, p. 415.
2. *महावग्गपालि* (अनुवादक एवं सम्पादक) स्वामी द्वारिकादास शास्त्री, वाराणसी, बौद्ध-भारती, 1998 पृ. 18.
3. सच्चसंगहो (अनुवादक एवं सम्पादक) स्वामी द्वारिकादास शास्त्री, वाराणसी, बौद्ध-भारती, 1991, पृ. 66.
4. K. Sri Dhammananda, *Buddhist Attitude Towards Other Religious (Germs of Buddhist Wisdom)*, *Ibid.*, p. 415.
5. *Ibid.*, p. 411.
6. *Ibid.*
7. *Ibid.*, p. 415.

12

बौद्ध आन्दोलन के सामाजिक प्रसंग

डॉ॰ अभिषेक कुमार तिवारी

बुद्धदेव ने अपने चिन्तन धर्मोपदेश, आचरण एवं व्यवहार से जिस दीपक को जलाया उसको जलाये रखने का कार्य बौद्ध धर्म के सम्प्रदायों ने भी किया और आज लोकतांत्रिक सरकारों द्वारा जिस समाज की कल्पना की जा रही है, उस समाज के मुख्य अवयव बुद्धदेव के चिंतन में भी मौजूद रहे। बुद्ध ने (क) जाति प्रथा को चुनौती दी थी (ख) शास्त्रों का तिरस्कार किया था और (ग) मनुष्य की स्वतंत्र बुद्धि को महत्त्व प्रदान किया था।

बौद्ध धर्म ने श्रावकयान (6वीं ईसा पूर्व) से लेकर महायान, वज्रयान सहजयान (आठवीं सदी) तक की लम्बी यात्रा की और इस लम्बे सफर में बौद्ध संतों ने अव्याक्त प्रश्नों की व्याख्या की और व्याख्या करते-करते वे अब न तो बुद्ध की तरह मौन ही रह सके और न ही तार्किक व्याख्या कर सके, लेकिन इस तरह की दार्शनिक बहसों (आज के सन्दर्भ में अकादमिक-बहसों) से समाज के निचले तबकों (लोगों) या बहुसंख्यक लोगों का कोई सरोकार नहीं होता है।

समाज के लोग किसी धर्म या सम्प्रदाय की सामाजिक समस्याओं पर विचार से या उसके संतों के आचरण से प्रभावित होते हैं। विद्वानों में अब यह आम सहमति है कि भगवान बुद्ध के मौलिक उपदेश पालि साहित्य में सुरक्षित हैं और इसके प्रतिनिधि श्रावक यानी (हीनयानी) हैं। इस उपदेश में शील (संख्या में दस), भोग के त्याग एवं आचारों की पवित्रता, ब्रह्मचर्य का पालन, इन्द्रियों के दमन की प्रधानता है और आज इक्कीसवीं सदी में भी भारतीयों के लिए संत होने की यही योग्यता है। जैसे आज भारतीय जनमानस 'आसाराम' से घृणा कर रहा है या उसकी निन्दा कर रहा है तो इसलिए कि उन्होंने अपनी इन्द्रियों का दमन नहीं किया या इसलिए कि उन्होंने भोगों का त्याग नहीं किया। यह बुद्धदेव के उपदेश का भारतीय समाज पर पड़े प्रभावों में एक महत्त्वपूर्ण पहलू है।

बुद्धदेव के 'सन्तत्व' की परिभाषा को बौद्ध धर्म के संप्रदाय वज्रयान और सहजयान ने बदल डाला, इससे बौद्ध धर्म का सामाजिक संदेश धूमिल हुआ और बौद्धों का सामाजिक दायरा भी घटता गया। सहजयान ने बुद्ध के उपदेश को मद्य, मांस और मैथुन के रूप में (शील के स्थान पर) परिभाषित किया, तो वज्रयान-युग में बौद्ध धर्म की, मार की सेना से पराजय हुई। *महावग्ग*[1] कहता है कि साधक सिद्धार्थ जब सिद्धि के समीप पहुँचे, तो मार ने उनकी समाधि तोड़ने के उद्देश्य से उन पर चढ़ाई की थी। मार की उस सेना में कई सुन्दर-सुन्दर युवतियाँ भी थीं, किन्तु सिद्धार्थ डिगे नहीं। वे मार को जीत कर बुद्ध बने। लेकिन, मार ने उन्हें क्षमा नहीं किया। वह अपना पुष्प-बाण सँभाले, छिपे-छिपे, संघों में घूमता रहा और तब उसने देखा कि बौद्ध-सन्तों के करुणा व मैत्री के हाथ, सुन्दर-सुन्दर युवतियों की तरफ बढ़ रहे हैं, तब उसने संघों पर खुलकर चढ़ाई कर दी और बौद्ध संघ को ढहा डाला। बौद्ध-संघ भले ही तबाह हो रहा था और भले ही बख्तियार खिलजी[2] उन संकेतों को भी जला रहा था, जो बौद्धों की थाती थी लेकिन बौद्ध-मतावलम्बियों ने कभी भी जाति प्रथा को स्वीकार नहीं किया और न ही वेदों को प्रमाण माना, उन्हें बुद्ध द्वारा कलाम को दिया हुआ उपदेश याद रहा। कहते हैं कि बौद्धों मतावलम्बी ही भारत में इस्लाम धर्म का आधार बने। रमाई पंडित[3] के शून्य-पुराण (11वीं सदी) से जान पड़ता है कि बौद्धों की एक शाखा मुसलमानों को 'धर्म-ठाकुर' का अवतार समझने लगे थे, और उन्हें उम्मीद थी कि इससे पुनः बौद्धों का उद्धार होगा। इस प्रकार भारत में इस्लाम धर्म के तेजी से विस्तार के कारणों में, बौद्धों का इस्लाम धर्म स्वीकार करना भी रहा।

जाति प्रथा को चुनौती

बुद्धदेव ने इस देश में जाति प्रथा को चुनौती देकर एक महान् आन्दोलन का आरम्भ किया, जो आज भी चल रहा है। बुद्ध ने कहा कि व्यक्ति जन्म से श्रेष्ठ न होकर अपने आचरण से श्रेष्ठ होता है।[4] उन्होंने यह भी कहा कि नीच कुल के व्यक्ति भी अपने सद्कर्मों से मुनि बन सकते हैं।[5] भगवान बुद्ध ने जाति की श्रेष्ठता को चुनौती कर्म सिद्धांत के आधार पर दी। उनकी मान्यता थी कि ब्राह्मण भी पतित हो सकता है और शूद्र भी अपने को पूजा योग्य बना सकता है। इतना ही नहीं उन्होंने चारों वर्णों के साथ-साथ स्त्रियों को भी निर्वाण का अधिकार, समान रूप से दिया। यह ब्राह्मण धर्म के खिलाफ सबसे बड़ी बगावत थी और बौद्धों का ब्राह्मणों के द्वारा विरोध मुख्यतः उनके इसी विद्रोह के कारण रहा है।

जाति-प्रथा के सन्दर्भ में बौद्धों की एक बड़ी विशेषता यह रही कि उनके प्रत्येक सम्प्रदाय ने इसका विरोध किया। महायान के आरम्भ से बौद्ध धर्म धीरे-धीरे हिन्दू धर्म के समीप आने लगा लेकिन सिद्धांततः जाति-प्रथा का उसने कभी भी अनुकरण नहीं किया। जातिवाद के खिलाफ कार्रवाई बौद्धों की मन्त्रयान और वज्रयान शाखा द्वारा भी जोरदार ढंग से की गयी। बौद्ध धर्म के जातिवाद के विरोध का ही परिणाम है कि मध्यकाल के संतों (दादू, कबीर, नानक इत्यादि) को यह साहस हुआ कि वे भी जाति-प्रथा न मानें। भारतीय संविधान ने भी जाति-सूचक शब्दों (अपमान जनित) के प्रयोग पर पाबंदी लगायी है।[6]

जो व्यक्ति भिक्षु संघ में प्रविष्टि होते हैं, उनके लिए कहीं कोई 'जाति' नहीं रहती। जिस प्रकार गंगा, यमुना, अचिरवती, सरयू तथा महानदी जैसी बड़ी-बड़ी नदियाँ भी जब समुद्र में प्रविष्ट होती हैं और अपना नाम भूल जाती हैं, तदोपरान्त वे केवल 'महासमुद्र' कहलाती हैं, उसी प्रकार प्रव्रजित होने से पूर्व व्यक्ति भले ही किसी भी जाति का रहा हो, प्रव्रजित होने पर सभी कुल पुत्रों पूर्व के नाम, गोत्र विलीन हो जाते हैं और वे केवल 'शाक्य भिक्षु' कहलाते हैं।

बुद्धदेव ने कर्म-सिद्धांत के आधार पर जाति-प्रथा का विरोध किया लेकिन कर्म-सिद्धांत को स्वीकार करने पर 'पुनर्जन्म सिद्धांत' तथा फिर 'किसका पुनर्जन्म होगा' इन दोनों तथ्यों को मानना जरूरी हो जाता है, जो एक दार्शनिक समस्या भी है। इस समस्या का बौद्ध मत से समाधान नागसेन ने '*मिलिन्द प्रश्न*' में किया है। बौद्ध धर्म ने जाति-प्रथा को समाप्त करके, समाज में समानता स्थापित करने की बात की और आज की लोकतांत्रिक सरकारों का भी एक महत्त्वपूर्ण लक्ष्य है।

मानव को महत्व

बौद्ध-धर्म का एक महत्त्वपूर्ण सामाजिक संदेश यह था कि उसने 'मानव' को केन्द्र में रखकर दर्शन की व्याख्या की। ऐसा करने वाले बुद्ध पहले व्यक्ति थे। विद्वानों में भारी मतभेद है कि बौद्ध धर्म का दर्शन क्या है? तथागत ने ऐसे सभी प्रश्नों को अव्याकृत की कोटि में डाल दिया और उसके पूछने पर मौन रहने की सलाह दी, जिनका समाधान मानव बुद्धि से नहीं हो सकता और जिनके उत्तर पाने और नहीं पाने से आदमी का कुछ बनता-बिगड़ता नहीं है। बुद्धदेव ने पोट्ठपाद से कहा कि 'लोक नित्य है, यही सच है कि दूसरा मत निरर्थक है, इसे मैंने अव्याकृत कहा है'। इसी प्रकार 'लोक अनित्य है, अन्तवान है, जीव-शरीर एक है, अलग-अलग है' इत्यादि प्रश्नों को भी मैंने अव्याकृत कहा क्योंकि इन प्रश्नों के विवेचन में पड़ने से मनुष्य को कुछ भी प्राप्त होने

वाला नहीं है।[7] इस प्रकार बुद्ध ने मानव को दार्शनिक प्रश्नों के उलझन से बचाकर, एक अर्थयुक्त मार्ग 'आर्य अष्टांगिक मार्ग' दिया, जिस पर चलकर व्यक्ति श्रामण्य फल प्राप्त कर सकता है।

मानव में शिथिलता न आये इसलिए तथागत ने न तो ईश्वर का नाम लिया, और न ही किसी देवता की भक्ति करने का (स्वयं अपनी भी) उपदेश दिया। मानव इस आशा में अकर्म कर सकता है कि उसके पाप देवता माफ कर देंगे या वह देवता से माफ करवा लेगा। बुद्धदेव ने प्रार्थना की प्रथा भी नहीं चलायी क्योंकि मानव अकर्मण्य और असावधान होकर देवता से ऐसी चीज भी मांग सकता है; जो देवता के वरदान से नहीं, मनुष्य के उद्यम से पैदा होती हैं। ध्यातव्य है कि बौद्धों ने निर्वाण को 'अप्रणिहित' (बिना प्रार्थना वाला) कहा है।[8]

बुद्धदेव का यह कथन–'किसी बात को मात्र इसलिए मत स्वीकार कर लो कि ऐसा तुमने सुना है। इसलिए भी नहीं कि इसका ज्ञान तुम्हें परम्परा से प्राप्त हुआ है। इसलिए भी नहीं कि वह तुम्हारे श्रद्धेय-ग्रन्थों में लिखा है और मात्र इसलिए भी मत स्वीकार कर लो कि वह तुम्हारे पूज्य गुरु या सन्त द्वारा कहा गया है। तुम उसे अपनी कसौटी पर कसो, यदि वह तुम्हें सत्य, नैतिक एवं मानव-कल्याण में सहायक लगे तो उसे स्वीकार करो, अन्यथा नकार दो' मानव के स्वतन्त्र चिन्तन व उसकी क्षमता के महत्त्व को ही रेखांकित करता है। बौद्ध धर्म का विभिन्न सम्प्रदायों में टूटना, बुद्ध के मानव चिन्तन को प्रमुखता देने के कारण ही संभव हो सका। यह एक सकारात्मक बात है।

बुद्ध के उपदेशों से जब समाज की शोषणकारी श्रृंखला टूटने लगी, वर्णाश्रम धर्म भी पटरी से उतरने लगा, तो ब्राह्मण धर्म ने स्मृतियों के निर्माण पर जोर दिया, जिससे मनुष्य के स्वतन्त्र चिन्तन का मार्ग अवरुद्ध होने लगा। यहाँ तक कि गीता में भी ऐसे अवरोध समाविष्ट कर दिये गये। गीता के सोलहवें अध्याय में कहा गया–"जो शास्त्र-विधि को छोड़कर स्वतन्त्र रूप से काम करता है, उसे न तो सिद्धि मिलती है, न सुख, न उत्तम गति ही।" गीता के इस तीर का लक्ष्य बौद्ध संत ही रहे।

किन्तु बौद्धों का प्रचार बढ़ता गया और वज्रयानियों ने भी शास्त्रविरोध को सबसे श्रेष्ठ धर्म ही मान लिया। वज्रयानियों के इस विरोध का जवाब उन्हें अनैतिक कहकर किया गया, लेकिन वज्रयान युग के लगभग सभी सम्प्रदाय वज्रयान से अधिक अनैतिक थे। इस बात की सूचना उस समय की लेखनी से मिलती है जैसे, प्रबोध-चन्द्रोदय नाटक में जैन व बौद्ध श्रमणों का अत्यन्त पतित व घृणित रूप अंकित किया गया। यह नाटक कृष्णमित्र नामक एक दण्डी

परिव्राजक ने चंदेल राजा कीर्तिवर्मा के राज्य काल में लिखा था।[9] कीर्तिवर्मा के राज्य दरबार में यह नाटक खेला भी गया था। बावजूद इन तथ्यों के आज बौद्ध धर्म का नाम आते ही 'बुद्धदेव' ही सामने आते हैं, उनका कोई सम्प्रदाय नहीं; तथागत का 'नैतिक-आदर्शवाद' ही सामने आता है, वज्रयानियों का पतन नहीं। यह भी बुद्धदेव का भारतीय समाज पर प्रभाव व प्रासंगिकता को स्पष्ट करता है।

सारांश

बुद्धदेव व बौद्ध धर्म ने जातिप्रथा को समाप्त करके समानता की बात की तथा मानव के स्वतन्त्र चिन्तन को बढ़ावा देकर अंधविश्वासों, रहस्यों पूर्वाग्रहों, मानसिक रूढ़ियों को मिटाने का कार्य किया, लेकिन यह कार्य पूरा नहीं हुआ। जातिवाद के विरोध में बुद्धदेव हमेशा प्रेरणास्त्रोत रहे हैं। लेकिन ये प्रेरणा हमें तभी तक मिलती रहेगी, जब तक हम उन्हें एक मानव समझेंगे, लेकिन ज्यों ही उन्हें हम भगवान बनायेंगे; न तो जाति प्रथा जायेगी और न ही मानव को स्वतन्त्र चिन्तन को प्रेरणा मिलेगी। ऐसा अनुभव हम सभी कर सकते हैं।

सन्दर्भ-सूची

1. सांकृत्यायन, राहुल, *विनयपिटक*, बौद्ध आकर ग्रन्थमाला, काशी विद्यापीठ, वाराणसी, 1994, पृ. 76.
2. वर्मा, हरिश्चन्द्र, *मध्यकालीन भारत*, हिन्दी माध्यम कार्यान्वयन निदेशालय, दिल्ली विश्वविद्यालय, दिल्ली, 1992, पृ. 14.
3. वर्मा, हरिश्चन्द्र, *मध्यकालीन भारत*, हिन्दी माध्यम कार्यान्वयन निदेशालय, दिल्ली विश्वविद्यालय, दिल्ली, 1992, पृ. 77.

   दिनकर, रामधारी सिंह, *संस्कृति के चार अध्याय*, लोक भारती प्रकाशन, इलाहाबाद, 2009, पृ. 212.
4. अम्बद्ठ सुत्त, *दीघ निकाय.*
5. भिक्षु धर्मरक्षित (सम्पादक व अनुवादक); *सुत्तनिपात*, मोतीलाल बनारसी दास, वाराणसी, 2003, पृ. 117.

   सुन्दरिक भारद्वाज सुत्त, गाथा संख्या पृ. 8.
6. *भारत का संविधान*, प्रयाग पुस्तक सदन, इलाहाबाद, 2012, पृ. 9.
7. स्वामी द्वारिकादासशास्त्री (संपादक व अनुवादक), *मिलिन्दपञ्हपालि*, बौद्धभारती, वाराणसी, 1998, पृ. 50-51.
8. त्रिपाठी, रामशंकर, (संपादक) तथा भदन्त रेवतधम्म (अनुवादक व व्याख्याकार); *अभिधमम्मत्थसगहो* (द्वितीय भाग), सम्पूर्णानन्द संस्कृत विश्वविद्यालय, वाराणसी, पृ. 727.
9. श्रीवास्तव, कृष्णचन्द, *प्राचीन भारत का इतिहास तथा संस्कृति*, युनाइटेड बुक डिपो, इलाहाबाद, 2007, पृ. 595.

13

बुद्ध का लोक कल्याणकारी समाज दर्शन

डॉ॰ अजीत प्रियदर्शी

गौतम बुद्ध का जन्म ई.पू. 563 में हुआ। बुद्ध के तत्कालीन समाज में अंधविश्वासपूर्ण रीति-रिवाज, मान्यताएँ और आस्थाएँ परम्परागत रूप से चली आ रही थीं। उन अंधविश्वासों और अंधपरम्पराओं के फलस्वरूप स्त्रियों, शूद्रों, दासों और अस्पृश्यों का जीवन दुखमय और यंत्रणा भरा था। जीवन के 36वें वर्ष में बोधिलाभ कर 'सम्यक् सम्बुद्ध' होने के बाद, उन्होंने अनुभव किया कि सम्पूर्ण जगत् दुःख की ज्वाला में जल रहा है। इसलिए बुद्ध ने लोक कल्याणार्थ जब उपदेश दिया तो अपने सन्दर्भ का निशाना दुःख और उसके निवारण को ही बनाया। बुद्ध ने अपना प्रथम उपदेश, जो बौद्ध जगत् में 'धर्मचक्रप्रवर्तन' के नाम से प्रसिद्ध है, बनारस के निकट इसिपत्तन या ऋषिपत्तन (वर्तमान में 'सारनाथ') में अपने पुराने 'पाँच ब्राह्मण' साथियों को दिया। उन्होंने कहा कि "इन दो अतियों का सेवन नहीं करना चाहिए: (1) काम-सुखों में अधिक लिप्त होना, और (2) शरीर से कठोर साधना करना। इन्हें छोड़कर जो 'मध्यम मार्ग' मैंने खोज निकाला है, उसका सेवन करना चाहिए। यह मध्यम मार्ग आँख देने वाला, ज्ञान कराने वाला और शांति देने वाला है।"[1] मध्यम मार्ग के अन्तर्गत उन्होंने तीन बातें बतलाईं–(1) वचन, कर्म तथा जीविका के साधन पर संयम (सम्मा वाचा, कम्मन्त तथा आजीव), (2) अपने मन पर पूर्ण नियंत्रण, अर्थात् दृढ़ निश्चय, अभ्यास, ध्यान एवं समाधि के द्वारा सद्गुणों का अर्जन तथा दोषों का त्याग (सम्मा सरिकप्प, वायाम, सति, समाधि) तथा (3) सम्यक् ज्ञान की प्राप्ति, अर्थात् चार आर्य सत्यों (दुःख, समुदय, निरोध, निरोधगामिनी प्रतिपद्) एवं द्वादश कारण-परम्परा का ज्ञान (सम्मा दिटिठ्)।[2]

बुद्ध ने न केवल अपना प्रथम उपदेश इसिपत्तन में दिया, अपितु वहीं उन्होंने अपने शिष्यों का प्रथम दल संघटित किया और उन्हें इस आदेश के साथ विभिन्न स्थानों में भेजा[3]–"जाओ भिक्षुओं, भ्रमण करो, बहुजन के हित के लिए, बहुजन के सुख के लिए, लोक पर अनुकंपा करने के लिए, देवों और मनुष्यों के हित एवं सुख के लिए। तुममें से कोई दो एक साथ मत जाओ। भिक्षुओं, उपदेश करो धर्म का, जो आदि में कल्याणमय है, मध्य में कल्याणमय है, अंत में कल्याणमय है" (*चरथ भिक्खवे चारिकं, बहुजन हिताय बहुजन लोकानुकंपाय, अस्थाय हिताय सुखाय देवमनुस्सानं, म एकेन द्वे अगमित्थ, देसेथ भिक्खवे, धम्मं आदि कल्याणं मज्झे कल्याणं परिओसान कल्याणं*)[4]।

बुद्ध द्वारा उपदिष्ट 'मध्यम मार्ग' (अष्टांगिक मार्ग) पूर्णतया साधारण जन के लिए है, जिसे बुद्ध ने 'बहुजन' कहा है। उनका सम्पूर्ण जीवन और उपदेश (= सद्धर्य) 'बहुजन हिताय, बहुजन सुखाय' के आदर्श पर आधारित था। मानव जीवन से दु:ख विकार, दुराचार, भ्रष्टाचार और अनाचार को समाप्त करने के लिए ही बुद्ध ने विश्व को 'अष्टागिक मार्ग' का उपदेश, अपने प्रथम धर्मोपदेश (धर्मचक्रप्रर्वतन) में दिया। इस मार्ग के आठ अंग हैं: सम्यक् दृष्टि, सम्यक् संकल्प, सम्यक् वाक्, सम्यक् कर्मान्त, सम्यक् आजीव, सम्यक् व्यायाम, सम्यक् स्मृति और सम्यक् समाधि। बुद्ध के धम्म, जीवन-दर्शन और समाज दर्शन में सभी मनुष्य समान होते हैं। उनमें जाति, वर्ण, लिंग और धर्म के नाम पर किसी भी प्रकार का भेद नहीं होता। कपिलवस्तु के शाक्य राजपुत्र महानाम द्वारा किए गए प्रश्न का उत्तर देते हुए बुद्ध ने कहा कि, 'जो कोई भी व्यक्ति, चाहे वह किसी जाति या धर्म का हो, निम्नलिखित नियमों का पालन करता है, उसे मैं उपासक (बौद्ध उपासक) मानता हूँ'[5]–

1. **त्रिशरण**–बुद्ध, धम्म, संघ की शरण लेना।

2. **पंचशील**–जीव हिंसा, चोरी, व्यभिचार, असत्य भाषण, मदिरापान व प्रमोद के स्थानों में जाने से विरत होना।

3. **श्रद्धा**–बुद्ध को सृष्टि-तत्त्व के ज्ञाता, सर्वश्रेष्ठ गुरु, पथ-प्रदर्शक एवं सम्यक सम्बुद्ध मानकर उनमें दृढ़ श्रद्धा रखना।

4. **त्याग**–कृपणता का त्याग व धर्मकार्यों के लिए, याचकों, भिक्षुओं को दान देने के लिए समुत्सुक रहना।

5. **प्रज्ञा**–अनित्यता, अनात्म का बोध होना तथा दु:ख से विमुक्त होने के उपाय को जानने का सतत प्रयत्न करना।

6. सुत्त (सं. श्रुत)–धार्मिक प्रवचनों को ध्यानपूर्वक सुनना और उपदेशों का मनन करना।

जैसा कि राहुल सांकृत्यायन ने कहा है: 'अनित्य, दु:ख, अनात्म, इस एक सूत्र में बुद्ध का सारा दर्शन आ जाता है।'[6] बौद्ध-दर्शन का मूल सूत्र है–'सब अनित्य' है। 'जो सद है, वह क्षणिक है। जो क्षणिक नहीं है, वह सद नहीं है।' बुद्ध ने कहा: 'मैं रूप, वेदना, संज्ञा, संस्कार और विज्ञान अनित्य, दु:ख और अनात्म हैं, इसकी शिक्षा अपने शिष्यों को देता हूँ' (*मज्झिमनिकाय*, 1/4/5)। बुद्ध का धर्म अनात्मवादी है। बुद्ध के अनुसार, "रूप अनात्मा है, वेदना अनात्मा हैं, संज्ञा अनात्मा है, संस्कार अनात्मा है, विज्ञान अनात्मा है, सारे धर्म अनात्मा है।"[7] 'अनात्म-बोध' बुद्ध के उपदेशों का, बौद्ध धर्म का, सार है। बुद्ध के अनित्य, दु:ख और अनात्मवाद में ईश्वर या ब्रह्मा सदृश सृष्टिकर्ता के लिए कोई स्थान नहीं रह जाता। बुद्ध ने ईश्वर के अस्तित्व को 'कोरी कल्पना' बताया और इस बात को कभी स्वीकार नहीं किया कि ईश्वर सृष्टिकर्ता, सर्वव्यापक और इस लोक का संचालक है। सद्धर्म के बारे में बुद्ध की राय है कि 1. धर्म की धुरी ईश्वर और आदमी का संबंध नहीं, बल्कि आदमी-आदमी का संबंध है। धर्म का प्रयोजन यही है कि आदमी को शिक्षा दे कि वह दूसरे आदमियों के साथ कैसा व्यवहार करे, ताकि सभी आदमी प्रसन्न रह सकें।[8] 2. धर्म तभी सद्धर्म हो सकता है, जब वह एक आदमी और दूसरे आदमी के बीच की तमाम दीवारों को गिरा दे।[9] 3. धर्म तभी सद्धर्म हो सकता है जब वह यह शिक्षा दे कि आदमी के 'जन्म' से नहीं, बल्कि उसके कर्म से ही मूल्यांकन किया जाना चाहिए।[10] 4. धर्म तभी सद्धर्म है, "जब वह आदमी और आदमी के बीच समानता के भाव में अभिवृद्धि करे।"[11]

वास्तव में बुद्ध के धर्म और समाज दर्शन का सर्वोच्च साध्य मानव कल्याण है। क्योंकि उनके जीवन दर्शन, नीतिशास्त्र और मूल्यों का स्रोत ईश्वर और आत्मा न होकर मनुष्य और समाज ही है। बुद्ध ने कभी यह नहीं कहा कि उनके द्वारा प्रचारित धर्म ही सर्वश्रेष्ठ है। अत: मुझ पर श्रद्धा रखकर मेरे द्वारा उपदिष्ट धर्म को अपनाओ; बल्कि उन्होंने कहा–"*भिक्खवे, एहि पस्सिकं, पच्चत: वेदतिब्ब*"। भिक्षुओं! जाओ और देखो, इस धर्म की परीक्षा करो; प्रत्येक को इसका अपने चित्त में अनुभव करना होगा।"[12] बुद्ध केवल वही कहते हैं, जो उन्होंने स्वयं जाना है, स्वयं देखा है (*सामं ञातं, सामं दिट्ठ*)। लोहिच्च (लौहित्य) नामक ब्राह्मण से संवाद करते हुए बुद्ध ने कहा है कि 'दूसरों को सिखाने के पहले अपने को सिखाना चाहिए और ज्ञान प्राप्ति के अवसर सबको मिलने चाहिए।'

(लोहिच्च–सुत्त, *दीघनिकाय* 1/12) बुद्ध सभी तरह के अंधविश्वास, रूढ़िवादिता और पाखंड के प्रबल विरोधी थे और उन्होंने अपने धर्म का आधार प्रज्ञा को बनाया। उन्होंने धार्मिक मान्यताओं और सिद्धान्तों की व्याख्या का आधार चिन्तन-मनन, जिरह, विवेक एवं प्रज्ञा को बनाया। बुद्ध के धम्म, समाज दर्शन की आधारशिला प्रज्ञा, शील, मैत्री और करुणा है, जो समस्त नैतिक एवं मानव मूल्यों का आधार होते हैं। उनका धम्म समानता, स्वतन्त्रता, बंधुत्व, न्याय के लोकतांत्रिक मूल्यों का प्रचार-प्रसार करता रहा है। केवल उपदेश-कथन ही नहीं, बल्कि बुद्ध ने अपने सद्धर्म व संघ में सभी वर्णों, जातियों, स्त्रियों, अस्पृश्यों (शूद्रों, चाण्डालों) को शामिल किया। उन्होंने अपने धर्म की 'महासमुद्र' से तुलना करते हुए कहा, "भिक्षुओं! जैसे जितनी बड़ी-बड़ी नदियाँ, महासमुद्र में आकर गिरती हैं, वैसे ही क्षत्रिय, ब्राह्मण, वैश्य और शूद्र चारों वर्ण के लोग इस धर्म विनय में घर से बेघर होकर प्रव्रजित होते हैं, और वे अपने पहले नाम और गोत्र को छोड़ सभी 'बौद्ध भिक्खु' इस नाम से जाने जाते हैं।"[13]

बुद्ध ने जातिभेद का निषेध किया और जीवन भर समाज में व्याप्त भेदभाव, जातिगत ऊँच-नीच की भावना को समाप्त करके, समानता की स्थापना का प्रयास करते रहे। इसके परिणामस्वरूप 'बौद्ध धर्म में जाति-पाति और ऊँच-नीच का अभाव था। इसमें न कोई जाति-भेद था, न कोई वर्ग-भेद। सभी मनुष्य बराबर थे।'[14] जातिवाद का विरोध करते हुए बुद्ध ने कहा "जो जातिवाद में फँसे हैं, गोत्रवाद में फँसे हैं, अभिमानवाद में फँसे हैं, आवाह-विवाह में फँसे हैं, वे अनुपम विद्या और आचरण की सम्पदा से दूर हैं। 'अम्बष्ट!' जातिवाद के बंधन, गोत्रवाद-बंधन, मानवाद-बंधन, और आवाह-विवाह-बंधन छोड़कर ही अनुपम विद्या और आचरण की सम्पदा का साक्षात्कार किया जाता है।" (अम्बट्ठ-सुत्त, *दीघनिकाय*, 1/3) आर्थिक विषमताओं का ध्यान किए बिना, आर्थिक समानता को सर्वोच्च उद्देश्य मानते हुए, बुद्ध ने एक ओर राजा बिम्बसार, राजा प्रसेनजित, श्रेष्ठी अनाथपिंडक जैसे धनाढ्यों को धर्म में दीक्षा प्रदान की, तो दूसरी ओर निर्धन उपालि नाई, राजगृह की सड़क साफ करने वाले भंगी सुणीत, श्रावस्ती के अतिनिर्धन सोपाक अछूत बालक, श्मशान में रहने वाले सुप्पीय अस्पृस्य बच्चे को दीक्षा प्रदान की।[15]

मानवीय स्वतंत्रता पर बुद्ध ने काफी बल दिया और उनके सद्धर्म का महत् उद्देश्य व्यक्ति को सभी प्रकार के बन्धनों, दु:खों से मुक्ति दिलाना था। उन्होंने '*अत्तद्दीपो भव*' का उपदेश देते हुए कहा: "तुम आप ही अपने स्वामी हो, आप ही अपनी गति। इसलिए अपने को संयमी बनाओ, जैसे कि सुन्दर घोड़े को बनिया

संयत करता है–*अत्ता हि अत्तनो नाथो, अत्ता हि अत्तनो गति। / तस्मा संयम यत्तानं, अस्सं भद्रं व वाणिजो॥*" (धम्मपद, 21, भिक्खुवग्ग) जीवन के अंतिम समय में अपने प्रिय शिष्य आनंद से बुद्ध ने कहा "मैरे शिष्यों को उचित है कि वह आत्मनिर्भर हों, मेरे उपदेशों में विश्वास रखें (*अत्तदीपों अत्तसरणों अन.चसरणों, धम्मदीपो धम्मसरणो अन.चसरणो*)।" बुद्ध ने '*अत्तदीपों भव*' कहकर भाग्यवाद का निषेध किया और कर्म व उसके प्रभाव को महत्त्व दिया। उनके अनुसार–'कर्म से ही लोकों की सत्ता है, कर्म ही से लोकों के मनुष्यों की सत्ता है। सभी जीव अपने पूर्वकर्मों से उसी प्रकार बँधे हुए हैं जैसे चलता हुआ रथ अपने धुरे से': *कम्मणा वत्तति लोको कम्मणा वत्तति पजा। / कम्मणि बन्धना सत्ता रथस्साणीव यायतो॥*

(सुत्तनिपात, पृ. 123)

वस्तुतः बुद्ध ने कोरे पण्डितवाद (या व्यर्थ पांडित्य प्रदर्शन) के बजाय धर्माचरण (आधार या व्यवहार पक्ष) पर जोर दिया। वे लोगों से कार्यशीलता या पुरुषार्थ की अपेक्षा करते थे। उन्होंने कहा भी है–'*तुम्हे हि किच्च आतप्पं अक्खातारो तथाग्रतो*' (मग्गवागो, धम्मपद) अर्थात् 'कार्य के लिए उद्योग तो तुम्हें ही करना है, तथागत तो आख्यान करने वाले हैं।' बड़ी-बड़ी संहिताओं का भाषण करने वाले किन्तु उनके अनुसार आचरण न करने वाले व्यक्ति को 'धम्मपद' में उस ग्वाले के समान कहा गया है, जिसका काम केवल दूसरों की गायों को गिनना है। (धम्मपद, 1/9) अनुकम्पक शास्ता ने अंतिम बार भिक्षुओं को संबोधित किया–"हन्त भिक्खवे! अब तुम्हें कहता हूँ–सभी संस्कार (कृत वस्तुएँ) व्ययधर्मा (नाशवान) हैं, अप्रमाद के साथ (जीवन के लक्ष्यों का) सम्पादन करो" ('*वयधम्मा संखारा अप्पमादेन सम्पादेथ*')। यही तथागत का अंतिम वचन था।[16]

मनुष्य की मुक्ति के महत् उद्देश्य को दृष्टिगत रखते हुए बुद्ध ने यहाँ तक कह दिया कि, "भिक्षुओं मैंने बेड़े की भाँति निस्तरण के लिए तुम्हें धर्म का उपदेश दिया है, पकड़ रखने के लिए नहीं। धर्म को बेड़े के समान उपदिष्ट जान कर तुम धर्म को भी छोड़ दो, अधर्म की तो बात ही क्या?" (अलगददूपम–सुत्त, *मज्झिम निकाय*, 1/3/2) यही बात विधि–निषेधपरक विनय सम्बन्धी नियमों के विषय में भी कही जा सकती है। बुद्ध ने महापरिनिर्वाण में प्रवेश करने से पूर्व, आनंद को अपने शिष्यों के लिए यह संदेश दिया: "मेरी मृत्यु के बाद मेरे उपदेश तथा विनय के नियम ही मेरे शिष्यों के गुरू और पथ-प्रदर्शक होंगे। यदि वे आवश्यक समझें तो विनय के कुछ साधारण नियमों को त्याग भी सकते हैं।"

(महापरिनिब्बान सुत्त, *दीघनिकाय* 2/3)

बुद्ध ने भ्रातृत्वभाव की स्थापना और उसे सशक्त बनाने के लिए कहा: "तुम बुद्ध धम्म और संघ का आश्रय लेकर अपने परिश्रम से अपने तथा औरों के दु:ख का नाश करो, दुनिया का दु:ख दूर करो।"[17] बुद्ध ने हिंसा और पशुबलि के खिलाफ वातावरण बनाया और अपने धर्म का आधार प्रज्ञा, शील, मैत्री और करुणा को बनाया। लोक के प्रति हमें किस प्रकार का व्यवहार करना चाहिए, इसका निदर्शन करते हुए बुद्ध ने चार ब्रह्मविहारों का उपदेश किया है: मैत्री, करुणा, मुदिता और उपेक्षा। संक्षेप में, इनका आशय निम्नवत् है:

(i) मैत्री–समस्त जीवों के प्रति स्नेह और सद्भाव।

(ii) करुणा–आर्त प्राणियों को देखकर हृदय का द्रवित हो जाना।

(iii) मुदिता–सुखी और सम्पन्न प्राणियों को देखकर मन का आह्लादित हो जाना।

(iv) उपेक्षा–अनुकूल (सुख) और प्रतिकूल (दु:ख) में मन का उदासीन (समभाव) रहना।

उक्त में बुद्ध का 'उत्कृष्ट मानववाद' अन्तर्भूत है। उक्त चार ब्रह्मविहारों का पालन करने से, खासकर 'मैत्री भावना' से मनुष्य में समानता, स्वतन्त्रता, बंधुत्व और न्याय के मूल्यों का बीजारोपण होता है और इनकी जड़ें भी मजबूत होती हैं। जहाँ समानता, स्वतन्त्रता, बंधुत्व आदि मूल्य उपस्थित हों, वहाँ शोषण, उत्पीड़न आदि कभी भी उत्पन्न नहीं हो सकते। यह सत्य प्रकृति के नियमों की तरह अटल है।[18] बुद्ध ने राहुल को उपदेश करते हुए कहा: "राहुल! तू मैत्री भावना का अभ्यास कर। जो द्वेष है, वह छूट जायेगा। राहुल! करुणा-भावना का अभ्यास कर। जो तेरी पर-पीड़ा-करण इच्छा है, वह हट जायेगी। राहुल! उपेक्षा-भावना का अभ्यास कर। जो तेरी प्रतिहिंसा है, वह हट जायेगी। राहुल! अशुभ-भावना का अभ्यास कर। जो तेरा राग है, वह हट जायेगा।" (महाराहुलोवाद–सुत्त, भिक्खुवग्ग)

'*भवतु सब्ब मंगल*' (सभी प्राणियों का कल्याण हो) यही भावना बुद्ध की थी। उनके अनुसार–'संसार में वैर से वैर कभी शान्त नहीं होता; अवैर से ही वैर शान्त होता है': *न हि वेरेन वेरानि सम्मन्तिधा कुदाचनं,/अवरैन च सम्मन्ति, एव धम्मो सनंतनो*। (धम्मपद, 1/5) बुद्ध ने अपने शिष्यों से कहा–"ऊपर, नीचे, चारों ओर, लोक को मित्रता की भावना से भर दो। किसी का दु:ख-चिन्तन मत करो। भावना करो कि सभी प्राणी सुखी हों–*सब्बे सत्ता भवन्तु*

सुखितत्ता।" (मेत्त-सुत्त, खुद्दक पाठ, *खुद्दक निकाय*), इसी तरह बुद्ध कहते हैं कि 'माता जिस प्रकार जीवन की परवाह न कर अपने इकलौते पुत्र की रक्षा करती है, उसी प्रकार प्राणिमात्र के प्रति अपने मन में असीम प्रेम बढ़ावें' (*'माता यथा नियं पुत्तं आयुसा एक पुत्तमनुरक्खे। एवम्पि सब्बभूतेसु मानसम्भावये अपरिमाणं'*)।[19] बुद्ध की समस्त शिक्षाओं को अत्यन्त संक्षेप में, 'धम्मपद' की गाथा में इस प्रकार कहा गया है:

सब्बपापस्स अकरणं, कुसलस्स उपसंपदा।
सचित्त परियोदपनं, एतं बुद्धानुसासनं।। (*धम्मपद*, 5 बुद्ध वग्ग)

अर्थात् सभी प्रकार के पापों (बुराइयों) का न करना, पुण्यों (अच्छाइयों) का संपादन (संग्रह) करना और अपने चित्त को शुद्ध (संयमित) रखना, यही बुद्ध का शासन (शिक्षा) है।

बुद्ध ने अपने संघ को गणतांत्रिक (लोकतांत्रिक) आधार पर बनाया और विवाद के निर्णय के लिए उन्होंने 'बहुमत' को स्थान दिया। बहुमत जानने के लिए उन्होंने मतदान या वोट देने की आवश्यकता पर बल दिया तथा इसकी व्यवस्था बताई।[20] भिक्खु और भिक्खुणियों के संघ का नियंत्रण और शासन किसी एक व्यक्ति के हाथ में नहीं, बल्कि सारे संघ के अधिकार में था। बुद्ध द्वारा गणतांत्रिक प्रणाली को पसंद किये जाने का सबसे बड़ा आधार उसके मानवीय गुण थे। उन्होंने वैशाली के गणतंत्र में सात गुण पाए थे। 'किसी भी गणराज्य के अजेय होने के लिए यही सात बातें आवश्यक हैं-(1) राष्ट्रचालक संसद, सन्निपात (बराबर बैठक) बहुल हो अर्थात् लोग बार-बार एकत्रित होकर काम का निर्णय करें, (2) एक साथ मिलकर मीटिंग करें और काम में लगें, (3) कानून का उल्लंघन न करें, (4) बुजुर्गों का सम्मान करें, उनकी बातें सुनें, (5) स्त्रियों पर जबर्दस्ती न करें, (6) धार्मिक भावों वाले लोगों का ख्याल रखें, और (7) सत्पुरुषों की रक्षा का प्रबन्ध करें।'[21] बुद्ध के धर्म और समाजदर्शन में आधारभूत रूप से मौजूद-समानता, स्वतन्त्रता, बंधुत्व और न्याय भी संभवत: गणतंत्र के सिद्धान्तों से प्रेरित थे। यदि विनयपिटक का अध्ययन किया जाए, तो बुद्ध के एक-एक उपदेश में जनतंत्र के सिद्धांत परिलक्षित होते हैं।[22]

बुद्ध महिलाओं के साथ उनके व्यक्तिगत के आधार पर व्यवहार करते थे, और वे उन्हें पुरुषों के समान समझते थे। भिक्षुणी संघ की स्थापना से, बुद्ध ने महिलाओं को जिस स्तर पर धर्मपरायणता का अवसर प्रदान किया, वह विश्व इतिहास में आने वाले लम्बे समय तक एक आद्वितीय बात रही।[23] यह भी उल्लेखनीय है कि बुद्ध ने स्त्रियों को पुरुषों की अपेक्षा अधिक दु:खभागिनी माना

है। उनके अनुसार, 'स्त्रियों को पाँच विशिष्ट कष्ट उठाने पड़ते हैं–बाल्यकाल में माता-पिता का घर छोड़ना पड़ता है, उसे छोड़कर दूसरे (पति) के घर जाना पड़ता है, गर्भ धारण करना पड़ता है, प्रसव करना पड़ता है, पुरुष की सेवा करनी पड़ती है।' (मातुगाम संयुक्त, *संयुक्त निकाय*)[24]

बुद्ध का धम्म और समाजदर्शन जिन लोक कल्याणकारी जीवन मूल्यों, नैतिक मूल्यों पर निर्भर करता है, वह प्रमुखत: निम्नलिखित हैं[25]–(1) अहिंसा, (2) अक्रोध, (3) अवैर, (4) सत्यभाषण, (5) पुण्यकर्म करना, (6) पापकर्म न करना, (7) शीलवान होना, (8) अप्रमाद, (9) चित्त को सद्मार्ग पर लगाना, (10) प्रज्ञावान बनो, (11) सत्संग करना, (12) समाज कल्याण, (13) आत्म नियंत्रण, (14) पाशविक वृत्तियों का त्याग, (15) स्वस्थ समाज के निर्माण और समाज कल्याण के लिए 'मल' त्याग (हिंसा, चोरी, झूठ, व्यभिचार, नशाखोरी, लोभ और पापकर्म न करना), (16) उद्योगशीलता, (17) करुणा और प्रेम, (18) कामना त्याग, (19) वर्ण व्यवस्था व जाति-भेद का निषेध। वस्तुत: 'बौद्ध मत एक ऐसी समाज व्यवस्था से सर्वथा सुसंगत है, जिसमें स्वतन्त्रता, मानव-सानव की समता, विश्व भ्रातृत्व, धर्म स्वतन्त्रता तथा विभिन्न संस्कृतियों के प्रति समभाव का स्थान है।'[26] बौद्ध मत ने समाज दर्शन के क्षेत्र में 'बहुजन हिताय, बहुजन सुखाय' का ऐसा सिद्धान्त दिया, जो अभी तक सर्वश्रेष्ठ सामाजिक सिद्धान्त के रूप में प्रतिष्ठित है।

इस तरह हम देखते हैं कि बौद्ध धर्म विश्व के इतिहास में मानव कल्याण के लिए एक विराट धार्मिक क्रान्ति की तरह उपस्थित हुआ, जिसमें मानवता, अहिंसा, करुणा और प्रेम को प्रमुख स्थान मिला। इन सबकी आवश्यकता मानव समाज को प्रत्येक युग में थी, आज भी, और आगे भी रहेगी। आज के अशांत, भौतिकवादी युग में बुद्ध के द्वारा दिखाए गए–सत्य, अहिंसा, करुणा, प्रेम और विश्वबंधुत्व के राह पर चलकर ही, विश्वशांति और लोकमंगल की कामना की जा सकती है।

संदर्भ सूची

1. डॉ. ना. हे. साम्तार्णा, *भारतीय दर्शन*, संपा. डॉ. न. कि. देवराज, द्वितीय संस्करण 1978, पृ. 166.
2. डॉ. नलिनाक्ष दत्त, कृष्णदत्त वाजपेयी, *उत्तर प्रदेश में बौद्ध धर्म का विकास*, प्रकाशन ब्यूरो, उ.प्र. सरकार, प्रथम संस्करण 1956, पृ. 53.
3. वही, पृ. 24.
4. *महावग्ग*, संपा. महेश तिवारी, बौद्ध विद्या विभाग, दिल्ली वि.वि. प्रकाशन, पृ. 23.

5. डॉ. नलिनाक्ष दत्त, कृष्णदत्त वाजपेयी, वही, पृ. 177.
6. सांकृत्यायन, राहुल, *दर्शन-दिग्दर्शन*, किताब महल, इला., 1961, 512.
7. *मज्झिम निकाय*, 1/4/5 चुलसच्चक-सुत्त, अनुवादः राहुल सांकृत्यायन, महाबोधि सभा, सारनाथ, 1933.
8. अम्बेडकर, बी.आर. (अनुवादः भदंत आनन्द कौसल्यायन) *भगवान बुद्ध और उनका धर्म*, सिद्धार्थ प्रकाशन, बम्बई, 1992, पृ. 198.
9. वही, पृ. 237.
10. वही, पृ. 242.
11. वही, पृ. 244.
12. जाटव, डी.आर., *बौद्ध धर्म और मानवतावाद*, ए. बी. डी. पब्लिशर्स, जयपुर, प्रथम संस्करण 2000, पृ. 59.
13. *उदान*, 5/5, अनुवादः जगदीश कश्यप, भारतीय बौद्ध शिक्षा परिषद्, लखनऊ, 1988.
14. मिश्र, जयशंकर, *प्राचीन भारत का सामाजिक इतिहास*, दिल्ली वि.वि., पंचम संस्करण 1992, पृ. 871.
15. डॉ. धर्मकीर्ति, *बुद्ध का समाजदर्शन*, सम्यक प्रकाशन, नई दिल्ली, प्रथम संस्करण 2008, पृ. 193-94.
16. उपाध्याय, भरत सिंह, *पालि साहित्य का इतिहास*, हिन्दी साहित्य सम्मेलन, प्रयाग, द्वितीय संस्करण 1963, पृ. 147.
17. डॉ. धर्मकीर्ति, वही, पृ. 161.
18. वही, पृ. 233.
19. जाटव, डी.आर., वही, पृ. 80 पर उद्धृत।
20. सांकृत्यायन, राहुल, *महामानव बुद्ध*, बुद्ध विहार, रिसालदार पार्क, लखनऊ, 1956, पृ. 94.
21. वही.
22. डॉ. धर्मकीर्ति, वही, पृ. 188.
23. डॉ. मुकेश कुमार सिंह, मीना सिंह, *बौद्ध धर्म का लोक कल्याणकारी स्वरूपः एक अध्ययन*, भारती प्रकाशन, वाराणसी, 2009, पृ. 116.
24. उपाध्याय, भरत सिंह, वही, पृ. 192.
25. डॉ० धर्मकीर्ति, वही, पृ. 282.
26. पाण्डेय, डॉ. संगमलाल, *बौद्ध समाज दर्शन*, संपा. सी. मणि. केन्द्रीय तिब्बती उच्च शिक्षा संस्थान, वाराणसी, संस्करण 1995, पृ. 29.

14

महाकवि भदन्त अश्वघोष के महाकाव्यों में सांख्य दर्शन

डॉ॰ दीपक कुमार पाठक

संस्कृत की 'दृश' धतु से निष्पन्न दर्शन शब्द का सामान्य अर्थ है, देखना अथवा खोजना। इस प्रकार शाब्दिक अर्थ की दृष्टि से दर्शन से आशय है 'सत्य को देखना', 'सत्य का अनुसंधान' अथवा 'सत्य की खोज करना'। जो निष्पक्ष विचार एवं तर्क के आधार पर जीवन के मूल सत्यों का अनुसंधान करता है, वही दर्शन है। दर्शन के लिए प्रचलित अंग्रेजी भाषा का शब्द 'फिलोसॉफी' का भी लगभग यही अर्थ है। इस शब्द की व्युत्पत्ति यूनानी भाषा के 'फिलॉसॉफॉस' तथा 'सोफिया' इन दो शब्दों से हुई है, जिनका अर्थ क्रमशः 'प्रेम' और 'ज्ञान' या 'विद्या' है। इस प्रकार स्पष्ट होता है कि 'दर्शन' या 'फिलॉसॉफी' दोनों शब्दों के अर्थ में ज्ञान अथवा चिन्तन विषयक तत्त्व की प्रधानता है और यही दर्शन का मूल तत्त्व भी है।

इसी दर्शन का विभाजन दो भागों में किया गया है। भारतीय दर्शन और पाश्चात्य दर्शन। पाश्चात्य दर्शन महान दार्शनिक अरस्तू से प्रारम्भ होकर डेकार्ट से होता हुआ वर्तमान के बॉब प्राक्टर तक गतिमान है। उसी प्रकार भारतीय दर्शन वेद-काल से प्रारम्भ होता हुआ उपनिषद्, नास्तिक दर्शन, सूत्रकाल (षड्दर्शन) से होता हुआ वर्तमान के डॉ. राधाकृष्णन, जिद्दू कृष्णमूर्ति आदि तक अबाध गति से संसर्ग कर रहा है। इन सभी दार्शनिकों ने वेद और उपनिषद् की परम्परा को पुनर्जीवित किया है।

भारतीय दर्शन व्यवहारिक है। जब हम भारतीय दर्शन की ओर दृष्टिपात् करते हैं, तो उसे हम आध्यात्मवाद के रंग से रंगा पाते हैं। भारतीय दर्शन में

आध्यात्मिक ज्ञान को प्रधानता दी गयी है। यहाँ का दार्शनिक सत्य के सैद्धान्तिक विवेचन भर से ही सन्तुष्ट नहीं होता है वरन् यह सत्य की अनुभूति पर जोर देता है। नास्तिक दर्शन में चार्वाक, बौद्ध एवं जैनों की गणना की जाती है तो दूसरी ओर आस्तिक दर्शन अर्थात् षड्दर्शन में न्याय, वैशेषिक, सांख्य, योग, मीमांसा और वेदान्त को परिगणित किया जाता है। प्रत्येक दर्शन की अपनी-अपनी परिभाषा है। परन्तु चार्वाक को छोड़, प्रत्येक दर्शन का परम लक्ष्य एक ही है–उस परम तत्त्व को प्राप्त करना।

तथागत बुद्ध को बौद्ध दर्शन का प्रवर्तक माना जाता है। इसी बौद्ध दर्शन के प्रौढ़ उपदेष्टा, ज्ञाता, व्याख्याता, श्रेष्ठ दार्शनिक, विद्वान, महाकवि अश्वघोष हुए। सौन्दरनन्द, बुद्धचरित तथा शारिपुत्र प्रकरण आदि रचनाओं के आधार पर ज्ञात होता है कि इनकी माता का नाम सुवर्णाक्षी था तथा ये साकेत (वर्तमान अयोध्या) के निवासी थे। ये वेद-शास्त्र पारंगत ब्राह्मण पुरोहित कुल के प्रादुर्भूत हुये थे जो पुष्यमित्र (द्वितीय शती ई.पू.) के शासनकाल में साकेत में निवासरत् थे–

"आर्यसुवर्णाक्षीपुत्रस्य साकेतस्य भिक्षोराचार्य।
भदन्ताश्वघोषस्य महाकवेर्वादिन: कृतिरियम्।।"

–*सौन्दरनन्द*, विब्लोथिका इण्डिका संस्करण 1939 पृ. 126

दर्शन का आरम्भ ही आध्यात्मिक असंतोष से हुआ है। भारत के दार्शनिकों ने विभिन्न प्रकार के दु:खों को अपने प्रज्ञाचक्षु से देखकर उनके उन्मूलन के लिए दर्शन की शरण ली, फिर चाहे वह तथागत का बौद्ध दर्शन हो अथवा कपिलमुनि का सांख्य दर्शन हो। महाकवि भदन्त अश्वघोष के अभी तक दो महाकाव्य प्रकाश में आये हैं–बुद्धचरित और सौन्दरनन्द। दोनों ही महाकाव्यों में तथागत बुद्ध के सिद्धान्तों का प्रतिपादन काव्यगत आवश्यकताओं की पूर्ति करते हुए किया गया है। महाकवि अश्वघोष यद्यपि जन्म से वैदिक परिवेश में पालित हुए थे, अत: बौद्ध धर्म स्वीकार करने के बाद भी उनके महाकाव्यों, बुद्धचरित और सौन्दरनन्द में वैदिक वाङ्मय की अमिट छाप दृष्ट्रव्य है। भदन्त ने तथागत के उपदेशों का सम्यक् अध्ययन करने के पश्चात् ही अपने महाकाव्यों को मूर्त्तरूप दिया है। उनके महाकाव्यों में सांख्य, योग, मीमांसा आदि वैदिक दर्शनों का बीज रूप विद्यमान है। भगवान बुद्ध का सम्पूर्ण दर्शन ही सांख्य सिद्धान्तों पर आलम्बित जान पड़ता है। तथागत ने उसी वैदिक दर्शन को बौद्ध दर्शन का आधार बनाया है, परन्तु परिमार्जित करके। उन्होंने सभी दर्शनों के दोषों को उसी प्रकार दूर किया है जिस प्रकार राजहंस दुग्ध में से जल को अलग कर देता है।

सुगत ने सभी वैदिक दर्शनों के दोषों को दूर कर, संसार के समक्ष एक ऐसे दर्शन का बीज आरोपित किया जिसके वृक्ष पर मुमुक्षुओं ने अपने नीड़ बनाए और स्वप्रयास द्वारा मुक्ताकाश में निर्वाण प्राप्त किया।

विभिन्न उदाहरणों से महाकवि अश्वघोष के महाकाव्यों में सांख्य दर्शन दृष्ट्रव्य है–

बुद्ध ने सर्वप्रथम अपनी प्रज्ञा से दु:ख को देखा और संसार को दु:खमय जाना तथा उन्होंने उन दु:खों की आत्यन्तिक निवृत्ति के उपाय बतलाए हैं। उसी प्रकार सांख्य दर्शन के प्रणेता कपिल मुनि ने भी संसार को दु:खमय जान, तीन प्रकार के दु:ख बताकर, उसकी आत्यन्तिक निवृत्ति के उपायों का प्रतिपादन किया है–

> "*जन्ममृत्युजराव्याधिसंयोगविप्रयोगजैः।*
> *दु:खैरेते ध्रवं सर्वे पीडयन्ते भुवि मानवा:।।*"

–*सौन्दरनन्द* 16/29

> "*अथ त्रिविधदु:खात्यन्तनिवृत्तिरत्यन्तपुरुषार्थः।*
> *न दृष्टात्तत्सिद्धिर्निवृतेऽप्यनुवृत्तिदएर्शनात्।।*"

–*सांख्य दर्शन* 1, 2

सर्वप्रथम तथागत को अराड ऋषि के आश्रम में ऋषि के श्रीमुख से सांख्य दर्शन के सिद्धान्तों का उद्‌घाटन हुआ। सांख्यानुसार प्रकृति और पुरुष के द्वारा संसार का सृजन होता है। महाकाव्य में यह संसार, प्रकृति, जन्म, मृत्यु एवं जरा के द्वारा सृजित माना गया है। सांख्यानुसार भी महाकाव्य में पंचमहाभूत, अहंकार बुद्धि एवं अव्यक्त को प्रकृति माना गया है–

> "*तत्र तु प्रकृतिं नाम विद्धि प्रकृतिकोविद।*
> *पंचभूतान्यहंकारं बुद्धिमव्यक्तोमेव च।।*"

–*बुद्धचरित* 12/17

> "*सत्वरजस्तमसां साम्यावस्था प्रकृति, प्रकृतेर्महान्,*
> *महतोऽहंकारोऽहंकारात्पंचतन्मात्राण्युभयमिन्द्रयं, तन्मात्रेभ्यः स्थूलभूतानि,*
> *पुरुष इति पंचविंशतिर्गण:।।*"

–*सांख्य दर्शन* 61

महाकाव्य बुद्धचरित में भदन्त ने विकार भी, सांख्यानुसार ही विषयों तथा इन्द्रियों को माना है। महाकाव्यों में तम, मोह, महामोह, तामिस्रद्वय (दो तामिस्र)

को अविद्या कहा है। तथा क्रोध को 'तामिस्र' और विषाद को 'अन्धतामिस्र' कहा है–

> "*इन्सविद्यां हि विद्वान स पंचपर्वा समीहते।*
> *तमो मोहं महामोहं तामिस्रद्वयमेवं च।।"*

–*बुद्धचरित* 12/33

उसी प्रकार, सांख्य ने अविद्या को विपर्यय कहा है, जिसका अर्थ है, उलटा ज्ञान। यह विपर्यय पांच वृत्तियों में से दूसरी है। इसके पांच भेद हैं–तम, मोह, महामोह, तामिस्र और अन्धतामिस्र–

> "*वृत्तय: पंचतय्य: क्लिष्टाऽक्लिष्टा:।।"*

–*सांख्य दर्शन* 2/33

जिस प्रकार सांख्य दर्शन में चौबीस तत्त्वों से मिलकर सूक्ष्म शरीर की संरचना बताई है। उसी प्रकार महाकवि ने अपने महाकाव्यों में भी सूक्ष्म शरीर की उत्पत्ति उन्हीं चौबीस तत्त्वों से बताई है। जिसे सांख्यकारिकार पं. ईश्वरकृष्ण ने सांख्यकारिका में स्पष्ट किया है–

> "*चतुर्विंशतितत्त्वानां सांख्योक्तानां कलेवरम्।*
> *संघतं तेन दोषाणां स्थूलानामेव संक्षय:।।"*

–*बुद्धचरित* 17/12

> "*पूर्वोत्पन्नमसक्तं नियतं महदादि सूक्ष्मपर्यन्तम्।*
> *संसरति निरूपभोगं भावैरधिवासितं लिंगम्।।"*

–*सांख्यकारिका*–40

सांख्य दर्शन का कार्य-कारण-सिद्धांत (सत्कार्यवाद) जिसे बौद्ध दर्शन में प्रतीत्यसमुत्पाद के सिद्धांत के रूप में जाना जाता है, बौद्ध दर्शन का भवन इसी (प्रतीत्यसमुत्पाद के) सिद्धांत पर आलम्बित है। महाकवि ने अपने महाकाव्यों में इस सिद्धांत का बड़ा ही विस्तृत व सुन्दर वर्णन किया है। यद्यपि इस कार्य-कारण सिद्धांत को लेकर विद्वानों में मतैक्य नहीं है। कुछ विद्वान इसे बुद्ध की खोज मानते हैं, तो कुछ इसे सांख्य दर्शन का अभिन्न अंग मानते हैं। परन्तु मेरे मतानुसार यह मूलत: सांख्य दर्शन का ही सिद्धांत होना चाहिए, हाँ इतना अवश्य है कि तथागत ने इस सिद्धांत के विश्लेषण की समीक्षा कर, एक नये रूप में संसार के समक्ष प्रस्तुत किया। इस सिद्धांत को जितनी प्रसिद्धि सुगत ने दिलाई उतनी पहले न थी। इसके अनुसार बिना कारण के कार्य संभव नहीं हो सकता

है। यहाँ तक कि कोई भी बिना कारण के किसी से प्रेम नहीं करता है, एक मुट्ठी बालू की भाँति संसार कार्य-कारण के सिद्धांत से बंधा है–

"*लोके प्रकृतिभिन्नेऽस्मिन्न कश्चित् कस्यचित् प्रियः।*
कार्यकारणसम्बद्धं बालुकामुष्टिवज्जगत्।।"

–*सौन्दरनन्द* 15/35

"*नाऽसदुत्पादो नृश्रृंगवत्, उपादाननियमात्, सर्वत्र सर्वदा सर्वाऽसंभवात्,*
शक्तम्य शक्यकरणात्, कारणभावाच्च, न भावे भवयोगश्चेत्।।"

–*सांख्य दर्शन* 1/114-119

इसी तथ्य को ईश्वरकृष्ण की सांख्यकारिका में इस प्रकार उल्लिखित किया गया है–

"*असदकरणादुपादानग्रहणात् सर्वसम्भवाभावात्।*
शक्तस्यशक्यकरणात् कारणभावाच्च सत्कार्यम्।।"

–*सांख्यकारिका*–9

इसी प्रकार क्षणिकवाद का सिद्धान्त भी सांख्य के क्षणिकवाद के साम्य प्रतीत होते हैं। सुगत के द्वारा महाकवि ने महाकाव्यों में संसार को अनित्य, असार बताते हुए कहा कि यह संसार क्षणभंगुर है तथा यहाँ कुछ भी स्थाई नहीं रहता है–

"*जायमाने भवे भावाः स्थायिनः सन्ति न क्वाचित्।*"

–*बुद्धचरित* 24/14

"*स्थिरकार्याऽसिद्धेः क्षणिकत्वम्।*"

–*सांख्य दर्शन* 1/34

इसके अतिरिक्त अन्य वैदिक दर्शन भी महाकाव्यों में परिलक्षित होते हैं। यथा योग दर्शन विभिन्न यौगिक क्रियाओं द्वारा जीव के स्थूल शरीर तथा सूक्ष्म शरीर (अन्तःकरण) को परिमार्जित कर तृष्णा, मोह, वासना आदि विषय-विकारों को दूर करके, आत्मा तथा परमात्मा का योग कर, मोक्ष का परम आनन्दमय पद प्राप्त करने में सहायता करता है।

महाकवि ने अपने महाकाव्यों में योगशास्त्र का बड़ा ही विशद् विवेचन किया है। उनके अनुसार जीव को चित्त का दमन नहीं करना चाहिए क्योंकि चित्त के बिना शरीर लकड़ी (काष्ठ) के समान होता है–

"विनापि ह्यात्मनाज्ञानं प्रसिद्ध काष्ठकुड्यवत्।"

–*बुद्धचरित* 12/81

जिस प्रकार शील, इन्द्रिय, संयम, स्मृति योग दर्शन के आधार तत्त्व हैं, उसी प्रकार महाकाव्यों में भी इन तत्त्वों पर विशेष जोर दिया गया है। शील, वन में मार्ग निर्देशक के समान है, यह बन्धु, मित्र और रक्षक भी माना गया है–

"*शीलं हि शरणं सौम्य!कान्तार इव द दैशिकः।*
मित्रं बन्धुश्च रक्षा च धनं च बलमेव च।।"

–*सौन्दरनन्द* 13/28

योग के महत्त्व को प्रतिपादित करते हुए महाकाव्यों में कहा गया है कि–

"*प्रयुक्ता योग तु ध्रवमुपलभन्ते श्रमफलं।*
छुतं नित्यं यान्त्यों गिरिमपि हि भिन्दन्ति सरितः।।"

–*सौन्दरनन्द* 16/97

अर्थात् योगाभ्यास में लगे व्यक्ति अवश्य ही फल पाते हैं, जिस प्रकार निरन्तर तेज बहने वाली नदियाँ पहाड़ों को भी तोड़ डालती हैं। योगमार्ग के पथिक को दिन-रात जागरुक रहकर योग आचरण का अभ्यास करना चाहिए। अधिक स्वप्न एवं अधिक जागरण न करता हुआ संसार का हित चिन्तन करना चाहिए–

"*जागरुको दिवारात्रं योगाचारं समभ्यसेत्।*
नातिस्वप्न्न जाग्रच्च हितं लोकस्य चिन्तयेत्।।"

यद्यपि महाकाव्यों में मीमांसा दर्शन से सम्बन्धित तथ्य प्रत्यक्ष रूप से तो नहीं परन्तु सांकेतिक रूप से अवश्य पाये जाते हैं। मीमांसा, वेद की कर्मकाण्ड शाखा का अनुयायी है और उसमें भी यज्ञादि पूजा-पाठ सम्बन्धी कार्यों का अनुसरण किया जाता है। महाकाव्यों में भी विभिन्न आश्रमों में तथा स्वयं महाराज शुद्धोधन के द्वारा ही कर्मकाण्ड का आलम्बन किया जाता था। जिनमें यजन-याजन, पूजा-पाठ, व्रत, देवपूजा आदि का विस्तृत वर्णन किया गया है–

"*अकुरुत जपहोमंगलाद्याः परमभवाय सुतस्य देवतेज्याः।*"

–*बुद्धचरित* 1/83

पूर्व मीमांसा का परम लक्ष्य कर्मकाण्ड के मार्ग से स्वर्ग प्राप्त करना था। उसी प्रकार महाकाव्यों में विभिन्न आश्रमों आदि में कर्मकाण्ड के द्वारा स्वर्गारोहण ही प्रमुख लक्ष्य बताया गया है–

*"एवंविधैः कालचितैस्तपोभिः परैर्दिवं यान्त्यपरैर्नृलोकम्।
दुःखेन मार्गेण सुख ह्युपैति सुखं हि धर्मस्य वदन्ति मूलम्।।"*

–*बुद्धचरित* 7/18

इसी प्रकार महाकाव्यों में विभिन्न स्थानों पर वेदान्त दर्शन के कुछ सिद्धान्तों में पूर्णतः साम्य दृष्टिगोचर होता है। वेदान्त के अनुसार मुमुक्षु को अपने गुरू के वचन में पूर्ण श्रद्धा रखनी चाहिए क्योंकि तभी जीव सद्मार्ग के द्वारा अपना अभीष्ट प्राप्त कर सकता है। वहीं दूसरी ओर बुद्धचरित महाकाव्य में तथागत शिष्यों को गुरू के प्रति अनादर युक्त वचनों के प्रयोग करने से रोकते हैं, तथा बताते हैं कि जो गुरू के प्रति अनादरित रहता है। उसका धर्म नष्ट हो जाता है–

"गुरुपदिष्टवेदान्तवाक्येषु विश्वासः–श्रद्धा।" –*वेदान्तसार कारिका* 24

"यो गृह्णाति गुरोर्नाम तस्य धर्मो विनश्यति।" –*बुद्धचरित* 15/29

वेदान्त दर्शन में वर्णित चार प्रकार की सृष्टि जरायुज, अण्डज, उद्रिज्ज तथा स्वेदज नामक सृष्टियों को सौन्दरनन्द महाकाव्य में वर्णित किया गया है–

"लोके तथा तिर्यगुपर्यधो वा दुःखय सर्वं न सुखाय जन्म।"

–सौन्दरनन्द 16/9

"चतुर्विधशरीराणि तु जरायुजाण्डजोद्भिज्जस्वेदजाख्यानि।"

–*वेदान्तसार* 105

इसी प्रकार न्याय दर्शन में 'अपवर्ग' का अर्थ है, शरीर और इन्द्रियों के बन्धन से आत्मा का मुक्त होना, जिसे अन्य दर्शन मोक्ष कहते हैं। महाकवि ने अपने महाकाव्य में अपवर्ग शब्द का प्रयोग कर सिद्ध किया है कि उस समय तक न्याय दर्शन अपने अस्तित्व में पूर्ण रूप से आ चुका था। इसलिए उन्होंने अपने महाकाव्य में तपस्वियों के माध्यम से कहा है कि 'जन्मगत दोषों को देखते हुए स्वर्ग और अपवर्ग का सम्यक् विचार कर अपवर्ग में जिस प्राणि की मति है, वही विचारवान् है।'

*"धीमन्नुदारः खलु निश्चयस्ते यस्तवं युवा जन्मनि दृष्टिदोषः।
स्वर्गापवर्गौ हि विचार्य सम्यक् यस्यापवर्गे मतिरस्ति सोऽस्ति।।"*

–*बुद्धचरित* 7/52

निष्कर्ष

उपरियुक्त विवेचन के निष्कर्ष से हम यह स्पष्ट रूप कह सकते हैं कि अपने विचार और व्यवहार से जीवन का संचालन करने वाले बौद्ध भिक्षु महाकवि

भदन्त, अश्वघोष का सम्पूर्ण व्यक्तित्व और कृतित्त्व भारतीय दर्शन और जीवन से अनुप्राणित रहा है। तदनुरूप उन्होंने अपने महाकाव्यों में भारतीय दार्शनिक तत्त्वों का भी समावेश किया है।

संदर्भ ग्रन्थ

1. बुद्धचरित
2. सौन्दरनन्द
3. सौन्दरनन्दः एक दार्शनिक गवेषणा
4. सांख्यदर्शन
5. सांख्यकारिका
6. वेदान्त दर्शन
7. वेदान्तसार
8. मीमांसा सर्वस्वम्
9. न्याय दर्शन
10. भारतीय दर्शन की रूपरेखा

15

जाति-प्रथा के विरुद्ध पहला स्वरः बौद्ध धर्म

डॉ० राम भरोसे

विश्व इतिहास में छठी शताब्दी (ई.पू.) धर्म सुधार और मानव धर्म की स्थापना का काल था। यह समय भारतीय इतिहास और संस्कृति हेतु अत्यन्त महत्त्वपूर्ण रहा। इसी समय में भारत में 'जैन' और 'बौद्ध' जैसे दो मानवतावादी धर्मों का उदय हुआ, जिन्होंने न केवल धर्म, बल्कि पारम्परिक समाजों की भी जड़े हिलाकर रख दी। पहली बार यज्ञ-हिंसा के विरुद्ध अहिंसावाद और धार्मिक-सामाजिक दृष्टि से मानवीय समानता का सिद्धान्त, भारतीय धर्म और दर्शन में लागू हुआ। महात्मा बुद्ध ने न केवल पंडितवाद (पुरोहितवाद) और यज्ञ-हिंसा का विरोध किया, अपितु जाति-प्रथा को भी पहले सिरे से नकार दिया। इस सन्दर्भ में रामधारी सिंह दिनकर लिखते हैं कि "जाति प्रथा को चुनौती देकर बुद्ध ने इस देश में एक महान आन्दोलन का आरम्भ किया, जो प्रायः गाँधी और अम्बेडकर तक चलता आया है और आज भी चल रहा है। उन्होंने मनुष्य की मर्यादा को यह कहकर ऊपर उठाया कि कोई मनुष्य केवल ब्राह्मण-कुल में जन्म लेने से पूज्य नहीं हो जाता, न कोई शूद्र होने से पतित होता है। उच्चता और नीचता जन्म पर नहीं, कर्म पर अवलम्बित है।"[1] इसलिए, पवित्रता जाति पर निर्भर न होकर कर्म से आधारित होती है। ब्राह्मण भी पतित हो सकता है और शूद्र भी अपने को पूजा योग्य बना सकता है। इसी प्रकार, वेदों ने यज्ञ का अधिकार केवल द्विजों को दिया और जब उपनिषद् बढ़े, तब ब्राह्मणों ने उसे भी ब्रह्म-विद्या का नाम देकर, शूद्रों और स्त्रियों की पहुँच से बाहर कर दिया। जबकि इसके विपरीत, बौद्ध धर्म में चारों वर्णों और स्त्रियों को

समान रूप से धर्म का अधिकार दिया गया। यह ब्राह्मण धर्म के खिलाफ सबसे बड़ी बगावत थी और बौद्धों का ब्राह्मणों ने जो भी विरोध किया, वह मुख्यत: उनके इसी विद्रोह के कारण था।

महात्मा बुद्ध ने स्पष्ट कहा है कि

"न जच्चा वसलो होति, न जच्चा होति ब्राह्मणों।
कम्मना वसलो होति, कम्मना होति ब्राह्मणों।।"[2]

जिसका अर्थ साफ है कि जन्म से न कोई शूद्र होता है, न जन्म से कोई ब्राह्मण। कर्म के आधार पर ही कोई शूद्र या कोई ब्राह्मण होता है। यह 'चातुर्वर्ण्य मया सृष्टं' जैसे जन्मना और ईश्वरीय विधान के ठीक विपरीत था। वैदिक (हिन्दू) धर्म के कर्मकाण्ड, अंधविश्वास और हिंसा का घोर विरोध करते हुए महात्मा बुद्ध ने वेदादि को झूठी विद्या कहा। उन्होंने **"धर्म को दोमुंहा साँप बताया था"**[3] और अपने 'धर्म' को धर्म नहीं सिद्धांत कहा था। बौद्ध धर्म तर्क पर आधारित है। "बौद्ध-ग्रन्थ '*विनय पिटक*' में अनेक स्थानों पर वर्णन मिलता है कि बुद्ध अपने भिक्षुओं को कहा करते थे कि किसी बात को केवल इसलिए नहीं मानो कि यह धर्मग्रन्थों में लिखी, परम्परा से चली आ रही है या फिर मैं (बुद्ध) ही कह रहा हूँ। पहले उसे अपनी तर्क की कसौटी पर कसो, यदि वह सत्य की कसौटी पर खरी उतरती है, तभी उसे मानो, अन्यथा नहीं। बुद्ध की इस छोटी सी उक्ति ने वर्ण-व्यवस्था और अन्य ईश्वरीय कहे जाने वाले विधानों के खिलाफ बहुत बड़ा काम किया।"[4] महात्मा बुद्ध के ऐसे उपदेशों का लोगों पर यह प्रभाव पड़ा कि वे ईश्वर और वर्ण-व्यवस्था पर आधारित बातों पर शंका करने लगे। इस तरह की उक्तियों ने वैदिक धर्म और परम्परा सहित ईश्वर की सत्ता को भी कठिन चुनौती दे डाली।

महात्मा बुद्ध के मन, वचन और कर्म में एकरूपता थी ही, साथ ही वह अपनी बातों पर पहले स्वयं चलते थे। इसलिए उन्हें 'तथागत' भी कहते हैं। वर्ण-व्यवस्था के विरोध और समानता के सिद्धान्त को महात्मा बुद्ध ने सबसे पहले अपने भिक्षु-संघ में ही लागू किया। उन्होंने सुनीत और प्रकृति आदि अनेक दलित भिक्षु-भिक्षुणियों को अपने संघ में शामिल किया। उन्होंने अपने भिक्षुओं को सख्त निर्देश दिये थे कि वे हर जाति और वर्ण के लोगों के यहाँ से भिक्षा ग्रहण करें और साथ ही अपने संघ में किसी से भी किसी भी प्रकार का कोई भेदभाव नहीं किया जाएं। भिक्षाटन में वर्ण के आधार पर भेदभाव न करने का भिक्षु-संघ में नियमबद्ध निर्देश था। गाँव में हर जाति के घर से भिक्षा ग्रहण करना अनिवार्य था। '*अगुंत्तर निकाय*' में एक स्थान पर महात्मा बुद्ध अपने

भिक्षुओं से स्पष्ट कहते हैं कि "जिस तरह गंगा, यमुना, माही आदि नदियाँ समुद्र में मिलते ही अपना नाम और अस्तित्व खो बैठती है, वैसे ही ब्राह्मण, क्षत्रिय, वैश्य तथा शूद्र बौद्ध संघ में आते ही अपना जाति, वर्ण, गोत्र आदि सदा के लिए खो बैठते हैं।"[5]

बौद्ध धर्म के ग्रंथ '*त्रिपिटक*' में स्थान-स्थान पर बुद्ध द्वारा जाति और वर्ण व्यवस्था के विरोध का संकेत मिलता है। इनके '*मज्झिम निकाय*' के 'घोटमुख-सुत्त', 'आश्वलायन सुत्त', 'माधुरिय सुत्त', 'एसुकारि सुत्त', तथा 'बासेट्ठ सुत्त' आदि अध्यायों के उद्धरणों से बुद्ध के वर्ण-व्यवस्था सम्बन्धी अनेक शास्त्रार्थ और विरोधों का पता चलता है।[6]

कुछ ऐसी भी घटनाएं हुई है कि अनेक विद्वान ब्राह्मण, जो बुद्ध के जाति विरोध से क्रुद्ध होकर उनको भला-बुरा कहने जाते हैं, बाद में उनके शास्त्रार्थ और तर्कों से परास्त होकर, बौद्ध धर्म धारण कर लेते थे। इस सन्दर्भ में 'आश्वलायन सुत्त' में एक शास्त्रार्थ का रोचक वर्णन मिलता है-"सोलह वर्षीय आश्वलायन विभिन्न प्रदेशों के पाँच सौ ब्राह्मणों के साथ अनाथपिंडक द्वारा निर्मित जेतवन विहार में बुद्ध के समक्ष प्रस्तुत होकर बोले, 'भो गौतम! ब्राह्मण यों कहते हैं कि ब्राह्मण ही श्रेष्ठ हैं, अन्य वर्णहीन हैं, ब्राह्मण का वर्ण गोरा है, अन्यों का वर्ण काला है।..... ब्राह्मण ही ब्रह्म के औरस (वैध) पुत्र हैं, वे ही ब्रह्मा के दायाद (असली उत्तराधिकारी) है। इस पर बुद्ध ने कहा, लेकिन अश्वलायन, ब्राह्मण की ब्राह्मणियां भी ऋतुमती और गर्भवती होतीं, बच्चे पैदा करती और उन्हें दूध पिलातीं हुई देखी जा सकती हैं। फिर वे ब्रह्मा के औरस पुत्र कैसे हुए?"[7] तथागत का यह उत्तर सुनकर अश्वलायन निरुत्तर हो गया और भिक्षु संघ में शामिल हो गया। ऐसे और भी असंख्य उदाहरण हैं।

असल में बौद्ध धर्म के विचारों के केन्द्र में मानव और मानवता है। आदि से अंत तक वह केवल मनुष्य और उसके पर्यावरण के सम्बन्ध में चिन्ता और चिन्तन करता है। यह कहना कोई अतिशयोक्ति न होगा कि बौद्ध धर्म के प्रमुख आचार तत्व स्वतन्त्रता, समानता और बन्धुत्व, भारतीय राष्ट्र और आधुनिक जनतंत्रों के भी राष्ट्रीय मूल्य हैं। सैकड़ों वर्ष पूर्व ही महात्मा बुद्ध ने अपने भिक्षु-संघ में जो नियम निर्धारित किये हैं, उसका मिलान आज की स्थिति से करने पर भी किसी भी लोकतांत्रिक देश के राष्ट्रवादी मूल्यों का समकक्षी सिद्ध हो रहा है। भिक्षु-संघ के सदस्य विभिन्न जाति, वर्ण, लिंग, कुल, गोत्र और प्रदेश से संबंध रखते थे। महात्मा बुद्ध की धर्मनिरपेक्षता का पता '*श्रमणिज्झम*' में वर्णित एक घटना से लग जाता है, इसके अनुसार महात्मा बुद्ध की शिक्षा और

उपदेशों से प्रेरित होकर, एक बार कुछ जैनी बुद्ध की शरण में आये। महात्मा बुद्ध ने उनको विधिवत् बौद्ध धर्म की दीक्षा दी, किन्तु उनसे कहा कि "आपका घर जैनियों के लिए प्याऊ की तरह रहा है। बौद्ध धर्म में दीक्षित होने पर भी उनका पूर्ववत् सत्कार करें।"[8]

इस प्रकार बौद्ध धर्म ने जाति-प्रथा/वर्ण-व्यवस्था के विरुद्ध पहला शंखनाद किया और उसे सफलता भी प्राप्त हुई। उसके मानवतावादी दृष्टिकोण तथा प्रेम, भाईचारा और समानता की शिक्षा से प्रभावित होकर, महान् मौर्य सम्राट अशोक ने न केवल बौद्ध धर्म धारण किया, अपितु उसे 'सात द्वीप नौ खंडों' में प्रचारित-प्रसारित भी कराया। उसने अपने सम्पूर्ण कुल को इस महान् धर्म की सेवा में समर्पित कर दिया। "उसके बाद बौद्ध धर्म प्रायः घोषित रूप में राजधर्म बन गया। मौर्य सम्राटों बिम्बिसार, अजातशत्रु आदि के बाद महान् कुषाण सम्राट कनिष्क ने इसे देश-विदेश में फैलाया। किन्तु ब्राह्मण-श्रमण विवाद, शुंगों की गद्दारी, ब्राह्मणों के षड्यंत्र आदि अनेक कारणों से यह महान धर्म 10वीं-11वीं शताब्दी तक आते-आते अपनी ही जन्मभूमि भारत से समूल नष्ट हो गया।"[9] विडम्बना तो यह है कि ठीक इसी समय इस धर्म को वैश्विक स्तर पर मान्यता मिलने लगी थी, जबकि अपने देश में उसी समय बौद्ध धर्म पर अनेक प्रहार हुए। बुद्ध के वेद और वर्ण विरोधी विचारों के कारण उनका घोर विरोध हुआ। कट्टरपंथी ब्राह्मणों ने न केवल 'मुंडक' (सिर मुंडाने वाले, शूद्र) कहकर बौद्ध भिक्षुओं का अपमान किया, बल्कि महात्मा बुद्ध के महापरिनिर्वाण के लगभग एक साल पूर्व ही उनके प्रिय शिष्य और महान बौद्ध विद्वान महा मोद्गल्यायन की हत्या कर दी गयी। फिर बुद्ध के बाद पुष्यमित्र शुंग से लेकर अनेक सत्ता-सम्पन्न ब्राह्मणों, पुरोहितों और सामन्तों ने बौद्ध भिक्षुओं सहित उनके मठों को भी ध्वस्त कर दिया। भारतीय इतिहास में ब्राह्मण-श्रमण विवाद प्रसिद्ध है, जिसके फलस्वरूप नालन्दा, तक्षशिला, ओदन्तपुरी आदि बौद्ध विश्वविद्यालयों को नष्ट करवा दिया गया। यही कारण है कि बौद्ध धर्म जिस देश (भारत) में जन्मा, आज उसी में यह गौण होकर रह गया है।

हिन्दुओं ने पहले बौद्ध धर्म से घृणा की, फिर उसके खिलाफ विद्रोह किया और अन्ततः कोई उपाय न देखकर, उसे अपने में मिलाने का पूरा प्रयास किया। परन्तु फिर भी बौद्ध धर्म ने अपना जाति-विरोध जारी रखा। महायान के आरम्भ के समय से बौद्ध धर्म हिन्दुत्व के करीब आता दिखायी देता है, किन्तु तब भी उसने जाति भेदभाव के विरुद्ध अपने हथियार कभी नहीं डाले। यहाँ तक कि महायान जब विकृत होकर मन्त्रयान और वज्रयान बनने लगा, तब भी जातिवाद

के खिलाफ उसकी लड़ाई बन्द नहीं हुई। आगे चलकर निर्गुण मतालम्बियों ने जाति-प्रथा का जो घोर विरोध किया, उसका साहस उन्हें बौद्ध धर्म से ही मिला। बल्कि आज यह सिद्ध भी हो चुका है कि संत रविदास की वाणी पर महात्मा बुद्ध का स्पष्ट प्रभाव पड़ा है। अत: कह सकते हैं कि महात्मा बुद्ध और उनका धर्म तो भारत से चला गया, परन्तु उनका प्रभाव नहीं गया। भारतीय साहित्य और संस्कृति ने उसे जीवित और जीवन्त रखा। उदाहरणत: संत रविदास जी का 'अष्टांग' बुद्ध धर्म के आर्य 'अष्टांगिक मार्ग' से प्रभावित और उसी का रूपांतर प्रतीत होता है। अष्टांगिक मार्ग की सम्यक् समाधि रविदास जी की सहज समाधि ही है–

गुरु को सारि, ज्ञान का अच्छर।
बिसरै तो सहज समाधि लगाऊं।।[10]

तथागत के समान रविदास जी ने भी मनुष्य जीवन को अति दुर्लभ बतलाया है। *धम्म पद* में तथागत गौतम बुद्ध ने कहा है–*किच्छो मनुस्सपटि लाभा।*[11] और संत रविदास जी ने '*मनुषावतार दुर्लभ*' कहकर मानव जीवन को अति महत्त्वपूर्ण बताया है। भारत में भक्ति आन्दोलन में संत कवियों की वाणी में महात्मा बुद्ध स्पष्ट रूप से सुने और समझे जा सकते हैं। यह बौद्ध धर्म का सकारात्मक विकास ही है कि वर्ण-व्यवस्था, छुआछूत, कर्मकाण्ड और अंधविश्वासों के विरुद्ध सभी संत कवियों ने समानता, प्रेम, बन्धुत्व और शान्ति का क्रांतिकारी नारा बुलंद किया। यहाँ यह कहना कोई अतिशयोक्ति न होगी कि अगर बुद्ध नहीं होते, तो शायद इस देश में कबीरदास, रविदास, दादू, नानक, हरिदास निरंजनी आदि में से कोई भी संत नहीं हुआ होता। जाति-प्रथा को शिथिल करके एवं वर्णाश्रम-धर्म को चुनौती देकर, बुद्ध और उनकी परम्परा के अन्य साधुओं ने ही भारत में वह व्यवस्था उत्पन्न की, जिसमें निर्गुनियां सन्तों का मत फल-फूल सका।[12]

इसी प्रकार कबीरदास के साहित्य में दुख की अवधारणा एवं जाति-विरोध में सीधे-सीधे महात्मा बुद्ध दिखायी देते हैं। यहाँ तक कि उनके कई नैतिक और शिक्षाप्रद दोहे बुद्ध के विचारों का अनुवाद हैं। उदाहरण के लिए कबीरदास जी का विश्व प्रसिद्ध दोहा–'काल करै सो आज कर, आज करै सो अब' देखे तो "बुद्ध ने ऐसी शिक्षा '*मज्झिम निकाय*' के 'भद्देकरत्त सुत्त' में इस प्रकार दी थी–आज ही काम में जुड़ जाना चाहिए, कौन जानता है कल मरण हो जाये! मृत्यु का कोई समय निश्चित नहीं है।"[13]

वर्तमान समय में दलित एकता की सबसे ज्यादा आवश्यकता महसूस की जा रही है। दलित समाज 6000 से अधिक जातियों में बंटा हुआ है। उनमें

आपस में ऊँच-नीच और भेदभाव की भावना व्याप्त है। आपस में रोटी-बेटी का व्यवहार नहीं है। महात्मा बुद्ध द्वारा बताये गये मार्ग पर चलकर एकता आएगी। तथागत बुद्ध की शिक्षा है कि जैसे अलग-अलग दिशा से आयी हुई नदियां समुद्र में मिलने पर अपना प्रथक अस्तित्व खोकर समुद्र का अंग बन जाती हैं, वैसे ही तथागत के संघ में आने पर साधक अपनी पुरानी पहचान खोकर संघ का अंग बन जाते हैं। दलित समाज के अधिकतर लोग हीन भावना का शिकार हैं। सदियों के जातीय शोषण ने उनके आत्मविश्वास को नष्ट कर दिया था, मगर बौद्ध धर्म ने न केवल दलितों में आत्मविश्वास का संचार किया अपितु उनके जीवन को ज्वलित करते हुए, उनके प्रगति का मार्ग भी प्रशस्त किया। अत: बौद्ध धर्म भारत में जाति-प्रथा के खिलाफ पहली ऐतिहासिक क्रांति थी, जिसका प्रभाव आज सबसे अधिक है। दलित साहित्य के सन्दर्भ में संक्षिप्त बात करें, तो वर्तमान साहित्य जगत में यह साहित्यिक क्रांति का स्वरूप बन चुका है और दलित साहित्य में जो चेतना/जागरूकता/जातिगत भेदभाव के प्रति विद्रोही स्वर हमें दिखायी पड़ता है, उसके पीछे बौद्ध धर्म का ही आदर्श उपस्थित है। बाबा साहेब, अन्य विद्वानों और दलितों में बौद्ध धर्म के प्रति जो ऐसी श्रद्धा और प्रवृत्ति दिखायी पड़ती है, वह अनायास नहीं है। उसका कारण यही जातिगत भेदभाव और मानवीय समानता का भाव है। साथ ही दलित साहित्य के सन्दर्भ में भी यही बात सामने आती है।

सन्दर्भ सूची

1. दिनकर, रामधारी सिंह, *संस्कृति के चार अध्याय*, लोकभारती प्रकाशन, इलाहाबाद, पृ. 198.
2. *विनय पिटक*, सं.-राहुल सांकृत्यायन।
3. ले. डॉ॰ हरिनारायण ठाकुर, *दलित साहित्य का समाजशास्त्र से उद्घत*, भारतीय ज्ञानपीठ, पृ. 184.
4. हंस, अगस्त, 2004, *बौद्ध धर्म तथा वर्ण व्यवस्था*, ले. डॉ॰ तुलसीराम, पृ. 58.
5. वही.
6. *दलित साहित्य का समाजशास्त्र*, डॉ. हरिनारायण ठाकुर, भारतीय ज्ञानपीठ, पृ. 185.
7. *विनय पिटक*: अंगुत्तर निकाय, सं.-राहुल सांकृत्यायन.
8. *बौद्ध धर्म और राष्ट्रवाद*, डॉ॰ एन.जे. वाघमरे, दलित साहित्य वार्षिकी: 2005, पृ. 235.
9. *दलित साहित्य का समाजशास्त्र*, डॉ॰ हरिनारायण ठाकुर, भारतीय ज्ञानपीठ, दिल्ली, पृ. 187.

10. *बौद्ध धर्म और संत रविदास*, जे.आर. हरनोटिया, नवभारत प्रकाशन, दिल्ली, पृ. 78.
11. वही.
12. दिनकर, रामधारी सिंह, *संस्कृति के चार अध्याय*: लोकभारती प्रकाशन, इलाहाबाद, पृ. 199.
13. हंस, अगस्त, 2004, *बौद्ध धर्म तथा वर्ण व्यवस्था*, ले. डॉ॰ तुलसीदास, पृ. 63.

16

बाजारवादी और उपभोक्तावादी समाज में बुद्ध का आष्टांगिक मार्ग

डॉ॰ रामप्रताप सिंह

आज का युग बाजारवाद और उपभोक्तावाद का युग है, बाजार ही व्यक्ति के स्तर को निर्धारित करता है। स्वाभाविक है कि आज का व्यक्ति वस्तुओं का गुलाम हो गया है। बाजार, व्यक्ति की मति को कुंद कर रहा है और बाजार का आकर्षण व्यक्ति को नित नये-नये विशेषणों के साथ अपनी ओर ललचा रहा है। इन दबावों के बीच जीना सचमुच बड़ा कठिन कार्य है। अप्राप्य की पिपासा में आदमी भाग रहा है। समाज में कठोर प्रतिस्पर्धा के कारण व्यक्ति घुट-घुट कर जी रहा है। आये दिन हत्या, आत्महत्या, बलात्कार, हिंसा की खबरें मानवता को शर्मसार कर रही है। ऐसी परिस्थिति में बुद्ध का आष्टांगिक मार्ग, जीवन जीने के लिए एक मार्गदर्शक का कार्य कर रहा है–

आष्टांगिक मार्ग से आशय आठ अंगों वाला होने से है। इसलिए यह आष्टांगिक मार्ग कहलाता है। आर्य तो विशेषण मात्र है, जिसका आशय श्रेष्ठता से है। आर्य आष्टांगिक मार्ग के आठ भेद हैं–

1. सम्यक् दृष्टि–सम्यक् दृष्टि से आशय ऐसा पर्यवेक्षण, जो असम्यक् न हो। किसी भी कार्य को करने से पहले उसके बारे में भली भाँति जानकारी प्राप्त करनी होती है। उसी प्रकार श्रेष्ठ जीवन पथ पर अग्रसर होने के लिये सम्यक दृष्टि का होना अनिवार्य है। उन्होंने दृष्टि विशेष के अन्धानुकरण करने की बात नहीं की, वरन सम्यक् दृष्टि सम्पन्न होने के लिये कहा है। यदि किसी मत या दृष्टि को भ्रम वश, अज्ञान वशात धारण किये हों तो भ्रम का निवारण होते ही, उस अज्ञान के दूर होते ही, उसे अपनी मिथ्या दृष्टि का त्याग करना पड़ता है।

इस मिथ्या दृष्टि से सम्यक् दृष्टि की ओर उत्तरोत्तर अग्रसर होते रहना ही सम्यक् दृष्टि का विस्तार है। सम्यक् दृष्टि के बारे में *बौद्ध धर्म: एक बुद्धिवादी अध्ययन* में भदन्त आनंद कौशल्यायन ने लिखा है:

1. दुराचार को दुराचार समझना, सम्यक् दृष्टि है।
2. सदाचार को सदाचार, सम्यक् दृष्टि है।
3. लोभ मोह के द्वेष को दुराचरण का मूल कारण समझना, सम्यक् दृष्टि है।
4. लोभ मोह द्वेष से विरत रहना सदाचार का मूल समझना चाहिए।
5. दुख को समझना, दुख निरोध की ओर ले जाने वाला मार्ग, सम्यक् दृष्टि है।
6. चित्त के बन्धनों से मुक्त होने का प्रयास करना सम्यक्, दृष्टि है।

सम्यक् दृष्टि के बारे में डॉ॰ अम्बेडकर ने लिखा है कि सम्यक् दृष्टि का मतलब है मनुष्य का मन स्वतन्त्र हो, आदमी के विचार स्वतंत्र हों।[1] (*भगवान बुद्ध और उनका धम्म*, डॉ॰ अम्बेडकर पृ. 98)

2. सम्यक् आजीव–गौतम बुद्ध कहते हैं कि अपनी आजीविका इस प्रकार चलाना, जिससे समाज को हानि न पहुँचे। मनुष्य की आजीविका का साधन ऐसा होना चाहिए कि उससे उसका सम्यक् भरण पोषण हो सके और ऐसा करते हुए वह किसी दूसरे को हानि न पहुँचाता हो। बौद्ध धर्म में शस्त्रों के व्यापार को मिथ्या आजीविका कहा गया है। क्योंकि शस्त्रों का निर्माण मनुष्य घात के लिए किया जाता है। आज विश्व में बहुत से ऐसे देश है, जिनकी अर्थव्यवस्था केवल शस्त्रों के व्यापार पर ही टिकी है। आज शस्त्रों के व्यापारी ही बड़े-बड़े उद्योगपति है। मद्य विक्रय से सरकार को सबसे अधिक राजस्व प्राप्त होता है, किन्तु बौद्ध धर्म में मद्य व्यापार को निम्न कोटि का व्यापार माना गया है। यद्यपि यह सत्य है, मद्य का निर्माण करने में बड़ी-बड़ी कम्पनियाँ लगी हुई हैं। जानवरों के व्यापार तथा मांस के व्यापार को बौद्ध धर्म निषेध करता है। कदाचित उसी का परिणाम है कि चीनवासी प्राय: सभी कुछ खा पी लेते हैं, किन्तु चीन के बौद्ध भिक्षु, भारतीय वैष्णवों की तरह सम्पूर्ण शाकाहारी होते हैं।

3. सम्यक् व्यायाम–सम्यक् व्यायाम का आशय शारीरिक व्यायाम से नहीं है वरन् वह सर्वश्रेष्ठ प्रयत्न है, जो हम अपने चरित्र निर्माण के लिए करते हैं। हममें जो बुराइयाँ नहीं हैं, वैसी कोई बुराइयाँ हमारे चरित्र का अंग न बन जाएँ, इसकी सतत् सावधानी का नाम सम्यक् व्यायाम है। हम में जो अच्छाइयां हैं, वे

जैसी की तैसी हमारे चरित्र का अंग बनी रहे, ऐसी सतत सावधानी का नाम, सम्यक् व्यायाम है। डॉ० धर्मानन्द कौशाम्बी मानसिक प्रयत्नों को ही सम्यक् व्यायाम कहते हैं।[2] निश्चित रूप से आज हम सम्यक् व्यायाम को अपनी दिनचर्या में लागू करे, तो धीरे-धीरे हमारे व्यक्तित्व से बुराइयों का परिहार हो जायेगा और एक दिन ऐसा आयेगा कि हमारा व्यक्तित्व चुम्बकीय हो जायेगा, मनुष्य अपने मन पर नियंत्रण कर सकेगा, जिससे समाज में सुख शांति का प्रसार होगा।

4. **सम्यक् स्मृति**–यह स्मृति शब्द याददाश्त के अर्थ में नहीं वरन सतत जागरूकता का पर्याय है। छोटे से छोटा और बड़े से बड़ा काम करते हुए इस बात का ध्यान रखना सम्यक् स्मृति है। उठते-बैठते, चलते-फिरते, खाते-पीते जो कुछ हम कार्य करते हैं, उनको तन्मयता के साथ सम्पादित करना। मन में जो अकुशल विचार उठते हैं, उनकी चौकीदारी करना सम्यक् स्मृति है।

5. **सम्यक् संकल्प**–आदमी का जीवन उसके द्वारा किए गए निश्चयों का उतना अनुगमन नहीं करता, जितना मन में उठने वाले संकल्प विकल्पों का। इसलिए संकल्प विकल्पों का सम्यक् होना नितान्त आवश्यक है। ऐसे सभी संकल्प जिनसे अपने हित के अतिरिक्त समाज का हित होता है। अक्रोध और अहिंसा भाव, मैत्री भाव के पर्याय हैं। अतः अक्रोध और अहिंसा भाव सम्यक् संकल्प हैं।[3]

6. **सम्यक् वाणी**–कहा जाता है बातहि हाथी पाइये बातहि हाथी पाँव, निश्चित रूप से व्यक्ति की पहचान उसकी वाणी से होती है। इसलिए शब्द का बहुत ही महत्त्व है। शब्द का सम्यक् प्रयोग सर्वार्थ साधक है। बौद्ध धर्म में मौन व्रत का निषेध किया गया है। बौद्ध धर्म में कहा गया है कि मौनी बने रहने से वाणी नहीं सधती, बौद्ध धर्म में व्यक्ति को वाणी का कैसे प्रयोग करना चाहिए इसका विचार है। बोलना अवश्य, किन्तु ऐसा बोलना जिससे किसी के हृदय को ठेस न लगे।[4]

बोलना अवश्य किन्तु ऐसा बोलना चाहिए, जिसके एक भी शब्द से किसी की चुगली न की गयी, इतना ही नहीं ऐसी वाणी भी बोलनी चाहिये, जिसमें एक भी शब्द व्यर्थ न हो। विशेष परिस्थिति में कभी-कभी ऐसी वाणी भी बोलनी पड़ती है जो केवल सत्य होती है, मधुर नहीं, किन्तु ऐसी वाणी तभी बोली जानी चाहिये जब उससे आत्महित या परहित सधता हो। किन्तु ऐसा बोलना बड़ा कठिन कार्य है, ऐसा बोलना बड़े ही अभ्यास से ही संभव है। क्रोध की प्राथमिक अभिव्यक्ति वाणी में ही होती है। क्रोध से क्रोध को हम जीत लेंगे

यह शक्य नहीं। अक्रोध से क्रोध को जीता जा सकता है। इसे भगवान बुद्ध ने सनातन धर्म कहा है।[5]

7. सम्यक् कर्मान्त–बुद्धि से किसी बात को सही मानना, सम्यक् दृष्टि है और उस मान्यता के अनुसार आचरण करना सम्यक् कर्मान्त है। सम्यक् कर्मान्त योग्य व्यवहार की शिक्षा देता है। हमारा हर कार्य ऐसा हो, जिसे करते समय हम दूसरों की भावनाओं और अधिकारों का ख्याल रखें। आज समाज में अधिकारों को लेकर जो संघर्ष हो रहा है। एक दूसरे के प्रति जो कटुता और द्वेष का वातावरण है, निश्चित रूप से इसी कारण है। बुद्ध का सम्यक् कर्मान्त हमें अपने अधिकारों के प्रति मदान्ध नहीं करता वरन एक दृष्टि देता है कि हम अपने अधिकारों का प्रयोग कैसे करें, जिससे समाज का हित हो सके। जयशंकर प्रसाद अपने नाटक *ध्रुवस्वामिनी* में एक सवाल उठाते हैं कि सत्ता व्यक्ति को मदान्ध कर देती है।

8. समाधि–कुशल कार्यों में चित्त की एकाग्रता का नाम समाधि है। समाधि शब्द के एक से अधिक अर्थ प्रचलन में हैं। श्वास प्रश्वास को रोकने का नाम समाधि है। कुछ घण्टों के लिए जमीन में जीते-जी गाड़ दिए जाने का नाम समाधि है। प्राणान्त होने का नाम समाधि है। सम्यक् समाधि का इन बातों से कोई सरोकार नहीं है। आज के इस वैज्ञानिक और तकनीकी युग में जहाँ मनुष्य अपने कार्यों से ऊब रहा है, वहाँ बौद्ध धर्म यह बताता है कि किस प्रकार एकाग्रचित होकर अपना कार्य सम्पादित करें।

हे परिव्राजको! जों आदमी सम्यक् दृष्टि, सम्यक् संकल्प, सम्यक् वाणी, सम्यक् कर्मान्त, सम्यक् आजीविका, सम्यक् व्यायाम, और सम्यक् स्मृति को प्राप्त करना चाहता है, उसके मार्ग में पाँच बाधायें या बन्धन आते हैं। ये हैं लोभ, आलस्य, विचिकित्सा तथा अनिश्चय। इन बंधनों से, जो वास्तव में कड़े बन्धन ही हैं, जीत लेना या तोड़ना आवश्यक है। इन बन्धनों से मुक्त होने का उपाय समाधि है। किन्तु समाधि और सम्यक् समाधि में अन्तर है–समाधि का अर्थ है चित्त की एकाग्रता, जबकि सम्यक् समाधि मन को कुशल और कुशल ही सोचने की आदत डाल देती है। सम्यक् समाधि मन को वह अपेक्षित शक्ति देती है, जिससे आदमी कल्याण रत रह सके।[6] *(भगवान बुद्ध और उनका धम्म, डॉ. अम्बेडकर)*

इस प्रकार यह स्पष्ट है कि बुद्ध का आष्टांगिक मार्ग, आधुनिक युग में मनुष्य को अपने इन्द्रियों पर नियंत्रण की बात बताता है। जैसा कि हम सभी

जानते हैं कि मन ही सभी क्रियाओं का नियामक है। गौतम बुद्ध का आष्टांगिक मार्ग मन में नियंत्रण का वैज्ञानिक आधार बताता है। काश! गौतम बुद्ध का आष्टांगिक मार्ग हम सभी अपने जीवन में क्रियान्वित कर पाते। धम्मपद की गाथा (223) में संक्षेप में इसका सार बताया गया है। यह गाथा इस प्रकार है–

अक्कोधेन जिने कोधं असाधुं साधुना जिने।
जिने कदरियं दानेन सच्चे नाली कवादिनं।।

बौद्ध धर्म एक बुद्धिवादी अध्ययन: भदन्त आनन्द कौशल्यायान

क्षमा से क्रोध को जीते, असाधु को साधुत्व से जीते, कृपण को दान से जीते।

संदर्भ

1. *भगवान बुद्ध और उनका धम्म*, पृ. 98.
2. *भगवान बुद्ध जीवन और दर्शन*–धर्मानन्द कौशाम्बी, पृ. 105.
3. *बौद्ध धर्म एक बुद्धिवादी अध्ययन*–भदन्त आनन्द कौशल्यायान, पृ. 97.
4. वही, पृ. 98.
5. *बोधि वृक्ष की छाया में*–भगवत शरण उपाध्याय, पृ. 73.
6. *भगवान बुद्ध और उनका धम्म*–डॉ. अम्बेडकर, पृ. 100.

17

बुद्धशासन के आधार–त्रिस्कन्ध

प्रीति पाठक

साहित्य, समाज का दर्पण होता है और कवि या लेखक अपने युग का प्रतिनिधि होता है। उसकी कृतियों में तत्कालिक समाज की धार्मिक, सांस्कृतिक, सामाजिक एवं राजनैतिक परिस्थितियों का विवरण भी होता है। महाकवि भदन्त अश्वघोष बुद्ध उपासक थे और उनके द्वारा विरचित दोनों महाकाव्य महाकारूणिक तथागत बुद्ध की जीवन घटनाओं, उनकी देशना से परिपूर्ण हैं।

साहित्य में धर्म और दर्शन का जब समन्वय होता है, तब वह मानवता के विकास का चरमोत्कर्ष समझा जाता है। साहित्य और दर्शन, हृदय और मस्तिष्क की तरह एक दूसरे पर निर्भर होते हैं। दर्शन जहाँ नीरस एवं अनुराग शून्य होता है वहीं दूसरी ओर वह तत्व से साक्षात्कार करवाता है। मुक्ति का मार्ग बताता है। बौद्ध दर्शन के त्रिस्कन्ध प्रज्ञा, शील तथा समाधि वे आधार स्तम्भ हैं, जिन पर बौद्ध दर्शन का मुक्तिधाम आलम्बित है। बिना इन त्रिस्कन्धों के बौद्ध दर्शन की संकल्पना भी नहीं की जा सकती।

बुद्धधर्म के तीन महनीय तत्त्व प्रज्ञा, शील और समाधि आष्टंगिक मार्ग के प्रतीक हैं। महाकवि भदन्त अश्वघोष ने इसका प्रतिपादन इस प्रकार किया है–

"अस्याभ्सुपायोऽधिगमाय मार्गः प्रज्ञात्रिकल्पः प्रशमद्विकल्प।
स भावनीयो विधिबद्बुधेन शीले शुचौ त्रिप्रमुखे स्थितेन।।
वाक्कर्म सम्यक् सहकायकर्म यथावदाजीवनयश्च शुद्धः।
इदं त्रयं वृत्तविधौ प्रवृत्त शीलाश्रयं कर्मपरिग्रहाय।।
सत्येषु दुःखादिषु दृष्टिरार्या सम्यग्वितर्कश्च पराक्रमश्च।
इदं त्रयं ज्ञानविधौ प्रवृत्तं प्रज्ञाश्रयं क्लेशपरिक्षयाय।

न्यायेन सत्याधिगमाय युक्ता सम्यक् स्मृतिः सम्यगथो समाधि।
इदं द्वयं योगविधौ प्रवृत्तं शमाश्रयं चित्तपरिग्रहाय।।"[1]

उपर्युक्त पद्यों में महाकवि भदन्त ने त्रिप्रमुख शील में–सम्यक् वाणी, सम्यक् कर्म तथा शुद्ध आजीविका का, त्रिकल्पक प्रज्ञा में–सम्यक, दृष्टि, सम्यक् विचार तथा सम्यक् प्रयत्न का एवं द्विकल्पक समाधि में सम्यक् स्मृति तथा सम्यक् समाधि का अन्तर्भाव किया है। तात्पर्य यह है कि आष्टांगिक मार्ग प्रज्ञा, शील और समाधि इन त्रिस्कन्धों में अन्तर्भाव है।

त्रिविध प्रज्ञा

(1) सम्यक् दृष्टि (सम्मादिट्ठि)
(2) सम्यक् संकल्प (सम्मासंकप्पो)
(3) सम्यक् वचन (सम्मावाचा)

त्रिविध शील

(4) सम्यक् कर्मान्त (सम्माकम्मन्तो)
(5) सम्यक् आजीविका (सम्माआजीवो)
(6) सम्यक् व्यायाम (सम्मावायामो)

द्विविध समाधि

(7) सम्यक् स्मृति (सम्मासति)
(8) सम्यक् समाधि (सम्मासमाधि)

1. प्रज्ञा

प्रज्ञा का सम्बन्ध किसी वस्तु के यथार्थ ज्ञान से है, दूसरे शब्दों में कुशलचित्त से युक्त विपश्यना ज्ञान को ही प्रज्ञा कहते हैं। इस मार्ग में सम्यक् दृष्टि, सम्यक् विचार और सम्यक् प्रयत्न आते हैं। ये तीनों, ज्ञान से सम्बन्धित हैं, इनका आश्रय प्रज्ञा ही है–

"सत्येषु दुःखादिषदु दृष्टिरार्या सम्यग्वितक्रश्च पराक्रमश्च।
इदं त्रयं ज्ञानविधौ प्रवृत्त प्रज्ञाश्रयं क्लेशपरिक्षयाय।।"[2]

प्रज्ञा क्लेशांकुरों को निःशेष कर देती है, जिस प्रकार प्रावृट काल में नदी अपने प्रान्तवर्ती वृक्षों का उन्मूलन कर देती है। प्रज्ञा से दग्ध होकर दोष उसी प्रकार नहीं पनपते जैसे वज्राग्नि से दग्ध होकर वृक्ष–

"प्रज्ञा त्वशेषेण निहन्ति दोषांस्तीरद्रुमान् प्रावृषि निम्नगेव।
दग्धा यया न प्रभवन्ति दोषा वज्रग्निनेवानुसृतेन वृक्षा।।"[3]

2. शील

तथागत ने अपने उपदेशों के माध्यम से देशना दी कि शील का सम्बन्ध सदाचार और कर्मों के निग्रह से है। वाणी, दैहिक कर्म और शुद्ध आजीविका–ये तीनों ही आचरण से सम्बन्धित हैं तथा इनका आश्रय शील है–

> "*वाक्कर्म सम्यक् सहकायकर्म यथावदाजीवनयश्च शुद्धः।*
> *इदं त्रयं वृत्तविधौ प्रवृत्तं शीलाश्रयं कर्मपरिग्रहाय।।*"[4]

संसार के अखिल श्रेयस्कर कर्मों का सम्पादन शील का आश्रय लेकर ही होता है यथा पृथ्वी का आश्रय लेकर खड़ा होना इत्यादि–

> "*शलीमास्थाय वर्तन्ते सर्वा हि श्रेयसि क्रियाः।*
> *स्थानद्यानीव कार्याणि प्रतिष्ठाय वसुन्धराम्।।*"[5]

शील के इसी तथ्य की बड़ी ही सुन्दर उपमा देकर भदन्त ने महाकाव्य बुद्धचरित में उल्लेख किया है कि जिस प्रकार सम्पूर्ण चराचर विश्व का आधार वसुन्धरा है, उसी प्रकार शील सभी गुणों का आधार है–

> "*चराचरस्य विश्वस्य यथाधारों वसुन्धरा।*
> *निखिलानां गुणानाश्च तथा शीलं शुभाश्रयः।।*"[6]

बौद्ध–दर्शन में निर्वाण की प्राप्ति के लिये शील परम ध्येय वस्तु है। शील की प्रतिष्ठा से मनुष्य अपने आध्यात्मिक चैतन्य से संवलित हो जाता है। शील के लिए कपट का त्याग, सिद्धान्तों के प्रतिकूल आजीविका का त्याग तथा प्रलोभन का त्याग अति आवश्यक हैं।

मानव जीवन में शील का बड़ा महत्त्व है। तथागत ने शील को धर्मचक्र के आरे के समान (शीलारंच सुसन्नद्ध) बताया है। शील, वन में मार्ग निर्देश के समान है। यह बन्धु, मित्र और रक्षक भी हैं–

> "*शीलं हि शरणं सौम्य! कान्तार इव दैशिकः।*
> *मित्रं बन्धुश्च रक्षा च धनं च बलमेव च।।*"[7]

शील के रहने से क्लेशांकुरों का प्रादुर्भाव उसी प्रकार नहीं होता है, जैसे अकाल में बीजांकुर समुद्भूत नहीं होते–

> "*क्लोशांकुरान्न प्रतनोति शीलं बीजांकुरान् काल इवातिवृत्तः।*
> *शुचौ हि शीले पुरुषस्य दोषा मनः सलज्जा इव धर्षयन्ति।।*"[8]

3. समाधि

समाधि का सम्बन्ध योग से है। इससे चित्त का निग्रह होता है। सम्यक् स्मृति, जो सत्य की प्राप्ति में न्यायपूर्वक लगी रहती है तथा सम्यक् समाधि,

ये दो तत्व योग से सम्बन्धित है, इनका आश्रय शान्ति है। इनके द्वारा चित्त का नियन्त्रण होता है–

"न्यायेन सत्याधिगमाय युक्ता सम्यक् स्मृतिः सम्यगथो समाधि।
इदं द्वयं योगविधौ प्रवृत्तं शमाश्रयं चित्तपरिग्रहाय।।"[9]

समाधि समस्त क्लेशों का विषकम्भन करती है। जैसे पर्वत, नदियों के महावेग का। समाधिस्थ होने पर मन्त्र-बद्ध सर्पों की भांति दोषों के आक्रमण का भय शेष नहीं रहता–

"क्लोशांस्तु विष्कम्भयते समाधिर्वेगानिवाद्रिर्महतो नदीनाम्।
स्थिते समाधौ हि न धर्षयन्ति दोषा भुजंगा इव मन्त्रबद्ध।।"[10]

महाकवि भदन्त अश्वघोष ने बुद्धचरित में वर्णन किया है कि समाधि प्रसन्न मन वालों को सिद्ध होती है। मन जब समाधि-युक्त होता है, तब ध्यान-योग की प्रवृत्ति होती है। ध्यान-योग के प्रवृत्त होने से उन धर्मों का साक्षात्कार होता है, जिनसे शान्त, अजर, कल्याणकारी और दुर्लभ अमर पद की प्राप्ति होती है–

"स्वस्थप्रसन्नमनसः समाधिरूपपद्यते।
समाधियुक्तचित्तस्य ध्यानयोगः प्रवर्तते।।
ध्यानप्रवर्तनाद्धर्मा प्राप्यन्ते यैरवाप्यते।
दुर्लभं शान्तमजरं परं तद्भूतं पदम्।।"[11]

प्रज्ञा, शील, समाधि रूपी तीन स्कन्धों वाले अविनाशी और सर्वश्रेष्ठ आष्टांगिक मार्ग का आचरण व अनुगमन करके, मनुष्य दुःख के कारण दोषों से मुक्त हो जाता है और अत्यन्त कल्याणकारी, मंगलमय, आनन्दमय निर्वाण पद को प्राप्त अर्हत् की महनीय उच्च पदवी प्राप्त कर लेता है। धम्मपद में बुद्धशासन के इस रहस्य को तीन ही शब्दों में समझाया गया है। (1) सब पापों का नाश करना, (2) पुण्य का संचय, तथा (3) अपने चित्त की परिशुद्धि–

"सब्बपापस्य अकरणं कुसलस्य उपसम्पदा।
स-चित्त-परियोदपनं एतं बुद्धान सासनं।।"[12]

इस प्रकार तथागत का मार्ग सदैव ही मानव को वहाँ ले जाएगा जहाँ से वह आया है। वासनाओं में आकण्ठ डूबा मनुष्य अपने वास्तविक स्वरूप को पूर्णतः विस्मृत कर चुका है। उसे यह ज्ञात नहीं कि वह अपने नाम के इतर भी कुछ और है और यही कुछ और को जानने-समझने के लिए तथागत का मार्ग बुद्धमार्ग है, बौद्ध-दर्शन है।

सन्दर्भ

1. *सौन्दरनन्द* 16/30, 31, 32, 33.
2. *सौन्दरनन्द* 16/32.
3. *सौन्दरनन्द* 16/36.
4. *सौन्दरनन्द* 16/31.
5. *सौन्दरनन्द* 16/46.
6. *बुद्धचरित* 23/18.
7. *सौन्दरनन्द* 13/28.
8. *सौन्दरनन्द* 16/34.
9. *सौन्दरनन्द* 16/33.
10. *सौन्दरनन्द* 16/35.
11. *बुद्धचरित* 12/105, 12/106.
12. *धम्मपद* 14/5.

18

स्वामी विवेकानंद और बौद्ध धर्म

डॉ॰ राजनारायण शुक्ल

स्वामी विवेकानंद पहले हिन्दू दार्शनिक थे, जिन्होंने महात्मा बुद्ध के विचारों पर हिन्दू धर्म के प्रभाव को माना था। वास्तव में उन्होंने वैष्णव धर्म, वेदान्त तथा बौद्ध धर्म को एक ही माना था। उन्होंने गौतम बुद्ध और वेदान्त दर्शन की एकरूपता स्थापित करते हुए इनकी प्रशंसा की, परन्तु कतिपय सनातन मतावलंबियों ने महात्मा बुद्ध के व्यक्तित्व के चतुर्दिक अवतारवाद का जो वितण्डावाद फैला रखा था, उसे स्वीकारने से इन्कार कर दिया। यही नहीं, बल्कि उन्होंने कर्मकाण्डी ब्राह्मणों की स्वार्थपरकता एवं असहिष्णुता के लिए उन्हें फटकार लगायी तथा बौद्ध भिक्षुओं की संख्या को मान्यता प्रदान करते हुए उन्हें 'बहुजन हिताय' हेतु जुटने की सलाह दी।

स्वामी विवेकानंद एक दूरदर्शी दार्शनिक थे। उन्होंने भारतीय दर्शन की उत्कृष्ट झाँकी सम्पूर्ण विश्व के समक्ष प्रस्तुत की थी। उन्होंने अपने अन्तस्तल में हिन्दुत्व के दुर्ग की चतुर्दिक बहुआयामी, बहुरंगी एवं बहुविध झाँकी का साक्षात्कार किया था, जिसके ज्ञान एवं करुणा से सम्पूर्ण विश्व ज्योतित हो रहा हो। इसलिए उन्होंने घोषणा की थी, "मैं भगवान बुद्ध के चरणों में नमन करता हूँ।" स्वामी जी ने बौद्ध धर्म के प्रति पूर्ण श्रद्धा एवं सम्मान प्रदर्शित किया था। उनसे पहले अन्य सभी ब्राह्मणवादी एवं हिन्दुत्व के आचार्यों ने तथागत की अलौकिक एवं आध्यात्मिक निधि का उपहास उड़ाया था तथा उन्हें कुछ उपहासप्रद नामों, जैसे–जाति बहिष्कृत, शून्यवादी, असभ्य तथा दानवों के गुरू आदि की संज्ञा दी थी। यह स्वामी विवेकानंद ही थे, जिन्होंने पूर्ण भक्ति के साथ कहा था, "भगवान बुद्ध मेरे इष्ट हैं। उन्होंने ईश्वरत्व का कोई सिद्धान्त नहीं दिया क्योंकि वे स्वयं एक ईश्वर थे और मैं इस बात पर पूरा विश्वास करता हूँ।"[1]

इस प्रकार स्वामी विवेकानंद का बौद्ध धर्म के प्रति दृष्टिकोण, अन्य प्राचीन एवं मध्यकालीन हिन्दू दार्शनिकों से भिन्न था। उन्होंने स्वयं को बुद्ध का ऋणी स्वीकार किया है और बुद्ध की विरासत के प्रति अपना सम्मान प्रदर्शित किया है। वे उन्हें हिन्दुत्व का महानतम आचार्य मानते हैं, महानतम सिद्ध पुरुष मानते हैं, आदर्श कर्मयोगी स्वीकारते हैं, सच्चा वेदान्ती कहकर पुकारते हैं और उन्हें 'धरती पर आया एकमात्र ईश्वर' की संज्ञा देते हैं।

यूरोप तथा अमेरिका में अपने प्रवचनों में स्वामी विवेकानंद ने गौतम बुद्ध की भूरि-भूरि प्रशंसा की तथा उनकी नैतिक, तार्किक एवं मानवतावाद से परिपूर्ण शिक्षाओं को अपनाने पर बल दिया।[2]

स्वामी विवेकानंद आधुनिक समय के संभवत: पहले ऐसे भारतीय हैं, जिन्होंने अपने देशवासियों तथा अमेरिकियों एवं यूरोपीयों को यह याद दिलाया कि गौतम बुद्ध कितने महान थे। सम्पूर्ण विश्व में बसने वाले बौद्ध धर्म के अनुयायी, महात्मा बुद्ध की शिक्षाओं को सम्पूर्ण विश्व में फैलाने के लिए इस महान हिन्दू संन्यासी के सदैव ऋणी रहेंगे। भारतवर्ष के लिए तो इसका महत्व और भी अधिक है क्योंकि हम भारतवासी शताब्दियों से महात्मा बुद्ध को भूल चुके थे। स्वामी जी ने गौतम बुद्ध की महानता पर इतना अधिक बल दिया कि कई बार अमेरिकी श्रोता भ्रमवश यह समझ बैठते थे कि वह हिन्दू संन्यासी न होकर बौद्ध भिक्षु हैं और वे बुद्ध के सन्देशों का प्रसार करने हेतु यहाँ आए हैं।

जहाँ तक स्वामी विवेकानन्द का गौतम बुद्ध के प्रति प्रेम, प्रशंसात्मक भाव तथा सम्मान का प्रश्न है, तो इसकी तुलना किसी अन्य गैर बौद्ध से नहीं की जा सकती। महात्मा बुद्ध की जितनी अधिक प्रशंसा स्वामी विवेकानन्द ने की, उतनी किसी अन्य हिन्दू ने आज तक नहीं की है। यह कहना अतिशयोक्ति न होगा कि आजकल के जो बौद्ध भिक्षु गले में सुन्दर माला धारण करके तथागत के प्रति सम्मान प्रदर्शित करते हुए व्याख्यान देते हुए मिलते हैं, वे धार्मिक आस्थावान बौद्ध भी, स्वामी विवेकानंद द्वारा दिए गए व्याख्यानों एवं उनके द्वारा लिखित पुस्तकों में भगवान बुद्ध के प्रति व्यक्त श्रद्धा एवं सम्मान की बराबरी नहीं कर सकते।

स्वामी विवेकानंद ने कहा था, "महान व्यक्ति, महानों में महानतम भगवान बुद्ध ईसा से छह शताब्दी पहले भारत में जन्मे थे। वे संसार के सर्वाधिक ऐतिहासिक पैगम्बरों में से एक हैं। महात्मा बुद्ध और मोहम्मद साहब, दो सर्वाधिक ऐतिहासिक व्यक्ति हैं और इनमें से बुद्ध प्राचीनतम आचार्य हैं क्योंकि श्रीकृष्ण मिथक प्रतीत होते हैं।"[3]

अमेरिका में दिए गए एक व्याख्यान में स्वामी विवेकानंद ने कहा था, "याद कीजिए कि बुद्ध ने अपने उपदेशों के माध्यम से प्रेम के अपने विचार को दक्षिण, उत्तर, पूर्व, पश्चिम, ऊपर, नीचे तथा सम्पूर्ण ब्रह्माण्ड में अनंत तक फैला दिया था।" यह वक्तव्य में प्रेम करुणा के विषय में पालि के ग्रन्थ 'सुत्तनिपात' के मेत्तसुत्त में दिए गए सन्देश के अनुरूप है, जिसे नीचे उद्घृत किया जा रहा है–

"अपनी जान की परवाह किए बगैर एक माँ ही अपने इकलौते बच्चे की रक्षा जिस प्रकार करती है, उसी प्रकार प्रत्येक व्यक्ति को अपना हृदय दूसरों के लिए खोल देना चाहिए। अनंत प्रेम का यह विचार सम्पूर्ण ब्रह्माण्ड, ऊपर-नीचे, चारों तरफ बिना किसी रुकावट के, बिना घृणा या शत्रुता के विचरित होने दो।"[4]

भगवान बुद्ध के इस पावन सन्देश से मिलती-जुलती भावनाएँ, पाल कैरस ने अपनी कविता में अत्यन्त सुन्दर एवं अविस्मरणीय ढंग से व्यक्त की हैं, जो नीचे दी जा रही हैं

"न धोखा दो, न करो ईर्ष्या
कभी भी किसी से, कहीं भी, कैसे भी
न गुस्सा करो, न करो घमण्ड
न रखो मैल मन में,
जैसे माँ परवाह नहीं करती अपने जीवन की
और अपने बच्चे के लिए समर्पित कर देती है खुद को।
तुम भी बनो ऐसी ही माँ
और फैलाओं चतुर्दिक अपना प्रेम
दाएँ-बाएँ चारों तरफ
फैलाओ सद्भावना
बिना किसी कपट के, बिना किसी रुकावट के
खड़े होते, चलते, बैठते हर समय।
जब भी कुछ सोचो, तो बस यही
कि जीवन का कानून ही वरेण्य है
प्रेम करना ही करुणा है।"[5]

(हिन्दी अनुवाद: डॉ. पुनीत बिसारिया)

बुद्ध शायद ऐसे इकलौते पैगंबर हैं, जिन्होंने सब कुछ केवल दूसरों के लिए किया और अपने लिए कुछ भी नहीं सोचा। उन्होंने अपना घर और समस्त सुख-सुविधाएँ छोड़ दीं और मानवता के असहृय कष्टों का समाधान खोजने में अपना समय व्यतीत किया, परिणामस्वरूप उन्होंने शांति और आनन्द का

जो रास्ता खोजा, वह समस्त बुराइयों के खिलाफ भगवान बुद्ध द्वारा की गयी चिकित्सा है। सम्भवतः इसी कारण एक प्राचीन 'महायान सुत्त' बुद्ध को 'वैद्यराज' और 'स्मृतभंषज प्रदाह' कहकर सम्बोधित करता है।[6] सातवीं शताब्दी के चन्द्रकीर्ति नामक एक दार्शनिक ने उन्हें 'चिकित्सकों का महान सम्राट' या 'क्लेश महाव्याधि चिकित्सा महावैद्यराज' कहकर उनके प्रति सम्मान प्रदर्शित किया है।[7]

सुत्तनिपात ग्रन्थ में महात्मा बुद्ध को 'मानव का पथ प्रदर्शक' कहा गया है।[8] उन्होंने बोध प्राप्त किया और उसे सम्पूर्ण विश्व में प्रसारित कर दिया। इस ज्ञान के प्रकाश ने न सिर्फ मनुष्य के अन्तर्मन के अन्धकार को दूर किया, अपितु ईश्वरों को भी ज्योतित किया। इसी कारण बौद्ध, महात्मा बुद्ध को 'ईश्वरों एवं मनुष्यों का आचार्य' मानते हैं। 'बुद्ध' का शाब्दिक अर्थ प्रकाश, जागृति, ज्ञान, बुद्धि तथा प्रबोधन है। यह नैतिक पूर्णता तथा आध्यात्मिक पूर्णता का भी संकेत करता है। इस प्रकार बुद्ध, उस बुद्धि तथा नैतिकता एवं मन और बुद्धि की समस्त श्रेष्ठ प्रवृत्तियों के स्रोत हैं, जिनसे सभ्य मानवता आनन्द प्राप्त करती है। स्वामी विवेकानंद ने गौतम बुद्ध के चरित्र के इन्हीं गुणों की चर्चा बार-बार की है।

स्वामी विवेकानंद ने अन्धकारमय विश्व में मानवता के पथ प्रदर्शक के रूप में बुद्ध की महानता को भली-भांति समझा था। उन्होंने कहा था, "उस व्यक्ति (महात्मा बुद्ध) ने उन सर्वोच्च नैतिक विचारों को प्रस्तुत किया, जिन्हें कोई राष्ट्र संजो सकता है। जब भी किसी नैतिक संहिता की बात की जाएगी, ये विचार उस समय सामान्य व्यक्ति के लिए प्रकाश की किरण के समान होंगे।"[9]

स्वामी विवेकानंद आधुनिक समय के पहले ऐसे हिन्दू थे, जिन्होंने बार-बार दोहराया, "बुद्ध ऐसे पहले महापुरुष थे, जिन्होंने सम्पूर्ण विश्व को बन्धुत्व का सन्देश दिया था। आज यह बौद्ध आस्था का प्रधान सिद्धान्त है। स्वार्थ, अहंकार, जातिवाद एवं असमानता, मानवता के लिए अभिशाप के समान है। महात्मा बुद्ध पहले ऐसे महापुरुष थे, जिन्होंने इन अभिशापों की खोज की थी। वे ऐसे पहले व्यक्ति थे, जिन्होंने मानवता को ग्रस रही इन भयानक बीमारियों का निदान खोजा था। सबकी मुक्ति का उनका सन्देश, सम्पूर्ण मानव जाति के लिए था। इस प्रकार बुद्ध मानवता के सर्वाधिक लाभप्रदायक व्यक्तित्व थे। उन्होंने दूसरों की भलाई के लिए काम किया और मानवता की निःस्वार्थ सेवा का महान सन्देश दिया। इसलिए मैं भगवान बुद्ध के समक्ष दण्डवत होता हूँ।"

बुद्ध ने प्रथम साठ अनुयायियों को आदेश देते हुए कहा था, "हे भिक्षुओं! बहुजन आध्यात्मिक कल्याण हेतु, बहुजन की आध्यात्मिक प्रसन्नता हेतु, संसार की भलाई, अच्छाई, प्रसन्नता और कल्याण हेतु चतुर्दिक विचरण करो।" स्वामी विवेकानंद चाहते थे कि अद्वैत वेदान्त के अनुयायियों हेतु भी यही ध्येय वाक्य हो। वे मानते थे कि जब तक बुद्ध सा हृदय एक बार पुनः भारत में नहीं आएगा, तब तक भारत के लोग असहाय अवस्था में पड़े रहेंगे। उन्होंने कहा था, "मेरी आकांक्षा है कि काश मेरे पास बुद्ध के हृदय का तनिक भी अंश विद्यमान होता।"

स्वामी विवेकानंद ने कहा था, "यह मेरी कल्पना है कि बुद्ध ही कालान्तर में जीजस क्राइस्ट के रूप में धरती पर जन्मे थे। बुद्ध ने स्वयं कहा भी था कि वे 500 साल बाद फिर धरती पर आएंगे और क्राइस्ट उनके 500 साल बाद धरती पर आए। ये दो ऐसे प्रकाश स्तंभ हैं, जिनसे समस्त मानवता आलोकित होती रहेगी। बुद्ध और क्राइस्ट के नाम से दो महामानव धरती पर जन्म ले चुके हैं, जिनका विराट व्यक्तित्व है, ये दोनों भगवान हैं। इन दोनों के बीच में सम्पूर्ण विश्व बँटा हुआ है। जब कभी विश्व को ज्ञान की कमी दिखाई देती है, विश्व या तो बुद्ध या फिर क्राइस्ट के सामने नतमस्तक होता है।"

स्वामी जी अक्सर बौद्ध धर्म के पालि भाषा में रचित ग्रंथों से उद्धरण दिया करते थे, जिन्हें वे बुद्ध के शब्द मानते थे। उनमें से कुछ नीचे दिए जा रहे हैं–

"आप सोचते हैं कि आप क्या हैं, आप यह सोचिए कि आपको क्या होना चाहिए।"

"हम जो भी हैं, वह हमारे विचारों का परिणाम है। यह हमारे विचारों से जन्म लेता है और हमारे विचारों से ही बनता है। यदि कोई बुरे विचारों के साथ बोलता है या कोई कार्य करता है, तो बाद में उसे ही कष्ट होता है क्योंकि जो बैल बैलगाड़ी को खींचते हैं, उन्हीं के पैरों के पीछे-पीछे बैलगाड़ी के पहिए चलते हैं। यदि कोई व्यक्ति अच्छे विचारों को व्यक्त करता है या अच्छे विचारों को ध्यान में रखकर कोई कार्य करता है, तो बाद में उसे प्रसन्नता मिलती है, जो एक परछाई की भांति होती है, जो कभी व्यक्ति को नहीं त्यागती।"

"ध्यान रखो कि समस्त वस्तुएँ नश्वर हैं और जीवन दुखों से भरा हुआ है।"

बुद्ध स्वयं उद्घोषित करते हैं, "स्वयं को एक टापू जैसा बनाओ और स्वयं उसमें शरण लो, दूसरे किसी की शरण लेने की आवश्यकता नहीं है। तुम्हें धैर्यपूर्वक प्रयत्न करने पर अवश्य ही मुक्ति प्राप्त होगी।"

स्वामी विवेकानंद के अनुसार बौद्ध धर्म की तीन खोजें अत्यन्त महत्त्वपूर्ण हैं। पहली, बुराई का अस्तित्व में होना, दूसरी, बुराई का कारण स्वार्थ एवं लिप्साओं का होना और तीसरी खोज बुराइयों का निदान निःस्वार्थ प्रवृत्ति अपनाने में संभव होना है। उन्होंने चार पावन सत्यों की चर्चा की। दुःख, दुःख का कारण, दुःख की समाप्ति और दुःख दूर करने के कारण, ये चार सत्य बौद्ध धर्म में वर्णित हैं।

स्वामी जी *धम्मपद* से उद्धृत करते हुए कहते हैं, "स्वार्थ का इलाज बलपूर्वक नहीं किया जा सकता, गन्दगी को गन्दगी से खत्म नहीं किया जा सकता और घृणा को घृणा से दूर नहीं किया जा सकता। यहाँ स्वामी विवेकानंद ने धम्मपद के जिस पद का उल्लेख अपने शब्दों में किया है, उसका मूल रूप इस प्रकार है, "घृणा को कभी भी घृणा से खत्म नहीं किया जा सकता, इसे मित्रता का हाथ बढ़ाने से खत्म किया जा सकता है। यही प्राचीन धर्म है।"

स्वामी विवेकानंद, दो बार बोध गया गए। पहली बार वे अपने संन्यासी जीवन के प्रारम्भ में गए थे। दूसरी बार वे अपने जीवन के अन्तिम समय में गए थे, वह भी अपने 39वें जन्मदिवस के अवसर पर गए थे। कहा जाता है कि वहाँ पावन बोधि वृक्ष के नीचे बैठकर उन्होंने खुद से पूछा था, "क्या यह संभव है कि जिस हवा में मैं सांस ले रहा हूँ, उसी हवा में कभी उन्होंने साँस ली थी? क्या मैं उसी धरती का स्पर्श कर रहा हूँ, जहाँ कभी उन्होंने विचरण किया था? भारत में अपने भ्रमण के दौरान ऐसा प्रचलित है कि उन्हें भगवान बुद्ध के पावन अवशेषों को स्पर्श करने की अनुमति दी गयी थी।"

स्वामी विवेकानन्द ने बौद्ध धर्म की जो व्याख्या की, उसका एक महत्वपूर्ण पक्ष यह है कि बौद्धों ने महात्मा बुद्ध की शिक्षाओं को सही ढंग से नहीं समझा और उसका गलत अर्थ निकाला। उन्होंने कहा था, "बुद्ध के बारे में हमारा दृष्टिकोण है कि उन्हें उनके अनुयायियों ने सही ढंग से समझने का प्रयास नहीं किया। ये उनके अनुयायी ही थे, जो उनकी शिक्षाओं के महत्त्व को नहीं समझ सके। ऐसा मुख्य रूप से इसलिए हुआ क्योंकि वे यह सच नहीं देख पाए कि बुद्ध के उपदेश हिन्दू धर्म के सत्यों के पूरक थे।"

सन्दर्भ सूची

1. *कम्प्लीट वर्क्स ऑफ, स्वामी विवेकानंद*, खंड VI, पृ. 27.
2. लालमणि जोशी, *डिसर्निंग द बुद्धा*, पृ. 19–21.
3. वही, पृ. 55.
4. सुत्तनिपात, *मेत्तसुत्त*, पृ. 26.

5. शेषराव चव्हाण एवं डॉ. पुनीत बिसारिया, *अम्बेडकर की अन्तर्वेदना*, प्रथम संस्करण, 2014, अटलाण्टिक पब्लिशर्स एण्ड डिस्ट्रीब्यूटर्स प्राइवेट लिमिटेड, नई दिल्ली, पृ. 122 से उद्धृत.
6. *महायान सुत्त*, पृ. 21.
7. शेषराव चव्हाण एवं डॉ. पुनीत बिसारिया, *अम्बेडकर की अन्तर्वेदना*, पृ. 123 से उद्धृत.
8. सुत्तनिपात, *मेत्तसुत्त*, पृ. 51.
9. लालमणि जोशी, *डिसर्निंग द बुद्धा*, पृ. 59.

19
प्रेरणा स्रोत भगवान बुद्ध

अमित आलोक अवस्थी

सत्य को जब खोजने चला तो न उसे जान सका, न समझ पाया, न ही पहचान सका। इसका अनुभव अवश्य हुआ। यह एक अलौकिक अनुभूति है। आंतरिक चेतना का वरदान है। यह स्वयं में स्वयंमेव है। यही अनुभूति कदाचित आनंद है।

एक दिन मैं अपने अध्ययन कक्ष में चिन्ता-ग्रस्त मुद्रा में बैठा कुछ सोच रहा था। ध्यान को विकेन्द्रित कर अचानक पुरानी पुस्तकों को व्यवस्थित करने में लग गया। अनायास बचपन में बनाया हुआ भगवान बुद्ध का एक चित्र मिला।

उसके ठीक बाद स्मरण आया कि विद्यार्थी जीवन में रंग-मंच पर एक कार्यक्रम में मुझे बुद्ध के रूप में, डाकू अंगुलिमाल को मार्ग में चलते-चलते आशीर्वाद देकर, आगे बढ़ जाने का अभिनय करना था। इस चरित्र का निर्वहन मैने भलीभांति किया था और दर्शकों की भरपूर प्रशंसा भी मिली थी।

अब मेरा मन अपनी इन दो संस्तुतियों में केन्द्रित हो गया। मन, जो विकल था चिन्ताग्रस्त विकारों से, वह अब पुलकित हो रहा था। समझ में नहीं आ रहा था कि ये कैसा परिदृश्य है, कैसी अनुभूति है। किसी बहुचर्चित कथा का श्रवण तो नहीं कर रहा हूँ या कि प्रेरित हो रहा हूँ, कुछ कार्यान्वित करने के लिए। अन्त में मेरी मनोदशा स्थिर हुई। भगवान बुद्ध के जीवन और दर्शन को जानने हेतु, अनुयायी बन उनके उपदेशों को प्रचारित करने हेतु, एवं मानव कल्याण हेतु मुझमें उत्कंठा जाग्रत हो गई। विभिन्न स्रोतों से बुद्ध के जीवन एवं दर्शन का अध्ययन किया। उनके जीवन की झलकियाँ और सारगर्भित दर्शन पर आधारित विचार, जो किसी भी व्यक्ति के लिए प्रेरणा-दायक, हितकर व कल्याणकारी हो सकते हैं, उनका संक्षिप्त विवरण इस प्रकार है।

बुद्ध शाक्य राज्य में कपिलवस्तु के राजा शुद्धोदन एवं रानी महामाया के पुत्र थे। इनका जन्म क्षत्रिय परिवार में कपिलवस्तु के पास लुम्बिनी में हुआ था। इनके बचपन का नाम सिद्धार्थ था। पच्चीस वर्ष की आयु तक सिद्धार्थ ने यशोधरा से विवाह और पुत्र राहुल के साथ ऐश्वर्यशाली जीवन व्यतीत किया।

एक बार सिद्धार्थ महल से निकलकर अपनी प्रजा से मिले। उन्हें उनके रथ के सारथी ने मनुष्य की यातना, बुढ़ापा, बीमारी और मृत्यु के बारे में जानकारी दी। उन्हें यह सब प्रत्यक्ष रूप से देखकर गहरा शोक हुआ और वह विचलित हो उठे। तत्पश्चात्, उन्तीसवें साल में वे पारिवारिक बन्धनों से मुक्ति लेने की घोषणा कर, जंगल की ओर प्रस्थान कर गये। प्रारम्भ में राजगृह गये और भिक्षाटन किया। वहाँ के राजा बिम्बसार ने उनसे मगध की राजगद्दी धारण करने का अनुरोध किया, लेकिन सिद्धार्थ ने इस आग्रह को ठुकरा दिया। राजा बिम्बसार को दिव्य ज्ञान की प्राप्ति के बाद पुनः मगध पधारने का आश्वासन दिया। इसके पश्चात् कुछ दिन साधु-शिक्षकों के पास शिष्य बनकर अभ्यास किया किन्तु सन्तुष्ट न हो सके। उन्होंने योग-साधना ज्ञान को ही जन-जागरण का सही रास्ता माना और गया में प्रसिद्ध पीपल के वृक्ष के नीचे तप-साधना में जुट गये। यह पेड़ बोधि वृक्ष कहलाया और स्थान 'बोधि गया'। कहा गया है कि उन्चास दिन की साधना के बाद पैंतीस वर्ष की आयु में उन्हें दिव्य ज्ञान प्राप्त हो गया। तब से सिद्धार्थ का नाम बुद्ध (जागृत) पड़ा। इससे उन्हें मानवीय दु:खों का अंतर्ज्ञान हुआ। इन कष्टों का निवारण करने के लिए जो कदम उठाए, वे चार आर्य सत्य हैं–

मानवीय कष्ट जीवन के अस्तित्व का विचरित अंग है।

तृष्णा, या चाहत, दु:ख का मूल कारण है।

कष्टों का अंत हो सकता है।

इन्हें निम्न आर्य अष्टांग मार्ग (जो बीच का मार्ग भी कहलाता है) पर चल कर कार्यान्वित कर सकते हैं–

1. सम्यक् दृष्टि
2. सम्यक् संकल्प
3. सम्यक् वाक्
4. सम्यक् कर्म
5. सम्यक् जीविका
6. सम्यक् प्रयास

7. सम्यक् स्मृति
8. सम्यक् समाधि

दिव्य ज्ञान की प्राप्ति के बाद बुद्ध ने सोचा कि दूसरों को धर्म की शिक्षा दी जाये। इस बात पर विचार-विमर्श किया गया क्योंकि लालच, घृणा एवं अज्ञानता से जकड़े हुए लोगों के लिए इस रास्ते पर चल पाना बहुत ही कठिन था। अंततः बुद्ध धामेक स्तूप सार में शिक्षा देने के लिए सहमत हुए। इस स्थान पर सबसे पहले उपरोक्त चार आर्य सत्य पर अपने शिष्यों को शिक्षा दी। इसके बाद डियर पार्क वाराणसी पहुँचे और तथाकथित धर्म-चक्र की स्थापना कर, वहाँ अपने पाँच साथियों, जिन्होंने उनके साथ दिव्य-ज्ञान की खोज की थी, को उपदेश दिया। इसके बाद इन्होंने पहला बौद्ध भिक्षु संघ बनाया, जिसकी संख्या बढ़ते-बढ़ते 1000 के ऊपर पहुँच गई।

बचे हुए पैंतालीस वर्षों में बुद्ध ने गंगा के मैदानी इलाकों जैसे उत्तर प्रदेश, बिहार व नेपाल का भ्रमण किया और समाज की सभी जातियों, वर्गों, समुदायों को बुद्ध-धर्म का उपदेश दिया एवं प्रचार-प्रसार किया। अपनी शर्त के अनुसार भगवान बुद्ध, मगध के राजा बिम्बसार से भी मिले। बुद्ध ने अस्सी वर्ष की उम्र में अपना परिनिर्वाण घोषित कर दिया तथा अन्तिम भोजन एक लोहार कुन्डा के आग्रह पर किया। बुद्ध का परिनिर्वाण कुशीनारा के जंगल में हुआ, जो आज कुशीनगर कहलाता है। उनके अवशेष स्मारकों व स्तूपों में रखे गये।

भगवान बुद्ध के व्यक्तित्व और वचनों में अलौकिक शक्तियाँ थीं। उनके भतीजे देवदत्त ने कई बार उन्हें मार डालने का प्रयास किया किन्तु हर बार वह विफल रहा। बाद में देवदत्त ने संघ को अस्त व्यस्त करने की कोशिश भी की, जो व्यर्थ गयी। बुद्ध ने कभी स्वयं को मानव से अधिक नहीं कहलवाया। वह सम्पूर्ण मानव थे। अलौकिक आभा व अंतर्ज्ञान से परिपूर्ण थे। मनुष्य, यदि बुद्ध द्वारा निर्देशित चार आर्य सत्य के मार्ग पर चले, तो वह निश्चय ही स्वतंत्र और स्थिर है, लेकिन यदि वह स्वार्थ से निर्देशित होकर चलता है, तो पाप और समस्यायें उसे अपने साथ घसीट ले जाती है। जो स्थिर है, वह सच्चा है, और जो सच्चा है वह भगवान के निकट है। यही स्थाई सुख है।

यदि हम सात्विक भाव जाग्रत कर लेते हैं, तो फलस्वरूप बुद्धि से काम लेने लग जाते हैं। उदाहरण हेतु-

(1) अंगुलिमाल एक हत्यारा डाकू था, जो हत्या के बाद उंगली काटकर अपने गले के हार में पिरो लेता था। जंगल में जब उसे उसकी माँ दिखी तो

उसने उसकी भी उंगलियों से 1000 उंगली पिरोना चाहा। तब वहाँ संयोग से भगवान बुद्ध मिले और कहा–'तेरा कुशल अभी मरा नहीं है यदि तू उसे केवल एक बार अवसर देगा तो वह तुम्हारी काया पलट देगा।' भगवान के वचनों का उस पर प्रभाव पड़ा। अंगुलिमाल जाग्रत हुआ, चरणों में गिरकर भगवान से दीक्षा ली और उनका अनुचर बन गया।

(2) इसी प्रकार सम्राट अशोक को कलिंग युद्ध की त्रासदी के बाद, जिसमें हजारों की हत्या हुई थी, बुद्ध दर्शन का ज्ञान हुआ, उनका सात्विक भाव जागा और उन्होंने आगे का पूरा जीवन मानव सेवा और बुद्ध के धर्मोपदेश के प्रचार–प्रसार में लगा दिया।

(3) बुद्ध के एक निकटतम मित्र अश्वजीत ने सारिपुत्त से कहा–

ये धम्मा हेतुप्पभवा,
हेतु तेसं तथागतो आह।
ते संचयो निरोधो,
एवंवादी महासमनो।।

अर्थात् जितने भी धर्म हैं, कारण से उत्पन्न होते हैं, इनका कारण तथागत बतलाते हैं। उनके निरोध (विनाश) का मार्ग बतलाते हैं। इस सिद्धांत को महाश्रमण कहते हैं।

सारिपुत्त ने इसे कई बार दोहराया, समझा कि संसार में जो भी विद्यमान है, जो कुछ समुदाय धर्म हैं सब विनष्ट होने वाले हैं। उन्हें परिशुद्ध ज्ञान–दृष्टि मिली।

कुछ अन्य उपदेशों की व्याख्या करना चाहेंगे। श्रावस्ती में भगवान बुद्ध ने भिक्षुओं से ये कहा

आयुष्मानों, चार स्मृति प्रस्थानों का अभ्यास करना चाहिए–

कार्य कार्यनुपस्सना
वेदना वेदनानुपस्सना
चित्त चित्तानुपस्सना
धर्म धर्मानुपस्सना

उनका अभ्यास करने से तृष्णा का क्षय होता है। बुद्धिमान को यह नहीं समझना चाहिए कि यह मेरा है, यह मैं हूँ और यह मेरी आत्मा है।

भगवान बुद्ध ने राहुल को उपदेश दिया–घ्राण, जिह्वा, शरीर और मन नित्य नहीं अनित्य हैं। इन्द्रियों के विषयों को भी अनित्य बतलाया। उन्होंने कहा अनित्य सुख नहीं दुःख है।

सत्य की खोज वास्तव में गौतम बुद्ध ने अपने अंतर्ज्ञान, दिव्य दृष्टि एवं अंतर्चक्षुओं से की। उन्होंने सत्य को जाना, समझा और पहचाना। उनकी अंतर्चेतना ने सत्य की अनुभूति भलीभांति हृदय एवं मन की गहराई से की, जिससे उन्हें सचमुच आनन्द की प्राप्ति हुई। वह सत्य का मार्ग सांसारिक प्राणियों एवं मनुष्यों के लिए निर्धारित कर सके, चाहे वह किसी भी जाति वर्ण, वर्ग या समुदाय के हों।

व्यक्ति यदि भगवान बुद्ध के उपदेश को निष्ठा से, अपने अनुभव से, अपने आंतरिक नियंत्रण से समझता है, दोहराता है, उनके निर्देशित मार्ग का अनुकरण व सुनियोजित कार्यान्वयन करता है, तो यह निश्चय ही जीवन के सभी निर्धारित लक्ष्यों को प्राप्त कर लेता है।

मैं भी भगवान बुद्ध के उपदेशों से इतना आसक्त हो गया हूँ कि मेरा अन्तर्मन भाव विभोर होकर उद्वेलित हो रहा है, यह कहने के लिए कि–

बुद्धं शरणम् गच्छामि,
बुद्धं शरणम् गच्छामि।
बुद्धं शरणम् गच्छामि।।

20

बुद्धम् शरणम् गच्छामि

राजीव रंजन प्रसाद

वह युग के मूल्यों को निश्चित करता है।
वह युग में क्या अच्छा है निश्चित करता है।
वह युग में क्या सत्य है निश्चित करता है।
यही है जो बताता है; बुद्ध क्या है?

'*बुद्ध का पुनर्जन्म*' जापानी धर्मगुरु रहुयो ओकावा की चर्चित पुस्तक है जिससे उद्धरित ये पंक्तियाँ बुद्ध की खोज में जिस राह पर बढ़िये, दीपक जलाती हैं। बुद्ध को जानने के लिये अशोक अपने राज्याभिषेक के बीसवें वर्ष लुम्बिनी पहुँचते हैं और वहाँ एक शिला स्तंभ स्थापित करते हैं। यह उस महाप्राण की जन्मस्थली का आभार व्यक्त करने जैसा कदम था, जिसे जानने के लिये जितनी गहराई में उतरो वह उतना अथाह ही समझ आता है। राहुल सांकृतयायन ने सिद्धार्थ गौतम का जन्म 563 ई.पू. के लगभग शाक्य नामक क्षत्रियकुल में कपिलवस्तु के निकट नेपाल की तराई में स्थित, लुम्बिनी ग्राम में बताया है। नवीनतम शोध, जन्म तिथि को 623 वर्ष ईसा पूर्व मानते हैं। जातक कथा कहती है कि कौंडिय नाम के एक भविष्यवक्ता ने इस बालक के जन्म पर कहा था–*एमेहि लक्खणेहि समानन्नागतो अगारं अज्झावसमानो राजाहोति चक्रवर्ती, पब्ब जमानो बुद्धो* अर्थात् या तो यह चक्रवर्ती सम्राट बनेगा अथवा बुद्धत्व को प्राप्त होगा। इस भविष्यवाणी के दोनों हिस्से सत्य सिद्ध हुए; सिद्धार्थ बुद्ध होकर ऐसे चक्रवर्ती बने कि बड़े से बड़े सम्राट को भी ईर्ष्या हो जाये। आज महापरिनिर्वाण के ढाई हजार से अधिक वर्ष गुजर जाने के पश्चात् भी पाँचों महाद्वीपों के किसी न किसी देश में बुद्ध की धम्म सत्ता कायम है। दुर्भाग्यवश जन्म के सात दिवस के पश्चात् ही उनकी माता मायादेवी का देहावसान हो गया था। उनका

पालन विमाता प्रजापति गौतमी ने किया था; यह एक बड़ा कारण है कि सिद्धार्थ कालांतर में गौतम बुद्ध के नाम से जाने गये। यद्यपि उनका गोत्र भी गौतम था एवं वे शाक्य सूर्यवंशी क्षत्रिय थे, अतः गौतम के साथ-साथ शाक्यमुनि भी पुकारे जाते हैं। भविष्यवक्ता ने उनके संन्यासी होने की जो संभावना बताई थी, उसके फलस्वरूप सिद्धार्थ को विलासितापूर्ण जीवन से लुभाने और उसी में उलझाये रखने की कोशिश उनके पिता शुद्धोदन द्वारा की जाती रही, लेकिन वे अपनी ही सोच में डूबे रहने वाले अनुरागी थे। मैथलीशरण गुप्त की कविता 'माँ कह एक कहानी' सिद्धार्थ के भीतर बचपन से आ बैठे बुद्ध की पूरी बानगी है। इस अद्वितीय कथाशैली की कविता में संदर्भ तो सिद्धार्थ के बचपन का है, किन्तु प्रसंग उनके गृहत्याग के पश्चात् का है; जब सिद्धार्थ की पत्नी यशोधरा अपने बेटे राहुल को पिता से जुड़ा एक प्रेरक प्रसंग सुनाती हैं–

"माँ कह एक कहानी।"
"बेटा समझ लिया क्या तूने मुझको अपनी नानी?"
"कहती है मुझसे यह चेटी, तू मेरी नानी की बेटी
कह माँ कह लेटी ही लेटी, राजा था या रानी?
माँ कह एक कहानी।"

"तू है हठी, मानधन मेरे, सुन उपवन में बड़े सवेरे,
तात भ्रमण करते थे तेरे, जहाँ सुरभि मनमानी।"
"जहाँ सुरभि मनमानी! हाँ माँ यही कहानी।"

"वर्ण वर्ण के फूल खिले थे, झलमल कर हिमबिंदु झिले थे,
हलके झोंके हिले मिले थे, लहराता था पानी।"
"लहराता था पानी, हाँ-हाँ यही कहानी।"

"गाते थे खग कल-कल स्वर से, सहसा एक हंस ऊपर से,
गिरा बिद्ध होकर खग शर से, हुई पक्षी की हानी।"
"हुई पक्षी की हानी? करुणा भरी कहानी!"

"चौंक उन्होंने उसे उठाया, नया जन्म था उसने पाया,
इतने में आखेटक आया, लक्ष सिद्धि का मानी।"
"लक्ष सिद्धि का मानी! कोमल कठिन कहानी।"

"माँगा उसने आहत पक्षी, तेरे तात किन्तु थे रक्षी,
तब उसने जो था खगभक्षी, हठ करने की ठानी।"
"हठ करने की ठानी! अब बढ़ चली कहानी।"

"हुआ विवाद सदय निर्दय में, उभय आग्रही थे स्वविषय में,
गयी बात तब न्यायालय में, सुनी सभी ने जानी।"
"सुनी सभी ने जानी! व्यापक हुई कहानी।"

"राहुल तू निर्णय कर इसका, न्याय पक्ष लेता है किसका?
कह दे निर्भय जय हो जिसका, सुन लें तेरी बानी"
"माँ मेरी क्या बानी? मैं सुन रहा कहानी।"

"कोई निरपराध को मारे तो क्यों अन्य उसे न उबारे?
रक्षक पर भक्षक को वारे, न्याय दया का दानी।"
"न्याय दया का दानी! तूने गुनी कहानी।"

युवक सिद्धार्थ की सोच के विषय जन्म, जरा, रोग, दुःख, मृत्यु, आदि हो गये थे, अतः संसार से विरक्ति उन्हें बार-बार निवृत्ति तथा संन्यास की ओर प्रेरित कर रही थी। सांसारिक बनाये रखने की कोशिश में सिद्धार्थ का विवाह कोलियग्राम की राजकुमारी यशोधरा से करवा दिया गया। उन्हें पुत्र प्राप्ति हुई तथा जैसे ही सेविकाओं ने यह समाचार सिद्धार्थ को दिया, उनके मुख से अनायास निकला-"*राहु जातो बन्धन जातन्ति*" अर्थात् राहु ने जन्म लिया यह बन्धनों में बाँधेगा। इसी वाक्यांश के कारण सिद्धार्थ के पुत्र को राहुल नाम प्रदान किया गया। महाभिनिष्क्रमण की तैयारी तो वे लम्बे समय से कर रहे थे, लेकिन उनत्तीस वर्ष की आयु में उन्होंने माता-पिता-परिजनों के सम्मुख ही काषाय वस्त्र धारण किये और गृह त्याग दिया। इस सम्बन्ध में बुद्ध स्वयं अपने भिक्षुओं को बताते हैं-"*सो खो अहं भिक्खवे, अपरेन समयेन दहरो व समानो सुसु कालकेसो भद्रेअ योब्बनेन समन्नागतो पहमेन वयसा अकामकान माता पितुन्न अस्सुमुखानं रुद्रंतान केसमस्सु ओहारेत्वा कासावानि वत्थानि अच्छादेत्वा अगारस्मा अनुगारियं पब्बजि*" अर्थात् "हे भिक्षुओं! समय पाकर, यद्यपि मैं उस समय पूर्ण युवक था, मेरे माथे का एक बाल भी नहीं पका था तथा मेरे माता पिता संन्यास लेने का आदेश नहीं दे रहे थे, तथापि मैंने उन्हें रोते कलपते छोड़कर, काषाय वस्त्र को धारण कर लिया और माथे के बाल तथा दाढ़ी-मूँछ कटवाकर प्रवज्ज्या ग्रहण कर ली"। यह विवरण अरियपरियेसन सुत्तन्त, महासच्चक सुत्तन्त तथा बोधि राजकुमार सुत्तन्त में प्राप्त होता है।

अब सिद्धार्थ ज्ञान की तलाश में भटकने लगे। सर्वप्रथम सांख्योपदेशक आलार कालाम के पास गये, जहाँ उन्होंने योग की कुछ विधियाँ सीखीं किन्तु संतोष प्राप्त नहीं हुआ। तत्पश्चात् उद्दक रामपुत्र आचार्य के आश्रम में अध्ययन करने लगे। यहाँ उन्हें 'संज्ञा और असंज्ञा से भिन्न' योग का ज्ञान दिया गया तथापि वे असंतुष्ट ही बने रहे। यहाँ से सिद्धार्थ मगध की राजधानी राजगृह आ गये। मगध सम्राट बिम्बिसार एवं सिद्धार्थ का प्रथम मिलन यहीं हुआ था। उनके वार्तालाप को बहुत सुन्दरता से काव्यबद्ध किया है प्रसिद्ध लेखक आचार्य जुगल किशोर बौद्ध ने। राजवैभव पुनः ठुकराते हुए सिद्धार्थ मगध सम्राट से कहते हैं–

इन दु:खों का कारण क्या है, मार्ग शमन क्या है?
इसे खोजने निकला गृह से, मार्ग गमन क्या है?
उसी मार्ग को खोजूंगा, राह में हों चाहे अंगारे,
राजगृह की रम्य भूमि पर गौतम आज पधारे।

राजगृह में सिद्धार्थ अनेक धर्माचार्यों, परिव्राजकों, श्रमणों आदि के सम्पर्क में आये लेकिन असंतोष बना रहा। यहाँ से वे मगध जनपद के सैनिक सन्निवेश उरुबेला पहुँचे और निरंजना नदी के तट पर एक वृक्ष के नीचे बैठकर कठोर तपस्या में लीन हो गये। इस समय उनके साथ पाँच अन्य ब्राह्मण–कौंडिण्य, वाप्य, भद्रिक, महानाम तथा अश्वजित; भी थे, जो तपश्चर्या में उनके साथी थे। छः वर्ष तक कठोर साधना की लेकिन आत्मा की अतृप्ति बनी हुई थी। वे यह मान कर साधना कर रहे थे कि अन्न–जल त्याग देने से शरीर का अवश्य क्षय होगा तथापि बुद्धि शुद्ध हो जायेगी एवं बोध प्राप्त होगा। सिद्धार्थ को ऐसा कुछ प्रतीत नहीं हो रहा था। शरीर सूख कर हड्डियों का ढाँचा रह गया तथापि वे अब तक रीते हाथ ही थे। तभी उन्हें जंगल में स्त्रियों के गाने का स्वर सुनाई दिया; मधुर सामूहिक स्वर था यह और गीत का मर्म था कि 'वीणा के तार को इतना नहीं कसना चाहिये कि वह टूट जाये, न ही इतना ढीला छोड़ना चाहिये कि उससे कोई आवाज़ ही न निकल सके'। संभवतः सिद्धार्थ को बुद्ध बनने का मार्ग यहीं से प्राप्त हुआ था। मध्यम मार्ग अथवा मध्यम प्रतिपदा का यह सूत्र बुद्ध को जिन ग्रामीण स्त्रियों से प्राप्त हुआ था उन्हीं में से एक थी सुजाता, जो पुत्र–प्राप्ति की कामना के लिये वृक्ष–पूजन हेतु खीर ले कर वहाँ आयी थी। सिद्धार्थ ने सुजाता का यह खीर ग्रहण कर लिया.... इसके पश्चात् साधना तो जारी रही लेकिन अब मध्यममार्गी सिद्धार्थ स्थूल आहार भी ग्रहण करने लगे थे। इससे साधना के अन्य पाँच साथी उन्हें तपोभ्रष्ट मानकर सारनाथ की ओर चले गये। सिद्धार्थ अकेले रह गये तथा वे गया पहुँच कर, श्रोत्रिय नाम के घास काटने

वाले से आठ मुट्ठी तृणदान लेकर एक पीपल के वृक्ष के नीचे कुशा-आसन बिछाकर साधनालीन हो गये। सात दिन और सात रातों की अविकल साधना के पश्चात् आठवें दिन उनके ज्ञान चक्षु खुल गये। यह बैशाख पूर्णिमा का दिन था जब उन्हें सम्बोधि प्राप्ति हुई और वे तथागत एवं बुद्ध कहे जाने लगे। यह पीपल का वृक्ष, जिसके नीचे सिद्धार्थ 'बुद्ध' हुए थे, अब बोधिवृक्ष कहलाता है।

एक बोधि प्राप्त व्यक्ति ही समाज को दिशा देने के लिये उदाहरण बन सकता है। एक बुद्ध ही जान सकता है कि एक मानव दूसरे के समान ही है। बुद्ध राजायतन वृक्ष के नीचे बैठे साधना कर रहे थे तभी ओडिशा के दो बंजारे वहाँ से गुजरे। उन्होंने छांछ और गुड़ के लड्डू बुद्ध को अर्पित किये। तथागत ने गया में ही तपस्सु एवं मल्लिक नाम के इन समाज में निकृष्ट समझे जाने वाले दोनों बंजारों को धर्मोपदेश देकर अपना प्रथमानुयायी बनाया था। उस युग के लिये क्रांतिकारी तथा हर युग के लिये यह गौरवपूर्ण घटना है। बुद्ध यहाँ से सारनाथ (काशी ऋषिपत्तन) की ओर चले गये। उनका अगला धर्मोपदेश "धर्मचक्रप्रवर्तन" के नाम से विख्यात है, जो उन्होंने उन्हीं पाँच साथियों को दिया था, जिन्होंने पथभ्रष्ट मान कर सिद्धार्थ का साथ छोड़ दिया था (इसे ही बुद्ध के प्रथम धर्मोपदेश होने की मान्यता मिली हुई है)। इन पाँचों साथियों को दीक्षा प्रदान कर बुद्ध वाराणसी आ गये जहाँ एक श्रेष्ठि तथा उसके परिजन व मित्र भी बुद्धानुयायी हो गये। बुद्ध इसके पश्चात् जब उरुबेला प्रदेश पहुँचे तब तक उनके अनुयाई साठ से अधिक हो गये थे अतः धर्मप्रचार के लिये इन शिष्यों को सम्मिलित कर एक संघ बनाया गया। भिक्षुओं को अलग-अलग जाकर धर्मप्रचार की आज्ञा दी गयी, इस प्रयास को विश्व का प्रथम धर्मप्रचार संघ भी कहा जा सकता है। बुद्ध निराले थे और उनका समर्थकों को जोड़ने का अंदाज़ भी निराला ही था। कोई पथभ्रष्ट, तो कोई डाकू, कोई समाज में उपेक्षित, तो कोई श्रेष्ठि। उरुबेला में ही उन्होंने तीस भटके हुए युवकों को अपनी राह का अनुगामी बनाया। ये सभी भद्रवर्गीय कहलाये चूंकि इनके नायक का नाम भद्र था। उरुबेला में ही तीन अग्निहोत्री ब्राह्मण तथा विद्वान-मुख्य कश्यप, नदी कश्यप तथा गया कश्यप जो कि सगे भाई भी थे, अपने सम्मिलित सहस्त्र शिष्यों के पास बुद्ध के शरणागत हुए। इन सभी के साथ बुद्ध राजगृह आ गये, जहाँ सम्राट बिम्बिसार ने उनका भव्य स्वागत किया तथा अपना वेणुवन भेंट स्वरूप प्रदान कर दिया। राजगृह में बुद्धं शरणं गच्छामि कहकर नतमस्तक होने वाले प्रमुख विद्वानों में संजय, सारिपुत्र और मोग्गल्लान थे।

उल्लेख मिलता है कि बुद्धत्व प्राप्ति के दूसरे वर्ष तथागत अपनी जन्मभूमि कपिलवस्तु भी गये थे, जहाँ उनके पुत्र राहुल, सौतेले भाई आनन्द, शाक्य राज्य के प्रमुख भद्रिक समेत अनेक शाक्य भी दीक्षित हुए। बुद्ध का स्त्री-विमर्श भी यहीं बदलाव ग्रहण करता है। चूंकि आरंभ में बुद्ध अपने संघ में स्त्रियों के प्रवेश पर सहमत नहीं थे, अतः इस सम्बन्ध में आनन्द के साथ उनका शास्त्रार्थ उल्लेखनीय हो जाता है। आनन्द यह जानना चाहते थे कि क्या महिलायें निर्वाण नहीं प्राप्त कर सकती? जब बुद्ध ने कहा कि निर्वाण के लिये पुरुष अथवा स्त्री होने से कोई अंतर नहीं पड़ता, तब आनन्द ने समुचित प्रयास किये कि संघ में महिलाओं का प्रवेश भी हो यथा तथागत की विमाता प्रजापति गौतमी तथा पत्नी यशोधरा भी परिव्राजित हुईं। गौतमी के ही अनुरोध पर बुद्ध ने महिलाओं का अलग संघ बनाने की अनुमति प्रदान की थी।

बुद्ध की साम्राज्यों में पैठ मगध नरेश बिम्बिसार के उनकी शरण में आने से प्रारंभ हुई तथा एक के बाद एक उनका धम्म जनपदों की सत्ताओं की सीमाओं से परे का विषय बनता गया। पहलेपहल मल्लों ने बुद्ध के उपदेशों का स्वागत नहीं किया तथापि अनेक मल्ल बुद्धानुयायी थे; कौशाम्बी के राजा उदयन ने भी बुद्ध के प्रति प्रारंभ में उपेक्षा प्रदर्शित की थी किन्तु अपनी ही एक रानी को बुद्ध का शरणागत होने से नहीं रोक सके थे। वैशाली संघ ने बुद्ध को स्वयं आमंत्रित किया था तथा उनके आवास के लिये कूटागार शाखा व आठ अन्य उद्यान अर्पित कर दिये थे। अवंति में राजा के आमंत्रण पर बुद्ध स्वयं तो न जा सके किंतु उनके एक शिष्य ने वहाँ पहुँचकर धम्म का प्रचार किया।

बुद्ध में वे क्या तत्व थे जो उन्हें व्यापक बनाते हैं? यह एक बड़ा विषय है, जिसे बहुत सरल बना कर ओशो रजनीश ने प्रवचन दिया-"बुद्ध एक गाँव के पास से निकले तो गाँव वालों ने रास्ते पर घेर लिया, उन्हें बहुत गालियाँ दीं और अपमानित भी किया। बुद्ध ने सुना और फिर उनसे कहा, 'मेरे मित्रों तुम्हारी बात पूरी हो गई हो तो मैं जाऊँ, मुझे दूसरे गाँव जल्दी पहुँचना है'। वे लोग थोड़े हैरान हुए और उन्होंने कहा 'हमने क्या कोई मीठी बातें कही हैं, हमने तो गालियाँ दी हैं सीधी और स्पष्ट; तुम क्रोध क्यों नहीं करते? प्रतिक्रिया क्यों नहीं देते?' बुद्ध ने कहा-'तुमने थोड़ी देर कर दी। अगर तुम दस वर्ष पहले आए होते तो मजा आया होता। मैं भी तुम्हें गालियाँ देता; मैं भी क्रोधित होता; थोड़ा रस आता, बातचीत होती, मगर तुम लोग थोड़ी देर करके आए हो'। बुद्ध ने कहा-'अब मैं उस जगह हूँ कि तुम्हारी गाली लेने में असमर्थ हूँ। तुमने गालियाँ दीं, वह तो ठीक लेकिन तुम्हारे देने से ही क्या होता है, मुझे भी तो उन्हें लेने

के लिए बराबरी का भागीदार होना चाहिए? मैं उसे लूँ तभी तो उसका परिणाम हो सकता है। लेकिन मैं तुम्हारी गाली लेता नहीं। मैं दूसरे गाँव से निकला था, वहाँ के लोग मिठाइयाँ लाए थे भेंट करने; मैंने उनसे कहा कि मेरा पेट भरा है तो वे मिठाइयाँ वापस ले गए। जब मैं न लूँगा तो कोई मुझे कैसे दे पाएगा?' अब बुद्ध ने उन लोगों से पूछा–'वे लोग मिठाइयाँ ले गए, उन्होंने क्या किया होगा?' एक आदमी ने भीड़ में से कहा–'उन्होंने अपने बच्चों और परिवार में बांट दी होंगी'। बुद्ध ने कहा–'मित्रों, तुम गालियाँ लाए हो मैं लेता नहीं। अब तुम क्या करोगे, घर ले जाओगे, बाँटोगे?'....."।

बुद्ध ने अपना जो बोध जगत को प्रदान किया वे तत्व इतने महत्त्वपूर्ण थे कि आसानी से रुढ़िवादी समाज द्वारा आत्मसात नहीं किये गये। ब्राह्मणों का मुखर विरोध तो उन्हें झेलना ही पड़ा। उनके अपने ही चचेरे भाई देवव्रत ने भी ईर्ष्या के वशीभूत तीन बार बुद्ध की हत्या का प्रयास किया। पहले प्रयास में उसने कुछ धनुर्धारी भेजे किन्तु उनका तथागत के पास पहुंचने पर हृदय परिवर्तन हो गया। गृद्धकूट पर्वत से एक शिलाखंड गिराकर हत्या कर दूसरा प्रयास किया गया; बुद्ध घायल हुए तथा उनके वैद्य तथा भिक्षु जीवक द्वारा चिकित्सा किये जाने का उल्लेख प्राचीन पुस्तकों से प्राप्त होता है। तीसरे प्रयास में एक पागल हाथी बुद्ध के आवागमन मार्ग पर छोड़ दिया गया किन्तु कहते हैं यह गज बुद्ध को देखते ही शांत हो गया। इन उल्लेखों से यह सवाल उठता है कि क्या था, जो बुद्ध बाँट रहे थे? वह कैसा बोध था जिस अभिव्यक्ति को दबाने के लिये देवव्रत तथा उस जैसे अनेक कुण्ठित हो उठे थे? वह क्या था जिसके कारण एक ओर तो अंगुलिमाल जैसा क्रूर डाकू हृदय बदल लेता है दूसरी ओर आम्रपाली जैसी विख्यात नगरवधू धम्म की शरण आ जाती है? इस बात का विश्लेषण करते हुए *दीर्घनिकाय* में उल्लेख है "जैसे कोई औंधे को सीधा कर दे, ढंके को खोल दे, भूले को मार्ग दिखा दे उसी प्रकार बुद्ध ने धर्म को प्रकाशित किया है"। बुद्ध की लोकप्रियता का एक बड़ा कारण उनकी वह जनपक्षधरता थी, जो सीधे प्रत्येक हृदय तक उतरती थी। श्रावस्ती में चर्म रोग से जूझ रहे तिस्स नाम के एक भिक्षु की स्वयं सेवा करते हुए बुद्ध ने संदेश दिया था कि 'भिक्षुओं एक दूसरे के माता-पिता बनो'। आम व्यक्ति के लिए होते थे बुद्ध के प्रवचन; इस लिये तत्कालीन राजकीय भाषा अथवा विद्वानों की भाषा संस्कृत की अपेक्षा, तथागत के सारे प्रवचन आमजन की पालि भाषा में हैं।

यह जानकर मुझे आश्चर्य हुआ था कि बुद्ध ईश्वर में विश्वास नहीं रखते। बारीकी से देखने पर प्रतीत होता है कि वहाँ भी वे मध्यमार्गी ही हैं क्योंकि

वे खण्डन भी नहीं करते। जीव, ब्रह्म, आत्मा, परमात्मा जैसे वाद-विवाद से बचकर मनुष्य की लौकिक समस्याओं तक तथागत उतर आते हैं। वे मानते हैं कि संसार दु:खमय है; दु:ख के कारण हैं तथा दु:ख के कारणों का निवारण ही निर्वाण का मार्ग प्रशस्त कर सकता है। बुद्ध दु:ख के निवारण के लिये अष्टांगिक मार्ग बताते हैं–सम्यक् दृष्टि (जैसा दृष्टिकोण वैसा ही परिणाम); सम्यक् संकल्प (संकल्प पवित्र व शुद्ध हों); सम्यक् वाक्य (हमारा वचन/बोलचाल सही हो); सम्यक् कर्म (उचित प्रतिफल के लिये कार्य सही होने चाहिये); सम्यक् आजीविका (आजीविका के साधन उचित हों); सम्यक् चेष्टा (उचित व सही दिशा में प्रयत्न); सम्यक् स्मृति (स्मृति/अनुभूतियाँ जागृत रहें) तथा सम्यक् समाधि (ध्यान/आध्यात्मिक चेतना सही हो)। सम्यक् का अर्थ है सत्य। बुद्ध यहीं नहीं ठहरते अपितु अपने अनुयाइयों के लिये दस शील का अनुपालन अनिवार्य कर देते हैं 'अहिंसा, सत्य, आस्तेय (चोरी न करना), अपरिग्रह (संग्रह व सम्पदा वृत्ति का त्याग), ब्रह्मचर्य, नृत्य-गान का त्याग, कोमल शय्या का त्याग, सुगन्धित द्रव्यादि का त्याग, असमय भोजन का त्याग तथा कामिनी कांचन का त्याग। उल्लेखित प्रथम पाँच शील गृहस्थ अनुयाइयों के लिये हैं, जबकि भिक्षुओं को सभी दस शीलों का अनुपालन आवश्यक बताया गया है। इन नियमों के अतिरिक्त बुद्ध ने माता-पिता की आज्ञा का पालन, गुरुजनों के प्रति श्रद्धा, सत्पात्रों को दान, प्राणिमात्र से प्रेम उदारता आदि की भी शिक्षायें प्रदान की हैं।

अति सर्वत्र वर्जयेत को बुद्ध के दर्शन का प्रमुख सिद्धांत माना जा सकता है। आज के हिंसाग्रस्त समाज के सामने बुद्ध यदि उदाहरण होते तो संभव है उन समस्याओं के हल की कुंजी भी पास होती, जिन्हें अब नदी के इस पाट अथवा उस पाट में ही धरा माना जाता है। हल जड़ नहीं होते अपितु प्रवाहमान धारा होते हैं। धारा ही राह बनाती है, धारा ही पाषाणों को मोम करती है और धारा ही समुद्र में मिलकर परमतत्व की हकदार होती है; हाँ मध्यम मार्ग ही तो आज भी प्रदीप्त व सार्थक दर्शन है। बुद्ध कर्मवादी भी हैं, वे मानते हैं कि आपके कर्म ही आपका भविष्य तय करते हैं, यहाँ तक कि कर्म आपका निर्वाण अथवा पुनर्जन्म भी तय करते हैं। यहाँ पुन: यह जोड़ना उचित होगा कि बुद्ध अनीश्वरवादी हैं तथा मानते हैं कि विश्व की उत्पत्ति के लिये किसी सृष्टिकर्ता की आवश्यकता नहीं है अपितु कार्य-कारण की श्रृंखला से विश्व चलता रहता है। बुद्ध का दर्शन प्रत्येक हेतु/कारण का विश्लेषण चाहता है तथा निदान पर जोर देता है; यही उनका कारणवाद है। कारणवाद प्रत्येक वस्तु की उत्पत्ति और अनुत्पत्ति का सिद्धांत है जो स्पष्ट करता है कि किसके होने से (प्रतीत्य) क्या

उत्पन्न हो सकता है (समुत्पाद)। यह महीन सिद्धांत है जिसकी वर्तमान से जोड़ कर व्याख्या देखनी हो तो कह सकते हैं कि कोई चिकित्सक बिना रोग का कारण जाने उसकी व्याख्या नहीं कर सकता न ही तब तक उस रोगी का उपचार ही संभव हो सकता है। बुद्ध क्षणिकवादी भी हैं, वे संसार के समस्त पदार्थों को क्षणिक मानते हैं। इस दर्शन को कारणवाद के साथ जोड़कर देखने पर जो स्वरूप सामने आता है वह है कि एक कारक से उत्पन्न होने तथा उसके नष्ट होने के पश्चात् ही दूसरे कार्य की उत्पत्ति संभव है। बुद्ध यथार्थवादी भी थे; उन्होंने उन्हीं विषयों का मनन-चिंतन किया जो तदयुगीन समाज में मानव कल्याण के लिए आवश्यक थे। बुद्ध अपने समय के सभी प्रचलित दर्शनों से अलग अनात्मवाद का सिद्धांत प्रदान करते हैं, जिसके अनुसार आत्मा का कोई अस्तित्व नहीं है। मनुष्य में ऐसा कोई तत्व नहीं है जो नष्ट नहीं होता हो। यहाँ बुद्ध के पुनर्जन्म के सिद्धांत पर पुन: गौर करने की आवश्यकता है; कर्मवादी बुद्ध यह मानते हैं कि मनुष्य के अनित्य अहंकार का पुनर्जन्म होता है। जिस प्रकार सागर में एक लहर के जाते ही दूसरी लहर का आना एक स्वाभाविक प्रक्रिया है, उसी तरह एक जन्म की अंतिम चेतना के विलोपित होते ही दूसरे जन्म की प्रथम चेतना का उदय स्वत: हो जाता है। जिस तरह तेल तथा बाती के सम्पूर्णता से जल चुकने के पश्चात् दीपक की लौ बुझ जाती है, उसी प्रकार वासना तथा अहंकार के नष्ट होते ही पुनर्जन्म का चक्र समाप्त होता है तथा निर्वाण प्राप्त होता है।

बुद्ध के जीवन तथा दर्शन पर बात समाप्त करने से पहले उनके परिनिर्वाण को लेकर पुन: ओशो रजनीश को उद्धरित करना चाहता हूँ। ओशो ने बीसवीं शताब्दि में बुद्ध की जिस तरह से पुनर्व्याख्या की है वह आद्वितीय है। तथागत के परिनिर्वाण से पूर्व की एक घटना पर वे व्याख्यान देते हुए कहते हैं–"भगवान बुद्ध के आखिरी छ: महीने बहुत पीड़ा में बीते। बुद्ध एक गांव में ठहरे थे....और उस गांव के एक गरीब ने बुद्ध को निमंत्रण दिया कि मेरे घर भोजन कीजिये। वह निमंत्रण दे ही रहा था कि इतनी देर में गांव के किसी धनपति ने आकर भगवान से कहा कि आज का भोजन निमंत्रण मेरे घर ग्रहण करें। भगवान बुद्ध ने कहा–'धनपति आज का तो निमंत्रण आ चुका है। इस प्रेमी ने आज अपने घर बुलाया है'। उस अमीर ने उस आदमी की तरफ देखा और कहा–'इस का निमंत्रण? शायद इस के पास तो अपने खाने के लिए भी कुछ नहीं होगा। इसके तो खुद कई-कई फाँके पड़े होते हैं।' तब उसने उसकी तरफ देखकर उससे पूछा 'क्या मैं कुछ गलत कह रहा हूँ?' उस व्यक्ति ने गर्दन हिलाकर हामी भर दी। 'इसके पास कुछ तो खिलाने के लिए होगा तभी तो यह इतनी दूर से मुझे

निमंत्रण देने के लिए आया है। अब निमंत्रण तो इसी का स्वीकार कर चुका हूँ और इसी के घर भोजन करूंगा। जाओ ग्रहपति आप भोजन की तैयारी करो आज का भोजन आपके यहाँ है'।...... भगवान बुद्ध गये। उस आदमी को भरोसा भी न था कि भगवान उसके घर पर भी कभी भोजन ग्रहण करने के लिए आएंगे। वस्तुतः उसके पास खिलाने को कुछ भी न था। सब्जी के नाम पर गरीब किसान बरसात के दिनों में कुकरमुत्ते पैदा हो जाते हैं–लकड़ियों पर, गंदी जगह में–उस कुकुरमुत्ते को इकट्ठा कर लेते हैं। सुखाकर रख लेते हैं। और उसी की सब्जी बनाकर खाते हैं।"

कभी-कभी ऐसा होता है कि कुकुरमुत्ते पायजनस हो जाते हैं। जहरीले हो जाते हैं....तो कुकुरमुत्तों में जहर था। बुद्ध के लिए उसने कुकुरमुत्ते की सब्जी बनाई। वह एकदम कड़वा जहर था। मुँह में रखना मुश्किल था। लेकिन उसके पास एक ही सब्जी थी। भगवान बुद्ध ने यह सोचकर कि अगर मैं कहूँ कि यह सब्जी कड़वी है तो यह कठिनाई में पड़ेगा; उसके पास कोई दूसरी सब्जी नहीं है। वे उस ज़हरीली सब्जी को खा गये। खूब आनंद लेकर खाते रहे। जैसे ही भगवान बुद्ध वहाँ से निकले और उस आदमी ने सब्जी को चखा तो वह हैरान हो गया। यह क्या! यह सब्जी तो कड़वा जहर है। वह भागा हुआ आया और उसने कहा कि आप क्या करते रहे? यह तो ज़हर है। वह छाती पीटकर रोने लगा; लेकिन बुद्ध भगवान ने कहा, तू जरा भी चिंता मत कर। जहर मेरा अब कुछ भी नहीं बिगाड़ सकेगा क्योंकि मैं उसे जानता हूँ जो अमृत है। तू जरा भी चिन्ता मत कर घर जा।.....लेकिन फिर भी उस आदमी की चिन्ता तो हम समझ सकते हैं। उससे अनजाने में क्या हो गया। उसे अंदरूनी तौर पर कितनी ग्लानि, पीड़ा, पश्चाताप हो रहा होगा कि उसने ये कर दिया। पर उस आदमी को भगवान ने कहा तू धन्य भागी है। तू खुश हो, तू सौभाग्यशाली है। कभी हजारों वर्षों में बुद्ध जैसा व्यक्ति पैदा होता है। दो ही व्यक्तियों को उसका सौभाग्य मिलता है। पहला भोजन कराने का अवसर उसकी माँ को मिलता है और अंतिम भोजन कराने का अवसर तुझे मिला है। तू सौभाग्यशाली है; तू आनंदित हो। ऐसा फिर सैंकड़ो हजारों वर्षों में कभी कोई बुद्ध पैदा होगा और ऐसा अवसर फिर किसी को मिलेगा।.....बुद्ध के शिष्यों ने जीवक वैद्य को बुलाकर जब पता कराया कि भगवान की तबीयत क्यों खराब रहती है; तब उसने बताया कि जहर दिया गया है। भगवान के अन्य भिक्षुओं के साथ आनंद रोने लगा कि वह आदमी तो हत्यारा है, उसने आपको ज़हर दिया है। भगवान ने कहा–ऐसी बात भूलकर भी मत कहना अन्यथा उस आदमी को कोई जीवित नहीं रहने देगा, मरने के वक्त

तक सब यही कहते रहे कि आप एक बार तो कह देते कि यह सब्जी कड़वी है, विषाक्त है; हम पर यह वज्रपात अकस्मात न गिरता। ...और भगवान केवल मुस्कुराए और कहने लगे यह तो निमित है; कैसे जाना, कोई तो बहाना होना ही था। यह वज्रपात गिरना तो था ही, इससे क्या फर्क पड़ता है कि कैसे गिरा? जहाँ तक मेरा संबंध है मुझ पर कोई वज्रपात नहीं गिरा क्योंकि मैंने उसे जान लिया है जो अमृत है। जिसकी कोई मृत्यु नहीं होती।"

बुद्धत्व प्राप्ति के पैंतालिस वर्षों तक भगवान बुद्ध अनवरत उपदेश देते रहे तथा अपने सिद्धान्तों का प्रचार करते रहे। कुशीनगर में एक सालवृक्ष के नीचे उन्होंने ईसा पूर्व 543 में महापरिनिर्वाण प्राप्त किया। बुद्ध के दाह संस्कार के पश्चात् उनके भस्मावशेष के आठ दावेदार थे जिसमें प्रमुख थे–मगध सम्राट अजातशत्रु; वैशाली के लिच्छवि; पावा के मल्ल; कुशीनारा के मल्ल तथा रामग्राम के कोलियगण।...बुद्ध पर चर्चायें अनंत है तथा अनंत काल तक होती रहेंगी। बुद्ध की प्रसंगिकता भी कभी समाप्त नहीं हो सकती तथा उनके दर्शनों की वैज्ञानिकता पर हर युग को अपने समय की परिस्थिति के अनुरूप व्याख्यायें करते रहना चाहिए। बुद्ध ने शिष्य आनंद से पूछा था कि सबसे शक्तिशाली तत्व कौन सा है? आनंद भ्रमित थे; उन्हें अनेक तत्व अपनी अपनी तरह से सर्वशक्तिमान प्रतीत हो रहे थे। बुद्ध मुस्कुराये और कहा वह इच्छाशक्ति है आनंद, जो प्रत्येक असंभव को संभव कर सकती है।...बुद्ध ने अपनी इच्छाशक्ति से एक युग बदल कर रख दिया था। बुद्ध आज भी प्रभावित करते हैं तथा शरणागत कर रहे हैं। 1951 की जनसंख्या के अनुसार भारत में बुद्धानुयाइयों की संख्या 2487 थी जबकि 1961 की जनसंख्या में यह 32,50,227 पायी गयी। क्या यह सच नहीं कि जो बुद्ध के धर्मावलम्बी नहीं हैं, वे भी उनकी सम्मोहित करती प्रतिमा के सम्मुख जैसे ही आ खड़े होते हैं ध्यानावस्था में जा पहुँचते हैं; मन स्वत: कह उठता है–बुद्धं शरणं गच्छामि।

21

बौद्ध धर्म के अनुसार आचरण, आत्मा एवं निर्वाण तत्व

डॉ० राजेश कुमार सिंह

बौद्ध धर्म केवल एक धर्म नहीं है अपितु अपने आप में एक विराट जीवन दर्शन है। शास्त्रों के अनुसार जिसके माध्यम से व्यक्ति का सभी प्रकार से अभ्युदय होता है और जिसके माध्यम से निश्चित रूप से श्रेयसों की प्राप्ति होती है, वही धर्म कहलाता है–

"*यतोहि अभ्युदयो निःश्रेयसो ततोहि धर्मः।*"

इतना ही नहीं '*धर्मोधारयति प्रज्ञान*' तथा '*धर्मों विश्वस्य जगति प्रतिष्ठाः*' इत्यादि शास्त्र वचनों का भी इस विषय में यही अभिप्राय है। वस्तुतः भगवान बुद्ध का जन्म और उनके द्वारा चलाये गये धर्म का उत्थान, कोई आकस्मिक घटना नहीं थी। बौद्ध धर्म उस विचारधारा का स्वाभाविक परिणाम था, जो वेदों के नाम पर कर्मकाण्ड, हिंसायुक्त, यज्ञ के आडम्बर, और पुरोहितवाद के विरुद्ध पहले से ही बहती आ रही भावनाएं थीं और जिसकी आवाज हम उपनिषदों और गीता में सुनते हैं। वेद और उपनिषद पढ़ने का अधिकार शूद्रों को नहीं दिया गया था।[1] उन्हें यह अधिकार नहीं था कि द्विजों की तरह वे भी यज्ञ करके लोक और परलोक में सुख भोगने की योग्यता प्राप्त करें। उस समय का समाज सचमुच ही बौद्धिक संकट का सामना कर रहा था। सामान्य लोगों की कठिनाई यह थी कि यज्ञ को छोड़कर, धर्म का कोई स्थल मार्ग नहीं बचा था। लेकिन समाज के प्रायः सभी चिन्तक, यज्ञ के खिलाफ होते जा रहे थे और सामान्य गृहस्थ को भी यह पता चल चुका था कि यज्ञों के आलोचक गलत नहीं कह रहे हैं। दूसरी ओर उपनिषदों की चोटी से जो ज्ञान आ रहा था, उस तक साधारण मनुष्य की पहुँच

नहीं थी। देश में विभिन्न मत-मतान्तरों के जो झकझोरे चल रहे थे, वे भी उसे बेचैन किए हुए थे। इन हालात में जनता कोई ऐसा धर्म चाह रही थी, जो सुगम और सुबोध हो, जिसमें पशु-बलि की क्रूरता भी न हो और व्यर्थ का आडम्बर भी न हो, जो मनुष्य को अतिभोग से भी दूर रखे और तपस्या तथा यती-वृत्ति की कठोरता से भी, जो मनुष्य के ध्यान को धर्म की ओर तो अवश्य ले जाये, किन्तु नाना प्रकार के ऊहापोह से उसे उलझाये नहीं।

इस प्रकार जनता कोई व्यावहारिक धर्म चाह रही थी और भगवान बुद्ध ने वही धर्म अर्थात् बौद्ध धर्म के रूप में उन लोगों को दिया। वे बौद्धिक धर्म से दूर नहीं गये। उन्होंने वैदिक धर्म के मूल पर प्रहार नहीं किया, बल्कि उनकी चोटों के निशाने वैदिक धर्म की कुरीतियाँ थीं, जिनसे लड़ने के लिए हिन्दुत्व ने ही बौद्ध धर्म का रूप लिया था, जैसा कि वह प्रत्येक संकट काल में लेता रहा है। जिन आचार्यों ने भगवान बुद्ध की गिनती हिन्दू धर्म के दशावतार में की, उनका भी यही भाव रहा होगा कि बुद्ध पराये नहीं, अपने हैं और 'धर्म-संस्थापनार्थ' विष्णु, जैसे राम और कृष्ण बनकर आये थे, वैसे ही हिंसा को रोकने के लिए इस बार वे भगवान बुद्ध बनकर आये हैं।[2] यह हमारा अनुमान है। वे प्रचलित धर्म के भंजक नहीं, सुधारक थे।

भगवान बुद्ध ने अपने नये धर्म की घोषणा संस्कृत को त्यागकर जनता की बोली में की और दार्शनिक जंजाल से दूर रहते हुए उन्होंने लोगों को यह बतलाया कि मनुष्य दु:खी है, दु:ख अकारण नहीं हैं, इस दु:ख का निरोध संभव है और इस निरोध का मार्ग भी है। यह ही बौद्ध धर्म के चार आर्य सत्य हैं—जिनका संक्षिप्त अध्ययन निम्नलिखित है—

बुद्ध द्वारा निर्धारित चार आर्य सत्य

भगवान बुद्ध ने दु:ख आर्य सत्य, दु:ख समुदाय, दु:ख निरोध और दु:ख निरोधगामी मार्ग को आर्य सत्य कहा है।

1. दु:ख आर्य सत्य—भगवान बुद्ध ने कहा—दु:ख आर्य सत्य है। जन्म, जरा, रोग, मृत्यु, अप्रिय संयोग, प्रिय वियोग, इच्छित वस्तु का प्राप्त न होना दु:ख है। संक्षेप में पाँचों उपादान स्कंध दु:ख हैं। स्कंध का अर्थ राशि या समूह होता है। सूक्ष्म दृष्टि से देखने पर यह पता चलता है कि सम्पूर्ण चराचर जगत् पाँच स्कंध ही हैं। रूप, वेदना, संज्ञा, संस्कार और विज्ञान ये पाँच स्कंध हैं।

(i) **रूप**—यह धर्म अट्ठाइस प्रकार के हैं, जिन्हें दो मुख्य वर्गों में बाँटा जा सकता है—

(क) **भूत रूप**–पृथ्वी, जल, तेज और वायु। (ख) **उपादाय रूप**–चक्षु, श्रोत, जिह्वा, कायरूप, शब्द, गंध, रस, स्त्रीन्द्रिय, पुरुषेन्द्रिय, जीवितेन्द्रिय, हृदयवस्तु, काम विज्ञप्ति, आकाश, धातु, रूप की लघुता, मृदुता, कर्मण्यता, उपचय, संतति, जरता, अनित्यता और कवलिंकार आहार।

(ii) **वेदना**–वस्तुओं और विचारों के सम्पर्क में आने पर हम सुख या दुःख का अनुभव करते हैं। यही वेदना स्कंध है। नैतिक दृष्टि से वेदना के तीन वर्ग किये जाते हैं–कुशल, अकुशल तथा अव्याकृत। स्वभाव की दृष्टि से इनके पाँच भेद होते हैं–सुख, दुःख, सौमनस्य, दौर्मनस्य तथा उपेक्षा मानसिक। छः इन्द्रियों (चक्षु, नासिका, श्रोत, जिह्वा, त्वक तथा मन) के स्पर्शानुसार वेदना के छः रूप माने जाते हैं।

(iii) **संज्ञा**–वेदना के पश्चात् हम मन पर पड़े संस्कारों के द्वारा जो पहचान करते हैं, वही संज्ञा है। संज्ञा का सम्बन्ध चित्त से है। अतः चित्त के जितने भेद हो सकते हैं, संज्ञाएँ भी उतनी होंगी। नैतिक दृष्टि से संज्ञा के तीन भेद होते हैं–कुशल, अकुशल तथा अव्याकृत। इसी प्रकार इन्द्रियगत स्पर्शानुसार इनके भी वेदना की भाँति छः भेद किये जाते हैं।

(iv) **संस्कार**–रूपों की वेदनाओं और संज्ञाओं के संस्कार का प्रभाव हमारे मन पर पड़ता है। इसके द्वारा हम जागतिक रूपों और व्यवहार की पहचान करते हैं। इसे संस्कार कहते हैं। ऐसी प्रवृत्तियाँ, जो कर्मों का संचय करती हैं, उन्हें संस्कार के अन्तर्गत रखते हैं। संसार का सम्बन्ध मूल रूप से चेतना से है। कुशल और अकुशल कर्मों से जुड़ी चेतना कर्मों के संचय में लगी रहती है।

(v) **विज्ञान**–चित्त और मन को विज्ञान की संज्ञा दी जाती है। संज्ञा पदार्थों के भेद को जानती है। विज्ञान, विश्लेषणपरक ज्ञान है। इसके द्वारा ज्ञान के साथ ही साथ उनके लक्षणों को भी जाना जाता है। नैतिक दृष्टि से इसके भी तीन भेद किये जाते हैं–कुशल, अकुशल और अव्याकृत। भूमियों के अनुसार कुशल के चार भेद किये जाते हैं–कामावचर, रूपावचर, अरूपावचर तथा लोकोत्तर। अकुशल चित्त की स्थिति कामावचर भूमि में होती है। इनकी कुल संख्या बारह है, जिनमें आठ लोभ मूलक, दो द्वेष मूलक और दो मोह मूलक है। अव्याकृत चित्त के दो वर्ग हैं–विपाक तथा क्रिया।

उक्त पाँचों स्कंध, जब प्राणी की तृष्णा के विषय बन जाते हैं, तो उन्हें उपादान स्कंध कहते हैं। ये पाँच उपादान स्कंध दुःख रूप है।

2. दु:ख समुदाय (दु:ख हेतु) आर्य सत्य–दु:ख समुदाय दूसरा आर्य सत्य है। इसके मूल में तृष्णा है, यथा–काम तृष्णा, भव तृष्णा, विभव तृष्णा। काम तृष्णा का सम्बन्ध विषय भोग से है। भव तृष्णा जीने की इच्छा से सम्बन्धित है। विभव तृष्णा उच्छेद दृष्टि पर आधारित है। इसमें विनाश की इच्छा सन्निहित है। दु:ख के मूल कारण तृष्णा को मारकर दु:खों से मुक्ति पायी जा सकती है। तृष्णा अविद्या के कारण उत्पन्न होती है। अविद्या के विनाश से ही तृष्णा को समाप्त किया जा सकता है।

3. दु:ख निरोध (दु:ख विनाश) आर्य सत्य–तृष्णा के सर्वथा निरोध, परित्याग और विनाश को दु:ख निरोध कहते हैं। विषयों और विचारों के विकल्प से युक्त हो जाने पर ही तृष्णा का निरोध होता है, तृष्णा के विनिष्ट होने पर उपादान का विनाश होता है। उपादान के निरोध से भव अर्थात् लोक का निरोध हो जाता है। भव के निरोध से जन्म (बार-बार जन्म) का निरोध हो जाता है। जन्म के निरोध से बुढ़ापा, मरण शोक, मन की खिन्नता, व्याकुलता आदि का निरोध हो जाता है।

4. दु:ख निरोधगामिनी प्रतिपदा (दु:ख विनाश का मार्ग) आर्य सत्य–इस आर्य सत्य का सम्बन्ध आर्य अष्टांगिक मार्ग से है। ये मार्ग प्रज्ञा, शील और समाधि के अन्तर्गत समाविष्ट किये गये हैं। समाधि के अन्तर्गत समाविष्ट किये गये हैं। सम्यक् दृष्टि, संकल्प, वाक्, कर्म, जीविका, व्यायाम, स्मृति, समाधि का भाव, यह दु:ख निरोध है।

दु:ख-निरोध-गामिनी-प्रतिपदा आर्य सत्य है–इसका भावार्थ यह है कि दु:खों से छूटने का मार्ग भी है। इस उपदेश के अन्दर उन आठ प्रकार के आचरणों की गिनती है, जिनका पालन करके मनुष्य दु:खों के कारणों का नाश कर सकता है; इसे आष्टांगिक मार्ग कहते हैं। ये निम्नलिखित हैं–

1. सम्यक् दृष्टि–यह दृष्टि रखना कि जीवन में दु:ख हैं, दु:ख अकारण नहीं हैं, दु:ख दूर किये जा सकते हैं तथा दु:खों को दूर करने के उपाय भी हैं।

2. सम्यक् संकल्प–निष्कर्मता-सम्बन्धी संकल्प यानी जो कर्म करने योग्य नहीं है, उन्हें नहीं करने का संकल्प, अद्रोह-सम्बन्धी-संकल्प, अहिंसा सम्बन्धी संकल्प इत्यादि।

3. सम्यक् वचन–झूठ बोलने से बचना, चुगली करने से बचना, कड़ी बात कहने से बचना और बकवास में भाग लेने से बचना।

4. सम्यक् कर्मान्त–प्राणी-हिंसा नहीं करना, जो दिया नहीं गया है, उसे नहीं लेना, दुराचार से बचना और भोग के अतिचार से दूर रहना।

5. **सम्यक् आजीवन्**–गलत रोजगार से अगर रोजी चलती हो तो उसे छोड़कर ऐसे रोजगार में लगना, जिससे धर्म नहीं बिगड़ता हो।

6. **सम्यक् व्यायाम**–दुर्व्यसन को छोड़ने की कोशिश करना, मन में पाप के भाव जगते हों, तो उन्हें दबाने का प्रयत्न करना, मन में जो अच्छे भाव पैदा हो, उन्हें बढ़ाने की चेष्टा करना, संक्षेप में, मानसिक दोषों को पराजित करके अपने व्यक्तित्व को निर्मल और पूर्ण बनाने के लिए प्रयास करते रहना चाहिए।

7. **सम्यक् स्मृति**–शरीर में रोग और पाप के बीज हैं, इसका ख्याल रखना और क्षण-क्षण भीतर से जागरूक रहकर, वासना का दलन और ज्ञान का विकास करना ही मूल उद्देश्य है।

8. **सम्यक् समाधि**–चार प्रकार के ध्यान जिनमें वितर्क और विचार से मन के भावों को सुलझाया जाता है, शांति और एकाग्रता से अपने-आपको जानने की कोशिश की जाती है और सुख तथा दु:ख दोनों से अलिप्त करने की भावना का विकास किया जाता है।

स्ंक्षेप में भगवान बुद्ध ने अपने अनुयायियों से यह कहा कि मेरे उपदेशों पर विश्वास रखो, बुद्धि से उन्हें समझने की कोशिश करो और हर एक उपदेश को अपने जीवन में उतारने का प्रयास करो, पवित्र से पवित्र जीवन बिताओ और नियमित रूप से ध्यान और समाधि करो।

इस प्रकार यह धर्म का बड़ा ही व्यावहारिक आकार था। वह उन सभी लोगों को सुगम, सुन्दर और सुबोध प्रतीत हुआ, जो यज्ञों में होने वाली पशु-हिंसा से घृणा करते थे, उपनिषदों का ज्ञान जिनके समझ में नहीं आता था तथा जो इस बात को पसन्द नहीं करते थे कि धर्म कर्म करने तथा वेद-उपनिषद पढ़ने और सुनने का अधिकार केवल द्विजों को ही है। समाज में जो वर्ण, ब्राह्मण एवं क्षत्रियों से जितना दूर था, वह बौद्ध धर्म की ओर उतना ही तेजी से खिंचा। चूंकि भगवान बुद्ध जन्म से क्षत्रिय थे इसलिए आरम्भ में क्षत्रियों वैश्यों और शूद्रों में तथागत को अधिक अनुयायी मिले। शूद्रों को तो यह धर्म बहुत अच्छा लगा क्योंकि भगवान बुद्ध जाति-प्रथा के खिलाफ थे और वर्ण समानता के पोषक थे। यह धर्म मगध में अधिक फैला, जिसका एक कारण यह था कि भगवान बुद्ध ने राजगिरि में तपस्या और गया में ज्ञान प्राप्त किया था। किन्तु एक कारण यह भी था कि पूर्वी भारत के लोग नये धर्म कर्म के विषय में कुछ ज्यादा उदार थे और नये विचारों का स्वागत अधिक स्वतन्त्रता के साथ करते थे। इसलिए वेद और ब्राह्मण कर्मकाण्डों के खिलाफ उठे हुए नये आन्दोलन का उन्होंने बढ़कर

साथ दिया और मगध में बौद्ध धर्म की प्रतिष्ठा हो गयी। भगवान बुद्ध के समय में राजगिरि के राजा बिम्बिसार और उनके मरने के लगभग दो सौ वर्षों बाद मगध के सम्राट अशोक ने बौद्ध धर्म को ग्रहण करते हुए उसका प्रचार-प्रसार भारत से बाहर भी किया।

भगवान बुद्ध जानते थे मनुष्य का अच्छा या बुरा होना, सुख-दुःख पाना, उसके कर्म और चरित्र पर निर्भर करता है। मनुष्य का ध्यान कर्म करने की तरफ होना चाहिए न कि जानने की तरफ, क्योंकि भगवान बुद्ध ने कर्म और ज्ञान में कर्म को ही मुख्य माना है। इसी कारण से उन्होंने मनुष्य का ध्यान कभी भी उन विषयों की ओर जाने नहीं दिया है, जो बुद्धि से समझे नहीं जा सकते और उसके बारे में केवल अनुमान से ही काम लेना पड़ता है। भारतीय दर्शन के मनीषी जयशंकर प्रसाद ने कहा है–

> "*कर्म यज्ञ से जीवन के स्वप्नों का स्वर्ग मिलेगा,*
> *इसी विपिन में मानव की आशा का कमल खिलेगा।*"[3]

मज्झिम निकाय के 'चूल-मालुक्य-सुत्त' में लिखा है कि मालुक्य पुत्त नामक एक भक्त ने तथागत से पूछा कि–"जगत नित्य है या अनित्य? जीव और शरीर एक हैं या दो? मरने के बाद बुद्ध रहते हैं या नहीं?"

प्रश्न के साथ उस भक्त ने यह कहा कि–"भगवान इन प्रश्नों के उत्तर नहीं देंगे तो मैं ब्रह्मचर्य वास नहीं करूँगा (अर्थात् संघ में रहकर धर्म की साधना नहीं करूँगा।)"

भगवान बुद्ध ने कहा–"मालुक्य पुत्त। मैंने कब तुमसे कहा था कि मैं तुम्हें ऐसे प्रश्नों के उत्तर दूंगा? तुम्हारा यह प्रश्न तो उस व्यक्ति के प्रश्नों के समान बेकार है, जिसके कलेजे में जहर-बुझा बाण घुस गया हो, जिसके हित-मित्र बाण निकालने के लिये सुयोग्य वैद्य को ले आये हों, मगर जो यह कह रहा है कि मैं बाण तब तक नहीं निकलवाऊँगा जब तक मुझे यह मालूम न हो जाय कि बाण चलाने वाला व्यक्ति गोरा है या काला, लम्बा है या बौना, उसके नाम और गोत्र क्या हैं, उसके धनुष की डोरी मूंज की है या ताँत की तथा उसके बाणों के पर बाज के हैं या गिद्ध के। मालुक्य पुत्र। चाहे लोक नित्य है, यह दृष्टि रहे, चाहे लोक अनित्य है यह दृष्टि रहे, दोनों ही हालातों में जन्म है ही, जरा है ही, मरण है ही, शोक, रोना-काँदना, दुःख-दौर्मनस्य और परेशानियाँ हैं ही, जिनके इसी जन्म में विघात (शमन के उपाय) को मैं बतलाता हूँ।"

जिन प्रश्नों का समाधान बुद्धि से नहीं हो सकता और जिनके उत्तर पाने और नहीं पाने से आदमी का कुछ बनता-बिगड़ता नहीं, वैसे सभी प्रश्नों को तथागत ने अव्याकृत कोटि में डाल दिया था और उसके पूछने की मनाही कर दी थी। दीर्घनिकाय के 'पोठ्ठपादसुत्त' में वे कहते हैं–"पोठ्ठपाद! लोकनित्य है, यही सच है और दूसरा मत निरर्थक है, इसे मैंने अव्याकृत कहा है। इसी प्रकार लोक अनित्य है, लोक अन्तवान है, जीव और शरीर एक है, जीव और शरीर अलग-अलग है, तथागत मरने के बाद होते भी हैं और नहीं भी होते हैं।" इन सारे प्रश्नों को भगवान बुद्ध ने अव्याकृत कहकर, उनका पूछा जाना बंद कर दिया था।

पोठ्ठपाद के यह पूछने पर कि "किस लिये भन्ते! भगवान ने इसे अव्याकृत कहा है?" तथागत ने बतलाया–"इसलिए कि यह प्रश्न न तो अर्थयुक्त है न धर्मयुक्त, न आदि ब्रह्मचर्य के उपयुक्त, न निर्वेद (वैराग्य) के लिए, न विराग के लिए, न निरोध के लिए, न उपशम के लिए।" अर्थात् इन प्रश्नों के विवेचन में पड़ने से मनुष्य को कुछ भी प्राप्त होने वाला नहीं है।

मेरा अनुमान यह है कि अगर किसी ने भगवान बुद्ध से यह पूछा होता कि "ईश्वर है या नहीं।" तो वे कहते अगर ईश्वर है, तब भी मनुष्य के अच्छे कर्मों का फल अच्छा और बुरे कर्मों का फल बुरा होगा।

आत्मा और निर्वाण भी 'अव्याकृत' के ही विषय माने जाने चाहिए क्योंकि इनके सम्बन्ध में शंका रहित ज्ञान, बुद्धिवाद से प्राप्त नहीं किया जा सकता। लेकिन यह संभव होता तो पुनर्जन्म के विषय में हिन्दू-धर्म तथा बौद्ध-धर्म से दुनिया के अन्य धर्मों का मतभेद नहीं होता। उपनिषदों ने आत्मा को शुद्ध, बुद्ध, चेतन और नित्य माना है तथा उनका कहना है कि कर्म के प्रभावों की धूल उसे चारों से ढके हुए हैं, इसलिये हमें आत्म का सम्यक परिचय नहीं प्राप्त होता है। आत्मा के ऊपर से इस धूल को हटाने का मार्ग साधना है और साधक जब कर्म के प्रभावों के ऊपर उठ जाता है तथा संसार के किसी भी कार्य या रूप में उसकी आसक्ति नहीं रह जाती है, तभी वह आत्मज्ञान प्राप्त करता है, जिसे भारतीय दर्शन में समाधि कही गयी है।

पुनर्जन्म के संस्कार में जिस हिन्दू का पालन-पोषण हुआ है, उसे तथागत की इस व्याख्या से तनिक भी आश्चर्य नहीं होता और वह यह समझ लेता है कि तथागत ने अपनी सुविधा के अनुसार एक महत्वपूर्ण भाषा का प्रयोग किया है। आत्मा हिन्दुओं के यहाँ भी निराकार ही मानी जाती है और उसका एक शरीर से दूसरे शरीर तक गमन करना, हमारे संस्कारों की ही यात्रा के समान

है। लेकिन अनेक पाश्चात्य विद्वान (पूसिन, हक्सले, फरकोहर आदि) भगवान बुद्ध की इस व्याख्या को स्वीकार नहीं कर पाये और सीधे कह दिया कि बुद्ध ने आत्मा की सत्ता में विश्वास नहीं किया है अथवा अनात्मा का सिद्धान्त, बौद्ध धर्म की सबसे बड़ी कमजोरी है, क्योंकि अगर आत्मा का अस्तित्व ही नहीं है, तो फिर पुनर्जन्म के सिद्धांत में विश्वास करने की कोई आवश्यकता ही नहीं रह जाती। डॉ. फरकोहर ने लिखा है कि बुद्धदेव पुनर्जन्म को मानते थे, किन्तु आत्मा के अस्तित्व में उनका विश्वास नहीं था।

भगवान बुद्ध की निर्वाण-विषयक कल्पना को लेकर भी पश्चिम के पंडितों में बड़ा विवाद है। उन्नीसवीं सदी के बहुत से पाश्चात्य विद्वान यह मान बैठे थे कि बुद्धदेव विनाशवादी है तथा जिसे उन्होंने निर्वाण कहा है, वह मानव सत्ता की समाप्ति के सिवा और कुछ नहीं है। पश्चिम के विद्वान निर्वाण को लेकर इतना क्यों घबराये, इसका कारण यह है कि सभी धर्मों में यह कहा गया है कि मनुष्य के मरने के बाद उसकी आत्मा कब्र में पड़ी रहती है और जब न्याय का दिन आता है, तब सभी आत्माओं को कब्रों से उठकर भगवान के दरबार में हाजिर होना पड़ता है और भगवान सबको उनके पाप-पुण्य के लेखा के अनुसार स्वर्ग या नरक भेजते हैं। यद्यपि भगवान गलतियों को माफ भी करते हैं, बशर्ते कि आत्मा ने मानव-जीवन काल में भगवान की काफी भक्ति की हो।

बौद्ध दर्शन का निर्वाण उपनिषदों में वर्णित मोक्ष से भिन्न नहीं है। उपनिषदों में वर्णित मोक्ष वह अवस्था है, जिसमें आत्मा परमात्मा से एकाकार हो जाती है, ठीक वैसे ही, जैसे घट का व्योम, घट के टूट जाने पर महाव्योम में समा जाता है। भगवान बुद्ध निर्वाण का अभिप्राय समझाने के लिए अग्नि और दीपक की उपमा दिया करते थे। उनसे बार-बार यह पूछा जाता था कि निर्वाण के बाद तथागत किस रूप में रहते हैं? उन्होंने कहा था कि "ईंधन के बिल्कुल नि:शेष हो जाने पर जैसे यह नहीं माना जा सकता कि जो आग सामने प्रज्जवलित थी वह कहाँ चली गयी, उसी प्रकार कर्म-संस्कारों के समाप्त हो जाने पर यह नहीं माना जा सकता कि जीव किस अवस्था में कहां चला जाता है।" जहाँ तक नश्वरता का प्रश्न है, भगवान बुद्ध ने बार-बार कहा कि स्वयं तथागत भी नश्वर परमाणुओं से बने है और जब वे मरते हैं, तब उनका कोई अंश शेष नहीं रह जाता है।

हिन्दू धर्म को समझे बिना बौद्ध मत के निर्वाण की कल्पना भी समझ में नहीं आ सकती। जब भगवान बुद्ध का आविर्भाव हुआ, उसके पूर्व ही इस देश में यह धारणा बन चुकी थी कि मोक्ष प्राप्ति मनुष्य का उच्चतम ध्येय है

और यह मोक्ष एक ऐसे शाश्वत व्यक्ति की उपलब्धि है, जिसमें पुनर्जन्म लेने तथा मरने की संभावनाएँ शेष नहीं रह जातीं। भगवान बुद्ध का निर्वाण विनाश की स्थिति न होकर आत्मा के उसी विमल उल्लास की अवस्था, है जिस पर वेदान्त की इतनी भक्ति है। हक्सले, फरकोहर और पूसिन यह ज़रूर मानते हैं कि निर्वाण विनाश की स्थिति है, किन्तु भारतीय विद्वानों का उनसे मतभेद है। डॉ. आनन्द कुमार स्वामी का मत है कि "निर्वाण मृत्यु भी है और जीवन की पूर्णता भी। किन्तु यह कोई ऐसी वस्तु नहीं है, जिसे हम स्थान विशेष या काल विशेष में देख सकें। भगवान बुद्ध ने निर्वाण के लिए जो साधन बताये हैं, वे निर्वाण तक जाने के सोपान नहीं हैं, बल्कि उनसे सिर्फ वे बाधाएँ दूर होती हैं, जिनके कारण हमें निर्वाण का अनुभव नहीं हो पाता। यह बात वैसी ही है जैसे अन्धेरे में चिराग के आ जाने से देखने की बाधा दूर हो जाती है।" डॉ. राधाकृष्णन का कहना है कि "निर्वाण विनाश का पर्याय है।" इसका समर्थन हमें बौद्ध साहित्य में नहीं मिलता है। बौद्ध ग्रंथ हमें जिस निर्वाण की अवस्था का वर्णन बताते हैं, वह मृत्यु या विनाश की अवस्था नहीं है, बल्कि यह वह अवस्था है, जो नैतिक आचरणों की पूर्णता से प्राप्ति होती है, जो पवित्र धार्मिक जीवन की साधना का परिणाम है। निर्वाण वासनाओं से छुटकारे का नाम है।

डॉ. आनन्द कुमार स्वामी का यह भी कहना है कि "सारे बौद्ध साहित्य में कहीं भी यह उल्लेख नहीं मिलता कि आत्मा नहीं है अथवा जो शरीर रोगी, वृद्ध या मृत बन जाता है, उससे अलग मनुष्य में कोई शक्ति नहीं होती। बौद्ध धर्म के अनात्म शब्द से यह निष्कर्ष निकालना कि आत्मा नहीं है, ठीक वैसा ही है, जैसे यह कहना कि चूँकि ईश्वर के विषय में कोई भी सच्ची बात नहीं कही जा सकती, इसलिए ईश्वर है ही नहीं।"

राहुल जी ने इस विषय की व्याख्या करते हुए लिखा है कि बुद्ध के समय में आत्मा के स्वरूप में दो मत प्रचलित थे। एक तो यह कि आत्मा शरीर में बसने वाली, पर उससे भिन्न एक शक्ति है जिसके रहने से शरीर जीवित रहता है और जिसके चले जाने से वह शव हो जाता है। दूसरा मत यह था कि आत्मा शरीर से भिन्न कोई कूटस्थ वस्तु नहीं है। शरीर में ही रसों के योग से आत्मा नामक शक्ति पैदा होती है, जो शरीर को जीवित रखती है। रसों में कम अधिक होने से इस शक्ति का लोप हो जाता है, जिससे शरीर जीवित नहीं रह पाता। भगवान बुद्ध ने अन्यत्र की भाँति, यहाँ भी बीच की राह पकड़ी और यह कहा कि आत्मा न तो सनातन और कूटस्थ है, न वह शरीर के रसों पर ही बिल्कुल

अवलम्बित रहती है और न वह शरीर से बिल्कुल भिन्न ही है। वास्तव में वह स्कन्धों के योग से उत्पन्न एक शक्ति है, जो अन्य बाह्यभूतों की भाँति क्षण-क्षण उत्पन्न और विलीन होती रहती है। हमारे सामने जो नदी बहती है, उसका जल हमें बराबर एक सा दिखलाई पड़ता है, किन्तु सत्य यह है कि जल बराबर आगे निकलता जा रहा है और उसकी जगह पर नया जल आता जाता है। नदी के प्रवाह के समान ही हमारे भीतर आत्मा या चित्त का प्रवाह है, जिसके जारी रहने से शरीर सजीव कहा जाता है। लेकिन शरीर के विनाश के साथ ही चित्त-प्रवाह का विनाश नहीं होता। वह संस्कारों का बोझ लिए हुए एक नये शरीर में प्रवेश करता है। एक शरीर से निकल कर दूसरे शरीर में प्रवेश करने के बीच वाले अवकाश में यह चित्त-प्रवाह कहाँ रहता है अथवा उसका नया जन्म कैसे होता है, इस विषय में भगवान बुद्ध मौन थे। बुद्ध के इसी मौन का लाभ उठाकर उनके दो सौ वर्षों बाद के पण्डितों ने आत्मा निर्वाण की व्याख्या में ऐसी-ऐसी भ्रामक बातें कह दी हैं, जिनका वेदान्त से विरोध हो गया।

भगवान बुद्ध मध्यम मार्ग के व्याख्याता थे। उनकी अवधारणा थी कि न तो शरीर को ज्यादा व्रत, उपवास से ताड़ना दो और न तो उसे अधिकाधिक भोग विलास में लिप्त करो। मध्यम मार्ग ही उनका लक्ष्य था। आत्मा के सम्बन्ध में भी हम उनके इस दृष्टिकोण की झलक पाते हैं। एक मत भौतिकवादियों की तरह यह विश्वास करता था कि आत्मा का अस्तित्व है ही नहीं। वे इसे एक स्वतन्त्र चिन्तन का किनारा मानते थे। दूसरे किनारे पर वे वैदिक ब्राह्मण थे जो आत्मा को शाश्वत मानते थे। भगवान बुद्ध ने इन दोनों को अतिवादी समझा। अतएव उन्होंने न तो भौतिकवादियों के विश्वास को स्वीकार किया और न उपनिषदवादियों के शाश्वतवाद को। इस प्रकार आत्मा के विषय में उनका मत मध्यम मार्ग का पर्याय था। '*मज्झिमनिकाय*' के अनुसार मध्यम मार्ग की चर्चा करते हुए आनन्द ने कहा है कि–'मध्यम मार्ग न चक्र है न ऋजु है, वस्तुतः वह सम्य है। '*दिव्यावधान*' के एक प्रसंग में महात्मा बुद्ध ने श्रवणों को उपदेश देते हुए यह कहा है कि उन्हें मध्यम मार्ग का ज्ञान एक वीणा बजाने वाली स्त्री को देखकर हुआ। उसने महात्मा बुद्ध की जिज्ञासा का उत्तर देते हुए कहा कि यदि वीणा के तारों को बहुत कम कसा जाए तो उसमें सुर नहीं निकलेंगे और बहुत ज्यादा कस दिया जाए तो वीणा के तार टूट जायेंगे। इसलिए वीणा के तारों को मध्यम रूप में कसना चाहिए। यही मध्यम मार्ग मानव जीवन की सफलता और साधनात्मक जीवन के लिए सर्वोत्तम है।

निर्वाण शब्द का अभिप्राय मोक्ष से है। अपने शास्त्रों में मानव जीवन के लिए चार पुरुषार्थों की चर्चा आती है, जिसमें अन्तिम चरण प्रस्थान के रूप में धर्म, अर्थ, काम के साथ मोक्ष का उल्लेख मिलता है। ईश्वर की प्राप्ति या ब्रह्म का साक्षात्कार मोक्ष है। ईश्वर की प्राप्ति के लिए हमारे शास्त्रों में ज्ञान, कर्म और भक्ति तीन सोपानों की चर्चा की गयी है–

'ज्ञानम् कर्मम् च भक्तिम् च निर्णाम् श्रेयों विदितसया।'[4]

इस क्रम में यह स्पष्ट है कि निर्वाण या मोक्ष तत्व सभी साधनाओं की अन्तिम उत्पत्ति है। यही महानिर्वाण बौद्ध धर्म की साधना की अभीष्ट है। ईश्वर प्राप्ति के नाना प्रकार के साधन हैं। सभी का अन्तिम पर्यावसान निर्वाण या मोक्ष ही माना गया है। भारतीय शास्त्रों के अनुसार निर्वाण या मोक्ष के बाद पुनर्जन्म नहीं होता। बौद्ध दर्शन इसी को मानव जीवन का और भक्ति साधना का सर्वश्रेष्ठ लक्ष्य मानता है। अष्टांग योग और हठयोग की साधना में निर्वाण या मोक्ष की व्यापक चर्चा आती है। महर्षि पतंजलि के '*योग दर्शन*' में मोक्ष या निर्वाण की प्राप्ति के लिए अष्टांग योग की साधना का विधान किया गया है–यम, नियम, आसन, प्राणायाम, प्रत्याहार, धारणा:, ध्यान और समाधि। यह समाधि ही निर्वाण का दूसरा नाम है। आचार्य विद्यारण्य की '*पंचदशी*' में इस निर्वाण या समाधि की एक और तुरीयावस्था का उल्लेख मिलता है, जिसे उन्होंने 'धर्ममेघ समाधि' कहा है अर्थात् जैसे वर्षा की बूंदों के गिरने से वसुन्धरा का रोम-रोम तृप्त हो जाता है, ठीक उसी प्रकार अपने स्वधर्म की निर्दिष्ट साधना करने के बाद प्राणी का अन्त:करण और उसके मन प्राण अलौकिक रसधारा में पूरी तरह से भीग जाते हैं।

हमारे विनम्र विचार में बौद्ध धर्म, जैन धर्म, ब्राह्मण धर्म, शैव धर्म, और शाक्त धर्म आदि नाना प्रकार के ईश्वर/ब्रह्म प्राप्ति के लिए निर्दिष्ट मार्गों में से निश्चय ही बौद्ध धर्म सर्वश्रेष्ठ है। उसकी स्थापनाएँ गूढ़ होते हुए भी सहज हैं। स्वाभाविकता के साथ जिस साधना का उपदेश बौद्ध धर्म के आचार्यों ने किया है वह वस्तुत: न केवल सार्वदेशिक और सार्वकालिक है बल्कि सार्वजनीन भी है। वस्तुत: जैसे सारी नदियाँ पर्वत से निकलकर समुद्र में विलीन हो जाती हैं, ठीक उसी प्रकार विभिन्न धर्मों के सारे प्रयत्न, साधन और प्रयास अन्तत: परमतत्व की विराट सत्ता में पर्यावसित हो जाते हैं–

'आकाशात् पतितम् त्वम् यथा गच्छति सागरम्
सर्वदेव नमस्कारम् केशवम् प्रति गच्छति।।'

सन्दर्भ

1. शूद्र चलता-फिरता शमशान है। उसके इतने समीप अध्ययन न करें कि उसे सुनाई दे। यदि जानबूझकर श्रुति सुने तो लोहा या शीशा गलाकर उसके कान में डालना चाहिए।

   कात्यायन-श्रौतसूत्र तथा *आपस्तम्भ श्रौत*

2. *निन्दसि वेदनिधेरह:, श्रुतिजातम्, सदय-हृदय-दर्शित-पशुद्यातम्,*
   केशव धृत बुद्ध-शरीर, जय जगदीश हरे। (*गीत गोविन्द*)
3. *कामायनी*—जयशंकर प्रसाद
4. *श्रीमद्भगवद पुराण*—वेदव्यास

22
बौद्ध धर्म में स्त्री शिक्षा

अर्चना कुमारी करण

शिक्षा, ज्ञान प्राप्त करने की यह प्रक्रिया है, जो मानव को उन्नत एवं सभ्य बनाती है। यह व्यक्ति के शरीर एवं आत्मा में उस सौन्दर्य और पूर्णता का विकास करती है, जिसके वह योग्य है। मानव पृथ्वी पर शून्य की सत्ता के साथ जन्म लेता है, परन्तु वह जैसे-जैसे शिक्षा के संसर्ग में आता है, उसके व्यक्तित्व का विकास होता जाता है और वह शून्यता से ज्ञान की दिशा में गमन करता हुआ औचित्य एवं अनौचित्य का ज्ञान प्राप्त करता है। *सुभाषितरत्नभाण्डागार* में कहा गया है कि शिक्षा प्राप्त करके, मनुष्य को यथार्थ दृष्टि व ज्ञान प्राप्त होता है।

ज्ञानं तृतीयं मनुजस्य नेत्रं समस्ततत्वार्थविलोकदक्षम्।[1]

शिक्षा मनुष्य के व्यक्तित्व का विकास करने के साथ-साथ उसे पारिवारिक व सामाजिक कर्त्तव्यों के प्रति निष्ठावान् बनाती है जिससे वह न केवल स्वयं, अपितु समाज एवं देश तथा उसकी सभ्यता, संस्कृति एवं गौरव की रक्षा के लिए समर्थ हो सके। इस प्रकार शिक्षा मनुष्य के व्यक्तित्व के विभिन्न पहलुओं; जैसे–शारीरिक, मानसिक, बौद्धिक एवं आध्यात्मिक शक्ति की संतुलित विकास करने वाली अन्तर्ज्योति तथा आत्मशक्ति है, जो मनुष्य की उन्नति के पथ-प्रदर्शक का कार्य करती है एवं उसे समाज में अधिक से अधिक योग्य एवं उपयोगी बनाती है।

शिक्षा एक उन्नत समाज का आधार है। इसीलिए यह समाज के प्रत्येक वर्ग के लिए अति आवश्यक है, परन्तु जहाँ तक स्त्रियों का प्रश्न है, उन्हें इसकी आवश्यकता और भी अधिक है, क्योंकि वे समाज की रचनात्मक शक्ति की द्योतक और देश की परम्परा व संस्कृति की संरक्षिका होती हैं, अतः शिक्षित एवं

योग्य स्त्री के बिना सुदृढ़ राष्ट्र का निर्माण अकल्पनीय है। ऐसा कहा जाता है कि एक पुरुष के शिक्षित होने से सिर्फ वही शिक्षित होता है, परन्तु एक स्त्री के शिक्षित होने से पूरा परिवार शिक्षित होता है। अतः इस बात से यह सहज ही अनुमान लगाया जा सकता है कि यदि एक स्त्री अशिक्षित होगी तो समाज की स्थिति क्या होगी। इसके सम्बन्ध में *मनुस्मृति* में कहा गया है कि "दस उपाध्याय के बराबर एक आचार्य होता है, सौ आचार्य के बराबर एक पिता होता है तथा हजार पिताओं से भी माता का गौरव बड़ा है। इसलिए माता (स्त्री) का शिक्षित होना अनिवार्य है।"[2]

किसी भी सभ्यता की आत्मा को समझने तथा उसकी उपलब्धियों एवं श्रेष्ठता का मूल्यांकन करने में स्त्रियों की स्थिति का अध्ययन करना एक महत्त्वपूर्ण कारक है। स्त्रियों के ऐतिहासिक जीवन में यात्रा करने पर यह ज्ञात होता है कि उनकी स्थिति में युग के अनुरूप परिवर्तन होते रहे हैं। उनकी स्थिति में वैदिक युग से लेकर पूर्व मध्य युग तक अनेक उतार चढ़ाव आते रहे हैं तथा उनकी शिक्षा के अधिकार में तदनुरूप परिवर्तन होते रहे हैं। ऋग्वैदिक युग में स्त्रियों को शिक्षा का पूर्ण अधिकार प्राप्त था। बालकों के समान कन्या का भी उपनयन संस्कार किया जाता था[3] तथा वह ब्रह्मचर्य का पालन करती हुई विभिन्न विषयों की शिक्षा ग्रहण करती थीं। उस समय शिक्षा प्राप्त करने वाली स्त्रियों के दो वर्ग थे–

'ब्रह्मवादिनी' तथा 'सद्योवधू'।[4] "'ब्रह्मवादिनी' स्त्रियों को उपनयन, अग्न्याधान और विद्याध्ययन का अधिकार था और 'सद्योवधू' विवाह से पूर्व आवश्यकतानुसार कुछ अध्ययन करती थीं"[5] ऋग्वेद में ऐसी अनेक स्त्रियों के वर्णन मिलते हैं, जिन्होंने ऋग्वैदिक मंत्रों की रचना की थी; जिनमें लोपामुद्रा, विश्ववारा, अपाला, घोषा आदि प्रमुख थीं। ऋग्वैदिक युग की यह श्रेष्ठ परम्परा अधिक दिनों तक नहीं चल सकी। उत्तरवैदिक काल से उनकी स्थिति में धीरे-धीरे गिरावट आनी प्रारंभ हो गयी। उन्हें शिक्षा एवं स्वतन्त्रता के अधिकार से वंचित करने के लिए उनकी छोटी आयु में ही विवाह कर देने की व्यवस्था कर दी गयी। उपनयन संस्कार प्रतिबन्धित होने के कारण स्त्रियों को मंत्रोच्चारण के लिए अयोग्य समझा जाने लगा। उनके अधिकार अब घर की चारदिवारी तक सिमट कर रह गये। *संयुक्तनिकाय* के भिक्खुणीसंयुक्त पर दृष्टिपात् करने से यह प्रतीत होता है कि अब स्त्रियों को साधना के लिए असक्षम माना जाने लगा था; इसमें मार ने सोमा भिक्षुणी से कहा था कि

"यं तं इसीहि पप्ब्वं, ठानं दुरभिसम्भवं।
न तं द्वंगुलपञ्ञाय, सक्का पप्पोतुमित्थिया' ति।।"

"अर्थात् ऋषि लोग जिस पद को कठिनता से प्राप्त करते हैं, उसे दो अंगुल भर प्रज्ञा वाली स्त्रियाँ नहीं पा सकती हैं।"[6] इस प्रकार यह ज्ञात होता है कि शिक्षा एवं अध्यात्म के क्षेत्र में स्त्रियों के प्रति अवज्ञा का भाव विद्यमान हो गया था।

छठी शताब्दी ईसा पूर्व में बौद्ध धर्म में प्रजापति गौतमी के नेतृत्व में स्त्रियों को संघ में प्रवेश ने शिक्षा के क्षेत्र में उनके लिए एक नई संभावना का द्वार खोल दिया था। भगवान बुद्ध ने तमाम सामाजिक भेदभाव का विरोध करते हुए कहा कि "स्त्रियाँ भी पुरुषों के समान आध्यात्मिक सुख एवं निर्वाण प्राप्त करने में सक्षम हैं।" धर्म प्रचार के प्रारम्भ में बुद्ध ने स्त्रियों को दीक्षित करके बौद्ध संघ में प्रवेश की अनुमति नहीं दी थी, परन्तु भिक्षु संघ की स्थापना के संभवतः पाँच वर्षोपरान्त अपनी क्षीरदायिका माता प्रजापति गौतमी तथा भिक्षु आनन्द के आग्रह से बुद्ध ने उनकी योग्यता स्वीकार करते हुए स्त्रियों को गृहत्याग कर प्रव्रज्या ग्रहण करने की अनुमति दे दी।[7] "भिक्षुणी संघ तत्कालीन समय का ऐसा विलक्षण प्रयोग था,"[8] जिसमें भिक्षुणियाँ स्वतंत्र रूप से अपनी प्रतिभा का यथोचित प्रयोग कर सकती थीं। भिक्षुणियों ने भी इस अवसर का पूरा लाभ उठाते हुए अपनी आध्यात्मिक उन्नति कर समाज में प्रतिष्ठित पद प्राप्त किया। संघ में कई भिक्षुणियाँ इतनी विख्यात थीं कि वे न केवल स्त्रियों की अपितु पुरुषों की भी उपदेशिका हुई। उन्होंने अपनी योग्यता तथा कठिन परिश्रम से स्वयं को पुरुषों के समकक्ष लाकर खड़ा कर दिया, जिससे ये भिक्षुणियाँ समाज की अधिकारहीन स्त्रियों की प्रेरणास्रोत बनीं और उन्होंने उनके आत्मविश्वास में दृढ़ता प्रदान करने का कार्य किया।

तत्कालीन युग में संघ जीवन, स्त्रियों के लिए शिक्षा का माध्यम था। यहाँ उन्होंने आत्म-उत्थान हेतु बौद्ध धर्म एवं दर्शन का विस्तुत व समुचित अध्ययन किया तथा बौद्ध धर्म के इतिहास में महत्वपूर्ण स्थान प्राप्त किया। '*अंगुत्तरनिकाय* की मनोरथपूरणी टीका' में ऐसी अनेक भिक्षुणियों के नाम मिलते हैं, जिन्हें बुद्ध अपनी शिष्या मानते थे। उनमें से अनेक ने ज्ञान की उस अवस्था को प्राप्त किया जिससे उन्हें थेरी की संज्ञा मिली। बुद्ध ने ऐसी तेरह भिक्षुणियों के नाम उनकी योग्यता के कारण विशेष रूप से गिनाए हैं; इनमें एक प्रमुख नाम धम्मदिन्नाका था। धम्मदिन्ना के पति ने अपनी पत्नी से बौद्ध बनने की अनुमति मांगी थी तथा उसे उसके भरण-पोषण के लिए यथेष्ट धन देने की बात कही। धम्मदिन्ना

ने धन लेने से इन्कार कर दिया और स्वयं भी बौद्ध संघ में शामिल हो गई। कुछ ही समय बाद गहन अध्ययन कर वह बौद्ध-दर्शन की ज्ञाता होकर प्रमुख उपदेशिका हुईं। कालांतर में उसके पति ने उससे ही अध्यात्मिक ज्ञान का उपदेश प्राप्त किया।[9] इसी प्रकार अन्य अनेक थेरियों ने ज्ञान की उच्च अवस्था को प्राप्त करके स्वयं को उसकी साधना में सीमित कर लिया तथा बौद्ध शिक्षा के प्रचार एवं प्रसार करते हुए समाज की सेवा में सक्रिय भाग लिया। इनमें से एक थेरी सुक्का थीं, जिसके प्रवचन सुनने के लिए लोग अपने काम छोड़कर एकत्र हो जाते थे।[10] सुक्का नाम की भिक्षुणी की विद्वता का इतना अधिक प्रभाव था कि लोग उसके व्याख्यान सुनने के लिए दूर-दूर से उमड़ पड़ते थे। *चुल्लवग्ग* में इस प्रकार के भी विवरण मिलते हैं कि उच्च अध्ययन करके अनेक भिक्षुणियाँ, अन्य भिक्षुणियों की शिक्षिकायें भी हो गयीं। भिक्षुणी उप्पलवण्णा एक ऐसी ही शिक्षिका थी जिसने सात वर्षों तक अपनी शिष्या को '*विनयपिटक*' पढ़ाया, परन्तु वह बार-बार उसको उतना ही शीघ्र भूलती थी।[11] थेरीगाथा में भी ऐसी अनेक कवयित्रियों के नामों का उल्लेख है, जो अध्यात्म और शिक्षा के क्षेत्र में अग्रणी थीं तथा प्रतिष्ठित उपदेशिका भी थी, जिनमें खेमा, पटचारा इत्यादि प्रमुख हैं।

बौद्ध धर्म में स्त्री शिक्षा का सर्वश्रेष्ठ दृष्ट्रव्य उदाहरण उनके द्वारा रचित *थेरीगाथा* है। थेरीगाथा संभवतः इतिहास का पहला ऐसा गीत-संग्रह है, जो स्त्रियों द्वारा रचित है। इसमें 524 गाथाओं में वर्णित 73 भिक्षुणियों के आत्मानुभव का संकलन है, जो उनकी साहित्यिक एवं शैक्षणिक अवस्था की भरपूर जानकारी उपलब्ध कराता है। थेरीगाथा में भिक्षुणियों के हृदयोद्गार का एक-एक शब्द निर्वाण की परम शान्ति से उच्छ्वसित है, इसमे संगीत के साथ-साथ जीवन का सत्यदर्शन भी विद्यमान है। बुद्ध ने भिक्षुणियों को आध्यात्मिक एवं सांस्कृतिक विकास का पर्याप्त अवसर प्रदान किया था, जिसका दर्शन हमें इस ग्रन्थ में होता है; उदाहरणस्वरूप हम वशिष्ठी थेरी की गाथा को देख सकते हैं–

"*सब्बे सोका समुच्छिन्ना, पहीना एतदन्तिका।*
परिज्जाता हि मे वत्थू, यतो सोकान सम्भवो'ति।।"[12]

थेरीगाथा की सभी गाथाएँ बहुत ही सुन्दर ढंग से राग एवं लय के साथ रचित हैं तथा इनकी राजनीतिक विषयवस्तु भी बेजोड़ है। क्या यह संभव है कि इतनी सुन्दर गाथाओं की रचना करने वाली थेरियाँ अशिक्षित रही होंगी या उनमें ज्ञान की कमी थी? थेरीगाथा में जब अम्बपाली अपनी यौवनावस्था और

वृद्धावस्था का वर्णन करती है, तो उसका भाव काव्योचित एवं सौंदर्यशास्त्रीय क्षमता का प्रदर्शन कराता है;

यथा–

"*कालका भवरवण्णसदिसा, बेल्लितग्ग मम मुद्धजा अंडु।*
ते जाराय साणवाकसदिसा, सच्चवादिवचनं अनज्जथा।।"[13]

अर्थात् कभी मेरे शिर के केश भौंरे के समान काले तथा घुंघराले थे, वे आज जीर्ण अवस्था पाकर, मेरा बुढ़ापा आने पर, सण की त्वचा के समान मटमैले हो गए। इससे सत्यवादी (भगवान्) का वचन प्रमाणित होता हैं कि काया परिवर्तनशील (विपरिणाम धर्म वाली) है। इस प्रकार थेरीगाथा भिक्षुणियों के आध्यात्मिक उड़ान और नैतिक साधना की साक्षी हैं, जिनके माध्यम से उन्होंने चिरन्तन शान्ति को प्राप्त किया था। डॉ. रीज डेविड्स ने इसकी प्रशंसा करते हुए कहा है कि उस थेरीगाथा की बहुत सी गाथायें न केवल उन के बाह्यरूप की दृष्टि से अत्यन्त मनोरम हैं बल्कि वे उस ऊँची आध्यात्मिक साधना की भी साक्षी हैं, जिसका आदर्श बौद्ध जीवन से सम्बन्धित था।[14]

बौद्ध संघ में स्त्री को अध्यात्म में पुरुषों के सदृश पुनः अधिकार प्राप्त होने से यह पुत्री जीवन के विकास के लिए वरदान सिद्ध हुआ। वे समाज के लिए श्रेष्ठ उदाहरण बनीं। *संयुक्तनिकाय* में वर्णित है कि माता अपनी पुत्री को भिखुणियों के सदृश बनने की शिक्षा देती थी; तुम ऐसी उपासिका बनना जैसी 'खुज्जुत्तरा' हुई तथा ऐसी भिक्षुणी बनना जैसी कि 'खेमा', 'उप्पलवण्णा' हुई हैं।[15] जातक कथाओं में भी अनेक विदुषी स्त्रियों के वर्णन मिलते हैं। चुल्लकलिंग जातक में वर्णित है कि वैशाली में पाँच सौ मत-मतान्तरों वाला विद्वान और ऐसी ही पण्डिता स्त्री, जो पाँच सौ मतान्तरों की ज्ञाता थी, का विवाह लिच्छवियों ने कराया था।[16] कुरूधम्म जातक से भी स्त्रियों के शिक्षा प्राप्त करने का उल्लेख मिलता है।[17]

बौद्ध संघ किसी वर्ग विशेष के लिए विहित नहीं था अपितु इसके द्वार समाज के प्रत्येक वर्ग की स्त्रियों के लिए खुले थे, जो ज्ञान व प्रज्ञा की दृष्टि से भिक्षुओं के समकक्ष थीं; इनमें से एक सोमा थी, जो बिम्बिसार के सेनापति की बहन थी; दूसरी स्त्री अनुपमा थी, जो अति समृद्ध माता-पिता की अति सुन्दरी कन्या थी। इनके अतिरिक्त अम्बपाली एक गणिका, शुमा लोहार की पुत्री, चापा एक बहेलिया की संतान थी, जो घर से बेघर होकर बौद्ध धर्म में प्रव्रजित हुई। अन्य बौद्ध भिक्षुणियों के नाम भी थेरीगाथा में हैं, यथा; मुक्ता,

पूर्णा, सुमना, तिष्या, पटचाला, भद्रकपिलायनी इत्यादि, जिन्होंने अपने सम्पन्न घरों को त्यागकर, भिक्षुणी होकर आत्मज्ञान को प्राप्त किया था।

कालान्तर में विजयांका, शील, भट्टारिका प्रभावती आदि भिक्षुणियों ने अपने उच्च आध्यात्मिक ज्ञान व शिक्षा से अपने देश के साथ-साथ विदेशों में भी बौद्ध धर्म का प्रचार किया था। अशोक की पुत्री संघमित्रा ने भी अपने भाई महेन्द्र के साथ सिंहल द्वीप में जाकर बौद्ध धर्म को स्थापित किया तथा बड़ी संख्या में स्त्रियों को धम्म में दीक्षित किया, जिसका प्रभाव आज भी श्रीलंका में देखने को मिलता है।

उपर्युक्त विवरणों से यह स्पष्ट होता है कि भगवान बुद्ध ने स्त्रियों को संघ में प्रवेश देकर उनमें स्त्री-शिक्षा के प्रसार का महान कार्य सम्पन्न किया था। स्त्रियों ने इसका पूर्ण लाभ उठाया तथा स्वयं को आध्यात्मिक रूप से उत्कृष्ट व सुसंस्कृत किया, जिससे निश्चय ही स्त्री विषयक दृष्टिकोण में परिवर्तन हुआ। उन्हें समाज में सम्मान मिला, साथ ही उनके आत्मविश्वास को एक मजबूती मिली, जिसकी हमेशा से उनको आवश्यकता थी।

सन्दर्भ

1. *कुमार, कृष्ण* (1999), भारत की प्राचीन शिक्षा पद्धति, श्री सरस्वती सदन, नई दिल्ली, पृ. 4.
2. *मनुस्मृति*, 2. 145.
3. *अथर्ववेद*, 11.5.18.
4. *स्मृतिचन्द्रिका*, भाग 1. पृ. 24 में उद्धृत हारित.
5. *अल्तेकर, ए.एस.* (1999), *एजुकेशन इन एन्शियन्ट इन्डिया*, नन्द किशोर ब्रदर्स, वाराणसी, पृ. 157.
6. *संयुक्तनिकाय* 1. 5. 2.
7. *चुल्लवग्ग*, 10.9.
8. *मरकॉट, सुसान.* (1991). द *फर्स्ट बुद्धिस्ट वुमन: ट्रांसलेशन्स एण्ड कमेन्टरी ऑन* द *थेरीगाथा परलैक्स प्रेस*, यू.एस.ए., पृ. 4.
9. *भारत की प्राचीन शिक्षा पद्धति*, पृ. 180.
10. वही, पृ. 179.
11. थेरीगाथा 6. 2. 138.
12. थेरीगाथा 13. 01. 252.
13. नरसु, पी. लक्ष्मी, (1997); *बौद्ध धर्म का सार*, बुद्ध भूमि प्रकाशन, नागपुर, पृ. 101.

14. *संयुक्तनिकाय*, 2. 196–197.
15. कौशल्यायन, भदन्त आनन्द (1995), *जातक*, तृतीय खण्ड, हिन्दी साहित्य सम्मेलन, प्रयाग, पृ. 172.
16. वही, पृ. 89.
17. वही.

23

किन्तु पुनर्मूल्यांकन आवश्यक है

डॉ. कुमारेन्द्र सिंह सेंगर

मानवीय सभ्यता के विकास को धर्म ने सदैव प्रभावित किया है। लौकिक जगत में अपनी अलौकिक सत्ता को स्थापित कर धर्म ने पारलौकिक जगत तथा अपना वर्चस्व स्थापित करने में सफलता प्राप्त की है। भारतीय समाज भी सदैव से धर्म के अनन्तर में अपने क्रियाकलापों को परिपूर्ण करता है। इन धर्मों के मतानुयायियों द्वारा समाज के मध्य पुनर्जन्मवाद, कर्मवाद, कर्मकाण्ड, वर्णव्यवस्था, एकेश्वरवाद आदि को विभिन्न रूपों में अनुप्राणित किया गया। विविध धर्मों के मध्य हिन्दू-धर्म ने अपने दर्शन आचरण सम्बन्धी नियम, अवधारणाओं से सामाजिक जीवन, राजनैतिक जीवन को एक प्रकार की विशिष्टता प्रदान की। इसी विशिष्टता के मध्य ब्राह्मण-धर्म अपनी सर्वोच्चता को थोपता सा प्रतीत हुआ। विस्तीर्ण कालखण्ड तक भारतभूमि को अपने कर्मकाण्डों, सिद्धान्तों से अनुप्राणित करता, यह धर्म कालान्तर में अपनी समायोजन क्षमता को लगभग खोता रहा। समायोजन क्षमता के क्षीण होते रहने से शनैः-शनैः ब्राह्मण-धर्म रूढ़ियों, अंधविश्वासों, कर्मकाण्डों की शरणस्थली बन गया। धर्म और समाज के व्यापक अन्तःसम्बन्धों के मध्य पुरोहित बिचौलियों की भूमिका का निर्वाह करने लगे। पण्डितों, पुरोहितों ने अपने तर्कों-कुतर्कों को समाज के ऊपर लादने की लालसा में, किसी अन्य को भी तर्क करने का अधिकार नहीं दिया। ई.पू. छठीं शताब्दी तक आते-आते वर्ण-व्यवस्था सामाजिक असमानता का, कर्मकाण्ड तथा यज्ञ हिंसा और अनावश्यक धार्मिक कृत्यों का और ईश्वरवाद एक बाह्य शक्ति पर निर्भरता का द्योतक बन चुका था।[1] यह वही कालखण्ड था जिसमें राजकुमार गौतम ने घर-परिवार त्यागकर तपस्या के आधार पर ज्ञान प्राप्त किया और बुद्ध कहलाये। इसके बाद उन्होंने अपनी बुद्ध वादिता और तर्कशीलता को प्रतिष्ठित भी किया।

गौतम बुद्ध का आविर्भाव भारतीय इतिहास की एक विशिष्ट घटना समझी जा सकती है। वे अपने समय के महापुरुष अथवा तीर्थंकर माने जाते हैं न कि अलौकिक अवतार, जैसा कि उनकी भक्ति में लीन बौद्धों ने उन्हें समझा और समाज को समझाया। गौतम बुद्ध को कालान्तर में महिमामंडित करने की दृष्टि से उनके उपदेशों को, संदेशों को प्रमुखता देने के अतिरिक्त स्वयं गौतम बुद्ध को भी अलौकिक तत्त्व के रूप में प्रतिस्थापित करने के प्रयास किये जाने लगे। जातक की निदान कथा '*ललितविस्तर*' तथा अश्वघोष के महाकाव्य '*बुद्धचरित*' में इस बात का विस्तृत वर्णन है कि गौतम बुद्ध के जन्म के बाद शुद्धोधन ने ब्राह्मणों को नवजात शिशु का भविष्य बताने को आमंत्रित किया। इन ब्राह्मणों में से एक कालदेवल, शिशु गौतम को देख पहले तो हँसे और बाद में रोने लगे। कारण पूछे जाने पर उन्होंने बताया–"मैं हँसा क्योंकि मुझे सौभाग्य प्राप्त हुआ कि मैंने उस बालक के दर्शन किये, जिसे आगे चलकर पूर्ण ज्ञान प्राप्त होगा, वह बुद्ध बनेगा और मैं रोया अपने दुर्भाग्य पर कि जब वह अपना ज्ञान संसार को बाँटेगा उस समय, उसके प्रवचन को सुनने को मैं जीवित नहीं रहूँगा; राजन! आप हर्षित हों; आपका पुत्र संसार का महानतम व्यक्ति होगा।"[2] इस तरह के अन्य चित्रण भी बौद्ध मतावलम्बियों द्वारा किये गये हैं, जिनमें बुद्ध को अलौकिक रूप में दर्शाने का प्रयास किया गया है। बुद्ध की अलौकिकता को दर्शाते हुए बताया गया है कि वे सुजाता नामक कुलीन युवती द्वारा प्रदान उत्तम अन्न की भिक्षा ग्रहण करके, बोधिसत्त्व पीपल के पेड़ (जिसे बोधिवृक्ष कहा गया) के नीचे जा बैठे। यहाँ रात्रि के प्रथम याम में उन्होंने अपने पूर्वजन्मों की स्मृति रूपी विद्या प्राप्त की। रात्रि के मध्य याम में उन्होंने दिव्यचक्षु प्राप्त किये और इसके द्वारा समस्त लोक को अपने कर्मों का फल अनुभव करते देखा। रात्रि के तृतीय याम में उन्होंने प्रतीत्यसमुत्पाद का ज्ञान प्राप्त किया, जिससे उन्होंने सत्य को आपातत: दो पक्षों में विभक्त देखा–एक ओर अनित्य, परतन्त्र और सापेक्ष संसार तथा दूसरी ओर चिर-शान्त निर्वाण।[3]

सम्बोधि की विशिष्ट प्रक्रिया के बाद बुद्ध के मन में संशय हुआ कि "मुझे यह गंभीर, दुरवलोक्य, दुर्बोध, शान्त, उत्तम, अतर्कगोचर, सूक्ष्म एवं पण्डित वेद धर्म प्राप्त हुआ है। आलस्यरत जनता के लिए इदम्प्रत्ययतारूप प्रतीत्यसमुत्पाद अथवा निर्वाण दुर्बोध है। यदि मैं धर्म का उपदेश करूँ और लोग न समझें, तो परिश्रम एवं आयास मात्र होगा।"[4] बौद्ध परम्परा के अनुसार 'बुद्ध के अनौत्सुक को देखकर ब्रह्मा उनके सम्मुख प्रकट हुए और कहा–धर्ममय प्रमाद से शोकावतीर्ण जनता को देखिये और धर्म का उपदेश कीजिये, जानने-समझने वाले

भी होंगे। ब्रह्मा की याचना से बुद्ध ने जीवों पर करुणा कर, बुद्ध-चक्षु से लोक को देखा और पाया कि जैसा सरसी (तलैया) में कुछ कमल जल से अनुद्गत, कुछ समोदक और कुछ जल से अभ्युद्गत होते हैं, ऐसे ही जीव भी संसार में आध्यात्मिक विकास की नाना अवस्थाओं में है।'[5] बौद्ध धर्मावलम्बी भी इस घटना की व्याख्या अलग-अलग मतानुसार करते दिखते हैं। एक मत के अनुसार बुद्ध को देवता (ब्रह्मा) ने संसारियों का उत्पल सादृश्य दिखाया और आध्यात्मिक विकास के, धर्म प्रचार को प्रेरित किया। एक अन्य मत मानता है कि बुद्ध ने निश्चय किया कि वे अतर्क्य निर्वाण के विषय में मौन धारण करेंगे और केवल मार्ग की देशना करेंगे।

अब यदि उक्त चन्द घटनाओं के आलोक में बुद्ध और बौद्ध धर्म के आविर्भाव के मूल को जानने का प्रयास किया जाये, तो कहीं न कहीं विभ्रम की स्थिति पैदा होती है। ज़रा-रोगी-मृत्यु को देखकर सांसारिक माया-मोह से विरक्ति का अनुभव कर, ज्ञान की खोज में निकले राजकुमार गौतम को सम्बोधि स्वतः ही बिना गुरु के प्राप्त होती है। ब्राह्मणीय कर्मकाण्डों, पुरोहितों के दुश्चक्र में फँसे समाज को अपने ज्ञान, वचनों के द्वारा मार्ग दिखाने वाले गौतम बुद्ध के संशय को भी किसी लौकिक प्राणी ने नहीं अपितु स्वयं ब्रह्मा ने दूर करते हुए उनसे समाज को धर्म सम्बन्धी उपदेश देने की याचना की थी। बुद्ध के प्रवचनों, विचारों, उपदेशों, धर्म सम्बन्धी बौद्धिक विचारों के आधार पर यह तो आसानी से कहा जा सकता है कि गौतम 'बुद्ध' पूर्णतः बुद्धिवादी थे। वे किसी भी तथ्य को विश्वास की कच्ची नींव पर रखना नहीं चाहते थे, प्रत्युत तर्क-बुद्धि की कसौटी पर सब तत्त्वों को कसना उनकी शिक्षा का प्रधान उद्देश्य था।[6] ऐसे में सवाल खड़ा होता है कि ऐसे पूर्ण बुद्धिवादी व्यक्ति को मात्र तपस्या के आधार पर-बिना किसी गुरु के द्वारा-एक रात्रि में बोधज्ञान प्राप्त होना; संसार को उपदेश देने, न देने की संशयात्मक स्थिति से बाहर लाने का कार्य, ब्रह्मा जैसी अलौकिक शक्ति द्वारा करना कितना तर्कसंगत प्रतीत होता है?

कहा जाता है कि 'जागतिक दुःखों से व्यथित होकर गौतम बुद्ध ने अभिनिष्क्रमण करके प्रव्रज्या ग्रहण की थी। गया के बोधि-वृक्ष के नीचे ध्यानस्थ होकर उन्होंने प्रातिभज्ञानमय अभिचिन्तन से अज्ञान, वेदना, तृष्णा, उपादान, जन्म, ज़रा, मरण, शोक आदि के रहस्य को जानकर, उन्हें निष्प्रभावी करने की पद्धति का आविष्कार किया था।'[7] यदि इस पद्धति और इसकी क्रियाविधि पर विचार किया जाये, तो बुद्ध ने, न तो जन्म-मरण के चक्र से छुटकारा पाने का कोई

उपाय स्थापित किया था, न ही ज़रा, शोक, रोग से मुक्ति का कोई सूत्र निर्मित किया था और न ही अपने उपदेशों, धर्म सम्बन्धी बौद्धिक विचारों के द्वारा ही ऐसी किसी पद्धति की ओर रेखांकित किया था। उन्होंने शील अर्थात् सदाचार को जीवन में उतारने पर बल दिया था। आज हम जिन पंचशील सिद्धान्तों की वैश्विक स्तर पर चर्चा करते हैं, उन पंचशील सिद्धान्तों को महात्मा बुद्ध ने सर्वसाधारण के लिए सुनिश्चित किया था। ये पंचशील सिद्धांत हैं–

(1) अहिंसा

(2) अस्तेय (चोरी न करना)

(3) ब्रह्मचर्य (यौन दुराचार से दूर रहना)

(4) सत्य (झूठ न बोलना)

(5) नशीली वस्तुओं का सेवन न करना।

महात्मा बुद्ध द्वारा वैचारिक एवं व्यावहारिक धरातल पर मानव-कल्याण को समर्पित, ये पंचशील कहीं न कहीं उस सनातन संस्कृति, हिन्दू-धर्म का ही भाग रहे, जिससे विशृंखलित होकर एक नई धार्मिक शाखा, एक नये धर्म 'बौद्ध' का सूत्रपात भारतभूमि पर हो रहा था।

भारतीय समाज में हिन्दू-धर्म की विशालतम समृद्ध परम्परा के मध्य बौद्ध धर्म के उदय को अपने आप में एक अनूठी घटना कहा जा सकता है। इसके बाद भी बौद्ध धर्म के उदय की वास्तविकता को समझना कठिन नहीं है, यदि गौतम बुद्ध की तत्कालीन परिस्थितियों का अध्ययन कर लिया जाये।

तत्कालीन समाज स्पष्ट रूप से चार वर्णों–क्षत्रिय, ब्राह्मण, वैश्य, शूद्र–में विभक्त था। प्रथम दो वर्णों को यद्यपि विशेषाधिकार प्राप्त थे तथापि ब्राह्मणों द्वारा जन्ममूलक वर्ण पर जोर देकर स्वयं के सर्वोच्च होने का दावा किया जाता था। पुरोहिती और शिक्षण कर्म को अपने अधिकार-क्षेत्र में ले चुका ब्राह्मण वर्ग अपनी सर्वोच्चता के साथ-साथ अन्य विशेषाधिकारों का भी दावेदार बनता जा रहा था। इनमें दान लेना, करों से छुटकारा, दंडों की माफी आदि थी। अन्य वर्णों के अपने-अपने कार्य और अधिकार थे, जिनमें वैश्यों और शूद्रों को तनावग्रस्त, विभेदपूर्ण स्थिति का सामना करना पड़ रहा था। वैश्यों, शूद्रां द्वारा ब्राह्मणों के अनाधिकार कृत्यों पर क्या प्रतिक्रिया रही होगी, यह तत्कालीन सामाजिक स्थिति से आसानी से समझा जा सकता है किन्तु क्षत्रिय वर्ग ने इसकी तीव्र प्रतिक्रिया की। क्षत्रिय शासक वर्ग के रूप में थे और ब्राह्मणों के धर्म विषयक प्रभुत्व पर प्रबल आपत्ति भी करते थे। 'इस प्रकार विविध विशेषाधिकारों का दावा करने

वाले पुरोहितों अथवा ब्राह्मणों की श्रेष्ठता के विरुद्ध क्षत्रियों का खड़ा होना, नये धर्मों के उद्‌भव का अन्यतम कारण हुआ।'[8]

इस तथ्य को एकबारगी विस्मृत कर भी दिया जाये कि राजकुमार गौतम ब्राह्मण विरोध के चलते श्रमण को निकले और बुद्ध बने तो भी इस तथ्य को विस्मृत नहीं किया जा सकता है कि तत्कालीन सामाजिक परिस्थितियों ने राजकुमार गौतम को विचलित अवश्य ही किया था। इसके अतिरिक्त यह भी ऐतिहासिक तथ्य है कि ब्राह्मणों के समान ही क्षत्रिय भी बौद्धिक-जीवन का नेतृत्व करते थे। वे अपने राजकीय कार्यों से अवकाश पाकर धर्म-दर्शन की प्रवृत्तियों को प्रोत्साहन देते थे। ऐसे में राजकुमार गौतम भले ही तत्कालीन सामाजिक परिस्थितियों से नहीं अपितु मानवीय कष्टों से विचलित होकर बुद्ध बनने निकले किन्तु यह भी सत्य है कि सम्बोधि पश्चात् वे बुद्ध बनकर तत्कालीन समाज के पुरोहितवाद, ब्राह्मवाद से दुःखी लोगों को छुटकारा दिलाने को निकल पड़े थे। इन ऐतिहासिक तथ्यों के आलोक में राजाओं और उनके बाँधवों की जीवनशैली को भी विस्मृत नहीं किया जा सकता है, जो मुख्य रूप से मृगया, द्यूत, मद्यपान, स्त्रियों और युद्ध जैसे कार्यों, व्यसनों से घिरी रहती थी। राजकुमार गौतम से बुद्ध में अवतरित महात्मा ने अपने पंचशील में कदाचित् इन्हीं व्यसनों से दूर रहने का ज्ञान दिया है। इससे इस साक्ष्य के संकेत प्राप्त हो रहे हैं कि राजकुमार गौतम के श्रमण में ब्राह्मण विरोध न भी रहा हो पर वह क्षत्रिय-बौद्धिकता से युक्त था, जो सम्बोधि पश्चात् धर्म, दर्शन, उपदेश, विचार के रूप में ब्राह्मण विरोध के रूप में, कर्मकाण्ड विरोध के रूप में, पुरोहितवाद के विरोध रूप में सामने आया।

तत्कालीन कतिपय सांस्कृतिक-आध्यात्मिक परम्परा के निर्वहन और उसके उच्च प्रतिस्थापन को राजकुमार गौतम सामने आये तथा इसके द्वारा वे पुरोहिती कर्मकाण्ड का विरोध, एक अलग रूप में करने में सफल रहे। मात्र बुद्ध ने ही नहीं अपितु उस युग के श्रमणों, प्रबुद्ध क्षत्रियों और अध्यात्मवादी ब्राह्मणों ने भी ऐसा किया। इस तथ्य को और भी सहजता से इस रूप में समझा जा सकता है कि बुद्ध 'सद्धर्म के पहले अनुयायी, काशी के पाँच ब्राह्मण तपस्वी थे और उनके बाद काशी का श्रेष्ठि वर्ग।'[9] यह बात विशेष रूप से गौर करने वाली है कि गौतम बुद्ध ने अपने प्रवचनों, संदेशों के माध्यम से लोगों को जागरूक करने का कार्य किया; तत्कालीन सामाजिक बुराइयों, विषमताओं भेदभाव आदि को दूर करने का प्रयास किया। प्रकारान्तर में बुद्ध दर्शन क्रान्तिकारी रूप से बौद्ध धर्म बनकर उभरा, जो ईश्वर और आत्मा को नहीं स्वीकारता था; वर्ण-व्यवस्था का

भी खुलकर विरोध करता था। इस कारण से इसे निम्न वर्गों का विशेष समर्थन प्राप्त हुआ। बौद्ध धर्म को मिल रहे पर्याप्त समर्थन को देखते हुए ही उसके वैचारिक-बौद्धिक विकास की दिशा निर्धारण हेतु तथा बौद्ध समर्थकों के लिए, बुद्ध ने संघों की आधारशिला भी रखी। '*विनय के महावग्ग* से ज्ञात होता है कि सारनाथ में तथागत की धर्मदेशना सुनकर सबसे पहले कौण्डिन्य नाम के पंचवर्गीय भिक्षु ने विमल 'धर्मचक्षु' प्राप्त कर उनके निकट प्रव्रज्या ली। इसके अनन्तर अन्य पंचवर्गीय भिक्षुओं ने भी 'धर्मचक्षु' और प्रव्रज्या का लाभ किया तथा इस प्रकार आर्यभिक्षु संघ की नींव पड़ी।'[10] बौद्ध संघ का दरवाजा हर किसी के लिए खुला था, चाहे वह किसी भी जाति का क्यों न हो। संघ में प्रवेश का अधिकार स्त्रियों को भी था और इस प्रकार उन्हें पुरुष की बराबरी प्राप्त होती थी। इस संदर्भ में यह विचारणीय है कि 'चुल्लवग्ग में भगवान बुद्ध ने भविष्यवाणी की है कि स्त्रियों की प्रव्रज्या के कारण सद्धर्म 1000 वर्षों के स्थान पर 500 वर्ष ही रहेगा।'[11] स्पष्ट है कि बुद्ध संघों में महिलाओं के प्रवेश के विरोधी थे। उन्हें संभवत: इस बात का भान रहा होगा कि मानव-कल्याण को निर्मित पंचशील में, जिस ब्रह्मचर्य का ज्ञान वे लोगों को दे रहे हैं, महिलाओं के संघ में प्रवेश लेने से वह खंडित हो जायेगा। कदाचित् ऐसा हुआ भी, कालान्तर में महिलाओं की उपस्थिति से संघ व्यभिचार का केन्द्र बनने लगे। जिन संघों का निर्माण बुद्ध ने बौद्ध धर्म के विकास के लिए किया था, उनकी दिशा और दशा को स्वयं महात्मा बुद्ध ने अनुभव कर लिया था। भारतीय धार्मिक आन्दोलनों के इतिहास में और भारतीय समाज की धार्मिक-सांस्कृतिक-दार्शनिक अवधारणा के आधार पर, बौद्ध धर्म का आविर्भाव एक क्रांतिकारी घटना थी। वर्ण-व्यवस्था के कारण छुआछूत का दंश सह रहे लोगों को अपना सा लगने वाला धर्म प्राप्त हो चुका था। सामाजिक परिवर्तनों के प्रति सचेत लोगों को भी कर्मकाण्ड, ब्राह्मणवाद, पुरोहित कर्म से इतर नवीन संकल्पना, इस धर्म में दिखलाई दे रही थी। इसके बाद भी बौद्ध धर्म का जो स्वरूप निखरकर आना चाहिए था कदाचित् वैसा हुआ नहीं। यद्यपि बुद्ध के निर्वाण के लगभग 200 वर्षों बाद मौर्य सम्राट अशोक द्वारा बौद्ध धर्म ग्रहण किया गया और उसने अपने धर्मदूतों की सहायता से इसे विश्वधर्म बना दिया तथापि वर्तमान में यह अपनी जन्मभूमि से लगभग विलुप्त सा होकर दक्षिण एशिया, दक्षिण-पूर्व एशिया और पूर्वी एशिया के कुछ देशों में ही जीवित है। बौद्ध धर्म की परिणति और उसके ह्रास के लिए एक ओर आक्रांता शासक जिम्मेवार रहे तो दूसरी ओर स्वयं बौद्ध समर्थकों, भिक्षुओं को भी इसका उत्तरदायी ठहराया जा सकता है। महात्मा बुद्ध द्वारा विहारों में महिलाओं के प्रवेश पर की गई भविष्यवाणी को इसका स्पष्ट संदेश समझा जा सकता है।

धर्म को सदैव से ही आध्यात्मिक प्रगति का साधन स्वीकारा जाता रहा है और इसी कारण 'मार्ग' एवं 'यान' रूप में धर्म की कल्पना की जाती रही। बौद्ध साहित्य के विविध ग्रन्थों के अनुसार 'भगवान बुद्ध ने अपने श्रोताओं के प्रवृत्ति-भेद एवं विकास-भेद को देखते हुए मुख्यत: दो प्रकार के धर्म का उपदेश किया–हीनयान एवं महायान। हीनयान को श्रावकयान भी कहा गया है। महायान के अन्य नाम हैं–एकयान, अग्रयान, बोधिसत्वयान और बुद्धयान। समस्त अठारह सम्प्रदायों में विभक्त बौद्ध धर्म हीनयान के अन्तर्गत है।'[12] महात्मा बुद्ध द्वारा अपने श्रोताओं की स्थिति के अनुसार जो भेद हीनयान एवं महायान के रूप में किये गये, कालान्तर में यही भेद, बौद्ध धर्म के पराभव का कारक भी बने। 'प्रारम्भिक बौद्ध धर्म एवं हीनयान में साधना अपेक्षाकृत दुष्कर है। प्रत्येक मनुष्य को अपने प्रयत्नों से सांसारिक सुखों को त्यागकर दु:खों से छुटकारा पाना होता है। साधारण मनुष्य के लिए ऐसा करना कठिन प्रतीत होता है। इसके उलट महायान में बुद्ध और बोधिसत्व नाना प्रकार से मार्ग में सहायक बन जाते हैं। अवलोकितेश्वर के नाम लेने से ही मनुष्य नाना कठिनाइयों से मुक्ति पा सकता है। मूर्तियों के सहारे बुद्ध और बोधिसत्व बौद्धों के समक्ष प्रत्यक्षवत् समुपस्थित हो उठते हैं।'[13] यही कारण रहा कि सद्धर्म के प्रचार के समय अशोक द्वारा बौद्ध धर्म को सरल और मूर्त रूप देने का प्रयास किया गया, उसने क्रमश: महायान को जन्म दिया। यही विभेद आगे चलकर व्यापक रूप में सामने आया और वर्ग-विभेद को दूर करने वाला धार्मिक-दर्शन स्वयं ही विभेद का शिकार बन गया। हीनयान और महायान के रूप में गौतम बुद्ध द्वारा प्रस्तुत बौद्धिक-विभेद उपासना प्रवृत्ति में परिवर्तित होकर व्यापक विभेद के रूप में दिखाई दिया।

हीनयान और महायान का यह विभेद धार्मिक क्रियाकलापों, भाषा, सम्प्रदाय, दर्शन आदि में स्पष्ट रूप से परिलक्षित होने लगा। शनै:-शनै: यह विभेद अपना विस्तारक रूप धारण करता रहा, जो अन्तत: बौद्ध धर्म के ह्रास का एक कारक समझा जा सकता है। इस विभेद ने इतना विस्तार ले लिया कि हीनयान और महायान महात्मा बुद्ध को भी अलग-अलग रूपों में देखने लगे। हीनयान सम्प्रदाय के लोग बुद्ध को केवल एक महान व्यक्ति के रूप में स्वीकारते हैं जबकि महायान के लोग बुद्ध की उपासना देवतुल्य रूप में करने लगे। इसके अतिरिक्त हीनयान सम्प्रदाय के लोग बोधिसत्व में विश्वास न करने वाले, मूर्ति पूजा न करने वाले, केवल अपने निर्वाण की चिन्ता करने वाले, निर्वाण प्राप्ति के लिए भिक्षु बनने की अनिवार्यता वाले माने गये। इसके विपरीत महायान बोधिसत्त्व को स्वीकारते हैं, बुद्ध की मूर्ति की उपासना करना, अपने साथ-साथ

अपने साथियो के निर्वाण की भी चिन्ता करना, निर्वाण के लिए भिक्षु बनने की अनिवार्यता न मानने वाले रहे हैं। इससे स्पष्ट है कि महात्मा बुद्ध जिस दर्शन, जिन विचारों, जिस जीवनशैली, आचार-विचार के द्वारा बौद्ध धर्म को सम्पूर्ण समाज पर प्रकीर्णित करना चाहते थे, वह बौद्ध धर्म के अनुयायियों के आपसी विभेद के चलते संभव नहीं हो सका।

यदि धार्मिक संकल्पना को देखें तो बौद्ध दर्शन ने कहीं न कहीं उस विचारधारा को एक नये सिरे से प्रचारित-प्रसारित करना शुरू किया, जो किसी रूप में हिन्दू-धर्म का अंग हुआ करती थी। बुद्ध के पंचशील तो हिन्दू धर्म-दर्शन का ही भाग कहते जा सकते हैं, यदि बौद्ध धर्म और हिन्दू धर्म में कोई विशेष अन्तर दिख रहा था, तो वह था मूर्ति पूजा का विरोध, कर्मकाण्डों का विरोध, ब्राह्मणवाद, पुरोहितवाद का विरोध, वर्ण-व्यवस्था का विरोध। जैसा कि बहुलता में होता आया है कि किसी भी धर्म के विकास की अनन्तर यात्रा में उसमें कर्मकाण्ड सम्बन्धी दोष, सामाजिक बुराइयाँ परिलक्षित होने लगती हैं, कुछ ऐसा ही बौद्ध धर्म के साथ भी हुआ। कर्मकाण्डों की शुरुआत होने लगी, संघ में प्रवेश के त्रिरत्नों (बुद्ध, धर्म, संघ) के सुनियोजन में कमी आने लगी। (यद्यपि यह व्यवस्था आज भी अपनी महत्ता स्थापित किये है) संघ व्यभिचार का केन्द्र बनने लगे, आमजन की भाषा, पालि के स्थान पर विद्वानों की संस्कृत भाषा को अपनाया जाने लगा, तान्त्रिक क्रियाओं का समावेश होने लगा। देखा जाये तो तत्कालीन समाज ब्राह्मणवाद, वर्णव्यवस्था आदि से त्रस्त होकर ही व्यक्तित्व की स्वतन्त्रता हेतु, वैचारिक स्वतन्त्रता हेतु, मध्यम मार्ग अपनाने हेतु ही बौद्ध धर्म की शरण में आया था और प्रकारान्तर में उसे वही बुराइयाँ संघ में बौद्ध धर्म-दर्शन में दिखाई दीं, तो वह इससे छिटक कर अलग हो गया।

इसके अतिरिक्त ब्राह्मण-धर्म की पुनर्स्थापना, राजकीय प्रश्रय में कमी आना, मूल सिद्धान्तों में परिवर्तन होना, राजपूतों का उत्कर्ष, विदेशियों के आक्रमण भी बौद्ध धर्म के ह्रास का कारण बने। यह स्थिति विचार करने योग्य है कि जिस तेजी से बौद्ध धर्म का विकास हुआ, वह उसी तेजी से समाप्ति की ओर भी गया। सैद्धान्तिक कारण कुछ भी रहे हों पर व्यावहारिकता में देखा जाये तो कालान्तर में बौद्ध धर्म अपनी विकासात्मक प्रक्रिया से इतर हिन्दू-धर्म के, उसके क्रिया कलापों, उसके दर्शन के विरोधात्मक रूप में कार्य करने लगा। बौद्ध धर्म चिन्तकों का निशाना ब्राह्मण वर्ग या कहें कि हिन्दू सवर्ण वर्ग बनने लगा। दया, करुणा, मानव-कल्याण का विचार देते-देते, बौद्ध धर्मावलम्बी हिन्दू उच्च वर्ग को कोसने का कार्य करने लगे, इसके मूल में वे वर्ण-व्यवस्था विरोधी लोग

थे जो हिन्दू-धर्म में निम्न वर्ण से आते थे। इस वर्ग ने बौद्ध धर्म में स्वयं को वर्ण-व्यवस्था से मुक्त पाकर स्वविकास, बौद्धिक विकास, वैचारिक विकास करने के स्थान पर हिन्दू उच्च वर्ग पर, ब्राह्मण वर्ग पर, दोषारोपण करने का कार्य किया। संभव है कि इससे वह उच्च वर्ग, बौद्ध धर्म से जुड़ने में असहज महसूस करने लगा हो, जो बौद्ध धर्म को, दर्शन को मानव-कल्याण हेतु स्वीकारता था; संभव है कि वे बौद्ध मतावलम्बी पुनः हिन्दू धर्मोन्मुख हुए हों जो ब्राह्मण कर्मकाण्ड, पुरोहिती के विरोध के चलते बौद्ध धर्म में आये हों; संभव है कि हिन्दू-धर्म को, ब्राह्मण वर्ग को बचाने के लिए अनेक उच्चवर्गीय लोगों ने अपने आपको एकजुट करके जागरण का कार्य किया हो.....कुछ भी संभव हो सकता है और यह ऐतिहासिक शोध का विषय है।

वर्तमान स्थिति यह है कि स्वयं बौद्ध धर्मावलम्बियों में इसको लेकर विवाद बना हुआ है कि महात्मा बुद्ध की असली विरासत किसके पास है? हीनयान और महायान में विभक्त हुई विभ्रम की स्थिति ने बौद्ध धर्म को, दर्शन को एक विचारधारा बना दिया। इस विचारधारा को जो जैसा चाहे वैसा तोड़-मरोड़ कर पेश कर सकता है। गौतम बुद्ध के पंचशील सिद्धांत को सार्वभौम समझकर, बौद्ध धर्म को सर्वोच्च धार्मिक सत्ता पर प्रतिस्थापित करने के प्रयास में अवसरवादी नजरिया भी सामने आने लगा। इससे लाभान्वित लोगों ने स्वार्थपरक सोच को अपना कर '*बुद्धं शरणं गच्छामि, धम्मं शरणं गच्छामि, संघं शरणं गच्छामि*' की प्रार्थना को भुला दिया। वहीं दूसरी ओर बौद्ध धर्म से विचलित, अलाभकारी लोगों ने बौद्ध दर्शन की बौद्धिकता को अपनी वैचारिक स्वतन्त्रता से छिन्न-भिन्न करना प्रारम्भ कर दिया। किसी ने सिद्धार्थ के गृह-त्याग को ज्ञान की खोज बताया तो किसी ने उनकी पलायनवादी प्रकृति; किसी ने बुद्ध को शान्ति, अहिंसा का प्रचारक बताया तो किसी ने धार्मिक आन्दोलन का सूत्रधार बताया; कोई आज भी बुद्ध का नाम लेकर शान्ति, अहिंसा, प्रेम का सपना देखता है तो कोई बुद्ध को मनुवादी व्यवस्था को कोसने का हथियार बनाता है; किसी के लिए बुद्ध निर्वाण प्राप्ति का मार्ग है तो किसी के लिए सत्ता पाने का माध्यम। इस तरह नहीं लगता कि लगभग मृतप्राय हो चुके बौद्ध धर्म को पुनर्जीवन प्राप्त हो सकेगा। बौद्ध धर्म के आविर्भाव का उद्देश्य कदापि किसी धर्म का विरोध करना नहीं था, किसी व्यवस्था का विरोध करना नहीं था। महात्मा बुद्ध ने एक महापुरुष के रूप में समाज को दिशा देने का कार्य किया था, अपने उपदेश, वचनों के द्वारा वे समाज में फैली विषमताओं को, विसंगतियों को भेदभाव को मिटाना चाहते थे। ऐसा कर पाने में वे कितने सफल रहे यह एक अलग विषय हो सकता है

किन्तु बौद्ध धर्म के आविर्भाव से लेकर वर्तमान तक की यात्रा से यह तो स्पष्ट है कि महात्मा बुद्ध के उपदेशों को, विचारों को स्वयं उन्हीं के अनुयायियों द्वारा सकारात्मक रूप से आत्मसात् नहीं किया गया। देखा जाये तो वर्तमान संदर्भों में समाज को शान्ति, प्रेम, अहिंसा की आवश्यकता है, वह चाहे किसी भी धर्म के द्वारा प्राप्त हो। यदि बौद्ध धर्मावलम्बियों को ऐसा लगता है कि आज भी समाज को, विश्व को प्रेम, अहिंसा, दया, करुणा का संदेश देने के लिए बौद्ध धर्म ही एकमात्र विकल्प है, तो इन धर्मानुयायियों को बौद्ध धर्म में व्याप्त हो चुकी उन बुराइयों को दूर करना होगा, जिनके कारण बौद्ध धर्म रसातल की ओर गया। महात्मा बुद्ध को भगवान से इतर महापुरुष के रूप में प्रतिष्ठित कर, उनके उपदेशों, विचारों को समाज के बीच प्रतिस्थापित करना होगा क्योंकि समाज का आदर्श कोई महापुरुष तो हो सकता है, ईश्वर कदापि नहीं। यदि बौद्ध धर्मावलम्बी इस धर्म को पुनर्जीवन प्रदान करना चाहते हैं, उसके दर्शन का प्रचार-प्रसार चाहते हैं; समाज में बौद्ध धर्म की प्रासंगिकता स्थापित करना चाहते हैं तो समाज में पुनः बुद्ध और बौद्ध दर्शन को, उसके ज्ञान को, उसकी शिक्षाओं को केन्द्रबिन्दु बनाना होगा किन्तु उससे पूर्व उसका पुनर्मूल्यांकन आवश्यक है।

संदर्भ

1. *बौद्ध तथा जैन धर्म*, प्राक्कथन–डॉ. महेन्द्रनाथ सिंह.
2. *बुद्ध जीवन और दर्शन*–डॉ. सद्धातिस्स, पृ. 13.
3. *बौद्ध धर्म के विकास का इतिहास*–डॉ. गोविन्द पाण्डे, पृ. 39.
4. *'अधिगतो खो म्यायं धम्मो गम्भीरो दुद्दसो दुरनुबोधो सन्तो पणीतो अतक्कावचरो निपुणो पण्डितवेदनीय। आलयरामा खो पनाय पजा आलयरता आलयसम्मुदिता। आलयरामयखो पन पजाय...दुद्दस इदं ठानं यदिदं इदप्पचच्यता-परिच्चसमुप्पादो, इदं पि खो ठान सुद्इसं यदिदं.....निब्बानं। अहं चेव खो पन धम्मं देसेय्यं, परे च मे न आजानेय्युं, सो ममस्य किलमथो, सा ममस्य विहेसा।' मज्झिम ना., जि.* 1, पृ. 217.
5. *बुद्धः दर्शन, साधना और साहित्य*–डॉ. दिनेशचन्द्र द्विवेदी, पृ. 45.
6. *बौद्ध दर्शन मीमांसा*–पं. बलदेव उपाध्याय, पृ. 30.
7. *बुद्ध : दर्शन, साधना और साहित्य*–डॉ. दिनेशचन्द्र द्विवेदी, पृ. 52.
8. *प्राचीन भारत*–रामशरण वर्मा, पृ. 94, पाठ्यपुस्तक, एनसीईआरटी, कक्षा-11.
9. *बुद्ध : दर्शन, साधना और साहित्य*–डॉ. दिनेशचन्द्र द्विवेदी, पृ. 45.
10. *बौद्ध धर्म के विकास का इतिहास*–डॉ. गोविन्द पाण्डे, पृ. 106.
11. वही, पृ. 365.
12. वही, पृ. 242.
13. वही, पृ. 247.

24
बौद्धकालीन संगीत

डॉ॰ सृष्टि माथुर

महाभारत के भीषण युद्ध की ज्वाला की लपटों में संगीत भी आ गया था। फलतः महाभारत के पश्चात् कुछ काल तक संगीत की आभा मंद पड़ गयी थी। किन्तु बौद्ध और जैन धर्मों के उदय ने देश को पुनः नए प्रकाश से आलोकित किया। भगवान बुद्ध का जन्म 563 ईसा-पूर्व के लगभग माना जाता है। बौद्ध साहित्य जो की जातक, पिटक और अवदान के रूप में मिलता है, हमें उस काल की स्थिति का ज्ञान कराता है। प्राचीन काल के जनपदों में गणराज्यों का संगठन हुआ, तब राज्य की श्रेष्ठतम स्त्री-कलाकार को गणिका कहा जाने लगा था। ये गुणशील अनुपम होने के साथ-साथ सुशिक्षित और सुसंस्कृत भी होती थीं। बौद्ध साहित्य में जिन गणिकाओं का नामोल्लेख मिलता है, उनमें लिच्छवी गणराज्य की गणिका आम्रपाली अत्यधिक प्रसिद्ध थी। इस काल में संगीत को राजमहलों से लेकर सामान्य घरों तक आदर प्राप्त था। बौद्ध धर्म की भिक्षुणियों ने भी संगीत के प्रति रुचि प्रदर्शित की थी। कुन्दल्वन सम्मेलन (78-101 ई.) की अध्यक्षता, सुविख्यात बौद्ध कुलपति वासुमित्र ने की थी और शायद अश्वघोष (जिन्हें उपाध्यक्ष चुना गया) और नागार्जुन जैसे विद्वानों ने इसमें भाग लिया था। बौद्ध काल में गुन्तिल बड़ा नामी संगीतज्ञ था। जैन काल से चली आ रही संगीत की परम्परा बौद्ध काल में और बढ़ गयी थी। अश्वघोष जैसे विद्वान् ने तो संगीत के बल पर ही बौद्ध धर्म का खूब प्रचार किया था।

बौद्ध धर्म में वाद्यों का प्रयोग

बौद्ध साहित्य में तत, वितत, घन तथा सुषिर इन चतुर्विध वाद्यों का प्रचुर उल्लेख पाया जाता है। तत वाद्य के अंतर्गत निम्नलिखित वाद्यों का नाम निर्देश उपलब्ध है—वीणा, परिवादिनी, वल्लकी, महती, नकुली, कच्छपि तथा तुम्ब

वीणा का उपयोग किया जाता था। वीणा उस समय का प्रियतम वाद्य रहा है। घन वाद्यों में–घंटा, जल्लाली, झल्लरी तथा कांस्य ताल का निर्देश है। सुषिर वाद्यों में–शंख, तूर्य, कुराल, श्रृंग आदि का उल्लेख है। तूर्य वाद्य की ध्वनि बुलंद एवं चतुर्दिक को व्यापक करने वाली थी। तत्कालीन सम्पन्न परिवारों में संगीत का सम्यक अध्ययन किया जाता था। बुद्ध के जन्म पर 500 वाद्यों के वृन्द वादन का भी उल्लेख है। तत्कालीन लोकोत्सवों पर गीत, वाद्य, नृत्य की त्रिवेणी प्रवाहित हो उठती थी।

संगीत विषयक सामग्री

भारत की प्राचीन शिल्प एवं चित्रकला, इस काल में उपलब्ध होती है। बौद्ध परम्परा से प्रभावित इन चित्रों में वाद्य वृन्द व नृत्य के विशद चित्र उपलब्ध होते हैं। जातकों में नृत्य का उल्लेख कई स्थानों पर मिलता है। विदुर पंडित जातक में समज्जा का एक चित्र अंकित है, जिसमें सभी बाल, वृद्ध तथा जनता का नृत्य, गीत आदि में सम्मिलित होने का वर्णन है। इस काल में सप्त तंत्री वीणा प्रमुख एवं लोकप्रिय वाद्य था। संगीत के अंतर्गत स्वर, ग्राम, मूर्छना के साथ राग का प्रचलन भी आरम्भ हो चुका था।

भिक्षक भिक्षुओं द्वारा कार्य

तिब्बत, चीन तथा हिन्देशिया जैसे बौद्धानुयायी प्रदेशों में आज भी संगीताराधना की प्राचीन परम्परा अक्षुण्ण है। यहाँ संगीत का आधार ही गौतम बुद्ध के उत्कृष्ट आदर्शों पर रखा गया। मानव कल्याण और हित के लिए गौतम बुद्ध ने प्रचार शुरू किया। अनेक भिक्षुओं को उन्होंने इस कार्य के लिए भेजा। अत: अनेक भिक्षुओं ने गा-गाकर, गौतम बुद्ध के आदर्शों का प्रचार किया।

इसी काल में *थेरीगाथा* की रचना हुई, जो की बौद्ध भिक्षुणियों के भाव प्रवण गीतों का संग्रह है। इन गीतों के माध्यम से अध्यात्मिकता के दर्शन होते हैं। यह एक संगीतमय काव्य संग्रह है। *थेरीगाथा* में गौतम बुद्ध के आदर-सम्मान में अनेक सुन्दर गीतों की रचना हुई। इसी सन्दर्भ में लंकावतार सूत्र में वर्णित है कि भगवान बुद्ध के दर्शन होने पर रावण ने अपने स्कन्ध से लटकती हुई वीणा से महासुरों से युक्त गाथागान आरंभ किया। चीनी यात्री फाहियान ने मगध में होने वाले अनेक उत्सवों का विवरण अपने यात्रा विवरण में दिया है। यह सामूहिक उत्सव समज्जा या समाज कहे जाते थे। ऐसे अवसरों पर आख्यानों का गान भी किया जाता था।

बौद्ध काल में संगीत केन्द्र व विद्यालय

बौद्ध काल में तक्षशिला विद्यादान का मुख्य केन्द्र था। वैदिक विद्यालय, अष्टदश विद्यालय, आदि में 500-500 विद्यार्थी शिक्षा पाते थे। वाराणसी उस समय का दूसरा विद्या केन्द्र था जिसमें संस्कृत के स्वतंत्र अध्ययन का विभाग था। नालंदा, विक्रमशिला तथा भदंतपुरी, जहाँ अन्य विश्वविद्यालयों के समान गन्धर्व का स्वतंत्र विभाग था तथा इसके विभागाध्यक्ष के रूप में बड़े-बड़े संगीतज्ञों की नियुक्ति हुआ करती थी। संगीत के लिए गंधर्ववेद की संज्ञा थी, जिसके अंतर्गत गीत, वादन, नृत्य आदि विषय थे। नृतक व गणिकाओं का संगीतज्ञ के रूप में विशेष सम्मान था। आख्यान के अंतर्गत प्राचीन आख्यान तथा वीर गाथाओं का गायन सम्मिलित था, इसकी गणना सिप्प अथवा शिल्प में की जाती थी। बौद्ध युग में संगीत साहित्य का बहुत विकास हुआ तथा संगीत पर अनेक सुन्दर ग्रन्थ लिखे गए। संगीत के वैदिक और लौकिक दोनों रूपों का प्रचलन इस युग में रहा। सामवेद की शिक्षा, वैदिक अध्ययन के अंतर्गत मानी जाती थी तथा गान्धर्व का अंतर्भाव शिल्प में किया जाता था। इस काल में वीणा की प्रतियोगिताएं हुआ करती थीं।

संगीत कला में निपुण होने के नाते गणिका को अन्य साधारण वेश्याओं की अपेक्षा विशेष स्थान प्राप्त था। शासन कार्य चलने के लिए प्रमुख पदाधिकारियों के अतिरिक्त जिन एकादश-अंगों की आवश्यकता थी, उनमें गणिका का अंतर्भाव था। बौद्ध विहारों में संगीताराधना के लिए देवदासियों की नियुक्ति की जाती थी तथा इनकी आवश्यकताओं पर विशेष ध्यान दिया जाता था।

उपसंहार

बौद्ध काल में सामवेद की शिक्षा वैदिक अध्ययन के अंतर्गत मानी जाती थी। विश्वविद्यालयों में गान्धर्व आदि शिल्पों के लिए पृथक विभाग थे। कला मर्मज्ञता सुसंस्कृत व्यक्ति का आवश्यक गुण माना जाता था। कला निपुण व्यक्तियों को राजसभा में उचित वेतन पर नियुक्त किया जाता था। कलाकारों की समय-समय पर प्रतियोगिताएं हुआ करती थीं, जिनका निर्णय राजा के द्वारा विद्वान् संगीतज्ञों की सहमति से किया जाता था। इस काल में स्त्रियों को भी संगीत शिक्षा प्रदान की जाती थी तथा उनका संगीत कला में विशेष योगदान भी रहता था। संगीत पर ग्रंथों का लेखन तथा समाज में होने वाले उत्सवों का विवरण भी फाहियान ने किया है। आज के युग की भांति ही विद्यालयों तथा विश्वविद्यालयों में संगीत की शिक्षा प्रदान की जाती थी। इस प्रकार हम देखते हैं कि बौद्ध काल में संगीत का चतुर्दिक विकास हुआ।

सन्दर्भ

डॉ. स्वाति शर्मा, *भारतीय संगीत का इतिहास* (मूल तत्व एवं सिद्धांत), संस्करण-2006.

डॉ. स्वतंत्र शर्मा, *भारतीय संगीत एक ऐतिहासिक विश्लेषण*, द्वितीय संस्करण-1995.

भगवत शरण शर्मा, *भारतीय संगीत का इतिहास*, प्रथम संस्करण-1981.

25

बौद्ध धर्म-दर्शन में सम्यक् आजीविका

डॉ॰ ज्ञानादित्य शाक्य

शाक्यमुनि गौतम बुद्ध ने आर्य आष्टांगिक मार्ग की खोज की, जो पालि त्रिपिटक साहित्य में शील, समाधि, और प्रज्ञा के रूप में प्रकाशित किया गया है। *बुद्धोपदिष्ट सन्दर्भ* में शील आदि कल्याणकारी है, समाधि मध्य कल्याणकारी है और प्रज्ञा पर्यवसान कल्याणकारी है। उन्होंने ज्ञान (सम्बोधि) प्राप्ति के बाद पैंतालीस वर्षों तक लगातार इसी आर्य मार्ग (मध्यम मार्ग) का उपदेश दिया है, जो निर्वाण रूपी परम सुख की प्राप्ति का एकमेव मार्ग है। आर्य मार्ग रूपी धर्म के साक्षात्कार के बाद, उन्होंने सम्पूर्ण लोक के हित व कल्याण के लिए इसका उपदेश किया। उनके द्वारा गवेषित मार्ग ही आर्य आष्टांगिक मार्ग है। उत्तम चित्त विशुद्धि के लिए संसार में जितने भी मार्ग विद्यमान हैं, उनमें आर्य अष्टांगिक मार्ग ही सबसे श्रेष्ठ है। आर्य आष्टांगिक मार्ग का सम्यक् अनुशीलन व्यक्ति अपने दु:खों से मुक्ति प्राप्त करते हुए, निर्वाण रूपी परम पद का साक्षात्कार कर सकता है। इसके अलावा निर्वाण प्राप्ति का अन्य कोई मार्ग नहीं है। आर्य आष्टांगिक मार्ग के महत्त्व को प्रकाशित करते हुए, शाक्यमुनि गौतम बुद्ध कहते हैं कि–

मग्गानट्ठंगिको सेटठो सच्चानं चतुरो पदो।
विरागो सेट्ठो धम्मानं द्विपदानञ्च चक्खुमा।।
एसोव मग्गो नत्थ ग्ञों दस्सनस्स विसुद्धिया।
एतं हि तुम्हें पटिपज्जथ मारस्सेतं पमोहनं।।[1]

अर्थात् मार्गों में आष्टांगिक मार्ग श्रेष्ठ है। सत्यों में चार पद (चार आर्यसत्य) श्रेष्ठ है, धर्मों में वैराग्य धर्म श्रेष्ठ है। द्विपदीय मनुष्यों में चक्षुष्मान्

(ज्ञान नेत्रधारी बुद्ध) श्रेष्ठ हैं। दर्शन (ज्ञान) की विशुद्धि के लिए यही मार्ग है, दूसरा नहीं, भिक्षुओं, इसी पर तुम आरूढ़ होओ, यही मार को मूर्च्छित करने वाला है।[2]

आर्य आष्टांगिक मार्ग वह मार्ग है, जिसके सम्यक् अनुशीलन से व्यक्ति अपने चित्तमलों को नष्ट करके श्रेष्ठ (आर्य) व्यक्ति बन सकता है। आर्य-मार्ग पर आरूढ़ होकर पुद्गल समस्त दुःखों का नाश करता हुआ, निर्वाण रूपी अमृत पद की प्राप्ति कर लेता है। सम्पूर्ण बुद्धशासन (बौद्ध धर्म) शील, समाधि, और प्रज्ञा रूपी तीन स्तम्भों पर टिका हुआ है। बौद्ध धर्म के इन तीनों स्तम्भों को तीन सीढ़ियों की भी उपमा दी गयी है। *विसुद्धिमग्ग* के रचनाकार आचार्य बुद्धघोष कहते हैं कि शील, समाधि, और प्रज्ञा रूपी क्रमिक तीन सीढ़ियों की क्रमिक यात्रा पूर्ण करने के बाद ही व्यक्ति, निर्वाण रूपी प्रासाद में प्रवेश कर सकता है, इसके अलावा निर्वाण की प्राप्ति का कोई दूसरा मार्ग नहीं है। एक बार जब श्रावस्ती के जेतवन महाविहार में शाक्यमुनि गौतम बुद्ध विहार कर रहे थे, तब उनके पास एक देवदूत ने आकर उनसे दुःखमुक्ति की अवस्था की प्राप्ति के उपाय के बारे में पूछा। तब शील, समाधि, और प्रज्ञा के अनुशीलन को दुःखमुक्ति की अवस्था का उपाय बतलाते हुए शाक्यमुनि, गौतम बुद्ध ने कहा है कि–

सीले पतिट्ठाय नरो सप, चित्तं पञ्ञा च भावयं।
आतापी निपको भिक्खु, सो इमं विजटये जटन्ति।।[3]

अर्थात् जो बुद्धिमान (विवेकी), पुरुष शील (सदाचार) को आधार बनाकर समाधि (चित्त निरोध) एवं प्रज्ञा (विपश्यना) की भावना करता हुआ, निरन्तर उद्योगरत् एवं क्रियाशील रहता है, स्वहिताहित चिन्तन में कुशल (निपक) है एवं भिक्षु भाव (प्रव्रज्या) ग्रहण कर चुका है, वही इस जटा (भव-तृष्णा जाल) को छिन्न-भिन्न कर सकता है।[4]

आर्य आष्टांगिक मार्ग को मध्यम मार्ग भी कहते हैं, जिसके महत्त्व को अभिव्यक्त करते हुए शाक्यमुनि गौतम बुद्ध कहते हैं कि *एते खो, भिक्खवे, उभो अन्ते अनुपगम्म, मज्झिमा पटिपदा तथागतेन अभिसम्बुद्धा, चक्खुकरणी ञणकरणी उपसमाय अभिञ्ञाय सम्बोधाय निब्बाणाय संवत्तति।*[5] अर्थात् इन दोनों की तरह की अतियों (पराकाष्ठाओं) की उपेक्षा कर, शाक्यमुनि गौतम बुद्ध (तथागत) ने मध्यम मार्ग की गवेषणा की है, जो कि आँख खोल देने वाला एवं विशिष्ट ज्ञानदायक है, तथा शान्ति, अभिज्ञा, बुद्धत्व एवं निर्वाण की तरफ बढ़ाने वाला है।[6] निर्वाण की ओर ले जाने वाला मध्यम मार्ग सम्यक् दृष्टि, सम्यक्

संकल्प आदि आठ अंगों से युक्त होने के कारण आर्य आष्टांगिक मार्ग कहलाता है। आर्य आष्टांगिक मार्ग को शान्ति, अभिज्ञा, बुद्धत्व एवं निर्वाण की प्राप्ति का साधन बतलाते हुए, शाक्यमुनि गौतम बुद्ध कहते हैं कि *अयमेव अरियो अट्ठंगिको मग्गो, सेय्यथीदं–सम्मादिट्ठि, सम्मासंकप्पो, सम्मावाचा, सम्माकम्मन्तो, सम्माआजीवो, सम्मावायामो, सम्मासति, सम्मासमाधि। अयं खो सा, भिक्खवे, मज्झिमा पटिपदा तथागतेन अभिसम्बुद्धा, चक्खुकरणी ञणकरणी उपसमाय अभिञ्ञाय सम्बोधाय निब्बाणाय संवत्तति।*[7] अर्थात् यही आर्य आष्टांगिक मार्ग जैसे–सम्यक् दृष्टि, सम्यक् संकल्प, सम्यक् वाणी, सम्यक् कर्मान्त, सम्यक् आजीव, सम्यक् व्यायाम, सम्यक् स्मृति एवं सम्यक् समाधि। भिक्षुओं! यह है वह सम्यक् सम्बुद्ध द्वारा गवेषित मध्यम मार्ग, जो कि आँख खोल देने वाला एवं विशिष्ट ज्ञानदायक है तथा शान्ति, अभिज्ञा, बुद्धत्व एवं निर्वाण की तरफ बढ़ाने वाला है।[8]

आर्य आष्टांगिक मार्ग में सम्यक् दृष्टि और सम्यक् संकल्प-प्रज्ञा के अन्तर्गत, सम्यक् वाणी, सम्यक् कर्मान्त एवं सम्यक् आजीविका-शील के अन्तर्गत और सम्यक् व्यायाम, सम्यक् स्मृति एवं सम्यक् समाधि को समाधि के अन्तर्गत रखा गया है। गौतम बुद्ध द्वारा उपदेशित आर्य आष्टांगिक मार्ग का प्रत्येक अंग एक-दूसरे से सम्बन्धित है। इन आठों मार्गों में से सम्यक् आजीविका अत्यधिक महत्त्वपूर्ण है, जो व्यावहारिक व आध्यात्मिक जीवन के लिए अति प्रासंगिक है। सम्यक् आजीविका को आर्य आष्टांगिक मार्ग में पाँचवां स्थान प्राप्त है, जो शील के अन्तर्गत आता है। बुद्धोपदिष्ट सम्यक् आजीविका की प्रासंगिकता को निम्न प्रकार से समझा जा सकता है–

सुन्दर अर्थात् निर्दोष कर्मों के द्वारा जीवन-यापन करना ही सम्यक् आजीविका कहलाती है। अकुशल एवं दोषयुक्त कर्मों के द्वारा जीवन का निर्वाह करना, मिथ्या आजीविका होती है, जिससे विरत रहकर कुशल कर्मों का सम्पादन करते हुए जीवन व्यतीत करना ही सम्यक् आजीविका कहलाती है। मिथ्या आजीविका का परित्याग करके सुन्दर जीविका को अपनाने को सम्यक् आजीविका बतलाते हुए शाक्यमुनि गौतम बुद्ध कहते हैं *कि इध, भिक्खवे, अरियसावको मिच्छाआजीवं पहाय सम्माआजीवेन जीविकं कप्पेति–अयं वुच्चति, भिक्खवे, सम्माआजीवो।*[9] अर्थात् भिक्षुओं! यदि कोई आर्यश्रावक मिथ्या आजीव (आजीविका या जीवन-यापन वृत्ति) को छोड़कर, सही आजीविका से जीवन-यापन करता है। भिक्षुओं! यह सम्यक् आजीव कहलाता है।[10] सुन्दर कर्मों से युक्त जीविका को सम्यक् आजीव के रूप में

अभिव्यक्त करते हुए आचार्य बुद्धघोष कहते हैं कि *सुन्दर पसत्थो वा आजीवो सम्मा आजीवो। मिच्छाजीवविरतिया एतं अधिवचनं।*[11] अर्थात् सुन्दर कर्मों के द्वारा जीवन-यापन करना ही सम्यक् आजीव है। मिथ्या आजीविका से विरत होना ही सम्यक् आजीव है। मिथ्या आजीविका को त्यागकर, शुद्ध जीविका करना ही इसका लक्षण है।[12] अकुशल एवं दोषयुक्त कर्मों के द्वारा जीवन का निर्वाह करना मिथ्या आजीविका होती है। सम्यक् आजीविका के द्वारा जीविका का निर्वाह करने वाले व्यक्ति के चित्त में किसी भी सत्व की हत्या करने की भावना नहीं होती है। सम्यक् आजीविका के कार्य एवं प्रत्युपस्थान को अभिव्यक्त करते हुए आचार्य बुद्धघोष कहते हैं कि *सो वोदानलक्खणो आजीवप्पत्तिरसो मिच्छाजीवप्पहान पच्चुपट्ठानो*[13] अर्थात् जान-बूझकर प्राणतिपात (हिंसक गतिविधियों) के द्वारा जीविका न चलाना ही सम्यक् आजीविका का कार्य होता है। सम्यक् आजीविका के द्वारा जीविका का निर्वाह करने वाला व्यक्ति सदैव ही मिथ्या आजीविका के परित्याग के लिए प्रयासरत् रहता है। मिथ्या आजीविका के प्रहाण के लिए प्रयत्न करना ही सम्यक् आजीविका का प्रत्युपस्थान होता है।[14]

जब व्यक्ति का चित्त निर्मल अर्थात् अकुशल प्रवृत्तियों से मुक्त होता है, तभी व्यक्ति सही जीवनयापन वृत्ति अपना सकता है, जिसे सम्यक् आजीविका कहते हैं। चार वची दुश्चरित (असत्य वचन, कठोर वचन, पिसुण वचन एवं निरर्थक वचन) एवं तीन मनो दुश्चरित (अभिज्झा, व्यापाद एवं मिथ्या दृष्टि) पर आधारित जीविका ही मिथ्या आजीविका होती है। सात प्रकार के दुश्चरित (वची दुश्चरित एवं मनो दुश्चरित) से युक्त मिथ्या आजीविका के विपरीत अच्छी जीविका को सम्यक् आजीविका से अभिव्यक्त करते हुए आचार्य बुद्धघोष कहते हैं कि *मग्गक्खणे पण द्वीसु द्वारेसु सत्तन्नं कम्मपथानं वसेन उप्पन्नाय मिच्छाआजीवदुस्सील्लयचेतनाय पदच्छेदतो अनुप्पत्तिसाधनवसेन मग्गंग मिच्छाआजीवदुस्सील्लयचेतनाय पदच्छेदतो अनुप्पत्तिसाधनवसेन मग्गंग पूरयमाना एका व सम्माआजीवसंखाता कुसलवेरमणी उप्पज्जति। अयं सम्माआजीवो नाम।*[15] अर्थात् जीविका चलाने के लिए कोई भी ऐसा कार्य नहीं करना चाहिए, जिससे किसी व्यक्ति या सत्व का शील भंग हो। अर्थात् ऐसी जीविका जिससे किसी अन्य व्यक्ति या सत्व को किसी प्रकार का मानसिक, वाचिक या शारीरिक कष्ट न हो तथा न हानि पहुँचे, ऐसी जीविका को ही सम्यक् आजीविका कहा जाता है। जीवन को सुखमय बनाने के उद्देश्य से शाक्यमुनि गौतम बुद्ध ने मिथ्या आजीविका का परित्याग कर सम्यक् आजीविका के अनुशीलन पर विशेष बल दिया है। शस्त्र, प्राणियों, मांस, शराब, एवं जहरीले पदार्थों के व्यापार से मुक्त

जीविका को श्रेष्ठ व सम्यक् बतलाते हुए, शाक्यमुनि गौतम बुद्ध कहते हैं कि *पञ्चिमा, भिक्खवे, वणिज्जा उपासकेन अकरणीया। कतमा पञ्चसत्थवणिज्जा, सत्तवणिज्जा, मंसवणिज्जा, मज्जवणिज्जा, विसववणिज्जा ति।* अर्थात् भिक्षुओं! (मेरे धर्म के) उपासक को पाँच (दूषित) व्यापारिक बातें नहीं करनी चाहिए। कौन सी पाँच? शस्त्र का व्यापार, प्राणि (पशु-पक्षी) का व्यापार, मांस का व्यापार, मद्य (शराब) का व्यापार एवं जहरीली चीजों का व्यापार।[16] शस्त्र आदि पाँच प्रकार के व्यापारों के अलावा तराजू की ठगी, बटखरे की ठगी, नाप की ठगी, रिश्वत या घूस लेना तथा वंचना, छेदन, वध, बन्धन, डाका एवं लूटपाट द्वारा जीविका चलाना भी मिथ्या आजीविका होती है। इनसे विरत होकर शुद्ध जीविका द्वारा जीवनयापन करना, सम्यक् आजीविका होती है।

जीवन-यापन करने के लिये जीविका मुख्य होती है, जिसके सहारे हमारा जीवन व्यवस्थित एवं उत्तम ढंग से चल सके। जीविकोपार्जन की विधि और तरीकों से अन्य व्यक्तियों को कोई हानि न हो, ऐसी आजीविका को उत्तम बतलाया है। लाभ-सत्कार, यश, पापमय इच्छा से ठगना, ढोंग करना, दूसरों के प्रति व्यंग्य करना, बात को कुछ बढ़ा-चढ़ाकर कहना, सत्य या धर्म के अनुरूप न समझकर दूसरों के प्रति प्रिय बोलना, चापलूसी करना, संकेत करना, स्वार्थ पूर्ति के लिये बात को घुमा फिराकर कहना, दोषारोपण करना, हँसी उड़ाना। परिहास करना, निन्दा एवं पीठ पीछे मिथ्या आरोप लगाना, एक लाभ से दूसरे लाभ को खोजना, एक वस्तु से दूसरे की गवेषणा एवं खोजना आदि अकुशल कृत्यों द्वारा जीविकोपार्जन करना, परिशुद्ध जीविका नहीं कही जाती है। कायिक, वाचिक, मानसिक अकुशल कृत्यों से विरत होकर कुशल भावना से युक्त, जिसमें अपने साथ-साथ अन्य का भी बुरा या अमंगल न हो, ऐसी जीविका परिशुद्ध कहलाती है।

पुष्पोद्यान में पुष्पों को बिना हानि पहुँचाये भ्रमर विचरण करते हुए रस ग्रहण करता है। भ्रमर द्वारा पुष्प से रस ग्रहण करना एक निर्दोष कर्म होता है, जो वास्तव में सम्यक् आजीविका होती है, भ्रमर के समान ही समाज के किसी भी व्यक्ति को बिना कोई हानि पहुँचाये या कष्ट दिये, सभी को अपनी-अपनी जीविका चलानी चाहिए। हमारी जीविका का साधन निर्दोष होना चाहिए, जो न तो धर्म के विरुद्ध हो और न ही समाज द्वारा गर्हित। समाज के सभी व्यक्ति चाहे वे गृहस्थ हों या प्रव्रजित-सम्यक् आजीविका द्वारा अपनी-अपनी जीवनचर्या व्यतीत करनी चाहिए। प्रव्रजित के जीविका के साधन को भ्रमर के समान निर्दोष बतलाते हुए, शाक्यमुनि गौतम बुद्ध कहते हैं कि-

यथापि भमरो पुप्फं वण्णगन्धं अहेठयं
पलेति रसमादाय एवं गामे मुनीचरे।।[17]

अर्थात् जैसे भ्रमर (भौंरा) फूल के सौन्दर्य एवं गन्ध की कुछ भी हानि पहुँचाये बिना, उसका रस लेकर भाग जाता है, वैसे ही मुनि (भिक्षु) को ग्राम में विचरण करना चाहिए।[18]

समाज एवं जीविका का घनिष्ट सम्बन्ध है। सम्यक् आजीविका समाज के लिए सुखोत्पादक होती है, तथा मिथ्या आजीविका समाज के लिए दुःखदायक होती है। प्राणि व मांस का व्यापार एक दूसरे से सम्बन्धित है। प्राणि व मांस से सम्बन्धित व्यापार न केवल समाज, अपितु सम्पूर्ण मानवता के लिए भी बहुत ही हानिकारक है। इन व्यापारों से हिंसा एवं हत्या जैसे अपराधों का आविर्भाव होता है, तथा इन्हें बढ़ावा भी मिलता है। मांस के व्यापार के कारण विभिन्न प्रकार के जीव-जन्तुओं का विनाश होता है, जिसके कारण कई प्राणियों एवं वनस्पतियों की प्रजातियाँ भी विलुप्त हो सकती हैं।

शस्त्र का व्यापार समाज एवं मानवता के लिए बहुत हानिकारक है। शस्त्र-व्यापार के कारण अपराध, हत्या, मारकाट, चोरी, डाका, अपहरण, साम्प्रदायिकता एवं आतंकवाद जैसी विभिन्न प्रकार की दुःखदायक व कष्टप्रद समस्याओं का आविर्भाव होता है तथा इन्हें बढ़ावा भी मिलता है। अकुशल कृत्यों के कारण व्यक्ति को जीवनपर्यन्त दुःखमय जीवन-यापन करना पड़ता है। शस्त्र-व्यापार के कारण अनेक व्यक्ति पापकर्मों में लिप्त हो जाते हैं, जिससे मानवता का विनाश होता है। यह सर्वविदित है कि उच्चकोटि के शस्त्र के कारण ही अमेरिका स्थित वाणिज्य केन्द्र पेन्टागन पर ओसामा बिन लादेन द्वारा सन् 2001 में आक्रमण करके नष्ट करना, बामियान में स्थित शाक्यमुनि गौतम बुद्ध की विश्व की सबसे प्राचीन प्रतिमा को सितम्बर 2001 में मुहम्मद मुल्ला उमर द्वारा फतवा जारी करके मूर्ति को नष्ट करके, अपने देश की ही नहीं, अपितु समूचे विश्व की संस्कृति एवं धरोहर को क्षति पहुँचाना, अमेरिका द्वारा तालिबान पर आक्रमण करना, चीन द्वारा भारत पर आक्रमण करना, पाकिस्तान द्वारा भारत पर आक्रमण करना, भारतीय संसद पर आक्रमण करना और दिसम्बर 1999 में 155 यात्रियों सहित एक भारतीय विमान को हाईजैक कर, कन्धार ले जाना आदि अनेक प्रकार की विनाशकारी घटनाएँ संभव हो सकीं।

नशीले पदार्थों का व्यापार मानवता के लिए अभिशाप है, जिससे समाज में विभिन्न प्रकार की व्यक्तिगत, पारिवारिक, सामाजिक, राष्ट्रीय व अन्तर्राष्ट्रीय समस्याओं का आविर्भाव होता है। नशीले पदार्थों के सेवन से व्यक्ति आलसी,

निष्क्रिय, उदासीन, चिड़चिड़ा एवं झगड़ालू भी बन जाता है। उसके सोचने, काम करने एवं ध्यान केन्द्रित करने की शक्ति कम हो जाती है और उसका भावात्मक नियन्त्रण कमजोर हो जाता है। इनके दीर्घकालिक और भारी मात्रा में उपयोग करने से बौद्धिक, भावात्मक, सामाजिक एवं आर्थिक विकार की विभिन्न मात्राएँ पैदा करता है। इसके अचानक बन्द कर देने से मानसिक बीमारी और आत्महत्याजन्य अवसाद पैदा करता है। निकोटिन के अन्तर्गत सिगरेट, बीड़ी, सिगार एवं तम्बाकू आते हैं। निकोटिन शिथिलन पैदा करती है, केन्द्रीय नाड़ी मण्डल को उत्तेजित करती हैं, जागरण को बढ़ाती हैं तथा उबाऊपन को दूर करती है, परन्तु इसके सेवन की अतिशयता के कारण दिल के रोग, फेफड़े का कैंसर व श्वासनली शोथ पैदा कर सकता है।

मद्यपान एक ऐसी जटिल समस्या है, जो अन्य कई समस्याओं को जन्म देती है। नशीले पदार्थों एवं मद्यपान के सेवन से व्यक्तिगत दु:ख, पारिवारिक क्लेश, स्वास्थ्य की हानि और अपराधों को बढ़ावा मिलता है। मदिरापान की अतिशयता के कारण ही अन्य अनेक अपराधों का जन्म होता है। चोरी, बलात्कार, व्यभिचार, चोरी, हत्या, गरीबी, आर्थिक विषमता और बेरोजगारी जैसी कई समस्याओं का जन्म मदिरापान के उपरान्त ही होता है। मदिरापान करने वाला व्यक्ति भी प्राय: चरस, गांजा, अफीम एवं ड्रग्स आदि जैसे नशीले पदार्थों का सेवन करने लगता है। मदिरापान के कारण ही कई सड़क दुर्घटनाओं से अन्य अनेक लोगों की अकाल मृत्यु हो जाती है। मद्यपान करने वाला व्यक्ति प्राय: यह सोचता है कि मदिरापान उसकी चिन्ता, तनाव, दोष और कुण्ठा को कम कर देगी, लेकिन वास्तविकता में ऐसा नहीं होता है। मद्यसारिक व्यक्ति क्षणिक सुखानुभूति करता है, लेकिन बाद में उसे बहुत ही भयानक दुष्परिणामों का सामना करना पड़ता है। मद्यसारिक व्यक्ति निरन्तर मद्यपान करने के कारण अनेक शारीरिक एवं मानसिक रोगों से पीड़ित हो जाता है।

मद्यसारिकों द्वारा अन्य अनेक व्यक्ति कुप्रभावित एवं समस्याग्रस्त हो जाते हैं, जैसे–पत्नी, बच्चे, माता-पिता, भाई-बहन, घनिष्ठ मित्र, साथी और पड़ोसी आदि। इसीलिए मद्यपान के कारण देश में लाखों व्यक्ति प्रभावित रहते हैं। मद्यसारिकों के कारण उसके परिवार के सदस्य सर्वाधिक दु:ख पाते हैं। पारिवारिक हिंसा, पारिवारिक अशान्ति और विवाह विच्छेद जैसी समस्याओं का जन्म मद्यपान के कारण ही होता है। शराब पीना, व्यापार, कार्यालय-कार्यकुशलता और कारखाने के उत्पादन को भी प्रभावित करता है। नागरिकों की अनुपस्थिति,

कम उत्पादकता और कमजोर विवेक, जिससे कार्य सम्बन्धी दुर्घटनाएँ होती हैं, जिसके कारण सरकार को करोड़ों रुपये की हानि होती है।

विष के व्यापार के कारण हत्या, चोरी, लूटपाट एवं धोखाधड़ी जैसे अपराधों का जन्म होता है, जिससे समाज में असुरक्षा एवं भय की स्थिति बनी रहती है। विष के व्यापार के कारण समाज में अव्यवस्था, अशान्ति तथा अन्य गंभीर समस्याओं का आविर्भाव होता है। विष के व्यापार के कारण मानवता का विनाश होता है।

समाज में व्यक्ति अपनी जीविका चलाने के लिए गलत साधन का प्रयोग करते हैं। समाज में ऐसे लोगों की संख्या अधिक है, जो लोभ-लालच के वशीभूत होकर अत्यधिक धन-सम्पत्ति कमाने के लिए मिथ्या जीविका का प्रयोग करते हैं, जिसके कारण समाज में और अधिक भयंकर समस्याओं का जन्म होता है। आधुनिक समाज में वास्तविक सुख-शान्ति की स्थापना के लिए बुद्धोपदिष्ट सम्यक् आजीविका का अनुशीलन केवल व्यक्तिगत तौर पर ही पर्याप्त नहीं, अपितु देश के नीति-निर्धारकों को भी इस प्रकार की नीतियों का सृजन करके उन्हें जनहित के लिए लागू करना चाहिए। मेरा ऐसा चिन्तन है, यदि सरकारी तौर पर कानून एवं नीतियाँ बनाकर शस्त्र, पशु-पक्षियों, मांस, शराब एवं जहरीले पदार्थों के व्यापार पर रोक लगा दी जाये, तो इन व्यापारों के कारण उत्पन्न अपराधों एवं समस्याओं पर नियन्त्रण पाया जा सकता है। लेकिन सरकार को केवल इन व्यापारों से प्राप्त होने वाली आय की हानि का ही चिन्तन नहीं करना चाहिए, अपितु मानव जीवन एवं समाज की सुख-शान्ति की उपलब्धि का भी चिन्तन करना चाहिए। यदि ऐसा किया जाये तो न्यायपालिका, नौकरशाही वर्ग, पुलिस प्रशासन एवं सेना को अनावश्यक परेशान नहीं होना पड़ेगा। यह सर्वविदित सत्य है कि प्रत्येक देश की सरकार को समाज से अपराध समाप्त करने के लिए अपराधियों को पकड़ने, सजा दिलाने एवं कारागार आदि में उनकी सुरक्षा-व्यवस्था प्रक्रिया में अत्यधिक अनावश्यक धन, समय एवं ऊर्जा का अपव्यय करना पड़ता है। यदि इसी धन, समय एवं ऊर्जा का प्रयोग व्यवसायिक शिक्षा, धार्मिक शिक्षा, स्वास्थ्य, अर्थव्यवस्था, रोजगार एवं उद्योग-धन्धे आदि पर खर्च किया जाये, तो देश के प्रत्येक नागरिक का कल्याण हो सकता है, जिसके परिणामस्वरूप समाज में और अधिक सुख-शान्ति की स्थापना की जा सकती है।

बुद्धोपदिष्ट सम्यक् आजीविका के अनुशीलन के द्वारा अतिशय वैर भावना, ईर्ष्या भावना, लोभ-लालच तथा असहिष्णुता जैसे दुर्गुणों को नियन्त्रित किया जा सकता है। सम्यक् आजीविका के अनुशीलन से व्यक्ति के चित्त में अवैर भाव

का आविर्भाव होता है, जिसके द्वारा आतंकवाद, शत्रुता, युद्ध एवं हिंसा जैसी तमाम समस्याओं को समाप्त किया जा सकता है। वैर भाव एवं हिंसा आदि के उपशमन करने का उपाय बतलाते हुए, शाक्यमुनि गौतम बुद्ध कहते हैं–

न हि वेरेन वेरानि सम्मन्तीध कुदाचनं
अवेरेन च सम्मन्ति एस धम्मो सनन्तनो।।[19]

अर्थात् यहाँ (संसार में) वैर से वैर कभी शान्त नहीं होता, अवैर से ही शान्त होता है, यही सनातन धर्म (नियम) है।[20] जब व्यक्ति के चित्त में संसार के प्रत्येक सत्व के प्रति कारुणिक प्यार, आत्मीयता और समताभाव जैसी पवित्र भावनाएँ विद्यमान होती हैं, तो वह किसी को भी हानि नहीं पहुँचाता और न ही किसी की सुख-शान्ति को नष्ट करने का कारण बनता है।

सम्यक् आजीविका का भलीभांति अनुशीलन करने के लिए व्यक्ति को एक माता की भावनाओं के समान अतुल प्रेम की पवित्र भावनाएँ रखनी चाहिए। सम्यक् आजीविका का अभ्यास करने वाले व्यक्ति को सभी सत्वों के प्रति अपरिमित मैत्री-भावना को विकसित करने हेतु प्रेरित करते हुए, शाक्यमुनि गौतम बुद्ध कहते हैं कि–

माता यथा नियं पुत्तं आयुसा एकपुत्तमनुरक्खे।
एवम्पि सब्बभूतेसु मानसं भावये अपरिमाणं।।[21]

अर्थात् जैसे माता अपने एकमात्र पुत्र को अपनी आयु देकर भी रक्षा करती है, वैसे ही साधक को सभी प्राणियों के प्रति यही पुत्रवत् भावना अपरिमित रूप से रखनी चाहिए।[22]

सम्यक् आजीविका के अनुशीलन के विपाक स्वरूप व्यक्ति के चित्त में अहिंसा, सत्य, आस्तेय, मैत्री, करुणा, सहानुभूति एवं स्नेह आदि अनेक सद्गुणों का आविर्भाव होता है, तथा इसके साथ ही द्वेष, लोभ-लालच एवं मिथ्या दृष्टि आदि अकुशल प्रवृत्तियों का प्रहाण होता है। चित्त में विद्यमान पवित्र भावनाओं के कारण ही व्यक्ति कुशल कर्म करता हुआ समस्त सत्वों के साथ सम्यक् व्यवहार करके अपने जीवन को सुखपूर्वक व्यतीत करता है। सम्यक् आजीविका एक ऐसा उपाय है, जिसके सम्यक् अनुशीलन से व्यक्ति के चित्त में निर्मलता व परिशुद्धता की वृद्धि होती है, जिसके परिणामस्वरूप वह सारे पापकर्मों को न करके पुण्यकर्मों का संचय करता हुआ, अपने चित्त को परिशुद्ध करता जाता है।[23]

बुद्धोपदिष्ट सम्यक् आजीविका में बहुजन हित और बहुजन सुख की पवित्र भावना सन्निहित है। बुद्धोपदिष्ट सम्यक् आजीविका का अनुशीलन न केवल

साधु-संन्यासियों या भिक्षु-भिक्षुणियों के लिए है, अपितु संसार के समस्त व्यक्तियों के लिए है, चाहे वे किसी भी जाति, सम्प्रदाय, रंग-रूप, लिंग, देश, काल या भाषा से सम्बन्ध रखते हों। सम्यक् आजीविका के द्वारा जीवन का निर्वाह करते हुए, व्यक्ति अपने व्यावहारिक जीवन को सुखमय बनाकर उत्तरोत्तर क्रमिक विकास करते हुए, आध्यात्मिक जीवन में भी उन्नति प्राप्त कर, अपना सर्वांगीण विकास कर सकता है। सम्यक् आजीविका के द्वारा व्यक्ति न केवल अपना ही कल्याण करता है, अपितु अन्य मनुष्यों एवं प्राणियों का भी कल्याण करता है। अतः बुद्धोपदिष्ट सम्यक् आजीविका लोक के समस्त सत्वों के हित-कल्याण एवं सुख-शान्ति की स्थापना के लिए आधुनिक विश्व में बहुत ही प्रासंगिक है। सम्यक् आजीविका के अभ्यासी व्यक्ति के चित्त में सदैव यही भावना रहती है कि सब प्राणी सुखी हों, सब कुशलक्षेम से रहें, सब कल्याणकर दृष्टि में देखें, किसी को कोई दुःख न हों।[24] बुद्धोपदिष्ट सम्यक् आजीविका के सम्यक् अनुशीलन से बुद्धकालीन समाज में व्याप्त पारिवारिक लड़ाई-झगड़े एवं कलह, युद्ध, अत्याचार, बलि प्रथा, हिंसामय कर्मकाण्डी यज्ञ एवं नारी जाति के प्रति दुर्व्यवहार जैसी अनेक समस्याओं का नाश करके भाईचारे, बन्धुत्व, समता, समानता, धर्ममय यज्ञों एवं सुख-शान्ति से परिपूर्ण सुखोत्पादक वातावरण की स्थापना की जा सकी। बुद्धोपदिष्ट सम्यक् आजीविका के सम्यक् अनुशीलन से वर्तमान काल में व्याप्त समस्याएँ जैसे—अकुशल प्रवृत्तियाँ, अनिद्रा, तनाव, चिन्ता, व्याकुलता, परेशानी, मानसिक दुःख, अशान्ति, खराब दाम्पत्य जीवन, वृद्धजनों का बहिष्कार, आपसी मतभेद, लड़ाई-झगड़े, बच्चों की अनुशासनहीनता, आत्मीयता एवं लगाव की कमी, विवाह-विच्छेद, पारिवारिक विघटन, महिला उत्पीड़न, व्यभिचार, बलात्कार, वेश्यावृत्ति, भ्रूण हत्या, विधवाओं के प्रति दुर्व्यवहार, मद्यपान, मादक पदार्थों का दुरुपयोग, तस्करी एवं आतंकवाद आदि अनेक गंभीर व जटिल समस्याओं को केवल नियन्त्रित ही नहीं, अपितु समूलतः नष्ट भी किया जा सकता है। सम्यक् आजीविका के अनुशीलन से मानव जीवन एवं समाज में व्याप्त विभिन्न समस्याओं को नियन्त्रित करके उनका समूलतः नाश किया जा सकता है। यदि व्यक्ति वास्तव में अपने जीवन में सुख-शान्ति की अनुभूति करता हुआ समाज, देश एवं सम्पूर्ण विश्व को समस्याओं से मुक्त बनाकर सुख-शान्ति, समता, सौहार्द्र, भाईचारे एवं विश्व-बन्धुत्व की सुखद् भावनाओं की स्थापना करना चाहता है, तो उसे सम्यक् आजीविका के अनुशीलन से श्रेष्ठ व बुनियादी उपाय संसार में नहीं मिल सकता है। सम्यक् आजीविका एक ऐसा उपाय है, जो बुद्धकालीन समस्याओं को हल करने में लाभकारी रहा, वर्तमान काल की

तमाम समस्याओं को हल करने में सहायक है, और भविष्यकाल में होने वाली तमाम समस्याओं को समूलत: नष्ट करने में कल्याणकारी सिद्ध होगा। अत: कहा जा सकता है कि बुद्धोपदिष्ट सम्यक् आजीविका, मानव जीवन में अत्यधिक प्रासंगिक है। बुद्धोपदिष्ट सम्यक् आजीविका बुद्धकाल में भी प्रासंगिक था, वर्तमान काल में भी प्रासंगिक है, और भविष्य काल में भी प्रासंगिक रहेगा।

सन्दर्भ

1. *धम्मपद* (अनुवादक) राहुल सांकृत्यायन, लखनऊ, 1986, पृ. 122.
2. वही.
3. *विसुद्धिमग्गो पठमो भागो* (अनुवादक एवं सम्पादक) स्वामी द्वारिकादास शास्त्री, वाराणसी: बौद्ध-भारती, 1998, पृ. 3.
4. वही.
5. *महावग्गपालि* (अनुवादक एवं सम्पादक) स्वामी द्वारिकादास शास्त्री, वाराणसी: बौद्ध-भारती, 1998, पृ. 17.
6. वही, पृ. 18.
7. वही.
8. वही.
9. *सच्चसंगहो* (अनुवादक एवं सम्पादक) स्वामी द्वारिकादास शास्त्री, वाराणसी: बौद्ध-भारती, 1991, पृ. 66 एवं ब्रह्मदेव नारायण शर्मा, *विभज्यवाद*, वाराणसी: सम्पूर्णानन्द संस्कृत विश्वविद्यालय, 2004, पृ. 153.
10. *सच्चसंगहो*, वही, पृ. 66.
11. *अट्ठसालिनी* (सम्पादक) पी.वी. बापट एवं आर.डी. वैडकर, पूना: भण्डारकर ओरियन्टल सीरीज, 1942, पृ. 177.
12. ब्रह्मदेव नारायण शर्मा, *बौद्ध-मनोविज्ञान*, वाराणसी: सम्पूर्णानन्द संस्कृत विश्वविद्यालय, 2007, पृ. 212.
13. *अट्ठसालिनी*, वही, पृ. 177.
14. ब्रह्मदेव नारायण शर्मा, *बौद्ध-मनोविज्ञान*, वही, पृ. 212.
15. *सुमंगलविलासिनी (दीघनिकाय-अट्ठकथा)* (संशोधक) महेश तिवारी शास्त्री, नालन्दा: नव नालन्दा महाविहार, 1974, पृ. 121.
16. *सच्चसंगहो*, वही, पृ. 66.
17. *धम्मपदट्ठकथा* (अनुवादक) स्वामी द्वारिकादास शास्त्री, वाराणसी: बौद्ध आकर ग्रन्थमाला, 2000, पृ. 514.
18. वही, पृ. 515.

19. *धम्मपद*, वही, पृ. 3.
20. वही.
21. *खुद्दकपाठो* (प्रधान सम्पादक) भिक्षु सत्यपाल एवं (सम्पादक) ओमप्रकाश पाठक, नई दिल्ली: भिक्षु त्रिरत्न मिशन, 1992, पृ. 45.
22. *खुद्दकपाठपालि* (अनुवादक एवं सम्पादक) स्वामी द्वारिकादास शास्त्री, वाराणसी: बौद्ध-भारती, 2003, पृ. 16.
23. *सब्बपापस्स अकरणं कुसलस्स उपसम्पदा। सचित्तपरियोदयन्, एतं बुद्धान सासनं।। धम्मपद*, वही, पृ. 84.
24. *सब्बे सत्ता सुखी होन्तु सब्बे होन्तु च खेमिनो। सब्बे भद्राणि पस्सन्तु मा कञ्चि दुक्खामागमा।। भदन्त बोधनन्द महास्थविर, बौद्ध चर्या पद्धति*, लखनऊ: भारतीय बौद्ध समिति, 2002, पृ. 65.

26

प्रासंगिकता के दर्पण में बुद्ध के दार्शनिक विचार

डॉ० राजेन्द्र कुमार

भगवान बुद्ध ने बौद्ध धर्म का प्रचार-प्रसार करके मानव मात्र के कल्याण का पथ खोला था। जातक कथाओं के रूप में उन्होंने व्यावहारिक जीवन को सफल बनाने के उपाय सरल एवं रोचक ढंग से प्रस्तुत किए। उन्होंने नैतिकता, सदाचार, शील आदि को मानव जीवन के लिए अनिवार्य बतलाया। बौद्ध धर्म के रूप में विश्व मानव को एक नया प्रकाश मिला। उन्होंने न केवल भारत को, अपितु विश्व को जीवन-यापन का एक अभिनव रास्ता दिखलाया। उन्होंने जो उपदेश व शिक्षायें दी हैं, उन्हें आर्य सत्य, आष्टांगिक मार्ग, दसशील, मध्यमा प्रतिपदा और द्वादस निदान के रूप में जाना जाता है।

आर्य सत्य–आर्य सत्य उन्हें कहते हैं, जिनके सम्यक् ज्ञान से गौतम को बुद्धत्व प्राप्त हुआ था। चूँकि इन सत्यों को आर्य (अर्हत्) लोग ही जान सकते हैं, इसलिए इन्हें 'आर्य सत्य' कहा गया। वैसे तो सत्यों की संख्या अनंत है, लेकिन गौतम बुद्ध ने अधोलिखित चार सत्यों को सर्वश्रेष्ठ और महत्त्वपूर्ण बतलाया– 1. सर्व दु:खम, 2. दु:ख समुदय, 3. दु:ख निरोध, 4. दु:ख निरोधगामिनी प्रतिपदा।

1. सर्व दु:खम–भगवान बुद्ध ने दु:ख को परिभाषित करते हुए सबको दु:खमय और क्षणिक बतलाया है–'सर्वदु:खम, सर्वक्षणिकम्'। उन्होंने कहा था– 'दु:ख प्रथम आर्य सत्य है। जन्म भी दु:ख है, मरण भी दु:ख है और प्रिय का वियोग भी दु:ख है। अप्रिय के साथ समागम भी दु:ख है, और राग से उत्पन्न पाँचों स्कन्ध (रूप, वेदना, संज्ञा, संस्कार तथा विज्ञान) भी दु:ख है।'

2. दुःख समुदय–जब सब कुछ दुःखमय है, तो इससे छुटकारा पाना भी आवश्यक है। गौतम बुद्ध के अनुसार दूसरा आर्य सत्य है, दुःख समुदय (दुःख का कारण)। दुःख का वास्तविक कारण है, तृष्णा। तृष्णा तीन प्रकार की होती है–काम-तृष्णा, भव-तृष्णा और विभव-तृष्णा। बुद्धदेव ने तृष्णा को समस्त विरोध, विद्रोह और संघर्षों की जननी माना है, जिसकी परिणति अन्ततोगत्वा दुःख है।

3. दुःख निरोध–यह तीसरा आर्य सत्य है। गौतम बुद्ध के अनुसार दुःख का निरोध किया जा सकता है। वे कहते हैं–"दुःख निरोध आर्य सत्य, उस तृष्णा से आशय सम्पूर्ण वैराग्य का नाम है, उस तृष्णा का त्याग, प्रतिसर्ग, मुक्ति तथा अनालय यही है।" 'दुःख-निरोध' का नाम 'निर्वाण' भी है। यह अखण्ड शान्ति की अवस्था है। इसमें तृष्णा का नाश हो जाता है, तथा व्यक्ति जीवन-मुक्त हो जाता है। उसे न केवल दुःख, शोक आदि से मुक्ति मिलती है, अपितु जन्म-मृत्यु के चक्र से भी छुटकारा पा जाता है।

4. दुःख निरोधगामिनी प्रतिपदा–यह चतुर्थ व अन्तिम आर्य सत्य है। प्रज्ञा, शील और समाधि को गौतम बुद्ध ने दुःख-निरोध का मार्ग बतलाया है। इस मार्ग को 'धर्म-चक्र प्रवर्तन' और अष्टांगिक मार्ग भी कहते हैं।

भगवान बुद्ध ने इन चार आर्य सत्यों का प्रचार-प्रसार स्वयं किया, तथा अपने शिष्यों द्वारा भी कराया।

अष्टांगिक मार्ग–'धर्म चक्र प्रवर्तन-सूत्र' के '*संयुक्त निकाय*' में भगवान बुद्ध ने उपदेश किया है कि "भिक्षुओं, इन दो अतियो का सेवन नहीं करना चाहिए–कामसुख में लीन होना और शरीर यातना में लगना। इन दोनों अतियों को त्याग (मैंने) मध्यम-मार्ग खोज निकाला है, जो आँखें देने वाला, ज्ञान कराने वाला, और शान्ति देने वाला है। वह मध्यम मार्ग अष्टांगिक मार्ग है।" ये आठ मार्ग इस प्रकार है–

1. सम्यक् दृष्टि	2. सम्यक् संकल्प		(प्रज्ञा)
3. सम्यक् वाक्	4. सम्यक् कर्म	5. सम्यक् आजीविका	(शील)
6. सम्यक् व्यायाम	7. सम्यक् स्मृति	8. सम्यक् समाधि	(समाधि)

इस आष्टांगिक मार्ग को धर्म की आचार मीमांसा का चरम साधन बतलाया गया है। इन पर चलने से दुःख से मुक्ति मिलकर निर्वाण प्राप्त होता है। बौद्धधर्म में प्रज्ञा, शील और समाधि को सामधन-त्रय बतलाया गया है, उन्हीं का पल्लवित रूप है' अष्टांगिक मार्ग।

दस शील–भगवान बुद्ध ने चार आर्य सत्यों व आष्टांगिक मार्ग के अतिरिक्त 10 शीलों का उपदेश भी दिया है। ये 10 शील इस प्रकार हैं–

1. **अहिंसा**–हिंसा का विरोध और अहिंसा का प्रचार पहला शील है। गौतम बुद्ध ने कहा था, "किसी जीव को मारना या मरवाना नहीं चाहिए और न ही किसी को ऐसी प्रेरणा देनी चाहिए।"
2. **अस्तेय**–चोरी नहीं करनी चाहिए, न पराई वस्तु को लेने की लालसा करनी चाहिए।
3. **ब्रह्मचर्य**–ब्रह्मचर्य का पालन करना तथा व्यभिचार को जलते अंगार के समान समझना चाहिए।
4. **सत्य**–झूठ बोलना पाप है। सदा सत्य बोलो।
5. **सात्विक**–सुरा मांस आदि का सेवन नहीं करना चाहिए।
6. **कला-निषेध**–नृत्य, गीत, संगीत आदि भी वर्जित है, क्योंकि इनसे तृष्णाएँ बढ़ती हैं।
7. **सादा जीवन**–सुगन्ध, आलेपन, आभूषणादि का व्यवहार भी वर्जित है।
8. **दिवा-भोज**–रात्रि भोजन निषिद्ध है।
9. **भूमि शयन**–भूमि शयन सर्वोत्तम है।
10. **अनासक्ति**–धन-धान्य से निर्लिप्त रहना चाहिए।

बुद्ध के ये 10 शील मानवमात्र के लिए पालनीय हैं। उन्होंने इनके माध्यम से तत्कालीन मानव समाज को पतनोन्मुख होने से बचाया था।

मध्यमा प्रतिपदा–प्रथम दृष्टि में ऐसा आभास होता है कि गौतम बुद्ध का मार्ग अत्यन्त कठिन है। उनकी शिक्षायें सहज ही पालनीय नहीं है। लेकिन, ऐसा है नहीं। बुद्ध ने स्वयं ही कहा था कि हमें किसी भी प्रकार की अति से बचना चाहिए तथा मध्यम मार्ग को अपनाना चाहिए। उनका कहना था कि न तो शारीरिक, मानसिक व आत्मिक कष्ट सहकर कठोर नैतिक नियमों का पालन करो और न काम के वशीभूत होकर उनके पीछे दौड़ों, बल्कि मध्यम मार्ग अपनाओ। गौतम बुद्ध की मान्यता थी कि "परमसुख पाने के लिए न तो विषयों की सेवा समर्थ है, और न कठिन साधना के द्वारा शरीर को कष्ट पहुँचाना। परिव्राजक न तो विषयों में एकांगी कामना में आसक्त हो, और न शरीर को कष्ट पहुँचाने में निरत हो, प्रत्युत शील, समाधि और प्रज्ञा के सम्पादन में चित्त

लगातार अनुपम शान्ति की उपलब्धि करे।" इस प्रकार मध्यम मार्ग, भगवान बुद्ध की स्वानुभूतियों का निष्कर्ष है।

द्वादस निदान–द्वितीय आर्य सत्य 'दु:ख समुदय' में दु:खों के कारणों का विवेचन हुआ है। ये इस प्रकार हैं–(1) दु:ख है। दु:ख का कारण, (2) जाति है। जाति का कारण, (3) भव है। भव का कारण, (4) उपादान है। उपादान का कारण, (5) तृष्णा है। तृष्णा का कारण, (6) वेदना है। वेदना का कारण, (7) स्पर्श है। स्पर्श का कारण, (8) षडायतन है। षडायतन का कारण, (9) नामरूप है। नामरूप का कारण, (10) विज्ञान है। विज्ञान का कारण, (11) संस्कार है। संस्कार का कारण, तथा (12) अविद्या है। इसको भावचक्र भी कहा गया है।

गौतम बुद्ध ने अपने जीवन में जो उपदेश एवं शिक्षायें दी थीं; उनके पालन से व्यक्ति सहज ही उच्चतर शिखर पर पहुँच सकता है तथा गौतमबुद्ध की भाँति ही निर्वाण प्राप्त कर सकता है। वे धार्मिक जीवन को सर्वोत्तम मानते थे, जीवन में पवित्रता को बड़ा महत्त्व देते थे। उन्होंने जो शिक्षायें दी हैं, वे शाश्वत महत्त्व की हैं। उनका महत्त्व उस समय भी था और आज भी है तथा भविष्य में भी रहेगा।

27
आज का समय और बुद्ध दर्शन

डॉ॰ प्रणव शर्मा

जीवन को देखने की दृष्टि ही दर्शन है। जीवन, जगत, लोक-परलोक आदि के सम्बन्ध में मनुष्य सदा से जिज्ञासु रहा है। गौतम बुद्ध ने जब बुद्धत्व प्राप्त किया, तो उन्होंने अपने शिष्यों के समक्ष स्वानुभूत सत्य को अपने दर्शन के रूप में प्रस्तुत किया। उनका दर्शन न केवल उस समय में लोकप्रिय हुआ, बल्कि आज भी लोकप्रिय है।

बुद्ध के प्रमुख दार्शनिक सिद्धान्त–महात्मा बुद्ध ने अपने जीवनकाल में जो दार्शनिक सिद्धांत प्रस्तुत किये, उनमें प्रमुख ये आठ हैं–(1) ईश्वर नहीं है, (2) आत्मा अनित्य है, (3) कोई भी ग्रन्थ अपौरुषेय नहीं हैं, (4) जीवन प्रवाह शाश्वत है, (5) क्षणिकवाद, (6) पुनर्जन्मवाद, (7) कर्मवाद (8) निर्वाण। इनका संक्षिप्त विवरण प्रस्तुत है–

1. ईश्वर नहीं है–वैदिक सिद्धांत ईश्वरवादी था, जबकि बुद्ध ने ईश्वर की सत्ता को अस्वीकार किया है। बुद्धदेव ने बतलाया कि प्रतीत्य समुत्पाद सिद्धांत के अनुसार हर वस्तु में कार्य-कारण सम्बन्ध होता है। अगर ईश्वर को निमित्त कारण माना जाये, तो कुछ उत्पादन कारण भी होना चाहिये, जिससे संसार बना है। ईश्वर द्वारा निर्मित संसार में प्रधानकर्ता तो ईश्वर है, तो फिर मनुष्य सुख-दु:खादि क्यों भोगता है। बुद्धदेव के अनुसार ईश्वर नहीं है। परवर्ती मानव ने आदिमानव को ही भ्रमवश ईश्वर मान लिया है।

2. आत्मा अनित्य है–बौद्ध-दर्शन आत्मा को नहीं मानता, इसलिये उसे 'अनात्मवादी' कहते हैं। बुद्धदेव के अनुसार आत्मा का सम्बन्ध शरीर से है। शरीर नश्वर है, अत: आत्मा ही नश्वर है, अर्थात् अनित्य है। बुद्धदेव ने शरीर, जीव, आत्मा को एक ही माना है।

3. कोई भी ग्रन्थ अपौरुषेय नहीं है–वेदों को अपौरुषेय बतलाया गया है, लेकिन गौतम बुद्ध किसी भी ग्रन्थ को अपौरुषेय नहीं मानते। उनके अनुसार मनुष्य की स्वतन्त्रता को अपौरुषेय ग्रन्थ की दासता के नाम पर परतन्त्र नहीं बनाया जा सकता।

4. जीवन प्रवाह शाश्वत् है–बुद्धदेव के अनुसार जीवन असंख्य परिवर्तनशील अणुओं का संगठन है। अणु बनते-मिटते रहते हैं, इसी प्रकार शरीर बनता-मिटता रहता है, लेकिन जीवन शरीर में ही सीमित नहीं है, वह शरीर से पूर्व भी था और बाद में भी रहेगा। इस प्रकार जीवन निरन्तर गतिशील है।

5. क्षणिकवाद–बौद्ध-दर्शन के अनुसार सब कुछ क्षणिक है। कुछ भी शाश्वत नहीं है। एक का नाश होता है, तो दूसरे की उत्पत्ति होती है। इसका विनाश होता है तो उनका जन्म होता है, इसी को प्रतीत्य समुत्पाद कहा गया है, जिसका अर्थ है एक के विनाश के बाद दूसरे की उत्पत्ति। यह चक्र चलता रहता है। शाश्वत कुछ भी नहीं है। सब-कुछ क्षणिक है। क्षणिकवाद और अनित्यवाद एक दूसरे के पूरक हैं। इसी से आगे चलकर 'शून्यवाद' का प्रसार हुआ।

6. पुनर्जन्मवाद–गौतम बुद्ध पुनर्जन्म को मानते थे। उनका जातक-साहित्य पुनर्जन्म का साहित्य ही है। बुद्धदेव ने स्वीकार किया है कि उनके अनेक जन्म हो चुके हैं। पिछले जन्मों में वे बोधिसत्व थे, अर्थात् बुद्धत्व प्राप्ति के आकांक्षी और उसे पाने के लिए प्रयत्नशील।

7. कर्मवाद–पुनर्जन्मवाद का सिद्धांत इस बात पर आधारित है कि व्यक्ति जैसे कर्म करता है, उसी के अनुरूप उसे जन्म मिलता है। '*मखादेव जातक*' पुनर्जन्म और कर्मवाद का अच्छा उदाहरण प्रस्तुत करता है। उसमें अनेक योनियों का उल्लेख हुआ है। राजा मखादेव मरने के बाद ब्रह्मलोक जाता है। कर्म का भोग, भोग लेने के बाद पुनः मानव जीवन ग्रहण करता है। मिथिला में निमि राजा के रूप में जन्म लेकर चारों आश्रमों को भोग कर, अन्त में ब्रह्मलोक का अधिकारी बनता है। कर्म के अनुसार पुण्यात्माएँ स्वर्गलोक की अधिकारी बनती हैं, तथा पापात्माएँ नरक लोक में जाती हैं।

8. निर्वाण–व्यक्ति जब तक बुद्धत्व प्राप्त नहीं कर लेता, अविद्या से मुक्ति नहीं प्राप्त कर पाता और जब चार आर्य सत्यों, अष्टांगिक मार्गों, दस शीलों और मध्यमा प्रतिपदा के अनुसार आचार करता हुआ व्यक्ति परिनिर्वाण प्राप्त कर लेता है, तो उसे फिर जन्म लेने की जरूरत नहीं रहती। जातक कथायें बतलाती हैं कि भगवान बुद्ध ने अनेक जन्म ग्रहण किये। अपने पिछले जन्मों में वे सदा

प्रयत्नशील रहे कि परिनिर्वाण प्राप्त हो जाये, पर ऐसा न हो सका। जब वे गौतम बुद्ध के रूप में जन्मे तो उन्हें बुद्धत्व प्राप्त हुआ। उन्हें पूर्वजन्मों की स्मृति हो आयी। उनकी स्थिति जीवनमुक्त-सी थी। किसी के प्रति राग-द्वेष न था। उन्होंने निस्पृह भाव से पिछले जन्मों का अपना इतिहास, शिष्यों के सामने प्रस्तुत कर दिया। बुद्धत्व प्राप्त कर लेने के बाद भौतिक शरीर में रहते हुए अपना जीवन पूर्ण कर वे निर्वाण प्राप्त कर गये, अर्थात् जन्म-मृत्यु के चक्र से मुक्त हो गये।

उपर्युक्त विवेचन से स्पष्ट है कि गौतम बुद्ध पर अपने पूर्व-धर्म (हिन्दुत्व) का काफी प्रभाव था। उन्होंने अपने सिद्धान्तों के प्रतिपादन में या तो हिन्दू-दर्शन की बातों का खण्डन किया या उसे स्वीकार कर लिया। पाप-पुण्य, स्वर्ग-नरक, लोक-परलोक, कर्मवाद, पुनर्जन्मवाद आदि के सिद्धान्त हिन्दू-धर्म के सिद्धात हैं, जिन्हें गौतम बुद्ध ने मान्यता दी तथा कुछ नये सिद्धान्तों का प्रतिपादन भी किया। पालि-साहित्य गौतम बुद्ध के दार्शनिक विचारों को सरस व रोचक ढंग से प्रस्तुत करता है।

28

यात्रा-संस्मरण

कोरिया में भी है एक गया

डॉ॰ दिविक रमेश

कोरिया में आते ही मैं एक खास द्वन्द्व में फँस गया। बौद्ध प्रभाव जितना यहाँ लक्षित है, उसकी तुलना में भारत में तो न के बराबर ही है। बुद्ध को मानने वाले लोगों और बौद्ध मंदिरों की यहाँ एक बड़ी और महत्त्वपूर्ण संख्या है। यहाँ के स्वर्ग समझे जाने वाले एक टापू चेजू मात्र में लगभग 250 बौद्ध मंदिर हैं। बुद्ध के प्रति लोगों की आस्था भी मात्र औपचारिक नहीं, गहरी है। बहुत से लोगों ने तो मिलने पर मुझे बुद्ध के देश का कहा। यहाँ भारत की पहचान प्राय: बुद्ध, गाँधी और टैगोर से है। 'बुद्ध के देश का' सुनकर जहाँ एक ओर माथा गर्व से उठ गया, वहाँ कुछ अटपटा भी लगा। खैर मुझे कृष्ण, देवकी और यशोदा की सहज ही याद हो आई। जन्म भले ही देवकी ने दिया हो, कृष्ण को पाला यशोदा ने ही था। पालने वाली यशोदा को हमारी संस्कृति में बहुत ऊँचा दर्जा मिला है। बुद्ध को आज तक पाल रहे, कोरिया को भी मेरे मन ने वही दर्जा दे दिया।

इसी पृष्ठभूमि और मानसिकता के साथ मेरी भेंट हुई एक ऐसी कोरियाई कवयित्री से, जो तन मन से भारत के प्रति गहरा लगाव रखती हैं। वे टैगोर सोसायटी ऑफ कोरिया की संस्थापक अध्यक्षा हैं। राजधानी सोल के केन्द्र में सोसायटी का कार्यालय है, जिसकी साज-सज्जा और सामग्री भारतीय परिवेश का पूरा एहसास कराती है। भारतीय चित्रकारी, भारतीय वाद्य यन्त्र, भारतीय पुस्तकें, दीवारों पर टंगी भारतीय कलाकृतियाँ आदि सब भारत की संस्कृति की बेहतरीन झलक प्रस्तुत करती हैं। पहली ही भेंट में अध्यक्षा श्रीमती किम मुझे संभ्रान्त, हँसमुख और मृदुभाषी लगीं। पूरा नाम किम यांग शिक है।

उस शाम श्रीमती किम का घर पर फोन आया। बोलीं–'मैं आप और आपकी बेटी को कहीं घुमाना चाहती हूँ। वह एकदम स्वीकार करने योग्य प्रस्ताव था। मैं स्वयं ही बेटी को किसी विशेष स्थान की यात्रा कराने की योजना बना रहा था। भाषा की समस्या के कारण मन नहीं बैठ रहा था। सो श्रीमती किम के प्रस्ताव को तुरन्त स्वीकार कर लिया। तय हुआ कि दो दिनों के बाद, दो दिनों के लिए यात्रा शुरू की जाएगी।'

29 जुलाई, शनिवार की वह खुशनुमा सुबह थी। मेरी पत्नी प्रवीण शर्मा का जन्म दिन भी। योजना के मुताबिक मैं और मेरी बेटी दिशा, भूमिगत रेल मार्ग से एक स्थान विशेष पर पहुँच गए। यह स्थान सोल के दक्षिण में श्रीमती किम के घर के आसपास था। यहीं पर वे अपने ड्राइवर और अपनी कोरिया में बनी सबसे महंगी और भव्य कार के साथ आयीं। और यहीं से हमारी आगे की यात्रा शुरु हुई–हे इन सा के लिए। सा यानी मंदिर। कोरिया में मन्दिर से तात्पर्य बौद्ध मन्दिर से होता है। सो अच्छा लगा कि एक प्राचीन बौद्ध मन्दिर को देखने का अवसर मिलेगा। जब पता चला कि कोरिया के दक्षिण में स्थित यह मन्दिर पहाड़ों के बीचों बीच है, तो उत्सुकता और भी बढ़ी। सुना था यहाँ के इतिहास में एक समय ऐसा भी आया था जब बौद्ध भिक्षुकों को (भिक्षुणियों को भी) पहाड़ों में शरण लेनी पड़ी थी। यूं कोरिया को मैं पहाड़ों का देश भी कहता हूँ। इस देश का लगभग 70 प्रतिशत भाग पहाड़ है। यह बात अलग है कि यहाँ के पहाड़ भारत के पहाड़ों से भिन्न हैं। हां भारत की कुछ पहाड़ियों की तरह ठिगने जरूर हैं। यहाँ के पहाड़ आदमी से बखूबी कंधा मिलाते हैं और अपनी सबसे ऊँची चोटी पर भी उसके पाँव धराने में न हिचकिचाते हैं, न हेठी ही मानते हैं। बिना चुनौती दिए अहंकार से दूर रहना, यहाँ के पहाड़ों का सहज स्वभाव है। लेकिन वे किसी भी तरह दयनीय नहीं हैं। सम्पन्न और उदार हैं। कोरियाई भाषा में पहाड़ को सन कहते हैं और हर थोड़ी देर बाद जहाँ कहीं यह शब्द कानों में पड़ता रहता है। अतः यहाँ के पहाड़ बहुत जल्दी परिचित होकर घुलमिल जाते हैं। वे भारतीय पहाड़ों की तरह अलभ्य एवं अलंघ्य नहीं हैं, आदमी की पहुँच में हैं। यह बात मैंने अपने एक चीनी मित्र के परिवार के साथ एक पहाड़ पर चढ़ते हुए महसूस की थी। पूर्व एशिया और विशेष रूप से कोरिया के लोगों को फुर्सत मिलते ही पहाड़ों की पीठ पर या उनके शीश पर जा चढ़ने और वहाँ मौज–मस्ती मनाने का बेहद शौक है।

जिस बात की आशंका थी, वही हुई। असल में, कोरिया में सड़क की यात्रा करते समय, समय की पाबन्दी निभा पाना ज़ोखिम भरा काम है। तेज़

घूमते पहिए कहाँ धीमे होते-होते अटक जाएँगे, कोई भरोसा नहीं। यातायात की बेहतरीन एवं आधुनिक व्यवस्था के रहते भी यह देश खासकर सोल जैसे बड़े शहर–हाई वे समेत-न दुर्घटनाओं से मुक्त है और न ही ट्रैफ़िक जैम से। सोल से ते जोन नामक औद्योगिक नगरी तक पहले पड़ाव की यात्रा के लिए हमारी गाड़ी भली चाल से चल रही थी कि अचानक चक्का जाम होने लगा। परिणाम यह हुआ कि जो दूरी हमें डेढ़ घण्टे में तय करनी थी, उसे तीन घण्टे से ज़्यादा में करना पड़ा। गनीमत थी कि हम निजी कार में थे, सो अधिक से अधिक समय ही ज़्यादा लगना था। यदि टैक्सी में रहे होते तो रक्तचाप उतनी ही तेज़ी से बढ़ने लगता, जितनी धीमी गति से कार चलती। इसलिए कि खड़ी या धीमी चलती टैक्सी में किराया–मीटर कुछ ज्यादा हो उठता है। एक मज़ेदार किस्सा याद आया। मैंने पत्नी को कहा कि घर के पास ही एक स्थान है चोंगयांगनी। वहाँ फल और सब्जियों की मण्डी है। अत: ये चीज़े काफ़ी सस्ती हैं। सो हम एक दिन वहाँ पहुँच गए। भाव पूछे तो सचमुत दूसरे बाजारों से सब्जी सस्ती थी–काफ़ी। खरीदने के बाद सोचा चलो टैक्सी से चलते हैं। थोड़ी ही दूर पर मुँह फैलाए ट्रैफ़िक जैम खड़ा था। टैक्सी रुकते-रुकते रुक ही गई। अब मीटर ने जो चाल दिखानी शुरू की तो हमारी धड़कनें बावजूद तेज गति के पिछड़ी नज़र आने लगीं। हालत यह हुई कि जब तक घर पहुँचे, सब्जियों के सस्ते दामों का मज़ा लगभग तीन-चार गुणा नीचे उतर चुका था। हम पति-पत्नी के चेहरे देखने लायक थे। फौरन फणीश्वर नाथ जी–वही अपने रेणु याद हो आए। हमने पहली और आखिरी (पता नहीं निभेगी भी कि नहीं) कसम खाई कि अपने कोरिया प्रवास में सब्जी खरीदने के वास्ते अब ससुर टैक्सी का इस्तेमाल कबहू न करेंगे।

तेजोन में, नियम स्थान पर चित्रकार–प्रोफ़ेसर हवांग मन यंग पहले ही से मौजूद हैं। कोरियाई लोग प्राय: समय के पाबन्द हैं। दोपहर के भोजन का समय हो चुका था। कोरिया में जहाँ दोपहर के 12 बजे तक यहाँ के लोग भूख से बेहाल हो उठते हैं। यही हाल शाम के 6 या साढ़े छ: बजे का है। भोजन किया गया और आगे की यात्रा शुरू हुई। योजना के अनुसार श्रीमती किम यांग शिक का कार-चालक सोल वापस लौट गया और चित्रकार–प्रोफ़ेसर ने आगे की कमान सम्भाली। वे अपनी असली उम्र से काफ़ी कम लग रहे थे। बहुत ही जिन्दादिल आदमी। हँसमुख। खुले व्यक्तित्व के। आत्मीय स्वभाव। पहली ही भेंट में अनौपचारिक। ड्राइवरी, कुशलता से कर रहे थे। जाने क्या सोचकर उन्होंने बजाय हाई वे या मुख्य मार्ग के भीतरी मार्ग को, यात्रा के लिए चुना। यह चुनाव अद्‌भुत था। इस मार्ग को चुनने का अर्थ था शुरू से ही पहाड़ों भरी

यौवनमय प्रकृति के उन्मुक्त आँचल में पहुँच जाना। लगा, जैसे हम प्राकृतिक छवि-सम्पदा के गहरे विस्तारों की हरी लहरों में तैरते चले जा रहे थे–अपने और केवल अपने साथ–बार-बार झोंकों की तरह आकर दूर निकल जाने वाले किसी दिव्य संगीत की जिज्ञासा भरी खोज में। वहां की पूरी सृष्टि मानो कोरियाई ढंग से झुक-झुक कर स्वागत करती हुई मार्ग दे रही थी। विनम्रता के उस सागर में, स्थिर जल पर अचंचला होती शान्त किन्तु आनन्द और आत्मविश्वास से दमकती एक बौद्ध छवि सहसा उभर आयी थी–एक अदृश्य राग में तल्लीन करती। एक आद्वितीय मन:स्थिति थी। उस समय, हममें से सब, शायद मेरी ही तरह, स्वयं ही वक्ता थे और स्वयं श्रोता। प्रकृति भी आज मानो कुछ कर गुजरने को बेताब थी। लगा जैसे अपने उद्दाम नृत्य में वह अपने वस्त्रों तक की सुध-बुध खो बैठी थी। चिर यौवना अप्सरा की भाँति। आज पूरे सौन्दर्य का उद्‌घाटन कर शायद अद्‌भुत मादकता का सृजन करना चाहती थी। मुझे याद हो आई अलंबुषा-सौन्दर्य सम्पन्न वह अप्सरा जिसके, नृत्य करते समय, वस्त्र हटने मात्र से इन्द्र आदि देवता स्खलित हो गए थे। लेकिन अच्छा है, न मैं इन्द्र हूँ और न ही शाप देने में समर्थ। काश कि मैं वरदान दे सकता!

सड़क बहुत ही खूबसूरत पगडण्डी की तरह। लगभग अकेली हमारी कार –दूसरी कारें, कभी-कभार। दोनों ओर दूर दूर तक फैले खेत–धान के पौधों को हाथ हिलाने की मुद्रा में हिलाकर स्वागत करती अदृश्य पृथ्वी और हवाएँ। उन्हीं के बीच से, किसी स्वप्न लोक की भाँति, रेलगाड़ी की गुजरती हुई पटरी। और थोड़ी ही देर में जाने कहाँ से आकर जाने कहाँ जाती हुई, जादू की सी रेलगाड़ी। गुजर जाने के बाद देर तक कानों में थरथराता हुआ स्वर-यहाँ पुल तो था नहीं वरना दुष्यंत की ग़ज़ल का ये मशहूर शेर मौजूँ हो जाता–

तू किसी रेल-सी गुजरती है,
मैं किसी पुल सा थरथराता हूँ।

अजीब रास्ता था। मैदानी भी पहाड़ी भी। और कभी परिक्रमा सी लेता हुआ भी। कोरिया का प्राकृतिक वैभव कई मायनों में चौंकाने वाला है। यहाँ पहाड़ों के शिखरों पर अठखेलियाँ करती झीलें भी हैं और मैदान, पहाड़ और सागर के संगम भी। चेजू द्वीप पर मैंने ऐसा ही संगम देखा था।

कुछ घण्टों की यात्रा के बाद हम अपने गन्तव्य के निकट थे। यह पूरा पहाड़ गाया सन के नाम से विख्यात है। कोरिया में गाया राज्य भी रह चुका है। गाया राज्य के एक राजा किम सुरो से भारत में अयोध्या की एक राजकुमारी से विवाह होने की एक मिथकीय कहानी भी यहाँ प्रचलित है। जब मेरे कानों ने

गाया शब्द सुना तो एकदम आत्मीय और परिचित प्रतीत हुआ। गाया पहाड़ पर धर्म (ज्ञान) के प्रतीक के रूप में स्थित बौद्ध मंन्दिर, हे इन सा की जानकारी मन को भारत की ओर खींचें जा रही थी। तभी श्रीमती किम ने कहा, 'क्या आप जानते हैं कि कुछ लोग गाया का सम्बन्ध भारत से जोड़ते हैं।' मैं तो सुनकर जैसे उछल ही पड़ा। सहसा मेरे मुँह से निकला–'कहीं भारत के प्रसिद्ध धार्मिक स्थान गया से तो नहीं।' और उत्तर 'हाँ' में सुनकर तो मैं विभोर हो उठा। किसी भी भारतीय की उस समय वही स्थिति होती। देह भले ही कोरिया की हो पर उस स्थान की आत्मा भारतीय थी। यह कैसी आध्यात्मिकता थी मेरे मन की, मैं नहीं समझ पा रहा था। एक ओर से सुन रहा था शंख, घड़ियाल और आरती की आती स्वर-गूँजें और दूसरी ओर क्षण-क्षण रच रही थीं शान्त, ध्यानस्थ निर्वाण के आनन्द की मन-मुद्राएँ। आत्म से अनात्म का चिन्तन!

हमारी कार ने अब एक बड़े द्वार में प्रवेश पा लिया था। श्रीमती किम के कारण हम यहाँ के विशिष्ट अतिथि थे। अब संकरे रास्ते के साथ-साथ एक छरहरे बदन की नदी भी हमारे साथ हो ली थी। अजीब नदी थी। कितनी ही शर्मीली कोरियाई लड़कियों से भिन्न। पर उन्हीं की तरह विदेशियों से बात करने को उत्सुक। मस्त मस्त। कभी उछलती तो कभी हंसती सी और एकदम सामाजिक भी। तभी न, किनारे-किनारे कितने ही सैलानियों के तम्बू-घर नज़र आ रहे थे। खुले में परिवारों और मित्रों की टोलियाँ–सोजू माकोली और बीयर का आनन्द लेती हुईं। कोरिया में बीयर और चावल से बनी वाइन पीने का ज़्यादा रिवाज है। सोजू को ये लोग सख्त पेय मानते हैं। पर पीने पर आते हैं, तो बहुत से लोग काफ़ी पी जाते हैं। सप्ताहांत में कोरिया के लोग मौज मस्ती के लिए घरों से दूर निकलना पसंद करते हैं। इसीलिए यहाँ भी काफ़ी भीड़ थी। कारों की कतारें, कोरिया की सम्पन्नता का प्रतीक थीं। एक जगह तो अधिक कारें और रास्ता तंग होने के कारण, हमारी कार भी फंस गई थी। थोड़ी ही देर बाद सैलानियों की यह स्थली हमसे पीछे छूटती चली गई। अब हम पहाड़ की कुछ और ऊँचाइयों पर थे। शाम हो चली थी।

कुछ ही देर बाद हमारी कार एक शानदार भवन के अहाते में थी। एक रईसी भवन की तरह इसके आगे-पीछे बड़े-बड़े क्षेत्र थे–लॉन और खेत के रूप में तीन सुन्दर कुत्ते अपनी आवाज में स्वागत कर रहे थे। हमारी विशिष्टता भी उन्होंने जल्दी ही पहचान ली थी। वह एक निजी भवन था, जो तमाम आधुनिक सुविधाओं से सम्पन्न था और उसके स्वामी एक चित्रकार भिक्षुक, किम वॉन हक थे। उस समय वे बड़ी पाइप से पौधों-वृक्षों और घास को सींच रहे थे। 48

या 49 वर्ष के युवा प्रतीत हो रहे व्यक्ति। हमारे पहुँचते ही उनके चेहरे पर एक शान्त मुस्कान हिलोरे लेने लगी थी। उन्होंने जल्दी ही पाइप को एक ओर छोड़ दिया और हमें भीतर ले गए। अपनी पारम्परिक भिक्षु वेश-भूषा में थे। सच पूछिए तो मैंने ऐसे भवन की कल्पना नहीं की थी। सोचता था कि कोई धर्मशालानुमा स्थान होगा जहाँ हम लोग रहेंगे। लेकिन अब भवन अपने स्वामी की समृद्धता की कहानी कह रहा था। यूँ बाद में मुझे साथ आए चित्रकार-प्रोफ़ेसर ने बताया था कि भिक्षुक प्रायः सम्पन्न नहीं होते और किम वॉन हक अपवाद थे क्योंकि वे मंदिर की व्यवस्था समिति के ऊँचे पद पर रह चुके थे।

देर काफ़ी हो चुकी थी। सो सब को भोजन की तलब थी। हम मेहमानों को छोड़कर शेष लोग भोजन कर चुके थे। रसोई एक महिला ने तैयार की थी। बहुत ही मृदु। चेहरे से जैसे शांति और विनम्रता के फूल झड़ रहे हों–लगातार लगातार–एक क्षण को भी बिना थमे–चैमासे की झड़ से। परम्परा से हटकर भोजन की व्यवस्था, मेज-कुर्सी पर की गई थी। यूँ यहाँ ज़मीन पर बैठकर चौकी पर भोजन रख, भोजन करने की परम्परा है, जो मुझे पसन्द आयी। मुझे विश्वास था कि बुद्ध से जुड़े होने के कारण इस स्थान पर केवल शाकाहारी भोजन मिलेगा। विश्वास ठीक भी निकला। हालांकि सुबह के नाश्ते में उसे टूटना था। भोजन सच में स्वादिष्ट था। *किमची* (एक प्रकार का अचार) तो मुझे बेहद पसंद है। कोरियाई खाना स्वास्थ्यप्रद होता है, क्योंकि उसमें तेल और छौंक का अभाव होता है। तला हुआ भी कम ही खाना होता है। मैं अब तक कुछ कोरियाई शब्द सीख चुका था, सो रसोइया महिला से बहुत ही स्नेह से कहा–*मासिसेयो*–यानी स्वादिष्ट है। महिला ने बिना विकृत हुए बल्कि मृदुता को और बढ़ाते हुए झुक कर कहा–*खोमसमनिदा*–अर्थात् धन्यवाद।

अब बारी बैठक में, गर्म-गर्म फर्श पर बैठकर महफिल जमाने की थी। बैठक पेंटिंग्स और विभिन्न प्रकार की कलाकृतियों से सुसज्जित थी। एक कोने में एक विशाल मेज और उसके आसपास चित्रकारी की बेहतरीन सामग्री। कुछ खाली और कुछ अधूरे चित्र वाले कैनवास। भिक्षुक अंग्रेज़ी नहीं जानते थे इसलिए चित्रकार-प्रोफ़ेसर और कभी-कभी श्रीमती किम हमारे बीच सहायक बने। मेज पर फलों के साथ साथ एक विशेष पेय भी मौजूद था, जिसे भिक्षुक ने बहुत ही नजाकत के साथ धीरे धीरे पेश किया। वह पेय, घर पर ही जड़ी-बूटियों से बनाई गई, एक वाइन था–*ओह संग छा सू* (Oh Sung Cha Su) सू का अर्थ वाइन है और ओह संग छा का मस्त्यगंधा घास। मेरी बेटी को छोड़कर उसे सबने पीया। हाँ, इसी बीच एक दूसरे नगर टेगू की दो महिलाएँ भी अपनी

कार से वहाँ आ चुकी थीं। वे हमसे मिलने विशेष रूप से आई थीं और बौद्ध-भिक्षुक की अच्छी परिचित थीं। ऐसा कहा भी जाता है कि बौद्ध-मन्दिरों के संचालन के पीछे कोरियाई महिलाओं का अधिक हाथ है। वे भरपूर मदद करती हैं।

भारत के बारे में, कोरिया के बारे में, बुद्ध के बारे में, साहित्य के बारे में और कुछ सामान्य बातों के बारे में, बातें होती रहीं। हँसने-हँसाने का भी दौर चलता रहा, जिसके बिना कोरियाई लोग रह नहीं सकते।

देर काफ़ी हो चली थी। अब सोने का मन था। हालांकि हमारे साथ आए मेहमानों सहित सभी दूसरे लोग अभी तरोताज़ा ही नज़र आ रहे थे। कहीं से भी नहीं लग रहा था कि वे जल्दी ही सोने वाले हैं। इस सूचना के बावजूद कि बौद्ध मंदिर के प्रात: कालीन कार्यक्रम को देखने के लिए चार बजे वहाँ पहुँचना होगा, हमें छोड़, किसी के भी चेहरे पर चिन्ता की ज़रा भी झलक नहीं थी। रात का-या कहूँ-सुबह का एक बज चला था। क्षमा मांगते हुए मैंने और मेरी बेटी ने सोने के लिए अनुमति ले ली। ज़मीन पर ही सोने का अच्छा प्रबन्ध था। यहाँ फर्शों को नीचे से गरम करने की पद्धति प्रयोग में लाई जाती है। सुहाती सुहाती गरमाहट बदन को गरम रखने के साथ-साथ उसकी मालिश भी कर देती है।

जैसा होना था, वैसा ही हुआ। कोई भी छह-सात से पहले नहीं उठ सका। सुबह का कार्यक्रम तो गया। अब जल्दी-जल्दी तैयार होकर, नाश्ता करके मन्दिर पहुँचना था और उसके बाद किसी और स्थान की कार यात्रा भी।

चौकी पर विभिन्न प्रकार का नाश्ता सजा था। लेकिन हैरानी की बात यह थी कि नाश्ते में न केवल मांस था बल्कि गाय का मांस भी था। मछली को तो यहाँ मांस समझा ही नहीं जाता। ख़ैर, सदा की तरह, पूछ-पूछकर शाकाहारी भोजन किया।

अब कारों में बैठकर पहले मंदिर जाना था और बाद में आगे। एक भिक्षुणियों के मन्दिर को देखने की योजना थी। भवन के द्वार पर छाया चित्र लिए। तभी कुछ लिखे पर ध्यान गया। पता चला कि शब्दों का अर्थ था-चाँद की ओर मुँह। अक्षर चीनी थे। यूँ अब कोरिया की अपनी भाषा है, *हांगुल*-एक वैज्ञानिक भाषा, लेकिन उसमें चीनी प्रभाव काफ़ी मिलता है।

कोरिया के किसी भी पड़े परिसर वाले मंदिर के प्रवेश पर एक स्तम्भीय द्वार होता है। इसमें से होकर ही ज्ञान के मार्ग पर जाना होता है। हे इन सा का द्वार अपने सहज सौन्दर्य के लिए प्रसिद्ध है। 1457 से अब तक इसकी पांच बार

मरम्मत की जा चुकी है। इस पर बहुत ही खूबसूरत चीनी शब्द लिखे हैं। मालूम हुआ कि उनका मतलब था–'गाया सन हे इन सा'। इसे विख्यात सुलेखक किम ग्युशिन ने लिखा था। बहुत बड़े मंदिरों में दूसरा द्वार भी होता है। हे इन सा के दूसरे द्वार का नाम पोंगवांग मुन है। वह चार रक्षकों का द्वार भी कहलाता है। ये रक्षक दुष्टों से या दुष्ट आत्माओं से मंदिर की रक्षा करते हैं। ये सैनिकों की तरह हमेशा लड़ाई के लिए तत्पर रहते हैं। ये मंदिर की रक्षा करते हुए शत्रुओं को पैरों के नीचे कुचल देते हैं। इसे बौद्ध धर्म पर हिन्दू प्रभाव माना जाता है। हालांकि अब यह विशेष रूप से लोक-संस्कृति का हिस्सा है। इसके बाद आता है, तीसरा द्वार–काफ़ी बड़ा और भव्य–ज्ञान का बुद्ध द्वार। हे इन सा का सम्बन्ध हवा ओम नामक पंथ से है और वह इस पंथ के दस विख्यात मंदिरों में से एक है।

मंदिर के एक-एक हिस्से को देखना, एक अद्‌भुत अनुभव लेना था। मुख्य सभागार, अनेक आश्रम, शिक्षालय, संग्रहालय आदि कितने ही भाग हैं, जो इस मंदिर को सम्पूर्णता दे रहे थे। इतिहास भी। पता चला कि मन्दिर में लगभग 220 मठवासी (बौद्ध भिक्षुक) रहते हैं। सर्दी और गरमी के तीन-तीन महीनों में ध्यान-अर्चना के विशेष अनुष्ठान होते हैं। उस समय उक्त संख्या और भी बढ़ जाती है। अफसोस था कि हम वह नहीं देख सकते थे। मठवासियों के लिए वहाँ एक विश्वविद्यालय भी है, जिसमें लगभग 100 की संख्या में शिक्षार्थी शिक्षा ग्रहण कर रहे थे। मंदिर के आसपास की सुरम्य पहाड़ियों में स्थित लगभग 15 आश्रमों में 200 महिलाओं के होने की भी सूचना मिली, जिससे मंदिर की महत्ता का पता चला। लेकिन अभी हमें एक ऐसे प्रभाग की ओर जाना था, जो इस मंदिर का ही नहीं बल्कि पूरे कोरिया का गौरव है। उस प्रभाग में एक ऐसा खजाना है, जिसे देखकर हम भारतीयों का सिर गर्व से ऊँचा भी हो जाता है और श्रद्धा से नत भी। असली में वह प्रभाग एक विशिष्ट पुस्तकालय है–एक अर्थ में। यह स्थल नि:सन्देह इस मन्दिर के स्वरूप और उद्देश्य का प्रतीक है। वस्तुत: यहाँ बहुत ही परिश्रम से तैयार किए गए 81340 लकड़ी के एक जैसे टुकड़ों (काष्ठ खण्डों) का अद्‌भुत और असाधारण भण्डार है। इन टुकड़ों पर पूरी त्रिपिटका उकेरी गई है। यहाँ इन्हें जिस प्रकार से रखा गया है, वह भी एक अत्यन्त सुरक्षित स्थान और तरीका है। पता चला कि भवन के लिए एक (यह) ऐसा स्थान चुना गया था, जिसकी मिट्टी उपयुक्त थी। सीलन से बचाने के लिए कमरों में विशेष ढंग से हवा के आवागमन की व्यवस्था की गई। इस असाधारण खजाने को अपनी गोद में संभाले यह प्रभाग भले ही देखने में पुराना और साधारण लगा, लेकिन जानकारी के बाद कई मायनों में चुनौतीपूर्ण भी लगा।

कुछ साल पहले यह सोचकर कि पुराने ढंग के भवन में कहीं ये काष्ठ खराब न हो जाएँ, एक नए भवन का निर्माण किया गया, जिस पर काफ़ी पैसा खर्च किया गया है। बहुत हिफ़ाजत से टुकड़ों को नए भवन में ले जाया गया। लेकिन कुछ ही सप्ताह के बाद आधुनिक वास्तुकला की पोल खुल गई, जब पता चला कि टुकड़ों में विकार शुरू हो गया है। तुरन्त उन्हें पुराने भवन में ही ले जाना पड़ा, जो कि पूरी तरह सुरक्षित था।

मैं इन काष्ठ खण्डों के इतिहास को जानने के लिए काफ़ी उत्सुक हो उठा था। मालूम हुआ कि इनके सृजन के पीछे एक दिलचस्प प्रक्रिया छिपी है। सबसे पहले तो द्वीपों के सफ़ेद मूर्ज वृक्षों को चुना गया। तब लकड़ी के गट्ठों को तीन साल तक समुद्र के पानी में पूरी तरह डुबो कर रखा गया। फिर उन्हें तख्तों के रूप में काट कर समुद्री पानी में उबाला और छाया में सुखाया गया। जब वे पूरी तरह सूख गए तो उन्हें समतल या सुघड़ बनाया गया। इसके बाद, उत्कीर्ण से पहले, उन पर ब्रुश से अक्षरों का चित्रांकन किया गया। 52382960 वर्णों के खोदने का काम लगभग 30 व्यक्तियों ने सम्पन्न किया था, लेकिन अक्षरों की समानता को देखकर सहज ही चौंका जा सकता है। लगता ही नहीं था कि वह काम एक से अधिक व्यक्तियों ने किया होगा तथा यह जानकर तो और भी आश्चर्य हुआ कि सुन्दर लिखावट वाले उस भण्डार में एक भी अशुद्धि नहीं देखी जा सकती। इस कोरियाई त्रिपिटका में अनेक सूत्र हैं–कुछ तो ऐसे हैं, जो चीनी त्रिपिटका में भी नहीं हैं। जापानी त्रिपिटिका के सृजन में भी इस त्रिपिटका का उपयोग किया गया था। कोरिया के लोगों के लिए, सांस्कृतिक एवं राष्ट्रीय पहचान की दृष्टि से इसका अत्यन्त महत्त्व है। इसके द्वारा कोरिया के प्रारम्भिक छापेखाने का भी पता चलता है। अन्यत्र मुझे एक संग्रहालय के अवलोकन के समय बताया गया था कि छापेखाने या छपाई की खोज कोरिया में ही हुई थी।

कोरियन त्रिपिटका का उत्कीर्ण कोरिया राज (918-1392) में दो बार हुआ था। राजा और लोगों का विश्वास था कि उसकी मौजूदगी से कोई भी आक्रमण पीछे धकेला जा सकता है और सौभाग्य बना रह सकता है। पहली बार उत्कीर्ण का कार्य 1087 में पूरा हुआ। लेकिन दुर्भाग्य से 1232 में, मंगोलों के आक्रमण में त्रिपिटका जल गई। इसके बाद 1236 में पुन: कार्य शुरू हुआ–तत्कालीन राजा गो जॉग के हुक्म से। लगभग 16 वर्षों के बाद 1251 में वर्तमान त्रिपिटका का कार्य सिद्ध हो सका। पहले इसे सोल शहर के पश्चिम में कांगहवा दो नामक द्वीप में रखा गया और बाद में 1398 में हे इन सा में लाया गया। उस समय हे

इन सा का क्षेत्र काफ़ी उजाड़ और एकान्त था। अत: जापानियों से बचाए रखने के लिए कोरियाईयों को वह स्थान सर्वथा उपयुक्त प्रतीत हुआ।

त्रिपिटका की मौजूदगी ने हे इन सा को धर्म (ज्ञान) का दर्जा दिलाया। यह स्थान ज्ञान की स्थली के रूप में ही विख्यात भी है। कोरिया के दो अन्य समान प्रसिद्ध मंदिर क्रमश: 'बुद्धि' और 'संघ' के प्रतीक हैं, जो क्रमश टोंगदो सा (यहाँ ऐतिहासिक बुद्ध का अवशेष मुख्य पैगोडा में मौजूद है) और सोंगवांग सा (यहाँ बहुत से विद्वान रहे हैं)। हे इन सा शान्त सागर या समाधि के अर्थ का द्योतक है। यह समाधि एक ऐसी अवस्था है, जिसमें बुद्ध (ज्ञानवान) व्यक्ति हर वस्तु के सत्य रूप का दर्शन कर लेता है। वस्तुत: 'हे इन सा' 'शान्त सागर पर प्रतिबिम्ब' के रूप में प्रसिद्ध है। एक ही अफ़सोस रहा कि त्रिपिटका के भण्डार को जंगलेनुमा खिड़कियों से ही देखना पड़ा–भीतर जाने की अनुमति नहीं मिली। हाँ खिड़की के पास नमूने के लिए रखी गई एक तख्ती के स्पर्श का अद्‌भुत सुख अवश्य लिया।

हे इन सा से जुड़ी कई चमत्कारी कहानियाँ भी सुनने को मिलीं। कोरिया–युद्ध के समय, कितने ही छापामार इस मंदिर में छिप गए थे। अत: मंदिर को बम से उड़ा देने का हुक्म हुआ। विमान चालक मंदिर के भवन पर मंडराता रहा, लेकिन अन्तत: प्यारे और भव्य भवन का नाश न कर सका। बाद में भले ही हुक्म की अवहेलना के लिए उसे सजा भी मिली। लेकिन युद्ध के बाद वह राष्ट्रीय नायक बन गया। जिस पहाड़ गाया पर हे इन सा स्थित है, वह लगभग 8156 एकड़ क्षेत्र में फैला है और उसकी ऊँचाई 1430 मीटर है। पूरा क्षेत्र सघन हरे जंगलों से समृद्ध है और कम से कम मुझे तो वह लगातार एक विशाल हरे समुद्र का एहसास कराता रहा। हरे शान्त समुद्र में, हे इन सा एक समाधिस्थ जहाज की भाँति प्रतीत होता रहा। जाने कब तक मैं त्री रत्न मंदिर के उस पूरे परिदृश्य में अभिभूत रहा।

लौटते समय श्रीमती किम ने इशारे से चीड़ के पेड़ों की ओर ध्यान दिलाया। कोरिया में चीड़ के पेड़ों की बहुतायत है। किसी पेड़ के राष्ट्रीय न होने की स्थिति में चीड़ को राष्ट्रीय पेड़ कहा जा सकता है। श्रीमती किम ने बताया कि कोरिया में लाल, काले, नीले और यहाँ तक कि सफ़ेद रंग के भी चीड़ के पेड़ हैं। एक प्रकार का समुद्री चीड़ भी यहाँ मिलता है।

अब हमें इस मंदिर के सूत्र को थामे एक अन्यत्र स्थान की यात्रा के लिए प्रस्थान करना था। पूरा काफ़िला साथ था। दो कारों में। समय काफ़ी हो चला था। भोजन के समय से पहले वहाँ पहुँच जाना चाहिए था। तभी कानों में एक

शब्द पड़ा, जिसने थोड़ा चौंकाया। यह शब्द तेगू से आई महिला ने बोला था। शब्द था–फत्तक फत्तक। अर्थ था–जल्दी जल्दी। हमारे यहाँ भी तो कुछ क्षेत्रों में फटाक् फटाक् या फटाफट शब्द का प्रयोग होता है।

हे इन सा का वह अभिभूत कर देने वाला माहौल अपने भौतिक रूप में भले ही पीछे छूटता जा रहा था, लेकिन मन-आत्मा से बहुत करीब था–बहुत कुछ और जानने की प्रेरणा के साथ।

(प्रोफेसर दिविक रमेश भारत सरकार की ओर से तीन वर्षों तक कोरिया के एक विश्वविद्यालय में अध्यापन कर चुके हैं।)

29

विश्व शान्ति और कुशीनगर

डॉ॰ राजेश कुमार एवं राजलक्ष्मी

वैश्वीकरण राजनीतिक, आर्थिक, सामाजिक, वैज्ञानिक तथा सांस्कृतिक जीवन के विश्वव्यापी समायोजन की एक प्रक्रिया है, जो विश्व के विभिन्न भागों के लोगों को भौतिक व मनोवैज्ञानिक स्तर पर एकीकृत करने का एक सफल प्रयास करती है। वैश्वीकरण का सामान्य अर्थ है, विश्व का एकीकरण। आज का युग 'ग्लोबलाइजेशन' का युग है। विश्व में एक छोटी सी जगह पर हुई घटना भी पूरे विश्व पर प्रभाव डालती है, जैसे–शेयर बाजार। वैश्वीकरण जो आधुनिक अवधारणा है, इसमें हम कई चीजों के लिए दूसरों पर निर्भर रहते हैं। इस युग में विकास के लिए हमें दूसरे देशों की सहायता लेनी पड़ती है, चाहे वह शिक्षा का क्षेत्र हो या फिर आर्थिक या फिर राजनीतिक व वैज्ञानिक।

वैश्वीकरण के अंतर्गत आज विश्व बड़ी सीमा तक एक वैश्विक ग्राम दिखाई दे रहा है, परन्तु यह ऊपरी दिखावा अधिक प्रतीत होता है। विकासशील देश भी यथाशीघ्र विकसित होने की लालच में वैश्वीकरण की प्रक्रिया में शामिल होना चाहते हैं, परन्तु इससे उनको कई समस्याओं का सामना करना पड़ रहा है, जिसमें गरीबी एवं अशांति की स्थिति, गंभीर समस्या के रूप में उभर कर सामने आयी है। वैश्विक अशांति समग्र मानव समाज के लिए खतरा है, इसका समाधान समग्र मानवता में ही संभव है जो हमें दिखाई देती है, एशिया के ज्योति पुंज बुद्ध के शांति व अहिंसा के विचारों में, जिससे सिर्फ हमारे देश ही नहीं बल्कि विश्व समाज में भी शांति व्यवस्था स्थापित की जा सकती है।

शतपथ ब्राह्मण में उल्लिखित विदेघमाथव द्वारा वैश्वानर अग्नि को अपने मुख में रखकर सदानीरा के उत्तरण विषयक आख्यान ने इस भ्रान्त धारणा को प्रचलित किया कि सरयूपार एवं गंडक घाटी में आर्यजनों का प्रसरण उत्तरवैदिक

युग में हुआ। इस धारणा ने वैदिक एवं पौराणिक साहित्य में विवृत्त इक्ष्वाकुवंशीय चरितों की प्राचीनता की उपेक्षा की, जिनके अस्तित्व के आधार पर यह सिद्ध किया जा सकता है कि कुशीनगर उत्तरवैदिक युग से भी प्राचीनतम है।

रामायण, रघुवंश तथा जातकों के समवेत साक्ष्य यह सूचित करते हैं कि आरंभ में कोसल-कुसिनारा में सूर्यवंशी इक्ष्वाकुओं का शासन था और मल्ल उनके वंशज थे। एतद्विषयक कुस जातक की कथा मल्ल जाति के पूर्व से पश्चिम तक व्यापक राजनीतिक प्रभाव का संकेत करती है। इसमें कहा गया है कि कुसिनारा में ओक्काक (इक्ष्वाकु) नामक राजा थे।

महाकाव्यों एवं बौद्धग्रन्थों में प्राप्त मल्लों के सन्दर्भ उनके इतिहास के सातत्य को प्रमाणित करते हैं। वाल्मीकि रामायण के अनुसार इक्ष्वाकुवंशी रामचन्द्र ने कारूपथ का राज्य, लक्ष्मण के दो पुत्रों अंगद एवं चन्द्रकेतु मल्ल में विभाजित किया। प्राप्त प्रदेशों में अंगद ने अंदगीया तथा चन्द्रकेतु ने चन्द्रकांता को अपनी राजधानी बनाया। रामचन्द्र ने अपने पुत्रों कुश एवं लव को क्रमशः कुशावती तथा शरावती का प्रदेश दिया। बाद में कुश ने कुशावती को अपनी नयी राजधानी बनाया। तभी से कुशावती, मल्लों की राजधानी के रूप में विश्रुत हुई और बुद्ध के काल में भी विख्यात रही। कुसिनारा एवं पावा के मल्ल जनपद हिरज्जवती (हिरण्यवती) नदी द्वारा विभाजित थे। बौद्धग्रंथों में इसे कुसिनारा, कुसिनगरी, कुसिग्राम आदि अनेक नामों से अभिहित किया गया है। बुद्धपूर्व युग में यह कुसावती के नाम से प्रसिद्ध था।

उ.प्र. की धारा को गौतम बुद्ध जैसे महान मानवतावादी, अहिंसा व शांति के पथ प्रदर्शक की चरण-रज से कृतार्थ होने का गौरव प्राप्त है। गौतम बुद्ध ने मानवता एवं विश्वबंधुत्व की भावना को जन-जन में संचार करने के उद्देश्य से व्यापक रूप से देशाटन किया। दया व करुणा के सागर के श्री चरणों से पूर्वी उ.प्र. के कुशीनगर को भी महिमान्वित होने का गौरव प्राप्त हुआ, जिस स्थल को बुद्ध ने अपनी अन्तिम स्थली चुना, जिसके फलस्वरूप वह स्थली राष्ट्रीय व अंतर्राष्ट्रीय जंगल के लिए पूजनीय, वंदनीय व दर्शनीय बन गयी। यही कारण है कि यहाँ न केवल भारत बल्कि जापान, थाईलैंण्ड, ताईवान, चीन, कोरिया, एवं बर्मा सहित विश्व के अनेक देशों के श्रद्धालु बड़ी संख्या में यहाँ आकर श्रद्धा सुमन अर्पित करने में अपने आपको धन्य समझते हैं और बौद्ध दर्शन, अहिंसा व शांति को प्रचारित करते हैं।

1861-62 में सर्वप्रथम कनिंघम ने कुशीनगर की पहचान की थी और देवरिया से 30 कि.मी. उत्तर (26, 45, उ. 83, 55 पू.) कसया तथा पास

के अनुरूधवा ग्राम को प्राचीन कुसिनारा बताया था। विभिन्न चरणों में ए.सी. कार्यालय, जे.पी.एच. फोगेल तथा पं. हीरानन्द शास्त्री द्वारा कराए गए उत्खननों के परिणामस्वरूप महापरिनिर्वाण स्तूप, मुकुटबंधन स्तूप, महापरिनिर्वाण चैत्य, अनेक छोटे स्तूप और विहारों की संरचना प्रकाश में आयी। यहाँ से बौद्ध एवं ब्राह्मण धर्मों के कालावशेष भी प्राप्त हुए। यहाँ के बौद्ध भवनों का निर्माण मौर्य काल में आरंभ हुआ था। गुप्तकाल तक यहाँ के बहुसंख्य स्मारकों का सतत ह्रास एवं पुनर्निर्माण होता रहा। यहां के महापरिनिर्वाण स्तूप से स्वर्ण, रजत एवं ताम्र धातुरण्डक मिले जो निदान सूत्र से अंकित ताम्रपत्र से ढके ताम्रघट में रखे गये थे। यह ताम्रघट गुप्तकाल में स्थापित किया गया था। अन्य महत्त्वपूर्ण उपलब्धियों में वे मृत्तिका मुहरें हैं, जिन पर बौद्ध मंत्र तथा घटनाओं का अंकन है। मुकुट बंधन चैत्य का उल्लेख करने वाली मुहर पर बुद्ध की चिता का अंकन है। अन्य महापरिनिर्वाण मुहरों पर बुद्ध की अंतिम शय्या के प्रतीक शालवृक्षों के मध्य ढके मंचक का चित्र है।

कुसिनारा के समीप मल्लों का शालवन उपवत्तन था, जहाँ अब महापरिनिर्वाण चैत्य एवं स्तूप है। यहीं बुद्ध का महापरिनिर्वाण हुआ था। उस समय यह इतना छोटा नगर (जंगल में नगर क्षेत्र की शाखा) था कि इसे प्रथम दृष्ट्या बुद्ध के परिनिर्वाण के लिए उपयुक्त नहीं समझा गया। यहां टाट एवं मिट्टी के लेप के मकान थे। यह एक प्रमुख स्थल मार्ग (राजगृह से श्रावस्ती) पर स्थित था। यह हिरण्यवती नदी के पश्चिमी तट के समीप था। संभवतः कुछ और पश्चिम की ओर इस नदी को अजितवती कहा जाता था क्योंकि जीवनी के अनुसार नगर से 3 या 4 ली. उत्तर पश्चिम में अजितवती को उसके पश्चिमी तट पर पारकर युवान च्वांग शालवन पहुँचा था। इस नदी की पहचान छोटी गंडक से की गयी। युवान च्वांग के समय नगर की परिधि मात्र 10 ली. (ल. 3 किमी.) रह गयी थी।

बुद्ध के परिनिर्वाण के पश्चात उनके पट्ट शिष्य आनन्द राजगृह चले गये और अनरुद्ध मल्लों को सांत्वना देने के लिए रह गये। समीप ही खनुआ नाले के पूर्व में स्थित, अनिरुधवा गांव के नाम में अनिरुद्ध की स्मृति सुरक्षित है। गांव के समीप पुरावशेषों का टीला भी है। परिनिर्वाण का समाचार सुनने के बाद पावा से कुशीनगर आते हुए, महाकाश्यप ने एक स्थान पर रुककर भोजन एवं विश्राम किया। वह स्थान आज कसया (कश्यप का अपभ्रंश) हो सकता है। फाहियान की यात्रा के समय कुशीनगर में बहुत कम लोग थे, जो अन्य परिवार थे वे बौद्ध भिक्षुओं के स्थानीय संघ से सम्बद्ध थे। युवान च्वांग के समय (छठी श. ई. का पूर्वार्द्ध) कुशीनगर भग्नावस्था में था। इसके नगर एवं ग्राम वीरान और बंजर थे।

मानव को इस संसार में सुखमय जीवन जीने की कला प्राप्त हो जाए, तो समझो सब कुछ प्राप्त हो गया। जिसे नहीं प्राप्त हुआ वह मनुष्य ही नहीं हो सकता, तो मानव जीवन ही निरर्थक हो गया। बुद्ध जिस शान्ति एवं सत्य मार्ग से चले, उसे उसी प्रकार बतलाया भी, इसीलिये तो वे तथागत हैं। तथ्यता के सहारे चलते-चलते तथागत हो गये। उनके शान्ति के सन्देश से तो सम्पूर्ण त्रिपिटक ही भरा पड़ा है।

शान्त अर्थात् हे भिक्षुओं, मानव समुदाय का वैर से वैर शान्त नहीं होता। दुर्भावनाओं से दुर्भावनाओं को दबाया नहीं जा सकता है। कुदाचनं (विरोधभाव से) समन्वय स्थापित नहीं हो सकता। शान्ति नहीं आ सकती, चित्त व्याकुल ही रहेगा। वैर रहित होकर निरवैर भाव से ही शान्ति या समन्वय स्थापित हो सकता है। धर्म की यह परम्परा प्राचीन काल से ही चली आ रही है।

इस भौतिकवादी युग में मनुष्य, धन, यश, लाभ, सुख को प्राप्त करने के लिये चोरी, हत्या आदि शील के मार्ग से हटकर, दुस्सील या दुराचार के मार्ग पर चलता है। वह तृष्णा, क्रोध, विकार, काम, आसक्ति की ज्वाला में धधक रहा है। स्वाभाविक है कि इस उद्विग्न अवस्था में वह मानव की परिभाषा भूल जाता है और दानवता के मार्ग को ही अपना धर्म समझकर अनर्थ करता हुआ चला जाता है। वह इतना भ्रमित हो जाता है कि कुशल अकुशल का ज्ञान ही लुप्त हो जाता है। धर्म और शान्ति का मार्ग त्यागकर वह अधर्म एवं अशान्ति का मार्ग पकड़ लेता है। अपने ही बुद्धि, कर्म के कारण वह भव चक्र में पिसता रहता है और उस दुःख के कारण को अन्यत्र देखता है, किसी काल्पनिक शक्ति की देन मानता है। यदि वह वैर भाव दुर्भावनाओं से विरत हो जाता, तो शान्ति और सुख का जीवन जीता। मनुष्य अपने दुःख और अशान्ति का कारण स्वयं है। अपने अविद्या, अज्ञानता के कारण। शान्ति के मार्ग पर चलने के लिये भगवान ने जो मार्ग दिया उसमें बतलाया कि मनुष्य को चाहिये कि वह अपने जैसे ही, संसार के समस्त प्राणियों को समझे। सभी प्राणियों के प्रति सुख की कामना करे। अपने जैसे ही दूसरों को देखे, सभी के प्रति मैत्री भाव का ही कामना करें। समस्त जीवधारियों के दुःख की अनुभूति करे, जैसे मुझे बीमार होने पर, भूखा होने पर, प्यास लगने पर, थकावट लगने पर, गाली सुनने पर या अपमानित होने पर कष्ट होता है; उसी प्रकार दूसरों को भी कष्ट होता होगा, अतएव किसी को अपमानित मत करो, चांटे मत मारो, व्यंग्यबाण से मत वेधो, सम्मान, प्यार देते हुए, भूख लगने पर भोजन दो, प्यासे को पानी, रुग्ण को औषधि, नंगे को वस्त्र देकर उसके दुःख को दूर करो या हिस्सेदार बनो। हे मानव जो बातें, व्यवहार, आचरण तुम्हें

अच्छा न लगे, वह अन्य लोगों को कभी मत दो, जो तुम्हें अच्छा लगे वही बाँटते चलो, तुम्हारे पास सदाचार सद्गुण की झोली भरी है। वितरित करो, दुःखों को दूर करो, करुणा की ही वर्षा करो, इसीलिये क्योंकि तुम मनुष्य हो। यदि मानवी गुणों से इतर जाते हो तो अविलम्ब, अकलिको, अमनुष्य अथवा पशु हो जाओगे। करुणा, प्यार में भी सदाचार शील देने के लिये तुम्हें अर्थव्यय नहीं करना है। इन सद्गुणों को संग्रह करो, फिर वितरित करो, अपने मानव जीवन को जो बहुत ही दुर्लभ हैं, उसे सार्थक बनाओ, जैसे मैं सुखी हूँ, संसार के सभी प्राणी सुखी हों।

"सुखी भवेय्यं निदुक्खं, अहं निच्चं अर्ह वियं।
हिता च में सुखी होन्तु, मज्झत्थ च थ वेरिनों।।"

जिस प्रकार मैं अपने सुखी रहने की कामना करता हूँ कि मैं नित्य ही सुखी रहूँ, दुखी न होऊं। सुखी ही रहूँ इसी प्रकार समस्त प्राणी नित्य ही दुःख रहित रहें। मेरे हितैषी खूब सुखी रहें, उसी प्रकार मध्यस्थता करने वाले हों या मेरे शत्रु हों, सुखी रहें। सारे संसार के सभी प्राणियों के प्रति बिना भेदभाव, के सुख की मंगल कामना करें।

वास्तव में जिसका चित्त परिशुद्ध होगा वही कल्याण बांटकर विश्व में शान्ति का सन्देश देकर शान्ति स्थापित कर सकेगा। पूजा उसी की सफल है, जिसका चित्त परिशुद्ध है–

"इमाय बुद्ध पूजाय, कताय सुद्ध चेतसा।
चिरतिट्ठतिसद्धम्मो, लोको होतु सुखी सदा।।"

बुद्ध का चिन्तन सर्वोदयी समाज व्यवस्था का चिन्तन है। बुद्ध ने सत्य, अहिंसा, अपरिग्रह के साथ, अपने मन को अखण्ड ब्रह्मचर्य की अग्नि में जैसे तपाया था, उसकी तुलना अन्यत्र कम ही मिलती है। उनके द्वारा प्रतिपादित सर्वोदयी समाज की स्थापना से स्पष्ट होता है कि अहिंसामय धर्म की पुनर्स्थापना से विश्व की समस्त मानव जाति का कल्याण संभव है। भगवान तथागत के पथप्रदर्शक उपदेश एवं शिक्षायें जन-जन में ही नहीं, बल्कि कण-कण में उत्थान का जयघोष करती हैं। भगवान बुद्ध के समत्व का उपदेश समाज में समता का द्योतक है। जिस समाज में समता होती है, वहाँ जाति, धर्म आदि के बन्धनों का अस्तित्व स्वयमेव समाप्त हो जाता है। बुद्ध ने अहिंसा पर सर्वाधिक बल दिया। वर्तमान वैश्विक परिप्रेक्ष्य में इसकी प्रासंगिकता का मुख्य कारण यह है कि अहिंसा में उन्माद का कोई स्थान नहीं है। अहिंसा तो एक ऐसी अमोघ शक्ति है, जिससे जीवन की अनेक समस्याओं का समाधान स्वतः हो जाता है। अंधकार और आलोक, सत्य और असत्य, चोरी और अचौर्य, जय और पराजय की समस्त

संभावनायें अहिंसा के सागर में विलुप्त हो जाती हैं। मानवीय भेदभाव की जिस समस्या से आज हम जूझ रहे हैं, भगवान बुद्ध ने अपने उपदेशों एवं सिद्धान्तों से उस विषमता को सुधारने का जो मार्गदर्शन दिया, वह आज के वैश्वीकरण के युग में अधिक व्यावहारिक एवं कल्याणकारी प्रतीत होता है। मानव कल्याण के लिए उनकी शिक्षाओं व उपदेशों की पुनर्स्थापना आज अधिक प्रासंगिक है। बौद्धत्व की धोषणा है कि दु:खों से मुक्ति संभव है और इसे इसी जीवन में उपलब्ध किया जा सकता है। अति संबोधि के अनुभव से प्राप्त भागवत संदेश को तथागत ने बड़े यत्नपूर्वक लोगों को समझाया और जलते-सुलझते मानवीय अन्त:करण में दया, करुणा, सहिष्णुता, उदारता जैसे उदात्त भावों की जलधारा बहा दी।

पूर्वी उ.प्र. का यह कुशीनगर, आज बुद्ध की उसी विचारधारा को विश्व के अन्य देशों में प्रचारित कर रहा है, जो शान्ति व समृद्ध का था। पूर्वी उ.प्र. का पिछड़ा क्षेत्र कुशीनगर आज उन विचारों की अगुआई कर रहा है, जो बुद्ध ने दिये और अपने को इसी स्थल पर स्थान दे दिया। वैश्वीकरण के दौर में आज विश्व, भौतिक साधनों एवं आर्थिक साधनों को हड़पने में सारी शक्ति लगा रहा है, लेकिन इस वैश्विक अशान्ति के दौर में यू.एन.ओ. जैसी संस्था भी सही तरह से प्रभावशाली भूमिका नहीं निभा पा रही है, इस दौर में अगर किसी विचार एवं कार्य पद्धति की जरूरत है, तो बुद्ध के शान्ति व अहिंसा के पाठ को वैश्विक मंच पर स्थापित करने की। कुशीनगर की पावन भूमि पर बुद्ध महापरिनिर्वाण मंदिर में बुद्ध की लेटी हुई प्रतिमा यही संदेश देती है कि शांति ही समृद्धि का स्रोत है और अगर कोई राष्ट्र या विश्व समुदाय प्रगति कर सकता है, तो शांति व अहिंसा से न कि शस्त्रों की होड़ व बमों की चोट से। आज अगर गाँधी का अहिंसा दर्शन प्रासंगिक है, तो सिर्फ इसलिए कि वह प्रेम व सहयोग के साथ हिंसा को रोकता है, जो बुद्ध दर्शन के अहिंसा व शान्ति से आया है, आज से कई हजार वर्ष पूर्व बौद्ध अशोक ने जो शान्ति सम्मेलन आयोजित कर, विश्व शान्ति में सफलता प्राप्त की थी, वह सिर्फ बौद्ध दर्शन ही था। अत: आज वैश्वीकरण के दौर में यह कुशीनगर उसी शान्ति का अवबोध विश्व को करा रहा है।

संदर्भ सूची

1. ऋग्वेद में पौरू-कुत्स-इक्ष्वाकु, पौरूकुत्सि और पौरू-कुत्स्य के सन्दर्भ हैं जिनसे आशय है-इक्ष्वाकु वंश में उत्पन्न माता से जात-पुरु कुत्स का पुत्र, पुरुकुत्स का वंशज त्रसदस्तु का पैतृक नाम। ऋग्वेद 7.19.3, 5.33.8, 8.19.36, *वैदिक इण्डेक्स* (मैक्डानल्ड, कीथ), हिन्दी अनुवाद-रामकुमार राय, भाग 2, वाराणसी, 1962.

2. *बा. रा. उत्तरकाण्ड*, 102–9.
3. कालिदास, *रघुवंश* 16, 1–22.
4. *जातक*, 5, पृ. 360–70.
5. पूर्वोक्त, '*चन्द्रकेताश्य मल्लस्य मल्ल भूम्यां निवेशिता।*
   चन्द्रकौन्तिेति विख्याता दिव्या स्वर्गपूरी यथा।।'
6. *म. प. सु* (पालि पाठ), पृ. 292.
7. *दीघ–2*, पृ. 146, 170 *भूतपुब्बं.......अयं कुसिनारा कुसावती नाम राजधानी अहोसि।* *जातक–1*, पृ. 392, जातक–5, पृ. 278, *दीपवंस* 3, 9.
8. *आ. रि.* 1875–77 (जि. 18), पृ. 92, 1905–6, पृ. 77, *इंडियन कल्चर जि.* 13 पृ. 125 एवं अनु. *धर्मरक्षित–कुशीनगर का इतिहास*, पृ. 120.
9. *आ. रि.* 1910–11 पृ. 62.
10. वही.
11. *एस.बी* 'सी–यू–की', पृ. 31.
12. दीक्षित, आर.के. *कुशीनगर*, पृ. 4.
13. चाटर्स, *युवान च्वांग–2*, पृ. 25.
14. *सी–यू–की*, पृ. 3.
15. वही, पृ. 26, 31–32.
16. *अशोक और अहिंसा* श्री चि.ग. कर्वे–धर्मदूत मासिक–दिसम्बर 1949–महाबोधि महासभा, सारनाथ, वाराणसी.
17. डॉ. बी.आर. अम्बेडकर–*बुद्ध और उनका धम्म*–1950.
18. एस. राधाकृष्णन–*इंडियन फिलॉसोफी–खंड–1.*
19. युगुल किशोर–*बौद्ध धर्म की प्रासंगिकता.*
20. भिक्खु धर्मरक्षित–*कुशीनगर का इतिहास.*
21. डॉ. जय प्रकाश कर्दम–*बौद्ध धर्म के आधार स्तम्भ.*
22. डॉ. धर्मकीर्ति–*बुद्ध का समाज दर्शन.*
23. महापंडित राहुल सांकृत्यायन–*महापरिनिब्बान सुत्त.*
24. महापंडित राहुल सांकृत्यायन–*विनय पिटक.*
25. युगुल किशोर–*बुद्ध की परिनिर्वाण स्थली.....*कुशीनारा.
26. प्रो. ताराराम–*बौद्ध धर्म का मूल तत्व.*
27. धर्मानन्द कोसम्बी–*भारतीय संस्कृति और अहिंसा.*

30

गौतम बुद्ध उवाच: गहरे पानी पैठ

डॉ॰ (श्रीमती) भारती पारिजात

भीष्म पितामह से पूछा गया, 'यह धर्म कौन है? कहाँ से आया है?' पितामह ने उत्तर दिया, 'विचारशील व्यक्ति चूँकि चिन्तन, मनन, अध्ययन करके धर्म का निर्माण करते हैं अर्थात् हमारा धर्म, हमारी संस्कृति व विचार प्रधान है, बुद्धि प्रधान है और ज्ञान द्वारा प्रेरित है।'

इससे सिद्ध है कि धर्म का ऐसा कोई आदेश नहीं होता जो सदा अडिग बना रहे। समय और परिस्थितियों के अनुसार चिन्तन व मनन करके मानव कल्याण के लिए उसका रूप बदल भी सकता है और बदलना भी चाहिए। मुख्य बात मानव कल्याण है और धर्म इसमें सहायक है।

इन विचारों के आधार पर यदि महात्मा गौतम बुद्ध के धर्म और उसके दार्शनिक तत्वों का विवेचन किया जाए तो वह समय, परिस्थितियों व देशकाल के अनुसार सर्वथा मानव कल्याण का उद्घोषक है। उनका धर्म न शब्दों से, न भाषा से और न विचारों से प्रतिबन्धित है। महात्मा बुद्ध ने कोई ग्रन्थ नहीं लिखा और न अपने शिष्यों को अपने उपदेश किसी विशिष्ट भाषा में स्मरण करने के लिए कहा। उन्होंने प्रचलित मगधी भाषा में अपने उपदेश दिए और भिक्षुओं को अनुमति दी कि वे अपनी-अपनी बोलियों में उनके उपदेशों को याद रखें।[1] उनके उपदेशों का पहला संग्रह उनके परिनिर्वाण के अनन्तर राजगृह की संगीति में हुआ, किन्तु उनके बाद के सन्दर्भ बुद्धवचन में जोड़े जाते रहे और '*पालित्रिपिटक*' सिंहल में राजा विट्टामणि के शासनकाल में परिनिर्वाण के चार शताब्दी पीछे, अपने वर्तमान रूप में लिखा गया।

आज सब कुछ है—ट्रेन हैं, प्लेन हैं, कारखाने हैं, मिलें हैं, स्कूल हैं, कॉलेज हैं, भोगोपभोग की तमाम सामग्रियाँ हैं, पर अच्छा आदमी नहीं है। इस एक

कमी के कारण सब उपलब्धियाँ बेकार हो रही हैं। सब कुछ हैं, पर जब तक आदमी सही अर्थ में आदमी नहीं है, तब तक कुछ भी नहीं है। इस स्थिति में यह याद आना स्वाभाविक है कि बुद्ध सच्चे अर्थ में मनुष्य थे, इसलिए उनको सिद्ध मानव रूप में न देखकर, लोकावतीर्ण रूप में देखने की प्रवृत्ति उचित नहीं। रीतिबद्ध, सूचीबद्ध और परिगणित रूप में उनके धर्म का प्रतिपादन एवं पारिभाषिक पदावली द्वारा उनके परिष्कृत व्याख्यान की प्रवृत्ति हमें बुद्ध से परवर्ती काल की ओर संकेत करती है। श्रीमती राइजडेविड्स ने इस दिशा में प्रयास किया है।

एक मतानुसार बुद्ध ने एक नवीन दर्शनशास्त्र का प्रतिपादन किया। एक दूसरे मत के अनुसार बुद्ध ने दार्शनिक तत्वों का शास्त्रीय निरूपण न कर, केवल दुःख निवृत्ति के लिए आचरणीय मार्ग का उपदेश दिया, जो कि समयानुकूल कहा गया है।

शिरडी के सांई बाबा कहते हैं कि उचित मार्ग, जिसका अवलम्बन करना चाहिए, यह है कि न तो शरीर की उपेक्षा करो और न ही आसक्ति रखो। केवल इतना ध्यान रहे कि किसी घुड़सवार को अपनी यात्रा में अपने घोड़े पर तब तक मोह ही रहता है, जब तक वह अपने निर्दिष्ट स्थान पर पहुंचकर वापिस लौट न आये। अतः ईश्वर दर्शन या आत्म साक्षात्कार के निमित्त शरीर से लगाव सदा ही लगाये रखना चाहिए, जो जीवन का मुख्य ध्येय है। महात्मा बुद्ध का विचार था कि संसार शाश्वत है या अशाश्वत, जीव और शरीर एक हैं या भिन्न, तथागत मृत्यु के बाद रहते हैं या नहीं, इन प्रश्नों को 'अव्याकृत' रूप में स्थापित करना चाहिए। 'मार्लुम्य पुत्र' के संशय निवारण के प्रसंग में कहा गया है कि जैसे विषद्ध शर से विद्ध पुरुष की चिकित्सा के लिए उसे घायल करने वाले धनुर्धारी व धनुष की खोजखबर या बहस निरर्थक है व अप्रासंगिक है, वैसी ही जन्म-मरण के प्रश्न की स्थिति है।'[2] इन उपदेशों का मर्म यदि आज भटका हुआ मानव समुदाय केवल अपने लक्ष्य की ओर उन्मुख होकर प्रयत्न करे, तो सांसारिक प्रलोभन उसे भटकने से काफी हद तक बचा सकते हैं।

कुछ विद्वान भगवान बुद्ध को एक प्रकार से शील अथवा नैतिक आचार का प्रचारक निर्धारित करते हैं किन्तु इस प्रसंग से पहले यह विचारणीय है कि बुद्ध भगवान के द्वारा अवधारित शील को उनके समकालीन अन्य सम्प्रदायों में सुविदित शील से सारांश में कितनी दूर तक विवेचित किया जा सकता है। शील के आगे शमथ भावना अथवा 'आर्य शमथ भावना' निष्ठा विशेष की ही अपेक्षा रखती है। वस्तुतः आध्यात्मिक साधन सिद्धांत निरपेक्ष नहीं होता और बुद्धि प्रदिष्ट

मार्ग का वैशिष्टय आवश्यक रूप से तत्वज्ञान के वैशिष्टय का आक्षेप करता है। अत: दृष्टियों के प्रति अनास्था, प्रकट करते हुए भी बुद्ध का धर्म एक 'सम्यक् दृष्टि' का प्रतिपादन करता है।

बुद्ध को केवल आचारवादी मानने से यह भी समझना और समझाना होगा कि यदि उन्होंने तत्वज्ञान के उपदेश की उपेक्षा की तो क्यों की? एक उत्तर यह दिया गया कि संभवत: बुद्ध ने स्वयं पारमार्थिक तत्व का निश्चित ज्ञान प्राप्त न किया हो, और अनेक आधुनिक विचारकों की भांति अज्ञानजन्य संशय की अवस्था में मौन को ही श्रेष्ठ समझा हो।[3] किन्तु सम्बोधि और ब्रह्मयाचन के संदर्भों से स्पष्ट है कि बुद्ध अपने को तत्वाभिज्ञ मानते थे और स्वयं उपलब्ध तत्व तक औरों को पहुँचाना चाहते थे। गंभीर तत्व को समझने के लिए अनेक अनधिकारी हैं, इसलिए उनका संकोच था, किन्तु करुणा से प्रेरित होकर प्रबुद्ध चक्षु से लोक को देखकर उन्हें भरोसा हुआ कि कुछ लोग समझने वाले अवश्य होंगे। निस्संदेह उन्होंने जिस धर्म को समझा था, उसका ज्ञान उपदेश के रूप में दिया।

मानव सभ्यता में आज तक सफलता के जितने भी मील के पत्थर खड़े किये गये हैं, उन सभी का आधार मनुष्य की मनन शक्ति ही रही है। वैज्ञानिक आर्किमिडीज को राजा ने अपना राजमुकुट देते हुए यह आदेश दिया कि पता लगायें कि उस मुकुट में सोने के अलावा किसी अशुद्ध धातु का प्रयोग तो नहीं किया गया। कई दिन बीत जाने पर भी कोई हल समझ नहीं आया, लेकिन उनके मन में इस जटिल समस्या पर मनन चलता रहा और परिणाम भी सामने आया। एक दिन स्नान करते हुए विचार सागर में उठती गिरती लहरों ने समाधान दे ही दिया। अपनी खोज से हर्षित होकर घर के बाहर दौड़ पड़े। इस मनन शक्ति का प्रभाव बुद्ध के दर्शन में दिखाई देता है। यह मनन करने का ही प्रभाव था कि उन्होंने मार्ग और गन्तव्य दोनों का निरूपण बहुत सावधानी से किया है। वे शुष्क तर्कवादी नहीं थे कि परमार्थ को प्रमाण में परिछिन्न करने का प्रयास करते, न वे ज्ञान रहित व्यवहारवादी थे कि सुपरिष्कृत समीचीन दृष्टि को समस्त साधना का मूल न मानते। वे जानते थे कि परमार्थ, तर्क और वाणी से अगोचर, किन्तु इस अगोचरता का अर्थ विशेषत: अनवधारणीयता मानना चाहिए, न कि सर्वथा अविषयता।

बुद्ध के मौन और उनकी देशना विधि का रहस्य परवर्ती आध्यात्मिक आचार्यों ने बहुत मार्मिकता से समझाया है कि बुद्ध ने दो सत्यों का उपदेश दिया

था–संवृत्ति सत्य और परमार्थ सत्य। वह कहते थे कि 'अनक्षर धर्म का क्या श्रवण, क्या उपदेश?

महात्मा बुद्ध संसार से विरक्त होकर शांति की खोज में घर से निकले थे और बोध के अनन्तर शोक संतप्त जनता के प्रति करुणा से भरकर उन्होंने सम्बोधि में अधिगत धर्म की देशना का भार अपनाया था। संसार के तट से निर्वाण के तट तक ले जाने वाला उनका धर्म, करुणा का एक सेतु था। जीवन के अपरिहार्य दु:ख के दर्शन से उनका धर्म आरम्भ होता है। दु:ख की प्रवृत्ति समझकर उसकी निवृत्ति के लिए प्रयत्न ही धर्मचर्या है, जो कि बोध में चरम को प्राप्त होती है। इसीलिए उनका धर्म वह बना जो सबका था और जिसका प्रतिपादन हनुमान प्रसाद पोद्दार के विचारों से साम्य रखता है, जिस कार्य के परिणाम से अपना व दूसरे का हित हो, वही धर्म है। जिसके परिणाम में अपना और दूसरों का अहित हो, वह पाप है।[4]

बुद्ध के समय में दु:ख की उत्पत्ति का प्रधान कारण कर्म माना जाता था और निर्विवाद है कि संसार मीमांसा में कर्म की प्रमुखता सर्वसम्मत रूप में रही। निकायों की बार–बार दोहरायी गई एक पंक्ति में कहा गया है–

'कर्म ही जीवों का अपना है, कर्म ही उनकी विरासत है, कर्म उनका प्रभाव है, कर्म उनका बन्धु और कर्म ही उनका सहारा है। कर्म ही जीवों को बाँटता है। उन्हें हीन और उत्तम बनाता है।[5]

बुद्ध भगवान, कर्म का सार मानसिक संकल्प अथवा कर्म करने का मानसिक निर्णय मानते थे, जिसे चेतना कहा जाता था–

'भिक्षुओं मैंने चेतना को कर्म कहा है, चेतनापूर्वक कर्म किया जाता है शरीर से, वाणी से, मन से।'[6]

इस तरह आगे बढ़ते हुए बुद्ध की अनुत्तर शांति पथ की खोज, तब पूरी हुई जब संबोधि में गंभीर, शांत, उत्तम और तर्क से परे धर्म को उन्होंने प्राप्त किया। इस धर्म को द्विविध वर्णित किया गया है। प्रतीत्य समुत्पाद और निर्वाण, निर्वाण अर्थात् 'बुझ जाने' से संसार का विरोध एवं सत्य की प्राप्ति हो जाती है।

तथागत की देशना में ध्यान ही मार्ग का प्रधान अंग था। ध्यान के द्वारा ही बोधिसत्व ने सम्बोधि का लाभ प्राप्त किया था। बचपन से ही वे ध्यानप्रणव थे और उनको बराबर ध्यायी प्रति संलयन परायण एवं ध्यानोपदेशी बताया गया है। उन्होंने विविध ग्रन्थों में वर्णित ध्यान के सभी प्रकारों की विवेचना नहीं की है। उनके अनुसार ध्यान कल्पना प्रणव स्वप्निल अवस्था नहीं होता, अपितु ध्यान में

चित्त सदैव निस्तन्द्र एवं जागरूक रहता है। दूसरी ओर ध्यान, विचार और चिन्तन भी नहीं है। वस्तुत: चिन्तन एवं संवेदन का विरोध, ध्यान का मर्म है। ध्यान में चित्त निश्चल एवं उज्ज्वल हो उठता है। जैसे विशुद्ध दर्पण में अथवा स्थिर एवं निर्मल जल में पदार्थ विशुद्ध प्रतिबिम्बित होते हैं। ऐसे ही ध्यान के द्वारा समाहित चित्त में परमार्थ का बोध स्वत: उत्पन्न होता है।

अहिंसा, मैत्री, करुणा, सहानुभूति और सहिष्णुता यानि पंचशील का महात्मा बुद्ध के दर्शन में सर्वोपरि स्थान था। बौद्ध अहिंसा में पशुहिंसा अथवा परपीड़न को वर्जित किया गया है और प्रमुख भावना शांति, मैत्री एवं सहानुभूति की आवश्यकता अनिवार्य बतायी गयी। मैत्री भावना पहला ब्रह्म विहार था। अन्य व्यक्तियों की आत्मोपमता का स्मरण करने से मैत्री का भाव उत्पन्न होता है। और 'वे सुखी रहें, दु:ख ना आवे, उनका कल्याण हो' इस प्रकार की इच्छा से साकार होता है।

महात्मा बुद्ध के उपर्युक्त सारे विचार, नियम सिद्धान्त और दार्शनिक तत्व, हमारे देश की वर्तमान स्थिति को सुधारने में भूमिका निभाने की पूर्ण सामर्थ्य रखते हुए सर्वथा प्रासंगिक हैं। देश में व्याप्त हिंसा का दौर चारों ओर चल रहा है। दहेज के कारण होने वाली घटनायें, दलितों की हत्याओं की बढ़ती संख्या, भ्रूण हत्या, मांसाहार की बढ़ती प्रवृत्ति देखकर संवेदनशील व्यक्ति का हृदय सिहर उठता है। इस स्थिति को बुद्ध के कथन का पालन करके समाप्त किया जा सकता है, 'जैसा मैं हूँ, वैसे ही ये प्राणी हैं, वैसा ही मैं भी हूँ। इस प्रकार अपने समान समझकर न तो किसी का वध करें और न करायें। हिंसा करने वाले आर्य (श्रेष्ठ) नहीं होते।'

तथाकथित आधुनिक कहे जाने वाले उच्च वर्ग में शराब व नशीले पदार्थों के सेवन का प्रचलन निरन्तर समाज को बीमार करता जा रहा है। बुद्ध ने अनेक स्थानों पर शराब की बुराई की है। यह कहकर, 'जो शराब पीते हैं, वे अपनी चिता स्वयं बनाते हैं। मनुष्यों शराब से सदा भयभीत रहना क्योंकि यह बुराई दरिद्रता व दुराचार की जननी है।'[7]

निस्संदेह महात्मा बुद्ध के विचारों को विशेष रूप से पंचशील को, अपने जीवन में उतारने से समाज अपनी विसंगतियों से मुक्ति पा सकता है क्योंकि इसके पालन से मनुष्य प्रज्ञाशील, मैत्री, करुणा जैसे मूल्यों की स्थापना में सहयोग देता है और इस प्रकार शांति स्थापित कर सकता है। उसका यह प्रयास बुद्ध के उपदेश 'बहुजन के हित के लिए, बहुजन के सुख के लिए' के अनुरूप माना

जाता है। इस तरह इन सिद्धान्तों को अपने जीवन में उतारने से मनुष्य समाज एवं राष्ट्र का सर्वांगीण विकास करते हुए, उन्हें मंगलमय बना सकता है।

देश और समाज की इस भयावह स्थिति को देखकर अशरीरी महात्मा बुद्ध बहुत उद्विग्न हैं, जैसा कि कवयित्री गगन गिल ने अपनी कविता में कल्पना को शब्द दिये हैं–

कभी-कभी बुद्ध
उकता जाते हैं। गयी राज निकलते हैं तब।
चुपके से
हाल जानने दूसरे बुद्धों का
कुछ हैं जो खड़े हैं वनस्पतियों में।
कुछ हैं जो लेट गये हैं जाकर
महानिर्वाण की मूर्तियों में।
कुछ हंस रहे हैं अभी तक
ऊँचे उठ रहे हैं कुछ मैत्रेय
मंदिरों की छतों से
बाहर आने को
घूम रहे हैं कुछ बुद्ध
उद्विग्न इसी पृथ्वी पर
कोई नहीं उत्सुक,
उनकी बात सुनने को
कोई-कोई बुद्ध एकदम
गुमसुम हो गये हैं। बची नहीं एक,
भी बात बुद्धों के पास,
बोध के बाद आपस में करते
संसार जल रहा है अभी तक,
उसी तरह
दलदल में धंसे हैं अभागे उसी तरह
थक गई है अग्नि
थम गया है बोध।
थक गया बैल भी
पृथ्वी के नीचे
बुद्ध भी थक गये हैं
बुद्ध होते होते।[8]

सन्दर्भ

1. *विनय पिटक*, पृ. 228
2. *मज्झिम निकाय*, पृ. 106
3. *Buddhist Philosophy* by Keith.
4. *नवभारत टाइम्स*, अंक 28 मार्च 2003.
5. *Origins of Buddhism*, 4-5.
6. *अभिधर्म कोश*, पृ. 4-5.
7. *नवभारत टाइम्स*, 26 फरवरी 2004.
8. *नवभारत टाइम्स*, 19 मई 1998.

सहायक पुस्तकें

1. T. Stecherbatsky—श्चेश्वात्स्की—*The Concept of Buddhism Nirvar*.
2. E.O. Miller—*History of Buddhist*.
3. डॉ॰ गोविन्द पाण्डे–*बौद्ध धर्म के विकास का इतिहास*.

31

बौद्ध धर्म में महिलाओं का स्थान

डॉ॰ पुनीत बिसारिया

बौद्ध धर्म के प्रवर्त्तक महात्मा बुद्ध ने कुछ शर्तों के साथ महिलाओं को संघ में सम्मिलित होने की अनुमति प्रदान की, जिन्हें आठ गुरुधम्म कहा गया। हालांकि इस आठ गुरुधम्मों को गौतम बुद्ध के सन्देशों में सम्मिलित नहीं किया गया फिर भी बौद्ध धर्म में स्त्रियों के लिए इनका पालन करना अनिवार्य था। ये आठ गुरुधम्म थे–

1. यदि किसी भिक्षुणी की आयु सौ वर्ष की हो चुकी हो, तो भी वह एक भिक्षु, चाहे वह कितनी ही कम उम्र का क्यों न हो, के सामने अपने आसन से उठकर खड़ी होगी, दोनों हाथ जोड़कर प्रणाम करेगी तथा उसे पूर्ण सम्मान देगी।
2. जहाँ भिक्षु रहते हों, वहाँ से 6 घण्टे की दूरी तक स्थित मठ में निवास करेगी।
3. प्रत्येक 15 दिनों के बाद भिक्षुणी 'उपशोध' (आचार कर्म) के लिए पूछेगी तथा आने वाले 'भिक्खुनोवाद' (उपदेश) में सम्मिलित होने की अनुमति मांगेगी।
4. भिक्खुओं तथा भिक्खुणियों से अनुमति प्राप्त कर ही, भिक्खुणी वर्षा काल में यथोचित स्थान पर निवास करेगी।
5. यदि कोई भिक्खुणी किसी महत्त्वपूर्ण नियम का उल्लंघन करती है, तो उसे संघ द्वारा निर्दिष्ट दण्ड का 15 दिनों तक पालन करना होगा।
6. जब एक भिक्खुणी छह नियमों (छह धम्मों) में प्रशिक्षित हो जाएगी, तो वह उच्च विधान अर्जित करने का प्रयास करेगी।

7. कोई भी भिक्खुणी कभी भी, किसी भिक्खु का अपमान नहीं करेगी।
8. एक भिक्खुणी को यह अधिकार नहीं होगा कि वह किसी भिक्खु को कोई सलाह दे सके।[1]

कहा जाता है कि यद्यपि भगवान बुद्ध ने उक्त नियम निधारित नहीं किये थे, फिर भी उन्होंने समय-समय पर इन नियमों में आंशिक या पूर्ण परिवर्तन किया था। *महापरिनिर्वाण सुत्त* के 16वें खण्ड में उन्होंने स्वयं कहा कि मेरे जाने के बाद संघ आवश्यकता अनुसार नियमों में बदलाव कर सकता है।

आठ गुरु धम्मों के पीछे भी कथा है। जब वैशाली में महात्मा बुद्ध अपने पिता शुद्धोधन की मृत्यु का समाचार सुनकर गए, तो वहाँ उन्हें शाक्यों और कोलियों में रोहिणी नदी के सिंचाई के पानी सम्बन्धी विवाद में मध्यस्थता करनी थी। उस समय उनकी विधवा विमाता महाप्रजापति गौतमी ने उनके समक्ष आकर उनसे भिक्षुणी बनने की आज्ञा चाही, किन्तु बुद्ध के मन में स्त्रियों को संघ में प्रवेश देने के प्रति हिचक थी। अत: महात्मा बुद्ध ने तीन बार अनुमति देने से इन्कार किया और वे वैशाली लौट गए। उनके पीछे केश मुंडित करवाकर भिक्षु वेश में, सूजे हुए पैरों से धूल में लथपथ होकर पैदल चलते हुए, महाप्रजापति गौतमी अपनी पाँच सौ सखियों के साथ कपिलवस्तु आ गयी और उनके द्वार पर आकर खड़ी हो गयी। जब बुद्ध के चचेरे भाई तथा उनके परम शिष्य आनन्द ने गौतम बुद्ध की विमाता गौतमी को इस दयनीय दशा में देखा, तो उन्होंने उनसे इसका कारण पूछा, तब गौतमी ने उन्हें बताया कि मेरे बार-बार अनुरोध करने के बावजूद उन्हें बुद्ध संघ की शरण में नहीं ले रहे हैं। आनन्द ने तब उनसे कहा कि वे इस विषय पर बुद्ध से चर्चा करेंगे। आनन्द भगवान बुद्ध के पास पहुँचे और उन्होंने पूछा कि वे स्त्रियों को संघ में शामिल क्यों नहीं कर रहे हैं। क्या स्त्रियाँ पुरुषों के समान निर्वाण तथा बोध की हकदार नहीं हैं? इस पर बुद्ध ने स्वीकार किया कि ऐसी कोई वजह नहीं है कि स्त्रियों को निर्वाण न प्राप्त हो सके।[2] आनन्द ने उनकी इस स्वीकारोक्ति के आधार पर उनसे उनकी विमाता महाप्रजापति गौतमी तथा उनकी 500 अनुयायियों को संघ में शामिल किए जाने के लिए आग्रह किया। बुद्ध ने उन्हें संघ की प्रथम भिक्षुणी बनने की स्वीकृति तो दे दी, लेकिन इसके साथ ही उन्होंने यह भविष्यवाणी भी की कि उनके उपदेश जो पहले 1000 वर्षों तक प्रासंगिक रहने वाले थे, अब केवल 500 वर्षों तक ही प्रासंगिक रह सकेंगे।[3] इसके बाद बुद्ध ने अपने अन्त:पुर की तिशा, धीरा, मित्रा, भद्दा, उपासमा तथा अन्य स्त्रियों को संघ में शामिल किया।

विनय पिटक में भिक्खुओं के लिए 250 नियम हैं तथा भिक्खुणियों के लिए 348 नियम हैं। इनके पीछे एक तर्क यह भी है कि बौद्ध धर्म में भिक्खुणियों की, जनता के बीच बढ़ती लोकप्रियता एवं उनकी समाज सेवा से महाकसप एवं अन्य भिक्खु, भिक्खुणियों से ईर्ष्या करने लगे, जिसकी परिणति स्त्रियों पर आठ गुरुधर्मों के प्रतिबन्धों के रूप में सामने आयी। यहाँ यह महत्त्वपूर्ण है कि जैन धर्म में ऐसे पूर्वाग्रह नहीं थे, किन्तु कालान्तर में आए बौद्धधर्म तक ऐसे पूर्वाग्रहों के बीज पड़ने लगे थे। प्रारम्भिक बौद्धग्रन्थ *विनयपिटक* के कुल्लवग्ग अंश में स्वयं गौतम बुद्ध यह घोषित करते हैं कि एक स्त्री को भी बोध प्राप्त हो सकता है। इसके विपरीत *मज्झिम निकाय* के बहुधातुका सुत्त में स्वयं गौतम बुद्ध से कहलाया गया है कि एक स्त्री का सम्यक् बोध प्राप्त कर पाना असंभव है। इससे ऐसा प्रतीत होता है कि बौद्ध धर्म में स्त्री के विषय में एक अजीब सा विरोधाभास मौजूद था।

बौद्धदर्शन के सर्वाधिक प्राचीन माने जाने वाले एक ग्रन्थ, *थेरवेद* में बुद्धत्व की प्राप्ति को अत्यन्त दुर्लभ बताया गया है और आम जनता को 'अर्हत' की दिशा में अग्रसर होने की सीख दी गयी है।[4] इसमें उन लोगों का वर्णन किया गया है, जिन्होंने अर्हत प्राप्त किया। इसमें सर्वाधिक महत्त्वपूर्ण नाम शाक्यमुनि बुद्ध की पूर्व पत्नी तथा उनके पुत्र राहुल की माँ यशोधरा का है। इन्हें 'भद्दा कच्चाना' नाम दिया गया है।

डॉ॰ राजकुमार बताते हैं कि बौद्धकाल में, संघ में दो प्रकार की महिलाएँ हुआ करती थीं—पहले प्रकार में वे स्त्रियाँ आती थीं, जो सांसारिक जीवन जीते हुए धार्मिक अनुष्ठान किया करती थीं तथा दूसरे प्रकार में पारिवारिक एवं सांसारिक बन्धन त्याग कर, संन्यासी एवं भिक्खुणी बन जाने वाली महिलाएँ थीं।[5]

बौद्धधर्म में स्त्रियों की दशा में 'सुधार' देखने को मिलता है। उन्हें रसोई से 'धम्म' तक लाने का श्रेय इस धर्म को दिया जाना चाहिए। बुद्धकाल में स्त्रियों की दशा बहुत अच्छी नहीं थी। उन्होंने स्त्रियों को संघ में सम्मिलित होने की अनुमति देकर, एक क्रांतिकारी कदम उठाया था। इस काल में स्त्रियों की कैसी दयनीय दशा थी, इसका एक उदाहरण मार और भिक्खुणी के संवाद से देखा जा सकता है, जो निम्नवत् है—

मार : औरत का दिमाग संकुचित होता है, इसलिए वे साधुओं जैसी उच्चता को कभी प्राप्त नहीं कर सकतीं।

भिक्खुणी : जब किसी का मस्तिष्क एकाग्र होता है और बुद्धि उसे त्यागती नहीं है, तो उसके स्त्री अथवा पुरुष होने का कोई फर्क नहीं पड़ता।[6]

संयुक्त निकाय में एक प्रसंग आता है कि जब कोशल नरेश को ज्ञात हुआ कि उनकी रानी ने एक पुत्री को जन्म दिया है, तो वे अत्यधिक दुखी हुए। तब कोशल नरेश को सान्त्वना प्रदान करते हुए, महात्मा बुद्ध ने कहा–

"हे जननायक! एक कन्या पुत्र से बेहतर हो सकती है, क्योंकि वह गुणवान और बुद्धिमान हो सकती है, उससे उत्पन्न पुत्र भी महान हो सकता है और अपने देश को सही रास्ते पर ले जा सकता है।"[7] बुद्ध पहले ऐसे महात्मा थे, जिन्होंने स्त्रियों के सम्मान एवं गरिमा को समाज में प्रतिष्ठा दी। उन्होंने जाति भेद अथवा ऊँच-नीच को परे रखते हुए, बौद्ध धर्म के द्वार सभी के लिए खोल दिए। उन्होंने विधवाओं, वेश्याओं एवं पतिताओं को भी मुक्त कण्ठ से धम्म में स्थान दिया। महात्मा बुद्ध ने आम्रपाली नामक देवदासी के निमन्त्रण को नगरपतियों के निमंत्रण से अधिक महत्त्व दिया था।[8] संघ के उल्लासमय वातावरण ने तत्कालीन सामाजिक व्यवस्था से पीड़ित स्त्रियों के जीवन में नयी जान फूँक दी और वे अपने मन के उद्‌गारों को कविता के रूप में व्यक्त करने लगीं। *सुत्त पिटक* के खुद्दक निकाय के नवें अंश में 'थेरीगाथा' के रूप में इनके विचार संकलित हैं। थेरीगाथा में जिन भिक्खुणियों के नाम वर्णित हैं, उनमें बारह प्रसिद्ध एवं ऐतिहासिक नाम हैं, इनमें सुभद्रा, जातक, अमरा, उदुम्बरा, भद्रा-कुण्डा, केशा, जयन्ती, सुमा, सुमेघा, अनुपमा, खेमा आदि के नाम विशेष तौर पर उल्लेखनीय हैं। जयन्ती नामक विदुषी ने तो बौद्ध धर्म के पक्ष में वर्धमान महावीर से शास्त्रार्थ किया था, ऐसी जनश्रुति हैं।[9] इनके अतिरिक्त मौर्य काल में चाणक्य की पत्नी यशोमति, सम्राट अशोक की पत्नी श्रीदेवी व पुत्री संघमित्रा ने भी बौद्ध धर्म के प्रचार-प्रसार में महत्त्वपूर्ण भूमिका निभाई।

भगवान बुद्ध ने विवाहिता स्त्रियों को आदर्श जीवन-यापन हेतु कुछ सलाह दी थीं, जो निम्नांकित हैं–

1. विवाहित स्त्री को अपने पति के बारे में बुरे विचार मन में नहीं लाने चाहिए।
2. उसे अपने पति के प्रति क्रूर, कटु या उस पर रौब जमाने का प्रयास करने वाली नहीं होना चाहिए।
3. पत्नी को अत्यधिक खर्चीली नहीं होना चाहिए और मितव्ययता से गृहस्थी चलानी चाहिए।

4. उसे अपने पति की मेहनत से कमाई गयी सम्पत्ति की रक्षा हेतु हमेशा प्रयत्नशील रहना चाहिए।
5. उसे मन-मस्तिष्क से गुणगान एवं आडम्बर रहित होना चाहिए।
6. उसे अपने पति के प्रति पूर्ण समर्पित होना चाहिए तथा अन्य व्यक्ति के लिए उसके मन में दूषित विचार नहीं आने चाहिए।
7. उसे अपने कार्यों में शान्त तथा स्निग्ध होना चाहिए।
8. उसे दयालु, परिश्रमी तथा लगनशील होना चाहिए।
9. उसे अपने पति के प्रति विचारवान तथा दयालु होना चाहिए तथा उसे अपने पति के साथ वैसा ही व्यवहार करना चाहिए, जैसा व्यवहार एक माँ अपने पुत्र को प्रेम तथा संरक्षण देते हुए करती है।
10. उसे विनम्र तथा सम्मान हेतु तत्पर होना चाहिए।
11. उसे शान्त तथा पति की समस्याओं को ठण्डे दिमाग से समझने वाली होना चाहिए। उसे अपने पति को आवश्यकता पड़ने पर सच्चे मित्र की भाँति सलाह देनी चाहिए।

उन्होंने पतियों को भी सलाह देते हुए कहा है कि उन्हें अपनी पत्नियों के प्रति वफादार एवं विनम्र होना चाहिए तथा उनका तिरस्कार नहीं करना चाहिए। सौन्दर्य के प्रति अत्यधिक संवेदनशील स्त्रियों को भी गौतम बुद्ध ने अपनी सलाह दी थी। राजा बिम्बसार की सुन्दर पत्नी खेमा को उन्होंने शारीरिक सौन्दर्य की निस्सारता का भान कराया था। इसी प्रकार विशाखा नामक स्त्री को उसकी पौत्री की मृत्यु पर उन्होंने चार महासत्यों का उपदेश देकर उसका दुख दूर किया था। पताकरा नामक एक अन्य स्त्री के दो बच्चों, माता-पिता एवं पति तथा भाई के आकस्मिक निधन पर भी, उन्होंने उसे जीवन की निस्सारता का उपदेश देकर संघ में दीक्षित किया था।

कुछ स्त्रियों ने बौद्ध भिक्खुणी बनने के पीछे अपने स्वार्थ की सिद्धि भी की थी। एक बार एक लिच्छवि पत्नी को उसके पति ने किसी दूसरे पुरुष के साथ व्यभिचार करते देख लिया और जब क्रोध में आकर वह उसे जान से मारने के लिए तत्पर हुआ, तो यह खतरा भाँपकर वह स्त्री दौड़कर भिक्खुणी संघ पहुँच गयी और संघ में सम्मिलित हो गयी। जब उसका पति उसे ढूँढता हुआ श्रावस्ती आया, तो वह यह देखकर आश्चर्यचकित रह गया कि उसकी पत्नी भिक्खुणी बन चुकी है। तब वह न्याय के लिए कोशल नरेश प्रसेनजित के पास पहुँचा और उसने कहा कि वह इस युक्ति के माध्यम से दण्ड से बचना चाह रही है। राजा

ने उसके पति की अपील खारिज करते हुए कहा कि यदि एक बार कोई स्त्री भिक्खुणी बन जाती है, तो राजा को उसे दण्ड देने का कोई अधिकार नहीं रह जाता।[11] इसका दुरुपयोग करते हुए, अनेक दुश्चरित्र स्त्रियों ने संघ की शरण लेकर दण्ड से बचने का मार्ग चुना।[12] इससे बचने के लिए बुद्ध ने कुछ कठोर नियम बनाए। आठ गुरुधम्म भी संभवत: इसीलिए बनाए गए ताकि भिक्खुओं एवं भिक्खुणियों के मध्य अनैतिक सम्बन्ध न पनपने पाएँ। संभवत: इसीलिए गौतमबुद्ध ने आनन्द के इस सुझाव को अस्वीकार कर दिया कि भिक्खु एवं भिक्खुणियों को आयु की वरिष्ठता के अनुसार एक दूसरे का सम्मान करना चाहिए। बुद्ध ने भिक्खुणियों के भिक्खुओं को स्पर्श करने, उसके साथ बैठने या घुलने-मिलने पर भी प्रतिबन्ध लगाए।[13] भिक्खुणियों के नाचने, गाने तथा वाद्ययंत्र बजाने, उद्यान में घूमने, प्रेक्षागृह में जाने पर भी प्रतिबन्ध लगाए गए, ताकि उनका ध्यान सांसारिक काम वासनाओं से हटाया जा सके। उनके आभूषण पहनने, सुगन्धित जल में स्नान करने, अकेले अथवा सहेलियों के साथ नग्न स्नान करने, मुलायम बिस्तर पर शयन करने, एक चादर को एक से अधिक भिक्खुणियों को ओढ़ने या एक ही शय्या पर सोने पर भी रोक लगायी गयी।[14]

इतने कठोर नियमों के बावजूद संघ में अनैतिक यौन गतिविधियों पर रोक नहीं लग सकी। खब्बग्गिया बौद्ध भिक्षु अपने शरीर का प्रदर्शन करते हुए अपने वस्त्रों को जाँघ से उठाकर अपने शरीर के गोपनीय अंगों को भिक्खुणियों को दिखाने का प्रयास करने लगे, ताकि उनमें काम वासना जाग्रत की जा सके।[15] बुद्ध के कठोर नियमों का उल्लंघन करते हुए कुछ भिक्खुणी बन चुकी गणिकाओं ने युवा भिक्खुणियों से परस्पर संभोग करना, उनके साथ सोना, मालिश करवाना, नग्न स्नान करना, सार्वजनिक स्थान पर अपने केश मुँडवाना आदि शुरू कर दिया। कुछ प्रौढ़ भिक्खुणियों ने युवा प्रेमी जोड़ों के बीच मध्यस्थ की भूमिका निभानी आरम्भ कर दी।

इस प्रसंग में श्रावस्ती के एक धनाढ्य की पुत्री उप्पलवन्ता की कथा उल्लेखनीय है। वह अत्यन्त सुन्दर थी और अनेक धनाढ्य युवा एवं राजकुमार उसे पाना चाहते थे, किन्तु उसने सांसारिक वैभव को त्याग कर, भिक्खुणी बनने का निर्णय कर लिया। एक बार उप्पलवन्ता ध्यान लगाने हेतु बन गयी। उसके एक प्रेमी, जो वास्तव में उसका चचेरा भाई था, ने वन में उसका पीछा किया। एक दिन उसकी अनुपस्थिति में वह उसकी चारपाई पर आकर लेट गया। जब वन से लौटकर वह सोने का उपक्रम करने लगी, तो उस कामांध प्रेमी ने उसे निर्वस्त्र कर दिया और उसके विरोध करने के बावजूद उसके साथ बलात्कार किया। जब

उप्पलवन्ता ने इसकी शिकायत अन्य भिक्खुणियों के माध्यम से बुद्ध तक पहुँचाई, तो बुद्ध ने भिक्खुणियों का अकेले वन में ध्यान लगाने जाना प्रतिबन्धित कर दिया। उन्होंने भिक्खुणियों को अपनी रक्षा करने के लिए हथियार साथ में रखने की भी सलाह दी।[16]

कुछ भिक्खुणियों ने संघ के नियमों का पालन करते हुए, अपनी यौनेच्छा की पूर्ति हेतु एक नया रास्ता निकाला। एक प्रसंग है कि एक बार एक भिक्खु सुप्रभा नामक महिला के घर भिक्षा माँगने पहुँचा। उस महिला के पास भिक्षा में देने के लिए कुछ भी नहीं था, इसलिए उसने अपनी सुन्दर देह उस भिक्षु को समर्पित करने का निर्णय लिया। उस भिक्खु ने भी उसे निराश नहीं किया। कई बार युवा भिक्खु इसकी आड़ लेते थे कि चूँकि ये महिलाएँ भिक्खुणी नहीं हैं, इसलिए इनके साथ यौन संसर्ग करना, धर्म के नियमों का उल्लंघन नहीं है। इसलिए वे ऐसे अवसरों का पूर्णतः लाभ लिया करते थे।[17] यही कारण था कि अपने अन्तिम समय में गौतम बुद्ध ने अपने प्रिय शिष्य आनन्द के समक्ष पश्चाताप व्यक्त करते हुए कहा था कि संघ में स्त्रियों को प्रवेश की अनुमति देकर उन्होंने बहुत बड़ी गलती की है।[18]

महात्मा बुद्ध के जाने के पश्चात् बौद्ध धर्म में बहुत सी बुराइयाँ जड़ जमाने लगीं और स्त्रियों की दशा में और अधिक पतन दिखने लगा। महायान सम्प्रदाय, बौद्ध धर्म का तांत्रिक रूप बन गया। इसके अनुसार प्रत्येक बुद्ध की एक शक्ति पत्नी होती है और इससे वासनामूलक साधन को प्रश्रय मिला।[19] इससे गृहस्थच्युत ये स्त्रियाँ पथभ्रष्ट हो गयीं और यह मान लिया जाने लगा कि नारी सबके उपभोग की सामग्री है।[20] तथा उसे गिरवी भी रखा जा सकता है।[21] बुद्ध जैसे स्त्री की गरिमा को सम्मान प्रदान करने वाले महापुरुषों के कुछ उत्त. राधिकारी, स्त्री पर भरोसा करने वाले को 'नराधम'[22] कहने लगे और स्त्री को 'असभ्य एवं कृतघ्न' की संज्ञा देने लगे।[23]

महात्मा बुद्ध के काल में दासियों का क्रय-विक्रय भी होता था। कार्य विभाजन की दृष्टि से दासियों के कई वर्ग थे। प्रसिद्ध समाजशास्त्री देवराज चानना ने इनका विस्तृत वर्णन किया है। दासियों के वर्गीकरण में कुलदासी, नातीदासी, देवदासी, वष्णदासी, कुंभदासी, वीहि–कोट्टिक दासी, दास पत्नी, यक्ख दासी आदि के नाम उल्लेखनीय हैं।[24] लेकिन इस काल में दासियों के साथ उदारतापूर्ण व्यवहार किया जाता था। उन्हें परिवार के सदस्य जैसा ही समझा जाता था। *मज्झिम निकाय* में उल्लेख है कि उत्सवों के अवसर पर उन्हें दासता से मुक्ति भी दी जाती थी।

कहा जा सकता है कि भगवान बुद्ध ने स्त्रियों को संघ में प्रवेश देकर एक साहसिक एवं क्रान्तिकारी कदम उठाया था, किन्तु वे इस बात से आशंकित भी थे कि इनके संघ में आने से, संघ में अनैतिकता पनप सकती है। इसी कारण उन्होंने आठ गुरुधम्मों के प्रतिबन्ध विनिर्दिष्ट करते हुए कहा, "कठोर नियम उसी प्रकार आवश्यक हैं, जैसे तड़ाग के जल को रोकने के लिए बाँध की आवश्यकता होती है, पर स्त्रियों के संघ में आ जाने से संघ उस घर की तरह हो जाएगा, जहाँ पुरुषों की अपेक्षा स्त्रियाँ अधिक होने से लुटेरों के घुस आने की आशंका हो और जहाँ पहले संघ दीर्घजीवी होता और 1000 वर्ष तक रहता वहाँ अब 500 वर्ष चलेगा, अधिक टिकाऊ न रहेगा।"[25]

ललिताविस्त्र में उल्लेख आता है कि जब गौतम बुद्ध की दुल्हन गोपा को सगाई के समय घूंघट की सलाह दी गयी, तो उसने यह कहकर इन्कार कर दिया कि पवित्र विचारों को ऐसी सुरक्षा की आवश्यकता नहीं है। महादेवी वर्मा ने तत्कालीन नारी स्थिति के सन्दर्भ में अपने एक व्याख्यान में कहा था, "बौद्ध काल में स्थिति इतनी चिन्तनीय हो चुकी थी कि भगवान बुद्ध को नारियों के उद्धार के लिए, उन्हें भिक्षुणी बनने की स्वीकृति देनी पड़ी। ये भिक्षुणियाँ सम्पन्न, विपन्न, सवर्ण, अस्पृश्य, सभी वर्गों से सम्बन्धित नारियाँ रहीं। इन्होंने धर्म के साथ साधना एवं साहित्य रचना का भी कार्य किया। थेरी गाथाएँ उन भिक्षुणियों की विद्वता, संवेदनशीलता आदि गुणों का भी अतर्क्य प्रमाण है।"[26]

सन्दर्भ

1. Murcott Sussan, *The First Buddhist Women*, Translations and commentaries on the Thereigatha, p. 17.
2. हानरी, आई.वी., *वीमेन अण्डर प्रिमिटिव बुद्धिज्म*, दिल्ली, 1975, पृ. 211-23.
3. मुकर्जी डॉ. राधाकुमुद, *हिन्दू सभ्यता*, पृ. 248.
4. Paththai Chungwam, Dreamitime.com
5. डॉ. राजकुमार, *भारतीय नारी: सामाजिक अध्ययन*, अर्जुन पब्लिशिंग हाउस, नई दिल्ली, प्रथम संस्करण, 2007, पृ. 22.
6. www.viet.net/aqnson/ebud/whatbudbelieve/227.htm
7. वही.
8. पाण्डेय, डॉ. दर्शन, *नारी अस्मिता की परख*, संजय प्रकाशन, नई दिल्ली, प्रथम संस्करण, 2004, पृ. 114.
9. लूनिया, बी.एन. *प्राचीन भारतीय संस्कृति*, लक्ष्मी नारायण अग्रवाल, आगरा, प्रथम संस्करण, 2006, पृ. 323.

10. www.buddhistvihara.com/newsletter/2003-winter/statusofwomen.htm
11. भिक्खुणी विभंग संघदिशेष, खण्ड II, पृ. 225, Sinha, S.N. & Basu, N.K. *Women in Ancient India: Vedas to Vatsyayana*, Khama Publications, Delhi, Ist Ed. 2002, p. 187 से उद्धृत.
12. *विनय पिटक*, खण्ड IV, पृ. 225–26.
13. वही, पृ. 220–21.
14. Sinha, S.N. & Basu, N.K., *Women in Ancient India: Vedas to Vatsyayana,* Khama Publication, Delhi, I. Ed. 2002, p. 188.
15. *विनय पिटक*, कुल्लवग्ग, 9 पृ. 335.
16. Sinha, S.N. & Basu, N.K., *Women in Ancient India: Vedas to Vatsyayana*, Khama Publication, Delhi, I. Ed. 2002, pp. 189-90.
17. *Ibid.*
18. *विनय पिटक*, खण्ड, पृ. 325–26.
19. पाण्डेय, डॉ. सरोजनी, *भारतीय धर्म, समाज और नारी*, ग्रन्थम प्रकाशन, कानपुर, प्रथम संस्करण खण्ड, पृ. 4.
20. *अनाभिरत जातक* 65.
21. *जातक कथा* 6/521, *थेरी गाथा* 72.
22. *बन्धनमोक्ख जातक* 120.
23. *समुग्ग जातक* 436.
24. गथिया जोसेफ, भारत में बालिका, सेन्टर आफ कन्सर्न फार चाइल्ड लेबर, कन्सेप्ट पब्लिशिंग कम्पनी, नई दिल्ली प्रथम संस्करण, 2002, पृ. 31–33 से उद्घृत.
25. मुखर्जी राधाकुमुद, *हिन्दू सभ्यता*, पृ. 248.
26. संभाषण (नए दशक में महिलाओं का स्थान) महादेवी वर्मा साहित्य भवन प्राइवेट लिमिटेड, इलाहाबाद, द्वितीय संस्करण, 1976, पृ. 90.

32

The Theory of Mind in Early Buddhist Literature

Rana Purushottam Kumar Singh

The mind, according to Buddhist psychology, is a dynamic continuum which extends to an innumerable number of births. This is the core of our own existence. All our psychological experiences such as pain and pleasure, sorrow and happiness, good and evil, life and death are not attributed to external agencies. They are the result of our own thoughts and their resultant actions.[1]

Mind is a non-material element. According to *Abhidharma Kosh* this is a part of thinking process and non-material.[2] According to early Buddhist texts, this is the starting point as the mind of a common man and it is also the culminating point as the liberated and purified mind of an enlightened man. The mind proceeds, thinks, dominates and creates them. Whatsoever there is of evil connected with evil, belonging to evil, all issue from mind. Whatsoever there is of good, connected with good, belonging to good, all issue from the mind.[3]

Buddhist concept of human mind i.e. *citta* can be derived from the root *citta* or *mana* refer in the broadest way possible to mental processes whether perceptive, intellectual, emotional or imaginative.[4] In another sense the term *citta* has been used in the sense of vision.[5] In several places which denotes some sort of development or excellence of the faculty of thought or perception, as in the term *vipassa citta* in Pāli and *vipasha citta* in vedic language, which means 'wise or insightful' or '*sucetas*' means thoughtful.[6] In Buddhist philosophy mind (*citta*) has been defined as "*ālambane ciṁteti iti cittam*". Mind is that which thinks over the object. The thinking process becomes the intimate part of personality. It also establishes a link between rebirths, is not like a string, but like a stream "*nadi sota viya*". The same explanation about mind (*citta*) has been given by William James. He says that "consciousness then does not appear to itself chopped up in bits. A word like chain, does not describe it well. As it presents itself in the first instant. It is nothing joined, it flows, a river or a stream are the metaphors by which it is naturally described. In talking of it, therefore, let us call it the stream of thought of consciousness or of subjective life.[7] In Buddhism our personality is sub total of *nama* (psychic properties) and *rupa* (physical properties). Here *nama* is combination of two non-material things like *citta* (mind) and *cetasika* (psychic factors). In other way, the term *nāma+rūpa* has been presented in more simplified way. The term *nāma* represents the four non-material aggregates. *Vedanā* (feeling), *saññā* (perception), *saṁkhāra* (volition) and *viññāna* (consciousness), and *rūpa* (physical aggregate) represents the body. It is because inappropriate condition arises that consciousness is known by this or that name: if consciousness arises because of eye and material shapes (*rūpa*), it is known as visual consciousness.[8] Consciousness functions in this way: the eye that is internal, is in fact and external forms (*rūpa*) comes within its range, but without appropriate contact (*samaññāhāra*) then there is no appearance of the appropriate type of consciousness. But when the eye that is internal and external form comes within its range and there is the appropriate contact, then there is thus an appearance of the appropriate type of consciousness.[9]

The function of consciousness starts with the stage of *phassa* (contact). Understanding of *phassa* is of more importance with reference to the conditioning of feeling (*vedanā*) by phassa (contact) and the consequent conditioning of perception (*saññā*) by *vedanā* in the normal course of human consciousness.[10] *Vedanā* is specifically said to have both a physical (*kāyika*) and mental (*cetasika*) aspect, *vedanā* (feeling) is considered to be of three types: pleasant (*sukhā*), painful (*dukkhā*) and inoperative (*upekkhā*). In another way there are six types of *vedanā* (feeling) based on consciousness like feeling based on eye consciousness, ear consciousness, nose consciousness, tongue consciousness, body consciousness and mind consciousness.[11]

Pleasant feelings are also related to sense organs. Pleasant feelings excite man's attachment to objects and rouse latent sensuous greed. Painful feelings excite latent anger and hatred. The saints who want to master passions have to eliminate three features connected with these feelings. The tendency to attachment in pleasant feeling, the tendency to revulsion in painful feelings and the tendency to ignorance in neutral feelings.

Apart from *vedanā* (feeling) as an important mental faculty, there are three other mental faculties which are dependent on each other and form an essential part of personality. These are the saṁkhara (volition), *viññāṇa* (consciousness) and *saññā* (perception). These four concepts are seen as being the key to a comprehensive group of the nature of mental phenomena in Buddhism. In fact, there are some scholars who have even compared the Buddhist analysis to the tripartite division of the mind into cognition, conation and affection. This tripartite functions useful in understanding the Buddhist concept of mind consider *vedanā* (feeling) as the affective dimension of experience disposition and volition (*saṁhkhāra*) as the conative dimension and *saññā* (perception) and consciousness (*viññāṇa*) as the cognitive aspect.

In a deeper sense all four mental *Khandhās* (aggregates) are present in all states of mind. Thus a mental factor like volition is not a separate entity but is inseparably associated with other factors. In this manner, the three dimensions of experience are the product of abstract analysis, whereas all three aspects are found in all states of consciousness and behaviour.

Now there will be a description behind third mental entity that is *sanna* (perception). The another interpretation of the term *sanna* is conceptual activity. *Saññā*, i.e., perception establishes the cognitive apprehension of full-fledged material objects. The total perception of any external object is the result of an organic integration of the raw sensation. The character of mental synthesis of "raw" sense data that this cognitive function realizes. Hence *saññā* (perception) is a dharma which results from the synthesis of the raw sensations (*vedanā*) as these are integrated into an organic and sense-making "whole". *Saññā* (perception) then seems to have in phenomenological terms, a noematic character, as the organic and sense making "presence" in consciousness of distinct object.[12] The noetic function which generates *sanna* (perception) is to be ascribed to the dharma of *vinnana*, the last of the *Khandhās* to be explained at the end of the five *Khandhās* (aggregates). In the *Abhidharmakosha*, *saññā* (perception) is defined as "*nimittodgrahaṇātmika*" i.e. as distinct apprehension and discerning of objective determination.[13]

In another sense *saññā* (perception) as resulting from the function of the mind is defined as "*visayanimittagrahaṇa*".[14] Here *sanna* as the result of "comprehending" and thus synthesising (*saṁgrahaṇa*) the mark (*nimitta*) and differentiations (*visesha*) among the sense matters (*rūpa-visaya*) which have been "presented" by the sense-organs. The term *sanna* is divided into two types '*patigha saññā*' and 'adhivacana *saññā*'.[15] *Saññā* that arises out of contact with the sense organ is described as '*paṭighasaññā*'. *Adhivacana saññā* is of a nominal character and includes sense images and concepts. Perception can be of six kinds: of visual form, of sound, of smell, of taste, of bodily sensation and of images.[16]

The Next non-material entity of our personality is *saṁkhara*. This is designated as "volitive forces" or "volitive formation". The *skandha* comprises a vast spectrum of both mental and non-mental forces some of them associated with the cognitive acts already defined as *vedanā* and *saññā*, many of them representing either instinctive or subconscious proclivities which operate on the basis of various sources of "*kārmic*" causation contrary to tradition, the *Dhamma-sangani* reduces the aggregates of *dhammas* to three main groups, thus including *vedana* and *sanna* within the division of the *saṁkhārās* which are taken in general as "mental functions". In general the *saññā* and *vedana* are considered as *skandhas* in their own right, whereas *saṁkhārās* are restricted to all such operations of the human being in a more or less direct way to the realms of volition. Thus the most significant of the *saṁkhārās* (volition) is the intentional act of the will which, of course, is strictly associated with such cognitive acts as are performed by the senses and the mind. This act of "willing intention" is termed *cetana*. Hence *cetana* is the *saṁkhārās* par excellence, and as such is the foundation of *Karma* (human action) as morally imputable and "remunerable" through the "*Karmic*" cycle of causation. *Cetana*, however, though the most significant of the *Samkharas*, is after all the first in a long list of 48 functions some of them directly associated with acts of consciousness (*Citta Sampayuttasamkhara*) and then characterized as carriers of "mental intentionality". They can be rendered also as "mental forces" indicating here their ever underlying association with the will. Of these *caitasika*-or *cittasaṁiprayukta-saṁkhārās* (or volitive function associated with acts of consciousness), some are nothing but mere functions of manas (*viññaṇa* or mind faculty) in as much as these are "commanded" by the will (*cetanā*); whereas others are innate propensities which "predispose" or incline the will towards the position of certain actions. The first are cognitive functions ordered and directed by the will, the second on the contrary, are inner proclivities which push and gravitate on the will.

According to *visuddhimagga*, the first are *Karma* forming forces (*abhisaṁkharana-saṁkhāra*) in that they are posited and commanded by the will and thus become the object of moral retribution: they are actively *Karmic* and thus morally imputable as either evil (*akusala*) or as good (*Kusala*) deeds.[17] The second kind of "forces" i.e. those which "predispose" and "impel" the will are *Karma* formed forces (*abhisamkhata-saṁkhāra*). In this way the *samkharakhandha* (volitional aggregate) is active force and reactive in function, where *saṁkhāra* (volition) counts as the "second link" in the "interdependent chain of origination" designate all the passive potential (mental and physical) which, as released by death, provide the basis for rebirth.[18]

The fifth aggregate of personality is *viññāṇa*. In its nature it is the most subtle and by the same token the most important of all the five *khaṇdhās* (aggregates). In brief I can say *viññāṇa* (consciousness) is the basic concept of Buddhist psychology and, by the same token, plays the most important role in Buddhist soteriology, since it is based on its "purification" (*visuddhi*).[19] *Viññāṇa* (consciousness) is the essential ground without which no *vedanā* (feeling) and *saññā* (perception) can take place. No mental force, as described in the *saṁkhāra khandha* (volitional aggregate), can function without *viññāṇa* (consciousness).[20] *Vedanā* (feeling), *saññā* (perception) and *cetanā* (volitive acts) are not considered as *dravya* (entitative element) but as functional factors (*Krityika dharma*), they come to manifestation only through the interaction and "contact" (*phassa*) between the *rūpa* (subtel and gross, sense-organs and the fifth aggregate *viññāṇa*).[21]

After the study of the five aggregates we can discuss the function of mind. Our mind functions through its faculties, for example the perception of objects in the external world is influenced by our desires and interests. If our 'perception' of objects is influenced by our desires it would be necessary to train our senses to see these objects as they are rather than project on to them what is really not there. Buddha does not say like the idealist that the external world is a mere creation of the imagination. Rather while accepting the reality of the sensory process, it is pointed out that to a great degree, our perceptions are mixed with the non-sensory conceptual and imaginative component. Buddha is making two significant points here: first, he is saying that we should not be excited by sensory stimuli and our passions and attachments should be restrained; he is also saying that even our perception of objects and our response to sensory stimuli are shot through with our psychological make up. The middle length sayings present the emergence of perception in this manner: when the eye that is internal is intact and external visible forms come within its range and when there is an appropriate act of attention on the part of the mind, there is the emergence of perceptual consciousness.[22] Thus visual cognition is a causal process depending on three factors: an unimpaired sense organ, external visible forms and an act of attention. Here the term used for cognition is *viññāṇa*.[23] This process is not only true of the eye (*Cakkhu*) but is similarly six in the case of the ear (*sota*) nose (*ghāṇa*), tongue (*jivhṇ*), body (*kāya*) and mind (*mano*). It is when all these conditions are satisfied that we see the emergence of the cognitive process. In this context the word *viññāṇa* has a cognitive import and is really a reference to the emergence of cognitive consciousness.

Without description of function of consciousness, one can not understand the theory of mind in Buddhist philosophy. As it has been I have mentioned earlier that the mind is a changing process, this process manifests itself in two levels or streams—the "*vīthi citta*" or conscious mind and "*Bhavaṅga citta*" the subconscious mind. The *Bhavaṅga citta* (subconscious mind) is subconsciously active. It is referred to as a state of subliminal activity, viz.,[24] an activity that takes place below the threshold of the conscious mind, an activity of which therefore there is no awareness to the conscious mind. The conscious (*vīthi citta*) holds only one thought or idea at a time, whereas the subconscious or unconscious (*bhavaṅga citta*) holds all impressions of all the thoughts, ideas and experiences that enter and leave the conscious "*vīthi citta*". The *bhavaṅga citta* thus functions as a valuable mental of impression. Now the question is how this *vīthi citta* (conscious mind) and *bhavaṅga citta* (unconscious mind) functions? As we know that mind is an endless succession of thoughts, each following the next with such rapidity of succession as to give it resemblance of something permanent and stable, whereas in reality it is not a unity but a process, with difference that it is a limited process—a process of 17 thought moments each following the other.

The first moment is called (*bhavaṅga atīta*) past unconscious. This stage is prior to the running of the conscious process that is the stage when the conscious *vithi citta* is in abeyance and the stream of the unconscious *bhavaṅga citta* is flowing undisturbed.

The 2nd process is called (*bhavaṅga-calana*) vibration of the *bhavaṅga*. This is the second thought-moment or stage. This stage comes after one conscious thought has subsided and before the next arises. The mind is then in the *bhavaṅga* (unconscious) state for a very short while. The *bhavaṅga* flow now begins to vibrate.[25] This vibration lasts for one thought moment before it subsides. This is the result of the stimulus or object trying to force its attention on the conscious mind by impending the flow of the *bhavaṅga* stream of consciousness.

The 3rd stage is called *bhavaṅga upaccheda* (arrest of the *bhavaṅga*) this is the stage when the stream of the *bhavaṅga citta* is arrested or cut off.[26] As a result the *vithi citta* or the conscious process arises and begins to flow but this stimulus or object is not yet cognized by it.

The 4th stage is called *pañcadvārāvajjana* (five door apprehending). This is the stage when a start is made by the conscious *vīthi citta* to cognize the object which has arrested the flow of the unconscious *bhavaṅga*. This stage is called *pañcadvārāvajjana* because there is a turning round to find out through which of the five sense-doors the stimulus is coming. There is thus attention towards the stimulus or object through one of the five senses. Channels of sight, hearing, smelling, tasting and touching.[27]

The 5th stage is called *pañcaviññaṇa* (five fold consciousness). Now follows a consciousness of the kind that apprehends the particular sense impression caused by the stimulus. If it is a sight it is *cakkhu viññāṇa* or visual consciousness that works. If it is a sound it is *sota viññāṇa* or auditory consciousness that works. In this way in respect to each of the sense organs, there is a particular sense consciousness and this sense consciousness begins to work.

The 6th stage is called *sampaṭicchana* (reception). This is the thought moment which occurs when the sense impression caused by the stimulus is properly received.[28]

The 7th stage is *santirana* (investigation). After the function of receiving, there arises the function of investigation. This thought process performs the function of investigating with discrimination the stimulus or object which cause the sense-impression.[29]

The 8th stage is called *voṭṭhapana* (decision). This is the thought moment when a decision is made regarding the stimulus which caused the sense impression.[30]

The 9th to 15th stages are collectively called *javana* (thought-impulsions). This stage of *javana* or apperception or impulsion which lasts for seven thought moments. It is the stage of introspection followed by action. These mental states, unlike the previous mental states, run for several thought moments and their one function is to impel.[31] These are impulsions which flash forth at the climax of a process of consciousness of the *vīthi citta*. Hence one is now fully conscious of the object or stimulus in all its relations, this being the stage of maximum cognition. It is at this stage the *kamma* begins to operate for good or bad, for this is the stage when the element of free will is present. *Jawan* is the only stage where man is relatively free to think and to decide.

The 16th and 17th stage is *tadalambana* (registration of the experiences). These are the two resultant thought moments following immediately after the *javan* thought moments. Their only function is to register the impression made by *javana* thought moments.[32] They are not an integral part of the conscious *vīthi* process. They are merely a recall of an experiences that is passing away.

According to Buddhist psychology, *citta* (consciousness) is ever dynamic, its forms or states are in perpetual flux like the waves of ocean. In this sense, it is momentary. But its essence is eternal. This *citta* (consciousness) is the principle of phenomenal reality. In other words, the cause of all kinds of evolution is *citta* (consciousness). Once the function of *citta* (consciousness) has started, it is said that it has its relation with all the three times: past, present and future. The forces gathered by its past activities, it continues its present activities, which produce similar forces to take it to the future ones. Thus the phenomenal process keeps going, till there is a deliberate and systematic attempts by man at degenerating the craving (*taṇhā*) to achieve a state of *Nirvāna*. This explains the causal link between any two states of *citta* (consciousness). And it also explains the origin of consciousness with three moral roots and three immoral roots.

Further, an individual's reason, belief, desire and purpose are motivations of moral or immoral actions. All these elements are person based and thus internal to man himself. These factors determine the type and course of action he wants to perform. Moreover, man has certain control over these factors, for he is free to train or culture his mind and interpret a particular situation in such a way that his existing belief, desire, etc. change radically. In this sense, he has control over these elements and freedom in exercising his choice of action. An important point in exercising our freedom is the correct understanding of the nature of action, its ethical consequence and social implications. Thus, right cognition of things is a necessary condition for the realisation of values. The Buddhist theory that explains *Karmas* mature in the present and the present ones in the future explains the suffering or happy life of a person in the present for which, to the best of one's knowledge, one has done any *Karma*. The fact of inequality among human beings is also explained on this line. The Buddhist *Karmic* discipline aims at inculcating highest universal moral values on secular line.

In *Dīghnikāya*, Buddha talks about the ethical consequences of one's action. Man's present condition, such as being inferior or superior, beautiful or ugly, and of good or bad nature, is attributed to one's past action.[33]

In *Anguttara Nikāya*, Buddha talks about the causal correlation between one's actions, mental, bodily and linguistic and the results of their maturation is called the law of *Karma*.[34]

Here in *Majjhimanikāya* Buddha explains the inequality among human being in all respects. Their differing psychological, biological, economic and social conditions i.e., *Karma* keeps a man in good state or bad state.[35]

References

1. *Kammassaka Sattā*, Kammadāyadā, Kammayoni, Kammabandhu, Kamma paisarṇā, M.N.I, p. 25.
2. *Citta Caitta dharmāh*, arūpino dharmāh. Ab.K. II, p. 34.
3. a. *Manopubbaṅgamā dhammā* D.P., p. 11.
   b. Manah eva manushyāna Karaṇa bandhamokshayoh Brahmabindupanishat, p. 141.
4. *Anguttara nikāya-II*, p. 177.
5. *Origin of Indian Psychology*, p. 101.
6. *Rg*. 1.164.36.
7. James William. *The Principles of Psychology*. Here I owe it to and Claudio Naranjo Robert E. Ornstein; On the Psychology of Meditation, p. 189.

8. a. *Cakkhuñca paticca rūpe ca uppajjati cakkhuviññāṇa Sanyuttanikāya*, II, p. 73.
   b. *Cakkhuñcāvuso, paticca rūpe ca uppajjati cakkhuviññāṇa*, M.N.I, p. 158.
   c. *Cakkhu ceva rūpa ca, sota ceva sadda ca, kayo ceva photabba ca mano ceva dhamma ca*. D.N. III, p. 670.
9. *Cakkhuñcāvuso, paticca rūpe ca uppajjati cakkhuviññāṇa*—M.N.I, p. 158.
10. a. *Cakkhu ca paticca rūpe ca uppajjati citta mano manomānasa hadaya paṇdara mano manāyatana manindriya viññāṇa viññāṇakkhandho tajjā cakkhuviññaṇādhātu. vibhango*, p. 109.
   b. *Lokassa, bhikkhave, samudayañca atthahgarhañca desessami Sanyuttanikayo*, p. 93, V.R.I.
   c. *Kittavāttā pana bhante 'Paticcasamuppadakusalo bhikkhu ti ala' vacanāyā ti*. M.N. III, p. 110.
   d. *Ehayime, āvuso vedanā kāyā-cakkhusamphassaja, vedanā, sota samphassajā vedanā ghāñasamphassajā vedanā jihvāsamphassajā vedanā*. M.N.I., p. 65.
11. *Assada assādatovedana aniccātipassati*
    see, W.F. Jayasuriya, The psychology and philosophy of Buddhism (Ceylon, 1963), p. 16 de silva, op. cit.; p. 17.
12. *Sañjānāti sañjānātī ti kho āvuso tasmā saññāti vuccati nilakampi sañjānāti, pītakaṁpi sañjānāti, lohitakaṁpi Sañjānāti*, M.N.I, p. 372.
13. *Sañjañā nimittodgrahaṇātmikā*
    Yāvannīlapitādirgharastripureh, mitra amitra
    sukhadukkha ādinimittohaṇmasou sañjañā.
    Abhidhamakosha - p. 14.
14. *Sanjaña Sanjanana Vishayanimittodgraha*. A.K.II, p. 187.
15. *Esā paṭighasamphassajā sannati vuttā. Sammohavinodanī*, p. 20.
16. *Cakkhusamphassaja saññā, sotasamphassaja saññā, ghāṇasaṃphassajā saññā, jivhasamphassaja saññā, Kāyasamphassajā saññā, manosamphassajā saññā. Eva chabbidhena saññākkhandho. Vibhango*, p. 32.
17. *ya kiñci abhisaṁkharaṇalakkhaṇaṁ sabbaṇtaṁ ekato katvā saṅikhārakkhandho veditabbo"ti. Visuddhimaggo*, p. 388.
18. *Ibid.*
19. *Sabbapāpassa akaraṇaṁ, kusalassa upasampadā*
    Sacittapariyodapanaṁ, etaṁ Buddhānasāsanaṁ II D.N. II, p. 305.
20. *Dharmayātanadhātvākhyāh sahavijnāyaptyasan skritaih*. A.K.I., 15, p. 50.

21. *Vedanā cetanā saṅjaṅā chandaḥ sparsho matiḥ smritiḥ Manaskāroadhimoksha samadhiḥ sarvacetasi* A.K. II. 24, p. 186.
22. *Cakkhuṅca pajānāti, rūpe ca pajānāti, yañca tadubhaya paticca uppajjati saṅyojana.* M.N.I, p. 80.
23. *Ghāna aparibhinna hoti, jivhā aparibhināa, hoti āahirā ca dhammā na āpathā agacchanti no ca tajjo samannāhāro hoti neva tāva tajjassa viññanbhagassa pātubhāvo hoti,* M.N.I, p. 251.
24. *Avicchedappavattihetubhāvena bhavassa aṇgabhāvo Bhavamgakicca. Vibhāvani,* p. 95.
25. *Ghaṭṭite aññavathumhi aññanissitakampana Ekābaddhena hotīti sakkharopamayā vade. Abhidhammatthasangaho,* p. 306.

    Tadā cakkhussāpāthagati rūpe rūpa paticca cakkhupasādassa ghattanā hoti. Visuddhimaggo, p. 320.

    Tattha paṭhamatta bhavaṅgasa tati catenta viya uppajjatīti bhavamgacalana. Vibhavinitikā.
26. *Dutiya tassa acchijjanakasena uppajjanato bhavamgupacchedo ti voharanti. —Vibhāvanitikā.*
27. *Āvajjana cittasantānassa āvatthana, taṁ vā āvaṭṭhati, āvaṭṭheti, avatthati vā ta ettha etena ti va, avajjana bhavamgavlthito okkamitva arammanantarā mmanantarā bhimukha pavattatlti attho. āvajjeti vā ārammanantari, abhogam korotlti āvajjana. Paramtthadipani,* p. 105.
28. *Sampaṭicchīyate sampaicchana. Cakkhuviññāṇadhātuyā uppajjitvā niruddhasamanantarā uppajjati citta manomānasa sampaṭicchanavasena pavattati veditabbā. Visuddhimaggo,* p. 320.
29. *Sammā tīrana, santīraṇa, ṭulanaṁ, vimaṁsanaṁ, ti attho. Abhidhammatthasaṁgaho,* p. 226.
30. *Visuṁ visuṁ avicchinditvā ṭāapana voṭhappanaṁ. Abhidhammatthasaṁ gaho,* p. 226.
31. *Javanaṁ pana rajjana-virajjanādivasena itthāniṭṭhavibhaga Karotiti ālambanarasa javanaeva anubhavatīti vutta. Parmatthadipani,* p. 105.
32. *Taṁāranmaṇa etassā ti tadārammanarh, yam javanena gahitārammaṇaṁ tasseva gahitā tadarammanarh nāmā ti hi vuttam. Paramatthdipani.*
33. *So dibbena Cakkhunā Visuddhena atikkantamanussakena satte passati cavamāne, upajjamāne, hine paṇite suvaṇṇe duvaṇe sugate duggate yatha Kammupage satte payanati.* D.N., p. 73.
34. *Kammassakomhi kammadāyado kammayoni, kammabaṇdhu, kammapaṭisasaṇā, ya kamma karissāmi kalyāṇa vā papakarh vā tassa dāyado bhavissāmi ti abhinnaṁ paccevekhitabba itthiyā vā purisevā a, gahaṭṭhena vā pabbajjitena vā.* A.N., p. 335.

35. *Kammassaka mānava sattā, kammadāyadā kammayoni, kammabandhu, kammapatisaraṇā, kammaṁ satte vibhajati yadidam hinappanitāya*. M.N.III, p. 250.

Bibliography

Abhidhammatthasarigaho Ed. Rev. Revatadhamma Varanasi Sanskrit University Varanasi, 1967.

Abhidhammatthavibhavanitika Ed. Rev. Revatadhamma Bauddha Swadhyaya Satra Varanasi, 1965.

Abhidhammavataro Ed. Prof. M. Tiwary D.U., 1987.

Abhidharmakosham Ed. Swami Dwarkadas Shastri, Bauddha Bharti Varanasi, 1987.

Anguttara Nikaya Ed. Bhikkhu J. Kassapa, Nalanda Edition, 1960.

Cullavagga Ed. Bhikkhu J. Kassapa, Nalanda Edition, 1956.

Dhammasamgani Ed. B.J. Kassapa, Nalanda Edition, 1960.

Dhatukatha Ed. B.J. Kassapa, Nalanda Edition, 1960.

Dighanikaya Ed. Swami Dwarkadas Shastri, Bauddha Bharati Varanasi, 1996.

Dhammapada Ed. Prof. Sanghasen Singh, Delhi University Press, 1977.

Kathavatthu Ed. B.J. Kassapa, Nalanda Edition, 1961.

Majjhima Nikaya Ed. Vipassana Research Institute, Igatpuri, Nasik, 1995.

Milinda Panho Ed. Dwarkadas Shastri, Bauddha Bharati, Varanasi, 1979.

Mahavagga Ed. Bhikkhu J. Kassapa, Nalanda Edition, 1956.

Patthana Ed. B.J. Kassapa, Nalanda Edition, 1961.

Patanjal Yogasutra Ed. Dr. Pavan Kumari Gupta, Eastern Book Linkers, Delhi, 1979.

Puggalapannatti, Ed. J. Kassapa, Nalanda Edition, 1960.

Sayuttanikaya Vipassana Research Institute Igatpuri, Nasik, 1994.

Sammohavinodani Ed. Prof. S. Mukherjee, Nalanda Edition, 1961.

Suttanipata Ed. Rev. Dhammarakkhita, Motilal Banarsidass, Delhi, 1977.

Thera Gatha Ed. Bhikkhu J. Kassapa, Nalanda Edition, 1958.

Upanishatsangraha, Ed. Pt. Jagadashashastri, Motilal Banarsidass, Delhi, 1970.

Vibhanga Ed. BJ. Kassapa, Nalanda Edition, 1960.

Visuddhi Maggo Ed. Pt. Badarinath Shukla, Varanasi Sanskrit University, Varanasi, 1969.

Vijnaptimatrata Siddhi, Ed. Pt. Ramashankara Tripathi, Sanskrit University, Varanasi, 1972.

Yamaka Ed. B.J. Kassapa, Nalanda Edition, 1961.

Yogavartika, Vijnanabhikshu Ed. T.S. Rukmani, Munshiram Manoharlal, New Delhi, 1983.

Yogavasishthah Ed. V.L. Sharma Panzikar, Motilal Banarsidass, Delhi, 1984.

Early Buddhist Philosophy Alfonso Verdo, Motilal Banarsidass, Delhi, 1985.

Davids, Mrs. C.A.F. *Rhys: The Birth of Indian Psychology and its Development in Buddhism*, Munshiram Manoharlal Publication Pvt. Ltd., Delhi, 1978.

Guenther, H.V. *Philosophy and Psychology in the Abhidhamma*, Motilal Banarsidass, Delhi, 1957.

Jayatilleke, K.N. *Facets of Buddhist Thought*, Buddhist Publication Society, Kandy Sri Lanka, 1971.

Kalupahana, D.J. *Buddhist Philosophy—A Historical Analysis*, University Press of Hawai, Honolulu, 1976.

Reat, N. Ross. *The Origins of Indian Psychology*, Asian Humanities Press, Berkeley, U.S.A., 1951.

Stcherbatsky, Th. *The Central Conception of Buddhism*, Motilal Banarsidass, Delhi, 1974.

33

Global Modernity, Global Culture with Reference to Buddhism

Dr. Nirja Sharma

Few scholars or policy makers twenty years ago could have hardly imagined that the first decades of the 21st century would be a time of explosive and widespread religiosity. As modernity progressed and societies became more secular and democratic, religion was supposed to loosen its hold on the ways men and women envisioned their place in the world. On the contrary, the dynamics of globalization such as communication technologies, immigration and migration, capital flows transnationalism and identity policies have contributed to social conditions in which religious belief and practice not only survive but prosper and proliferate.

Economic manifestations of globalization. Increasingly over the past two centuries, economic activity has become more globally oriented and integrated. Some economists argue that it is no longer meaningful to think in terms of national economies; international trade has become central to most local and domestic economies around the world.[1]

Political manifestations of globalization. Globalization has impacts in the political arena, but there is not a consensus among social scientists about the nature and degree of its impact or national and international politics. Some political scientists argue that globalization is weakening nation-states and that global institutions gradually will take over the functions and power of nation-states.[2] Other social scientists believe that while increased global inter-connectivity will result in dramatic changes in world politics, particularly in international relations (i.e., the way states relate to each other), the nation-state will remain at the center of international political activity.

Changes in political structure and practices resulting from economic globalization are only a partial explanation of changes in world politics in the late twentieth and early twenty-first centuries. International relations and world politics in the second half of the twentieth century were strongly informed by another global factor—the Cold War (i.e., the ideological struggle between the Western nations, the United States and its allies, and the Eastern Bloc, the Soviet Union and China and their allies).

Social and cultural manifestations of globalization. Though there are many social and cultural manifestations of globalization, here are some of the major ones:

Informational services. The past two decades have seen an internationalization of information services involving the exponential expansion of computer-based communication through the Internet and electronic mail. On the one hand, the electronic revolution has promoted the diversification and democratization of information as people in nearly every country are able to communicate their opinions and perspectives on issues, local and global, that impact their lives.

News services. In recent years there has been a significant shift in the transmission and reporting of world news with the rise of a small number of global news services. This process has been referred to as the "CNN-organization of news," reflecting the power of a few news agencies to construct and disseminate news. Thanks to satellite technology, CNN and its few competitors extend their reach to even the most geographically, remote areas of the world.

Popular culture. The contemporary revolution in communication technology has had a dramatic impact in the arena of popular culture. Information technology enables a wide diversity of locally-based popular culture to develop and reach a larger audience. For example, "world music" has developed a major international audience.

A common lesson of experience is that processes of social change can easily lose touch with the values and principles that originally motivated and sustained them in the rough and tumble of the struggle. As a result, attempts to generate a new social order can unwittingly be poisoned by the "thieves of the heart"—the negative feelings of personal ego, jealousy and fear that destroy one's inner tranquility.[3] If people are not caring and compassionate in their personal behaviour they are unlikely to work effectively for a caring and compassionate society. Resisting these feelings, and developing the inner security required for a lifetime of co-operative endeavour, requires a disciplined process of self-reflection and contemplation about the values and purposes of our lives, and the desire and willingness to change ourselves.[4]

Undertaking this inner journey with courage can reward one with inner peace, greater energy and more effectiveness in one's actions, an expansive compassion in our attitudes towards others, and a tenderness of the heart that, on a mass scale, can have profound social implications.

Religion is an integral part of human experience and a component of every culture. In Australia today, an appreciation of the multicultural nature of society is limited without an adequate understanding of religion, its influence on human behaviour and interactions within a culture. Religion has always been with us: Throughout history, it has expressed the deepest questions human beings can ask, and it has taken a central place in the lives of virtually all civilizations and cultures. As we think all the way back to the dawn of human consciousness, we find religion everywhere we turn.[5]

The conception of globalization is not a new thing for Buddhism, both in historical and philosophical sphere. The event of Ashoka the Great's dispatching nine Dhamma missionaries to different regions within Indian continent and the outside in order to spread the Buddha's message in the 3rd century BC is perhaps the most representative example of Buddhist globalization in historical aspect. Followed this event were the waves of Buddhist missionaries from India pouring into other countries such as Sri Lanka, Thailand, China, Vietnam, etc., from time to time. Then, from these countries Buddhist monks of different generations pervaded to other regions and parts of the earth. As a result, Buddhism is mostly present in all the corners of the world and at present day it is one of the global religions. In spite of enjoying a status as a global religion, Buddhism never became or is regarded to be a dangerous force that means uprooting the people's traditional ways of life or threatening their livelihoods and cultures. A reason for this lies in the original nature and spirit of Lord Buddha's teaching itself. Firstly, it is with the doctrine of Dependent Origination (*Paticcasamuppada*), which its general formula runs in the *Majjhima Nikaya* as follows: "If this is, that comes to be; from the arising, of this, that arises. This is not, that does not come to be; from the stopping of this, that is stopped." Generated from this general formula is the Universal Principle of all existences which says that every existing thing is both conditioned and conditioning, and that nothing can exist independently and everything depends, in some way or other, conditionally on one another. Secondly, this Universal Principle too is further lifted up in philosophical realm by a Buddhist School, i.e. the Chinese Hua Yen School, with the conception of "All in One and One in All". This teaching is commonly known as the Totalism which means that all the qualities of the whole universe are fully present and completely activated within a Dhamma or an existing thing itself, and viva versa, all attributes of an existing thing too are fully performed in the whole of universe.

The issue of globalization is an important topic affecting all our lives. It is important for Buddhism because Buddhism is a global, world faith. Further Buddhism stresses the principle of interdependence which is also employed by proponents of globalization to advance their economic interests.

Unfortunately, economic globalization is opposed by many people, because the effects of the globalization of business and trade are often disastrous for underdeveloped nations. These nations provide the raw materials and cheap labor which are necessary to make globalization prosperous for the more developed nations. Though there are successes in the process of globalization, there is much unrest among peoples today.[6] Unrest occurs mainly among poor and underdeveloped nations which are deep in debt and suffer internal conflict, poverty, droughts and famines.

Globalization also leads to the globalization of culture, the homogenization of culture. It can undermine local cultures and disrupt traditional relationships in a society with the assumption that free trade will also to lead to a more democratic society.[7]

The underlying principle and argument for globalization, as we have indicated, is the interdependence of all peoples in this age of worldwide travel and communications. The world is interconnected instantaneously through electronic means such as television and the Internet. There is immediate knowledge of disasters arid tragedies. The glint and glitter of the developed nations are flashed to the underdeveloped nations, arousing desires for a better life among people whose political, educational, social and economic conditions prevent quick fulfillment of those desires.

We may ask what has this to do with Buddhism? Buddhism and its role in the modern world are affected by the way people understand the nature of their lives. As a spiritual perspective, the principle of interdependence is a positive teaching aimed at curbing our deep-rooted egoism. It teaches that we cannot live simply for ourselves or without regard to others who make our lives possible.

When this concept is transferred to the contemporary world of politics and economics, it can turn into an onerous reality where the dominant nations control the conditions within the dependent need their financial and economic support. Such dependence leads to enormous debt for the underdeveloped nations and severe political inequalities. Underdeveloped nations are often despotic and characterized by a high degree of corruption. Interdependence which enables dependence increases the tendency to nationalism and ethnic divisions as people look for scapegoats for their problems.

We hear much about free trade as an important aspect of the principle of globalization. However, when free trade causes' economic dislocation in developed nations, it turns quickly into protectionism for national industries. Free trade comes to mean trading freely in underdeveloped nations to sell products while protecting business in the developed societies.

Buddhists must be clearer in articulating the meaning of interdependence. It is not simply the interdependence between people. It is the interdependence of causation. The original teaching of interdependence or *Pticcasamuppada* was proclaimed in Sakyamuni Buddha's first sermon as a central teaching. It refers to the twelve link chain of causation which describes the conditions that give rise to sentient being in the process of rebirth. It is also the basis for understanding the way to attain *nirvana* and spiritual emancipation. The forward movement of these links indicate the way that our passions and ignorance produce the sufferings of life, noted in the first truth that all life is suffering. The reverse movement of the chain suggests that the removal of the various causes in the series is the way to escape rebirth attain *nirvana*.

Ignorance is the root of the series of link's, though the totality forms a circle as the wheel of births and deaths. This circle continues to revolve as long as each element is produced and nurtured. Ignorance produces mental functions; then in order consciousness, name and form, the six sense organs, contact, feeling, craving, grasping, birth becoming, birth, old age and death. The cycle begins again as ignorance arises and produces the links of the chain. Each factor in the chain relates to aspects of our experience and nature as a human being. However, the system as a whole indicates that life and reality is subject to the law of cause and effect.

In the context of the issue of globalization, beyond the actual interdependence among peoples that human life requires, it also means that whatever principles, policies and actions that are promoted have their resulting effects. When something happens in our world, it must be seen in context or the interactions of the various parties in the situation. From a Buddhist perspective and from the experience of our time, we have to say that our standpoint is closer to the later viewpoint, with the awareness that there is a big diversity within both camps and there are people who are trying to work out something in between the two.

When we talk about globalization we must remember such aspects as the globalization of the dominating consumer monoculture and the accompanying devastating environmental effects. On a more positive note, all around the world we can witness evidence of the rising consciousness of the interconnection of ecological systems and the emergence of global networking among civil society.

From a Buddhist perspective, however, the very core of the globalization process is the globalization of *tanha*, or craving. According to Buddhist analysis, *tanha* is the root cause of all suffering.

The term globalization may be new but the causes and conditions leading to it are not. Globalization is a continuation and expansion of ideas of development which are rooted in the belief that the progress of humanity is a linear anthropocentric process.

When we look at this worldview in the context of *tanha*, we can see that it has created a kind of civilization that victimizes its own people, people of other worldviews and other sentient beings. Over the last few hundred years this has been happening in the name of industrialization, colonization and development in both capitalist and communist frameworks.

As *tanha* becomes globalize the scale of suffering around the world has grown enormously. Vast numbers of largely self-sufficient third-world communities are being transformed rapidly into consumers of capital-intensive goods and services, mainly those provided by the transnational corporations. While a small amount of people perceive befit through an increased standard of living, the majority falls victim to discontent, dependency and poverty. With the increased emphasis on material goods the quality of life of both the minority and the majority deteriorates and becomes spiritually void.

From the Buddhist perspective, both the anthropocentric element and the belief in progress are basic wrong views. In Buddhism the concept of interrelatedness is essential. If we take this seriously, human beings cannot be the "centre of the universe". We are just one species among many and our wellbeing depends on that of other species and the natural environment.

The belief in progress moves us away from the "present moment". In Buddhism, the causes and conditions of staying in the "present moment", or the "moment of reality", are of prime importance in the art of coping with suffering. The progress ethos stimulates us to expect that things will be better in the future, but at the cost of sacrificing the present reality. This belief in progress is a kind of myth, as it promises something that will never be completely fulfilled—indeed the striving to fulfill this myth is the cause of *tanha*.

For the sake of modernization, ordinary people have been structured to abandon cultures and ways of life that have evolved over thousands of years and are for the most part extremely appropriate to their local conditions and environment. Workers have been manoeuvred to sacrifice their labour for low wages for the sake of industrialization, farmers have been relocated for the sake of big infrastructure projects, all in the name of development and economic growth. In these processes, the disruption to living in the "present moment" and the resulting upheaval is given little or no consideration at all.

As *tanha* increases around the world, it goes hand in hand with the creation of a consumer monoculture. This monoculture is "evangelized" through the global advertising agencies, the information highway, setellite and cable television and western studios. These huge "dream factories" and "information creators" come from an alien cultural base with little relevance to the diverse localities to which they beam their acquisitive gospel. Their alluring messages convey an almost totally inappropriate and non-sustainable lifestyle to the most remote corners of the world. The vast majority of people who are manipulated by these messages will never have the means fully to acquire the images portrayed to them so they will feel inferior and culturally backward.

Like the extinct species of the Amazon rainforest, unique cultures many of them thousands of years old are being lost around the world in the name of globalization and progress. As world culture becomes homogenized, traditional art and music forms become undervalued and obsolete. All over the world, there is a common oral tradition of story telling with vibrant singers and dancers portraying unique tales of seasons, gods and local events. These largely spontaneous artists whose art stimulates compassion, community and solidarity are the heart and soul of local communities. They are now being ousted by the new icons of pop culture, like Michael Jackson, whose performances to the masses hardly enhance the quality of life.

As the transnational invade every society they bring with them overpowering media that drown out the gentler, more vibrant, local cultural norms. Personal success in terms of wealth, power, recognition and the futile quest for unsuitable sensual pleasure are the dominating values in globalized society. The result is an inappropriate form of Western culture, hungry for the unnecessary, overpackaged, standardized products of the transnational organizations. People are taught to compete and compare in the purchase of excessive consumer goods. In short greed, violence and illusion, which Buddhists call *akusalamola* (unwholesome root), are the norms promoted in different forms in the globalized culture.

However, it seems that the negative result of *karma* rebounds on its own sources, as we see unemployment, devastation of the environment and disintegration of family and community values in all societies following this destructive direction. This results in deepening criticisms and challenges, both from within these societies and from people of other civilizations.

Around the world, the numbers of single people are rising and isolated "nuclear families" are becoming the norm. Modern people are becoming more and more cut off from communities, societies and the natural environment. Surely, this cannot sustain itself and over the next generations we will witness the further breakdown of societies. Ultimately, this may mean the end of the era of modernity, although what worldview will emerge from the ruins is still unclear.[8]

By this way, a Buddhist perspective leads us to see that what we should respond to, and how we should respond, begins with the very acknowledgement of the existence of the three poisons' at a personal, individual level and at an institutional and collective, societal level; hence, both aspects of the phenomena need to be tackled simultaneously.

Often known as 'The Fire Sermon'[9] is a discourse of the Pali Canon. In it, Gautama Buddha puts his view that born existence is on fire inherently painful, burning, or driven by desire but the fire is not necessary and can be cooled or ultimately quenched. This image of the 'coolness' that ultimately quenches the fire is the central meaning of *nibbana* in Buddha's philosophy.

Thus, Buddha's argument is devoted to convincing us of the existence of this fire and motivating us to put it out; and his method for cooling the fire took the form of a number of instructive arguments and techniques. In a generalised formulation we might summarize Gautama Buddha's 'Fire Sermon' as arguing that we suffer, and cause others to suffer (*dukkha*), because of our own greed, hatred and ignorance (The 'three fires' or 'three poisons' are also variously translated as "desire, aversion, illusion" etc.).

Furthermore, we might say that the Buddha's teaching for overcoming this effect involves a transformation of these 'three fires' or 'three poisons', having first recognised their existence. This would entail, for example, transforming our greed into generosity, our hatred into loving-kindness, and our ignorance into wisdom; as is'—certainly the popularised interpretation. But what does such a teaching imply about the global societal situation we now find ourselves in?

The argument of David Loy[10], in an article in *Tikkun* magazine[11] entitled "The Three Poisons, Institutionalized", is that the Buddhist principle of the 'three poisons' can help us to understand the connection between our collective selves and collective *dukkha*, where "our present economic system institutionalizes greed, our militarism institutionalizes ill-will, and our corporate media institutionalize delusion...the problem is not only that the three poisons operate collectively but that they have taken on a life of their own. Today it is crucial for us to wake up and face the implications of these three institutionalized poisons." Taking Loy's point we might posit that while dharma practice traditionally focuses on transforming the poisons in the individual, the problem today is complicated by the institutionalization of the 'poisons', equally in need of transformation.

All things are on fire. The fire symbolizes decay by the process of burning away, which represents the decay inherent to all life in the alms of rebirth. This fire marks the first noble truth of suffering. Because of this fire, all life in the realms of rebirth is ultimately unsatisfactory, unfulfilling, and suffering (*dukkha*). The experience of *dukkha* is a perception of the mind, yet *dukkha* can be seen in everything. Because *dukkha* is of the mind, it can be overcome by the mind.

Life is not completely fulfilling until *Nirvana* (bliss) is reached, and then there is no reason not to be fulfilled by every moment, because everything is a part of life. *Dukkha* will no longer be perceived by the mind, as all experience, good, bad, neither good nor bad, is just a part of whole life. We cannot be completely fulfilled by life until we center the mind (middle way) between the extremes of life. Because we perceive the extremes of life, our mind blocks out the truth, not allowing us to see things as they are (part of whole life). If the mind wasn't blocking the truth by focusing on the extremes, the truth would easily become self-evident. When we realize that Nature is perfectly balanced, it becomes obvious that the truth lies between the extremes. Of the *gatis* (levels of rebirth) in the *kamavacara* (rebirth sphere of sense-desires), humans have the wonderful opportunity to become aware of these truths, as we experience a balance of suffering and non-suffering, pain and pleasure. "I am subject to *dukkha*, because I am a human. I can overcome *dukkha*, because I am a human."

All things are on fire because of the three poisons (greed, hatred, delusion). These poisons are the fuel for the fire, as they are the cause of all *dukkha*. These fuels mark the second noble truth of the origination (*samudaya*) of suffering. There is a reason for this suffering, alienation (samnudaya) of it, which is connected to our ongoing desire, a thirst that we cannot quench. We cannot assuage this thirst by clinging to possessions, to persons, to life itself, because all things are impermanent. As humans, we must realize the origination of suffering, our minds. We must overcome our own minds by realizing that the decay we perceive that seems inherent to all life is just part of the greater scheme, the big picture; the endless, inevitable cycle of a perfectly balanced Nature. Life and Nature are perfect, but our passionate and ignorant minds perceive impermanence as suffering, pleasure, or neither suffering nor pleasure, when in truth, all experience a part of whole life, regardless of what is happening.

References

1. Tadaro, M.P. (1997). *Economic Development*, sixth edition, New York, Longmen.
2. Brown, L.R.C. Flavin and H. Kane (1996). *The Trends that are Shaping our Future*. World Watch Institute Report, New York, W.W. Norton.
3. U.I. Haq. M. (1995). *Reflection on Human Development*, New York Oxford University Press.
4. *Ibid.*
5. Naisbit, J. (1994). *Global Paradox Ne.*
6. Toffler, A. (1970). *Future Shock*, New York, Bantan Bvok.
7. Naisbit, J. (1994). *Global Paradox*, New York, Bvok.
8. Brown, L.R.C. Flavin and H. Kane (1996). *The Trends that are shaping our future*, World Watch Institute Report, New York. W.W. Norton.
9. *Attaapariyaya Sutra, Samyutta Nikaya* XXXV, 28 4 vols. ed. by Feer, Ls Mrs Rhys Davis, London. PTS, 1884-1925.
10. David Loy in the Great Awakening: *A Buddhist Social Theory*, Wisdom Publication, Boston, 2003.
11. http://www.tikkun.org/magazine/Tir0706/frontpage/poisons.

34

Psychology and *Abhidhamma*

Dr. Mukesh Kumar Panth

The *abhidhamma* is a complex and sophisticated system of psychology developed in the early centuries of the Buddhist dispensation. Traditionally it is said to have originated with the Lord Buddha himself. The high regard in which this set of teachings is held can be seen in the tradition which holds that the Buddha first gave these teachings while visiting the *Tavatimsa* heaven and upon return from that realm each night he would give the summary (*matika*) to the elder *Sariputta*, the Chief Disciple foremost in wisdom, who fleshed out the details.

Modern scholarship on the other hand generally regards the *abhidhamma* as a few centuries later than the *suttas* (discourses.) It is certainly true that whereas there is a high degree of agreement between the surviving recessions of the *Sutta pitaka*, the *abhidhammas* of the different schools are quite divergent, at least in detail and structure, even if the underlying principles remain the same. In general, the *abhidhamma* is an attempt to formalize and systematize the teachings of the *suttas* into a coherent and all-inclusive structure. It may be that as the various schools split off on points of doctrine, the fine details elucidating the understanding of that particular school's interpretation were codified in books of *abhidhamma*.

Above, we called *abhidhamma* a system of psychology. This is true, but it is a more ambitious system than anything devised in the modern world, as it attempts to answer questions of metaphysics, ontology, epistemology and soteriology that Western psychology sees as outside its scope.

Approaching *Abhidhamma*

The system of psychology built up in the *abhidhamma* teachings is a highly sophisticated and subtle one. It is one of the great historical triumphs of the human mind. It is best to approach these teachings on their own terms. There is much here that contradicts modern psychological assumptions. To cite just the most glaring example, there is no place in *abhidhamma* for the "subconscious" as understood in modern terms. Consciousness is seen as arising momentarily upon a single object, there is no room for multiple levels of consciousness happening simultaneously. This idea becomes more evident when we realize that, unlike modern theories, *abhidhamma* has a very clear concept of what precisely consciousness is.

The best complement to a study of *abhidhamma* is methodical introspection, as in the various methods of insight meditation. *Abhidhamma* is a system that values precision highly. The mental states are closely enumerated and defined and their relationships examined minutely. This refined level of precision is a great asset to meditation, and the direct observation of momentary states is the best possible basis for understanding and integrating the teachings of *abhidhamma*.

Abhidhamma is all in the details. The overview presented here cannot possibly do justice to the inter-woven complexity of the system. If a student wants to approach this school of thought it is best to seriously work through the books and to couple this with a sustained effort at methodical examination of the mind. In this sense, *abhidhamma* is the first and most mature experimental psychology.

The Basic Principles

Abhidhamma is firmly grounded on the Three Characteristics of all conditioned phenomena; that is *anatta*, *anicca* and *dukkha*, in English not-self, impermanence and suffering (or unsatisfactoriness.) Also underpinning the whole is the concept of the Dependent Origination; both as a general principle and in the mode of specific conditionality. As a general principle, dependent origination states that events are governed by laws of causality; nothing ever has or ever will arise by blind chance or by the arbitrary will of a creator. Specific conditionality is the exposition of specific chains of cause-and-effect, most importantly the twelve states given in the *suttas* beginning with "because of ignorance, *karmic* formations arise..." which explain the origination of this "whole mass of suffering".

Coming out of the elaboration of these basic principles, we can find a few more basic axioms of the *abhidhammic* approach.

1. Nothing arises without a cause
2. Nothing arises from a single cause
3. Nothing which arises is without effect
4. Nothing persists beyond a moment

The Four Basic Categories

The *abhidhamma's* conception of reality is that of momentarily arising phenomena, the pattern of their arising following fixed laws of cause-and-effect. That which is ultimately real, are the momentary phenomena (*dhammas*) all else are mental concepts (*pannati*) constructed by perception. All *dhammas* can be analyzed into four all-inclusive categories.

1. *Rupa* (matter or form)
2. *Citta* (consciousness)
3. *Cetasika* (mental concomitants; all mental factors beside consciousness)
4. *Nibbana* (Sanskrit; nirvana)

The Form Category

Ancient Indian physics as preserved in the *abhidhamma* demonstrates a sophisticated and logically coherent system. We should not expect it to agree with modern physics, but as an explanatory tool for understating the material world it worked quite well. Everything physical is composed of four elements known by mnemonic names earth, water, air and fire. These are not to be thought of as ordinary earth, etc. but as qualities possessed by material things. Everything in nature is in actuality a combination of all four elements in different combinations. Hence ordinary earth is a substance in which the earth element predominates but it includes the other elements as well.

Earth (*patthavi*) is the quality of impenetrability or extension. It is that which takes up space. Water (*apo*) is the quality of cohesion or viscosity. It is that which holds matter together. Air (*vayu*) is the quality of motion, as in wind. Early physiology saw the movement of the limbs, for example, being due to the coursing of winds through the body. Fire (*tejo*) is the quality of heat and energy.

Consciousness

Consciousness is the quality of knowing. In *abhidhamma* this is seen as existing momentarily and arising each time afresh to an object. The types of consciousness may be analyzed in various ways; one of the simplest and most primary divisions is into six types according to the sense door to which it arises; eye, ear, nose, tongue, body and mind.

A more detailed analysis yields a total of eighty-nine types of consciousness. One division is into planes of consciousness. These are four.

1. The sense-desire sphere which includes forms of consciousness natural to the human world, as well as the lower realms and the sensual heavens.
2. The fine-material sphere which includes the types of consciousness accessed with *jnana* (meditative absorption) as well as the types natural to the gods of the *brahma* worlds.
3. The immaterial sphere which includes the type of consciousness accessed by the formless or higher *jnanas* as well as the consciousness of beings in the immaterial realm, where mind exists without any physical base.
4. The supramundane sphere which represents the type of consciousness which realizes *nibbana*.

Another important division which cuts across the fourfold division into planes, is the distinction between profitable, unprofitable and indeterminate consciousness. Here we see the practical side of *abhidhamma*. Volitional consciousness is *karmically* effective and is classed as profitable or unprofitable according to the ethical quality of the action. The greater part of indeterminate consciousness is classed as resultant in that it is the result of *karma* previously made, and this class includes all five physical sense consciousnesses. This means, that according to *abhidhamma*, every arising of a sense object to the mind is the result of *karma* previously made. (The other class of indeterminate consciousnesses is the functional. These include all volitional actions performed by *arahants*, since they make no *karma*).

The Cognitive Series

One of the core teachings of the *abhidhamma* relating to consciousness is the cognitive series. This is an analysis of the way moments of consciousness succeed each other according to a fixed pattern.

The sequence varies according to circumstance and the whole system is quite complex. Here, we will briefly look at the instance of consciousness arising to a vivid object at one of the sense-doors; let us say the eye cognizing a visible form. The sequence is as follows:

- Past Life-Continuum (*bhavanga*)
- Vibrating Life-Continuum
- Arresting Life-Continuum
- Five-door adverting
- Eye Consciousness
- Receiving
- Investigating
- Determining
- Seven Impulsions (*Javana*)
- Registration
- Life-Continuum

Life-Continuum is the word used by Ven. Nyanamoli to translate the Pali term *bhavanga*. This refers to the most basic type of consciousness. It may be thought of as the mind idling in neutral. It is the consciousness which exists in a state of deep sleep. It also recurs at any time during waking life when the mind is not engaged on an object. It is classed as a resultant because the nature and object of the *bhavanga* is determined by the *karma* made in the last moments of the previous lifetime and remains the same for the entirety of one existence. The first consciousness of the cognitive series is called "past *bhavanga*" because at this moment, although the physical object has already impinged on the physical sense door, as yet the mind has taken no notice of it and the *bhavanga* remains fixed on the object from the past.

Then the first disturbance of *bhavanga* occurs and the stream of the life-continuum vibrates for a moment and is then broken (arresting *bhavanga*). The consciousness now rises to a more fully conscious form and adverts to the sense-door where stimulus is present, in our example eye-consciousness arises to visible form.

This eye-consciousness is also classed as a resultant and will be either pleasant or unpleasant according to the *karma* previously made. According to *abhidhamma*, the pleasantness or otherwise of a sense object is an intrinsic quality of the object itself and the presentation to the sense-doors is always in accordance with *karma*. Thus, if you see a beautiful sunset it is the result of previously having done meritorious deeds. (Such things as acquired tastes and eccentric responses are the result of a much more complex and higher level process; here we are dealing with the momentary process of cognition only.)

The mind then engages in a process of receiving, investigating and determining the object. This is an automatic process of perception; the cognitive analysis and recognition of an object. The physical data is now being turned over by the mind.

There then follows up to seven moments of what is called *javana* consciousness. (Ven. Nyanamoli's term is impulsion) These are the moments when fresh *karma* is made. Here volition is a primary factor, as it is not elsewhere in the process. The mind chooses here; the volition may be to continue looking at the object which sets up the *karma* for the next series of moments. But also here *karma* is made which will bear fruit well into the future, including future lives. For example, the *javana* may be an unwholesome one with desire to acquire the object and may include the will to steal, etc.

There follows two moments of registration consciousness, which is the fixing of the object in the mind. If the object is not a vivid one, these will not occur and we are not then fully "conscious" of the object, in the sense that it is not available for later recall. After this the mind lapses back into *bhavanga* until another sensory impingement or mental event triggers the start of a new series.

This entire series must be thought of as happening extremely rapidly, many hundreds such sequences may occur in the time it takes to blink an eye.

Understanding this series is the key to the *abhidhamma* analysis of the mind. One thing that is very interesting in this series is the role of *karma* and result. We can see that these occur at different times in the sequence and the role of *karma* is critical in determining the entire series. From the *abhidhamma* point of view, *karma* is best understood on this momentary psychological level and works a lot like one of the conservation laws in modern physics. The sequence of profitable and unprofitable moments has a strong tendency to bring the system back into a balanced state by fulfilling old imbalances. But this balancing is definitely more than simply psychological in that the presentation of external objects is determined by it.

Mental Concomitants

Cetasikas are all mental factors besides consciousness. Fifty-two are listed, the aggregates of feeling (*vedana*) and perception (*sanna*) and fifty mental formations (*sankharas*). These three are sometimes called the mental body. It is important to realize that these factors always arise together with each other and with consciousness. They are closely associated and highly interactive with each other. We should bear this in mind, because a discussion like that below which analyzes isolated factors can give a false impression of their separability.

A specific combination of *cetasikas* will arise with each moment of consciousness. Different classes of consciousness will take different constellations of mental concomitants according to fixed laws. However seven of these factors are classed as Universals because they arise in each and every moment. The seven universals are:

1. **Feeling,** the usual translation of *vedana*, is the primitive hedonic response to any sense stimulus. It is either pleasant, painful or neutral. One of these three occurs with each moment of consciousness.
2. **Perception,** *sanna*, is the re-cognitive faculty. It is closely tied up with memory. We are able to recognize objects because we relate them to experiences previously had.
3. **Contact** is the coming together of consciousness, sense-base and sense-object. This includes the physical senses as well as mind, the object of which is idea.
4. **Volition** is the organizing, controlling factor and is the force which makes karma.
5. **One-pointedness** is the faculty of focusing the mind upon its (single) object.
6. **Life Faculty** is the force of vitality that keeps the other factors in existence in a living being.
7. **Attention** is the power of adverting to an object.

Some interesting implications come out of this list. For instance, although volition and *karma*-making is predominant in the *javana* process, the factor of volition is actually present at every moment and therefore each stray thought represents many moments of *karma*-making.

Other mental formations are classed as wholesome, unwholesome and variable. The variable, such as energy and zeal, are those which may be wholesome or unwholesome depending on the object.

List of the *Cetasikas*

(A) VARIABLE FACTORS

(i) The Universals

(a) Contact
(b) Feeling
(c) Perception
(d) Volition
(e) One-pointedness
(f) Life Faculty

(g) Attention

(ii) The Occassionals

(a) Initial application
(b) Sustained application
(c) Decision
(d) Energy
(e) Happiness
(f) Zeal

(B) **UNWHOLESOME FACTORS**

(a) Delusion
(b) Shamelessness
(c) Fearlessness of wrong-doing
(d) Restlessness
(e) Greed
(f) Wrong View
(g) Conceit
(h) Hatred
(i) Envy
(j) Avarice
(k) Worry
(l) Sloth
(m) Torpor
(n) Doubt

(C) **BEAUTIFUL (Wholesome) FACTORS**

(i) Universal (in all wholesome moments)

(a) Faith
(b) Mindfulness
(c) Shame
(d) Fear of Wrong-doing
(e) Non-greed
(f) Non-hatred
(g) Specific Neutrality
(h) Tranquillity of the Mental Factors

(i) Tranquillity of Consciousness

(j) Lightness of the Mental Factors

(k) Lightness of Consciousness

(l) Malleability of the Mental Factors

(m) Malleability of Consciousness

(n) Wieldiness of Mental Factors

(o) Wieldiness of Consciousness

(p) Proficiency of Mental Factors

(q) Proficiency of Consciousness

(r) Rectitude of Mental Factors

(s) Rectitude of Consciousness

(ii) The Abstinences

(a) Right Speech

(b) Right Action

(c) Right Livelihood

(iii) The Boundless States

(a) Compassion

(b) Sympathetic Joy

(iv) Non-Delusion or Wisdom

(a) Separate class of one

Nibbana

This last category is special in several ways. It is the only *dhamma* which is not impermanent or marked by suffering. It is the only *dhamma* which is not conditioned or caused by other *dhammas*. It cannot really be described or analyzed.

As a summary and systemization of the Buddha's teaching, all of *abhidhamma* is firmly grounded on the Three Characteristics of all conditioned phenomena; that is *anatta*, *anicca* and *dukkha*, in English not-self, impermanence and suffering (or unsatisfactoriness). Also underpinning the whole is the concept of the Dependent Origination; both as a general principle and in the mode of specific conditionality. As a general principle, dependent origination states that events are governed by laws of causality; nothing ever has or ever will arise by blind chance or by the arbitrary will of a creator. Specific conditionality is the exposition of specific chains of cause-and-effect, most importantly the twelve states given in the *suttas* beginning with "because of ignorance, *karmic* formations arise..." which explain the origination of this "whole mass of suffering." And the psychology is the way which helps to make free people from all sufferings.

References

Bhikkhu Bodhi (Ed.) (1993). *A Comprehensive Manual of Abhidhamma*. Kandy, Sri Lanka: Buddhist Publication Society.

de Silva, P. (2000). *An Introduction to Buddhist Psychology*. 3rd ed. Lanham, MD: Rowman & Littlefield.

Kalupahana, D.J. (1987). *The Principles of Buddhist Psychology*. Albany, NY: State University of New York Press.

Nyanaponika, Thera (1976). *Abhidhamma Studies*. (3rd ed.). Kandy, Sri Lanka: Buddhist Publication Society.

Nyanaponika, Thera (1986). *The Vision of Dhamma*. York Beach, ME: Samuel Weiser.

35

Loving Kindness (*Mettā*): A Moral Chastity and Highest Attitude of Mind for Universal Brotherhood as Reflected in Buddhism

Ravi Shankar Singh

The *Mettā* is also known to us as loving kindness, universal love and goodwill. It is one of the ten perfections called *Pāramitās* and is one of the four sublime abodes. In Pali, the language of the Buddhist scriptures, these four are known under the name of *Brahmavihāra*. This term may be rendered as sublime states of mind.

The term *Brahmavihāra* is a compound of the two words, i.e. *Brahma* and *Vihāra*. Here, *Brahma* technically stands for "sublime" or divine (*Brahma*). One supremely (wise) and *Vihāra* refers "to abode". In another words, it can be explained and understood as noble, excellent, sublime and divine abodes that can be attained through spiritual practice. *Brahmavihāra* is another subject of meditation that is beneficial to practice. It can also be called "the art of noble living".

According to the early Buddhist philosophy there are four-fold *Brahmavihāra*, i.e. (1) *Mettā* (loving-Kindness or friendliness), (2) *Karunā* (compassion), (3) *Muditā* (Sympathetic joy), and (4) *Upekkhā* (Equanimity).

Parts of *Brahmavihāra*	Near Enemy	Distant Enemy
Metta	Sensuous love	Ill-will
Karuna	Sorrow associated with worldly craving	Cruelty
Mudita	Worldly joy	Envy, Jealousy
Upekkha	Worldly indifference	Partiality, lust, aversion.

Source: Nagendra Singh, *International Encyclopedia of Buddhism*, A.P.P.L., 1997, Vol. 20, p. 636.

Mettā, Karunā, Muditā, Upekkhā, ceti imā Cetasso appamaññā yo nā ma, brahmavihāra ti pi vuccanti.[1]

These are excellent virtues conducive to noble living. These banish selfishness and disharmony and promote altruism, unity and brotherhood. These are also known as boundless states or unlimitable, because these are virtues to be extended towards all beings, without exception, irrespective of race, caste, colour, community, creed, east or west. *Subha-Mokkha* is another term by which these qualities of the heart are known. It means deliverance of the mind (*Vimokkha*) through recognition of the good (*Subha*) in others, instead of seeing the evil in others, the meditator sees the good in them and cultivates the four sublime states.

These are also said to be excellent or sublime because these are the right, ideal way of conduct towards living beings. These four attitudes of mind provide, in fact, the answer to all situations arising from social contact. These are the great removers of tension, the great peace-makers in social conflict, the great healers of wounds suffered in the struggle of existence, levelers of social barriers, builders of harmonious communities, awakeners of slumbering magnanimity long forgotten, revivers of joy and hope long abandoned, promoters of human brotherhood against the force of egotism. These are incompatible with a hateful state of mind, and in that these are akin to *Brahma*, who is conceived as the hate less one, in beneficial contrast to many other conceptions of deities, in east and west, who by their own devotees, are said to show anger, wrath, jealousy and "righteous indignation". He, who assiduously develops these four sublime states by conduct and meditation, is said to become an equal of *Brahma* (*Brahma samo*), and if they become the dominant influence in his mind, he will be reborn in congenial worlds, the realms of *Brahma*. Therefore these states of mind are called god-like or *Brahma*-like.

These are called abodes (*Vihāra*), because these should become minds constant dwelling places where our mind's feel "at home"; these should not remain merely places of rare and short visits, soon forgotten. In other words, our minds should become thoroughly saturated by these. These should become the inseparable companions of our days, and we should be mindful of them in all our common activities as far as these have any concern with these four mental attitudes.

Those four states—love, compassion, sympathetic joy and equanimity—are also known as the boundless states (*Appamabhā*), because, in their perfection and their true nature, they should not be narrowed down by any limitations as to the range of beings towards which these are extended.

These should be in exclusive and impartial, not bound by selective preferences or prejudices. A mind that has attained to that boundlessness of the *Brahmavihāras* will not harbour any national, racial, religious or class-hatred. *Metta* is the first principle of the *Brahma Vihāra*. The term *Metta* is derived from the root '*Mild*', which means 'to soften', 'to love', etc. thus that which softens the mind or friendly disposition or loving-kindness is *Mettā*. Good-will, benevolence, etc., are suggested as the best rendering. *Mettā* is not carnal love or affection. In *Pāli*, *Abhidhamma* philosophy it is defined as "*Adoso ti Mettā*".[2] As the *Mettā Sutta*, the Discourse of Loving Kindness, puts it—

> When standing, walking, sitting, lying down, Whenever he feels free of tiredness, Let him establish well this mindfulness, This, it is said, is the Divine Abode.

Mettā is the wish for the welfare and happiness of all living beings, without any prejudice and restriction whatsoever. It has the character of a benevolent friend (*Kalyānamita*). Its direct enemy is ill will or hatred while the indirect or masked enemy is carnal love, sensual attachment or selfish affectionate desire (*Pema*) which is quite different from *Mettā*. Carnal love when disguised as *Mettā* can do much harm to oneself and others. We have to be on our guard against this masked enemy, sensuality and greedy possessiveness. If the feeling of love is the direct result of attachment and clinging, then it is not really *Mettā*. In reality the loving-kindness removes all kind of moral short-comings and strives for accomplishment of the universal welfare. In fact, true friend is the one who keeps secrets behind and exposes the goodness of own friend skillfully.[3]

Love, without desire to possess, knowing well that in the ultimate sense there is no possession and no possessor this is the highest love.

Love, without speaking and thinking of "I", knowing well that so-called "I" is a mere delusion.

Love, without selecting and excluding; knowing well that to do so means to create love's own contrast dislike, aversion, hatred.

Love, embracing all beings: small and great, far and near, be it on earth, in the air.

Love, embracing impartially all sentient beings, and not only those who are useful and amusing to us.

Love, embracing all beings, be they noble-minded or low-minded, good or evil. The noble and the good are embraced because love is flowing to them spontaneously. The low and evil-minded are included because they are those who are most in need of love. In many of them the seed of goodness way have died merely because warmth was lacking to its growth, because it perished from coldness in a loveless world.

Love, embracing all beings, knowing well that we are all fellow wayfarers through this round of existence that we are all overcome by the same 'law of suffering'.

Love, but not the sensuous fire that burns, scorches, and tortures; that inflicts more wounds than it cures-flaring up now, at the next moment, being extinguished, leaving behind more coldness wars and loneliness than there was felt before.

Rather love that lies like a soft but firm hand on ailing beings, even unchanged in its sympathy, without wavering, unconcerned with any response it meets. Love that is comforting coolness to those who burn with the fire of suffering and passion; that is life spreading warmth to those abandoned in the cold desert of loneliness; to those who are shivering in the frost of a loveless world; to those whose hearts have become as if empty and dry by the repeated calls for help, by deepest despair.

Love, that is a sublime nobility of heart and intellect which knows, understands and is ready to help.

Love that is strength and gives strength, this is highest love.

Love, which by the enlightened one was named, 'The Liberation of the Heart'.

Love, which by the enlightened one was named, "The most sublime beauty", this is highest love.

"And what is the highest manifestation of love? To show to the world the path leading to the end of suffering, the path pointed out, trodden, and realized to perfection by him. The Exalted one, the Buddha professed the principle of loving-kindness for the welfare of those people who are victims of heartedness. Loving-kindness according to him should be made permanent attitude of mind. It should not be in any way being the expression of emotion. This mental attitude should always be manifested both in one's speech and action in every day life. By the exercise of loving-kindness, one can be free himself from unhealthy negative thoughts. It is an essential on at the same time most important factor for the development of wholesome mind. It is in an uncultivated mind their may take place flow of thoughts, some of which are good and some are bad hatred, ill-will or aversion (*Kodha*) is the nearest enemy of loving-kindness. On the one hand and personal affection (*Pema*) is the distant enemy of it on the other. Cultivation of good and moral thoughts in every day life always makes the way to its developments,[4] with proper practice of *Mettā* one could develop loving-kindness towards a dear person and could pervade all beings with the same spirit.[5]

From the sociological point of view loving-kindness is the principle of universal brotherhood expressed towards not only of his own community and society, but also towards other community and societies. From the psychological point of view loving-kindness is a mental attitude, and it is largely enriched by moral values. Its objects of manifestation are more ethical than psychological. Thus in totality *Mettā* is infinite love to all alike regardless of friend or foe, like the love of the mother to her only child.

As the mother protects her only son with her life, let every one cultivate a boundless kindly mind towards all sentient beings.[6] This is the general idea of Buddhist love. The loving heart is thus to be extended over all sentient beings, undoubtedly resting upon the grounds which we have already explained. Buddhism certainly teaches love among mankind, between those of domestic, social, and other relations, but at the same time it teaches love towards all beings with equally great emphasis. Love towards all beings which Buddhism teaches us, cannot be a mere extension of love among mankind.

If we know why this religion regards benevolence as a virtue, we shall understand that the love of all beings in Buddhism has its own special meaning and moral value by itself, not supplementary to the morality of mankind. The same idea seems to be shared by many scholars of ethics. Dr. Rashdall, after refuting it as illogical to say, like Green and his followers, that we ought to avoid causing animals unnecessary suffering not in their own interest, but in that of our own humanity, says that The well-being of animals seems to be quite distinctly to possess some value, and therefore to form part of that good which constitutes the ethical end.[7] In another place, he says: When we say, "Every one to count for one." We are no doubt thinking merely of human beings; but why are the lower animals to be excluded from consideration? I should be prepared to say that in point of fact they ought not to be wholly ignored. Their pain is certainly an evil, possibly as great an evil as equal pain in human beings, apart from the question of the activities with which the pain may interfere: their comfort or pleasure has a value to which every human person will make some sacrifice.[8] His case is not an isolated one. We understand from his statement in connection with these quotations that there are several scholars who agree with him on this subject. Ven. Narada Mahathera explains the whole content in the following way:

> Just as the sun sheds it rays on all without any distinction even so sublime *Mettā* best owes its sweet blessing equally on the pleasant and the unpleasant, on the rich and on the poor, on the high and on the low, on the vicious and on the virtuous, on the man and on the woman, and on human and animal.[9]

Loving-kindness should be extended towards oneself, towards friend, foe, and neutral alike in equal measure. In the *Visuddhimagga*, Buddhaghosa gives its meaning as:

> *Mejjatti ti mettā*, siniyhati, *ti attho mettā in bhāva, nittassa va evapevatti tipi mettā*[10].

It fattens (*Mejjatti*), thus it is loving-kindness (*Mettā*). It is solvent (*Siniyhati*) is the meaning. Also it comes about with respect to a friend (*Mittā*) or it is behaviour towards a friend, thus it is loving kindness (*Mettā*).

Buddhaghosa has further clarifies *Mettā* as the principle of *Brahmavihāra* by explaining its characteristics, etc., in the text *Visuddhimagga*. The author mentions that *Mettā* is characterized as promoting the aspect of welfare. Its function is to prefer welfare. It is manifested as the removal of annoyance. Its proximate cause is seeing livableness in beings. It succeeds when it makes ill-will subside, and it fails when it produces (selfish) affection.

The text in its peculiar style of treatment states[11] that *Mettā* as a *Brahmavihāra* has greed as its enemy,[12] since both shares in seeing virtues. Greed behaves like a foe who keeps close by a man, and it easily finds an opportunity. So, loving kindness should be well protected from it. And ill-will, which is dissimilar to the similar greed, is its far enemy lime a foe ensconced in a rock wilderness. So loving-kindness must be practiced free from fear of that. For it is not possible to practice loving-kindness and feel simultaneously.[13]

Development of loving-kindness will certainly promote the welfare of mankind a large. Its manifestation is generally found in the removal of annoyance. By subsiding ill-design it succeeds and survives. But when it fails it ends in selfish action.

There are two ways of developing the sublime states; firstly by practical conduct and as appropriate direction of thought, and secondly by methodical meditation aiming at the absorptions. Both will prove of help to each other. Methodical Meditative practice will help considerably in making the mind move firm and calm for withstanding the numerous irritations in life that make it so difficult to keep to these four qualities in thought, word and deed, on the other hand, if one's practical conduct will be increasingly governed by these sublime states, the mind will harbour less resentment, tensions and irritability, the reverberations of which will often, if ever so subtly, intrude even in to the hours of meditation, forming there the Hindrance of restlessness (*Uddhacca-nivārana*). The influence of everyday life and thought on the meditative mind is very strong indeed, and only if the gap between them is persistently narrowed down, will there be a chance for steady meditative progress and for achieving the highest aim of it.

Thus we are presently at the cross roads of human survival itself. The pettiness, jealousies, mutual distrust and the rat race among nations for producing weapons of destruction has led us to the risks of world catastrophe. It is again the ancient ideals of altruism and universal welfare that can sustain us. And they alone are beacon light in the enveloping darkness ahead. Whether there is good or not, it is not the primary question. What is needed that virtue and goodness must prevail. The good, the truth and the higher ideals of altruism must triumph. God or higher reality, if any, is only the personification of goodness morality, love, belongingness and loving-kindness.

In this way the four noble qualities or sublime states mentioned in *Brahmavihāra*, when nurtured and put into practice, help us to better our relations to neighbours, countries, and communities, leading to peace, justice, harmony, friendship, goodwill and understanding. In this connection, the *Dhammapada* says—

A person may conquer a thousand man in the battle field—
but the greatest victory is the one who conquer himself.[14]

References

1. Rewatdhamma, (ed.). *Visuddhimagga*, Varanaseya Sanskrit Visvavidyalay, Varanasi, 1969, p. 627.
2. Narada, M.T., *A Manual of Abhidhamma*, Buddhist Publication Society, Sri Lanka, 1980, p. 114.
3. *Pāpa nivāryati Yojayate hitāya, gohya niguhati gunāna pakati karoti* (Bhartihari Nitiataka Verse: 13).
4. Dharamarkashita, B. (ed), *Sutta Nipāta*, Motilal Banarsidass, Delhi, 1977, pp. 146-50.
5. *Ibid.*
6. Kashyap, J.B., *Vibhanga*, Nalanda edition, Nalanda, 1961, p. 227.
7. Rashdall, H., *The Theory of Good and Evil*, Oxford University Press, London, 1907, Vol. I, p. 214.
8. *Ibid.*, p. 239.
9. Narada, M.T., *The Buddha and his Teaching*, B.P.S., Sri Lanka, 1982, p. 617.
10. Rewatdhamma, (ed.), Visuddhimagga, Varanaseya Sanskrit Visvavidyalay, Varanasi, 1969, Vol. IX, pp. 675-76.
11. Nā namoli, B., *The Path of Purification*, S.P., London, 1976, p. 345.
12. Greed is the near enemy of loving-kindness since it is able to corrupt among to similarity, like on enemy masueading as a friend.
13. Kashyap, J.B., *Digha Nikāya*, Nalanda edition, Nalanda, 1962, pp. 245-47.
14. Radhakrishanan, S., *The Dhammapada*, Oxford University Press, Oxford, 1950, p. 243.

36
Anthropology of Indian Buddhism

Dr. Nisheeth Rai

Abstract

Part of the general problem in the anthropology of Buddhism I demonstrate as cited in this article is that the theoretical significance of the fact that the category 'Buddhism' as a recent and Western invention has not been sufficiently appreciated. Therefore, the anthropology of 'Indian Buddhism' continues to address the historical and essential-questions of who are Buddhists and who are not. In my view, such questions can only serve to further establish the essential assumptions about 'authentic Buddhism'. Contrary to that, I explain how recent discourse has challenged such established academic assumptions as what Buddhism is and who Buddhists are, and proposes questions of a different kind.

The disciplinary identification of 'Buddhism' in India as an anthropological object began in the late 1940s as part of a growing field of 'peasant' village studies and tribal studies. In India, the work of Henry Maine, Opler, Baden Powel and L.P. Vidyarthi is central to this inaugural moment. These anthropologists have identified the integration of the diverse beliefs and practices of Buddhism within a religious worldview. Most of these studies on the anthropology of Buddhism in India present an idealized, often perfectly integrated and highly Weberian or functionalist view.

The continuity of this kind of theoretical approach to the anthropology of Buddhism in India can even be seen in recent studies which are heavily grounded in the Weberian model of scholarship. The analysis they provide revolve largely around the popular binary categories such as 'village' and 'urban' or 'the great tradition' and 'the little tradition', 'worldly' and 'other worldly', 'orthodox' and 'syncretistic', 'tradition' and 'modern'. However, recent works on religion, identity and politics by the later generation of anthropologists have criticized this kind of conventional, essentialized theoretical conceptualization in order to broaden our understanding of the anthropology of India in general, and Buddhism in particular.

Jonathan Spencer has criticized the Weberian and functionalist position in his essay on "*Tradition and Transformation: Recent Writing on the Anthropology of Buddhism*" (1990). As he puts it: 'the idea of the traditional is no longer an innocent analytic category in India but has become a central weapon in arguments about what Buddhism is and what it should try to be in the contemporary world' and 'almost all who engage in this argument, sooner or later seek to legitimate their version of what is essential by appeal to some idea of the "traditional". Spencer's main thrust is to disclose the unproblematic use of 'tradition' when understanding or formulating different forms of Buddhism in India.

The most vibrant criticism has come from the work of David Scott (1994), who argues for a radical rethinking of historical change within the context of Buddhism. He questions the ways in which anthropological and colonial production of knowledge about religion and ritual has objectified Buddhism in an unproblematic way. Scott has proposed ground breaking approaches to theorizing the relation between colonialism, anthropology and culture in Indian anthropology in particular, and anthropology in general. He has suggested that in order to understand 'Buddhism', we need to drop our anthropological formulation that retained the colonial preoccupation with marking the distinction between an authentic Buddhism and Spirit religion, and instead begin asking about the ways in which Buddhists in India make claims about what Buddhism is, the kinds of social and political projects into which the figures of the Buddhist tradition get mobilized, and to leave Buddhists to say what Buddhism is. In short, his concern was to locate genealogies about what constitutes 'authentic Buddhism'. This radical approach to the anthropology of Buddhism in India has been further developed by Gail Omvedt in his book *Buddhism in India: Challenging Brahmanism and Caste* (2003). Omvedt examines 'the formations and deformations of contingent relations between 'religious' [Buddhist] identity and difference' by turning to several native debates that challenged and shaped ideas about what can and cannot count as 'Buddhism'. In other words, he explores how authoritative traditions began-created, challenged, and established in varying conjunctures of Buddhist tradition in postcolonial India. Omvedt brings his theoretical argument against the conventional anthropological formulation of 'Buddhism', 'polities', 'violence' and 'monkhood' by focusing his attention on the processes by which 'authoritative understanding about Buddhism and monastic identity' is produced. He focuses on 'the ways in which diverse persons, practices, discourses, and institutions conjoin to foreground competing definitions about "Buddhism" and its "others" in order to demonstrate his theoretical framework that 'what can and cannot count as Buddhism, culture, and difference, alter within specific native debates'. Drawing attention to several native debates pertaining to 'what kinds of 'Buddhist' practice should be performed by whom', as well as 'what persons and practices constitute Buddhist monkhood'. How these are fashioned and debated transcend not only a monk's own tactical rules and logic of formation but also disciplinary attempts at canonizing them as universal categories. Such critical studies appeal to us to rethink the conventional anthropological formulation of India's Buddhism.

This new approach to the anthropology of Buddhism in India has heavily undermined the way in which 'Buddhism' has been constructed and analysed so far, particularly the way in which conceptualization of 'radical' changes that have taken place in Buddhism during the nineteenth and twentieth centuries. According to this new approach, the 'theoretical problem' of the study of Buddhism was developed in terms of 'Buddhism and Society' rather than to investigate the relationship between 'text and context'. According to Scott (1994), the former gives us the illusion that Buddhism and society are two separate entities. Even though this anthropology of Buddhism avoids the pitfalls of earlier understanding of Buddhism religion, it also constructs an 'authentic Buddhism'. The transformation of this 'authentic Buddhism' has been the dominant subject matter in the anthropology of Buddhism in India.

One recalls at once such notable book-length examples as David N. Gellner, Max Weber in *The Anthropology of Buddhism and Hinduism: Weberian Themes*, 2003 and Gregory Schopen in *Figments and Fragments of Mahayana Buddhism in India*, 2005. In the latter work Gellner and Weber develops social explanations for 'three major points of change' that have occurred in Buddhism history: the foundation of Buddha's Sangha in India some 2500 years ago; its migration from India to different countries, where a reformulation of Buddhist identity happened; and in which a transformation took place in response and reaction to the influence of missionary contingent that accompanied the British colonization of India. Gellner and Weber argues that 'pre-colonial Buddhism' was marked by fluid boundaries; religious tolerance that was mixed with indigenous strands of religion. 'Colonial Buddhism', on the other hand, was mixed with the 'colonial religion' of political authority which was impervious to change at the popular level. Such intolerance, by Gellner and Weber definition, cannot be Buddhist, so it is attributed to Christianity and its evangelical spread, which profoundly affected the nature of the Buddhist revival. Revivalist Buddhism, for Gellner and Weber, began to assert religious boundaries and religious purity and thereby created an intolerant Buddhism. In this provocative, detailed text, they identify the stages of how Buddhism has been 'transformed' in India.

For convenience of the readers I have differentiated between two forms of Buddhist religion: traditional Buddhism—the *Theravada* of the Buddha, the sangha, and the Pali Canon, that implies that some kind of authentic Buddhism has existed; and

'Ambedkar's Buddhism'. By 'Ambedkar Buddhism', I mean those people who got converted in Buddhism in 1956 under the influence of Dr. B.R. Ambedkar. It was at once a protest against Hindu cultural encroachment which incorporated its style and content from Ambedkarism. It was a style of Buddhism that encouraged a new, this worldly asceticism for the temporality and a return to the text-based 'authentic' form of Buddhism. Ambedkar Buddhism appeals to the more unprivileged lower class and reflects their cultural values. It also blurs the sharp dichotomy between the hierarchically dominant priest and the subordinate temporality and encourages the greater capacity of the individual to seek his or her own rescue without the need of intermediaries and traditional authorities. The Ambedkar Buddhists have denounced the popular religion of their fellow Hindu as being rigid and irrational.

This new development in Buddhist religiosity has been identified in broad psychological terms and they attribute these major changes to the failure of the economy to meet the aspirations of the people, and a political system which encourages unrealistic aspirations, mass universal education, which, in turn, increases social aspirations too. For Omvedt one way of relieving psychological tensions that arise from these changes is to rely on new forms of religiosity. Following Gellner and Weber's formulation, I am reluctant to distinguish contemporary religious practices by Buddhists as belonging exclusively to either 'Ambedkar Buddhism', or 'Thervada Buddhism', or 'village Buddhism' or 'urban Buddhism'. Buddhist practices have a long history. For this reason I am inclined to regard such practices as 'popular religion' that also expresses the sentiments of Buddhist revitalization. I am not seeking to identify a unitary whole, but I do wish to avoid the style of dichotomous reasoning that I regard to be a critical feature of early theoretical formulations in the anthropology of Indian Buddhism. Rather than engage in discussion regarding the pedigree of certain aspects of contemporary Indian Buddhism and thereby participate in specific Indian Buddhist discourses concerning what is and what is not 'authentic Buddhism', I am interested in considering what Buddhism is, the kinds of social and political projects into which the figures of the Buddhist tradition get mobilized, and to leave Buddhists to say what Buddhism is.

References

Gellner, David N. and Weber, Max. 2003. *The Anthropology of Buddhism and Hinduism: Weberian Themes*. United Kingdom. Oxford University Press.

Omvedt, Gail. 2003. *Buddhism in India: Challenging Brahmanism and Caste*. New Delhi. SAGE Publication.

Schopen, Gregory. 2005. *Figments and Fragments of Mahayana Buddhism in India. Hawaii*. University of Hawaii Press.

Scott, David. 1994. *Formation of ritual: Colonial and anthropological discourses on Buddhism*. London: University of Minnesota Press.

Spencer, Jonathan. 1990. Tradition and transformation: Recent writing on the Anthropology of Buddhism. *Journal of the Anthropological Society of Oxford* xxl (2): 129-40.

37

Paticcasamuppada: Theory of Dependent Origination

Ajay Kumar Singh

Introduction

The Buddhist theory of Dependent Origination is one of the fundamental teachings of Buddhism. To begin with, the Buddha after his Enlightenment, as recorded in the *Mahavagga-pali*, reflected on the, causal genesis of phenomena by way of twelve links to dependent origination from beginning to the end and end to the beginning. Furthermore, the three verses given in the text as the first utterance of Buddha after the Enlightenment also summarise the theory as most fundamental to Enlightenment. It is stated in the verses given after the progressive and retrogressive cogitation on the twelve links of the causal genesis, when the meditative *brahmana* discerns the causes and the destruction of the causes, all his doubts begin to vanish and he shines as the sun in the sky routing the forces of Evil One. It is also important to note that in this connection, when Assaji, the fifth of the five first converts, was asked what the teaching of the Buddha was, confessing that he did not know much of the doctrine, he revealed the Dependent Origination as the essence of the Buddha's doctrine. The stanza he uttered has been considered as a doctrinal summary of Buddhism throughout the ages:

> "Those things proceed from a cause, of these the Truth-finder has told the cause,
>
> And that which is their stopping, the great recluse has such a doctrine."

(*Ye dhammā hetuppabhavā tesam hetu tathagato āha yesam ca yo nirodho evam vādi mahasamaṇo*)

The theory is so fundamental to Buddhism it can be considered as the central doctrine in Buddhist thought. Its relation to other principal doctrines taught in Buddhism is too obvious to be ignored. The Four Noble Truths have been elaborated on the basis of conditional relativity: suffering, cause of suffering, cessation of suffering and path leading to the cessation of suffering. In the same way the three characteristics of existence have been established on causal interdependency of impermanence, suffering and non-substantiality. The Buddhist teaching of *karma* and rebirth is also explained on the basis of moral causation of cause and effect. All phenomena, whether they are internal or external, are causally conditioned (*samkhata*). Hence the Buddha's assertion:

> "He who sees the Dependent Origination sees the *dhamma*, he who sees the *dhamma* sees the Dependent Origination."
>
> (*yo paticcasamuppādam passati so dhammam passati yo dhammam passati so paticcasamuppādam passati.*)

When Buddha preached the first sermon, the 'Turning of the Wheel of Law', it is stated that the *dhamma* eye which is spotless and pure, referred to in the *sutta* as "whatever is in the nature of arising (due to causes and conditions) is in the nature of ceasing to be" (*yam kim ci samudayadhammam sabbam tarn nirodhadhammam*), appeared in *Kondanna*. Here the spotless and pure dhamma eye is explained as the first stage of Sainthood, the attainment of which is marked with the understanding of causal genesis of phenomena. It is not a subjective category imposed by the mind on phenomena. It is objective it denotes the plurality of conditional relations or relative coexistence of causes and conditions in genesis of phenomena. Its objective characteristic is emphasised with the terms objectivity (*tathatā*), necessity (*avitathatā*), invariability (*anahnatā*), and conditionality (*idappaccayatā*).

Its objectivity of causal interdependence is stressed throughout as a fact. Causal sequence is an independent occurrence of phenomena and it is free from any subjective intervention by the mind. It is stated that whether Tathagatas arise or not this order (*dhātu*), namely, the fixed nature of phenomena (*dhammatthitatā*), regular pattern of phenomena (*dhammaniyāmāta*), or conditionality (*idappaccayatā*), exists in the world. Tathagata discovers and comprehends; having discovered and comprehended it, He points it out, teaches it, lays it down, establishes, reveals, analyses, clarifies it and says: "Look!"

Synonymous Terms Used in Pali and in English

The theory of Dependent Origination has been rendered into English in numerous ways following the different terms given in Pali. Achariya Buddhaghosa in the *Visuddhimagga* gives '*paccaya*', '*hetu*', '*karana*', '*nidana*', '*sambhava*', '*pabhava*' as synonymous terms. But he says although the words are different, the meaning is the same. In English, however, the theory is introduced as Interdependent Origination or Dependent Origination; sometimes as Causal Genesis or Conditional Genesis; and as Causality or Theory of Causes and Effect. 'Theory of Causation' presumably stands for '*hetuphala-vāda*' and Conditionality or relativity for '*idappaccayatā*'. The *paccaya* theory developed in *Abhidhamma* is introduced as the theory of conditional relations.

Dependent Origination or causal relativity is a feature common to both physical and psychical spheres. Hence the correlation of cause and effect has been brought to light by two basic formula, abstract and concrete, which can be readily applied to every phenomenon whether internal or external. The abstract formula establishes the link between cause and effect with a one-to-one correlation:

> "Whenever this is present, this is (also) present
>
> Whenever this is absent, this is (also) absent"
>
> (*imasmim sati idam hoti*
> *imasmim asati idam na hoti*)

The concrete formula given in many places in the canon is specific with regard to the causal genesis, interdependence and cessation and illustrates how the theory is applicable to every phenomenon that arises and ceases to be in the world of experience. It is the world of change.

> "From the arising of this, this arises
> From the cessation of this, this ceases to be"
> (*imassa uppādā idam uppajjati*
> *imassanirodhā idam nirujjhati*).

On the basis of the theory, Buddhism repudiates pre-Buddhist theories of accidentalism, determinism, eternalism, materialism, fatalism as well as the theories of creation and soul pertaining to man and his destiny. In the same vein, later Hindu theories are refuted by the Buddhist theory of Dependent Origination. Such as *Saktivāda* of *Purva mimansā* which posits the view that cause is a kind of force. *Satkāranavāda* or Vivartavada of Vedanta upholds the view that cause is the manifestation of Being. *Satkāryavāda* of *Sānkhya* emphasises the effect is contained in the cause; and *Asatkāryavāda* or *arambhavāda* of *Nyāya-Vaisheshika* professes the effect as a new beginning and that it is not contained in the cause.

The Chain of Causation

The theory of causation or the formula of Dependent Origination with twelve links in progressive order is an application of the causal relativity to suffering and repeated existence in the cycle of births and deaths. In other words, it deals with a causal account of the factors that operate behind human suffering and the psychological reasons, which cause one to be born again and again in numerous spheres of births unfolding links of previous life, present life and the life immediately after this life. What is significant is, the chain while rejecting a metaphysical causal agency or a First Cause explains the whole process of suffering and repeated existence empirically in terms of causal interdependence. It runs thus:

1-2 *avijjā paccayā samkhārā*
2-3 *samkhāra paccayā vihnānam*
3-4 *vihnāna paccayā nāmarupam*
4-5 *namarupa paccayā salāyatanam*
5-6 *salāyatana paccayā phasso*

6-7 *phassa paccayā vedanā*
7-8 *vedana paccayā tanhā*
8-9 *tanha paccayā upādānam*
9-10 *upādāna paccayā bhavo*
10-11 *bhava paccayā jāti*
11-12 *jāti paccayā jara-marana-sokaparideve-dukkhadomanassa Upāyāsā*

1-2 Through ignorance conditioned are the *Kamma* formations.
2-3 Through the Kamma-formations conditioned is Consciousness.
3-4 Through Consciousness conditioned are Mentality and Corporeality.
4-5 Through Mentality and Corporeality conditioned are the Six Sense-bases.
5-6 Through Six Sense-bases conditioned is Sense impression.
6-7 Through Sense-impression conditioned is Feeling.
7-8 Through Feeling conditioned is Craving.
8-9 Through Craving conditioned is Clinging.
9-10 Through Clinging conditioned is Rebecoming.
10-11 Through Rebecoming conditioned is Rebirth.
11-12 Through Rebirth conditioned are Decay, Death, Sorrow, Lamentation, Pain, Grief and Despair. Thus arises the whole mass of suffering.

According to the retrogressive order, with the fading away of ignorance, Kamma-formations become extinguished. And through the extinction of Kamma-formations, Consciousness, Mentality and Corporeality, Six Sense-bases, Sense impression, Feeling, Craving, Clinging, Rebecoming, and Rebirth are extinguished respectively. Through the extinction of Rebirth; Decay, Death, Sorrow, Lamentation, Pain, Grief and Despair cease to be. Thus, extinguishes the whole mass of suffering.

In explaining the causal interdependence of suffering and rebirth, Buddha has employed several methods other than the twelve-link formula popular in Buddhist circles. As discussed in the *Visuddhimagga* the seventh to twelfth links are highlighted in some instances while some other occasions, the retrogressive order from eighth to first. Besides these, there is yet another method of explanation beginning from third to twelfth is found in the *Sanyuttanikaya*. The theory of *paccaya* found in the *Patthana* is an elaboration of the theory of dependent origination with twenty-four conditional relations. As vindicated by different methods of presentation, ignorance is not to be considered as the first cause. It has been expressly stated that the first beginning of ignorance is not known and that there is no particular point of time to show that ignorance has arisen from that point of time, but what is discernible is that ignorance is also subject to the law of causal conditionality.

Inductive Inference and the Theory of Causation

According to the canonical references the Buddhist theory of causation is an outcome of normal perception on observable data and proved to be true by paranormal perception. The relative interdependence of phenomena as an observable fact has been explained by the elder Sariputta in the *Nalakalapaniya-sutta* of the *Sanyuttanikaya*, with the simile of two sheaves of reeds kept erect with each other's support. When one is taken away the other can no longer stand erect. Herein, elder Sariputta explains the relative nature of causation, where resultant effect ceases to exist when the preceding cause ceases to exist. In other words, the simile illustrates the fact that the chain is no more when relativity is no more.

Conclusion

Ignorance and craving are bound together and upon the existence of these two constituents the whole chain of twelve links co-arises. The different constituents are related in mutual interdependence and they co-exist simultaneously. These insights have consequences that appear to conflict with the simple idea of a turning circle of twelve constituents. Firstly, the idea of a turning circle seems to imply a causal relationship between the constituents, while *paticcasamuppada* implies a relationship of mutual interdependence. Secondly, the co-existence of the constituents seems to conflict with the idea of a turning circle, because if this circle should turn, the twelve constituents could not coexist simultaneously. Hence the mechanism of *paticcasamuppāda* cannot be explained with a simple turning circle. The analysis of the process between ignorance and mental formations brought us to the insight, that mental fabrications arising from ignorance means, that there is craving and clinging that result in becoming. If there is human existence accompanied by [1] ignorance, it will lead to [8] craving, [9] clinging and [10] becoming. This process will have the following implications: Firstly, it will cause delusions and hence strengthen [1] ignorance and secondly, it will lead to unwholesome [2] mental fabrications and constitute human existence in the form of the mental and bodily phenomena represented by the links [3] to [7]. Hence a new series of *paticcasamuppada* is crafted. With this process a series of dependent origination will always create a new series and one will be bound to endless suffering until ignorance and craving are eliminated. Hence the mechanism of dependent origination has not to be understood as a circle, but as a continuous flow of *patticcasamuppada*-series that evolve out of themselves.

Bibliography

Jayatilleke, K.N., *Early Buddhist Theory of Knowledge.*

Malalasekera, G.P., *Encyclopaedia of Buddhism.*

Narada, Ven., *The Buddha and His Teachings.*

Rahula, W. Ven., *What the Buddha Taught.*

Radhakrishnan, S., *Indian Philosophy.*

Abbreviations

A.	Anguttara Nikāya
M.	Majjhima Nikāya
S.	Sauyutla Nikāya
Ud.	Udana
Ud A.	Udana Atthakathā (Paramatthadipani)
Vin.	Vinaya
Vin A.	Vinaya Atthakathā (Samantapāsadikā)
Vis.	Visuddhimagga